高等院校会计学专业应用型人才培养系列教材

# 管理会计

隋志纯 范 抒 主 编

蒋婷婷 李争艳 岳红梅 郑新娜 马小会 副主编

清华大学出版社

北 京

## 内容简介

本书立足于应用型本科大学教育的特点，在完整、系统地阐述管理会计基本原理、基本方法的前提下，突出应用特色，把重点置于实际运用和实务技能方面。本书以“规划”和“控制”为主线，系统地介绍了成本分类与性态分析、变动成本法、本量利分析、预测分析、短期经营决策分析、长期投资决策分析、标准成本制度、全面预算等内容，重点阐述了预测、决策、规划和控制、责任考核与评价的管理会计最新发展趋势。

本书可作为应用型本科院校会计专业学生教材，也可作为工商管理及相关专业教材，还可作为会计从业人员的学习参考书。



**图书在版编目(CIP)数据**

管理会计/隋志纯，范抒主编．—北京：清华大学出版社，2021.12
高等院校会计学专业应用型人才培养系列教材
ISBN 978-7-302-54410-4

Ⅰ.①管… Ⅱ.①隋… ②范… Ⅲ.①管理会计－高等学校－教材 Ⅳ.①F234.3

中国版本图书馆 CIP 数据核字(2019)第 264400 号

**责任编辑**：左卫霞
**封面设计**：傅瑞学
**责任校对**：袁　芳
**责任印制**：曹婉颖

**出版发行**：清华大学出版社
**网　　址**：http://www.tup.com.cn，http://www.wqbook.com
**地　　址**：北京清华大学学研大厦 A 座　　**邮　　编**：100084
**社 总 机**：010-62770175　　**邮　　购**：010-62786544
**投稿与读者服务**：010-62776969，c-service@tup.tsinghua.edu.cn
**质量反馈**：010-62772015，zhiliang@tup.tsinghua.edu.cn
**课件下载**：http://www.tup.com.cn，010-83470410
**印 装 者**：三河市少明印务有限公司
**经　　销**：全国新华书店
**开　　本**：185mm×260mm　　**印　　张**：17.25　　**字　　数**：419 千字
**版　　次**：2021 年 12 月第 1 版　　**印　　次**：2021 年 12 月第 1 次印刷
**定　　价**：54.00 元

产品编号：084382-01

# 前言

FOREWORD



管理会计是一门将现代管理与会计结合起来的新兴交叉学科，研究如何为企业管理者及决策者进行有效管理和科学决策提供相关的理论与方法，并在此基础上促进企业有效快速地发展。在经济全球化和科学技术迅猛发展的今天，企业的经营环境也在急剧地发展变化，管理会计正是在现代企业管理的新要求下应运而生的，不仅本学科得到了发展，而且管理会计的方法也应用到现代企业管理中，为企业的健康发展发挥着重要的作用。

为使教材的编写真正切合应用型人才的培养目标，编写组成员走访了多所应用型高校，拜访了众多教学主管领导及一线教师，在掌握了应用型高校会计专业的培养目标和办学特色后，广泛与用人单位交流，明确了用人单位的真正需求。为更好地满足就业导向下应用型会计人才培养模式的需要，我们在总结多年教学经验的基础上编写了本书。本书根据会计专业教育教学的要求和特点，依据最新的会计制度，以“规划”和“控制”为主线，系统地介绍了成本分类与性态分析、变动成本法、本量利分析、预测分析、短期经营决策分析、长期投资决策分析、标准成本制度、全面预算等内容。同时从预测、决策、预算、成本控制及责任考核与评价这几个角度对管理会计在企业中的应用作了诠释。预测、决策、预算、成本控制及责任考核与评价也恰好是管理会计的基本职能。

本书的整体思路就是在理论运用的基础上采用合理的计算方法和评估体系，对管理会计职能的几个方面做展开性的应用，具有较高的实用价值。本书中的例题和案例都是结合当前企业实际情况做出的编排。本书讲解清楚，例题丰富，实用性强。此外，为配合教学，各章还附有形式丰富的综合练习题。本书具有以下特点。

(1) 在编写中讲究时代性、先进性、系统性、严谨性，突出实用性、科学性，并注重理论联系实际。

(2) 注重管理会计基本知识的介绍和基本技能的培养，力求做到结构合理、通俗易懂、理论联系实际。

(3) 在注重介绍上市公司管理会计知识的同时，结合我国资金市场的实际，特别重视普通企业管理会计知识的介绍。

(4) 操作性强。书中有大量图表、例题和案例，具有较强的操作性和应用性，注重培养学生成为基础扎实、知识面宽、能力强、素质高的应用型专业人才。

(5) 教材安排由浅入深，提纲挈领，每一章都配有引导案例、练习题，有助于学生对所学内容构建基本框架。

本书由隋志纯、范抒担任主编并组织编写，蒋婷婷、李争艳、岳红梅、郑新娜、马小会担任副主编，隋志纯对全书进行了总体修订。

本书不仅可以作为各大高校财会类专业教材，也可作为企事业单位会计人员、审计人员及管理人员的培训教材和自学参考书。

本书编者在编写过程中拜读了国内外许多专家、学者的著作，并借鉴了其中部分内容，在此向他们表示深深的感谢和敬意！鉴于编者水平有限，本书内容难免会存在缺点与不足之处，敬请各位读者批评、指正。

编　者

2021 年 7 月

# 目录

CONTENTS



**第1章 管理会计概述** …… 1

1.1 管理会计的形成与发展 …… 2

1.2 管理会计的基本内容及与财务会计的关系 …… 4

1.3 管理会计的职能和方法体系 …… 12

本章练习题 …… 14

**第2章 成本性态分析和变动成本法** …… 20

2.1 成本的分类和性态分析 …… 22

2.2 混合成本的分解 …… 30

2.3 变动成本法 …… 35

本章练习题 …… 50

**第3章 本量利分析** …… 56

3.1 本量利分析概述 …… 57

3.2 单一产品的本量利分析 …… 62

3.3 多种产品的本量利分析 …… 76

3.4 有关因素变动分析 …… 82

3.5 利润的敏感性分析 …… 85

3.6 不确定情况下的本量利分析 …… 92

本章练习题 …… 94

**第4章 经营预测** …… 99

4.1 经营预测概述 …… 99

4.2 销售预测 …… 102

4.3 利润预测 …… 109

4.4 成本预测 …… 111

4.5 资金预测 …… 115

本章练习题 …… 120

**第5章　短期经营决策** …… 126

5.1　经营决策概述 …… 126
5.2　产品定价决策 …… 136
5.3　生产决策 …… 142
5.4　存货决策 …… 150
本章练习题 …… 158

**第6章　长期投资决策** …… 162

6.1　长期投资决策概述 …… 163
6.2　投资项目评价的基本方法 …… 175
6.3　投资项目评价基本方法的运用 …… 183
6.4　长期投资决策的敏感性分析 …… 188
本章练习题 …… 189

**第7章　全面预算** …… 193

7.1　全面预算概述 …… 194
7.2　全面预算的编制 …… 195
7.3　全面预算的编制方法 …… 206
本章练习题 …… 211

**第8章　标准成本系统** …… 215

8.1　标准成本系统概述 …… 216
8.2　标准成本的制定 …… 218
8.3　标准成本的差异分析 …… 223
8.4　成本差异的账务处理 …… 233
本章练习题 …… 236

**第9章　业绩评价** …… 239

9.1　成本中心的业绩评价 …… 240
9.2　利润中心的业绩评价 …… 243
9.3　投资中心的业绩评价 …… 246
9.4　部门业绩的报告与考核 …… 249
9.5　基于EVA的业绩考核与评价 …… 258
本章练习题 …… 268

**参考文献** …… 270

# 第1章 管理会计概述

## 本章学习目的

管理会计是一门新兴的将现代化管理与会计融为一体的综合性交叉学科，它丰富和发展了传统的会计职能，采用灵活而多样化的方法和手段，为企业管理部门正确地选择最优化决策和有效经营提供有用信息，在现代化的企业管理工作中发挥着重要的作用。通过本章的学习，初步了解、掌握管理会计的基本理论问题，包括管理会计的定义、管理会计的形成和发展、管理会计的基本理论、管理会计与财务会计的关系等内容。本章各节的内容共同构成管理会计的基本理论框架，并对以后各章内容的展开有重要的意义。

## 本章学习目标

1. 了解管理会计的含义；
2. 了解管理会计的形成与发展；
3. 了解管理会计的内容；
4. 了解管理会计的职能；
5. 掌握管理会计与财务会计的关系。

## 引导案例

### 两难的抉择

杨氏电子公司开发了一种高速度、低成本的复印机。这种复印机的市场定位主要是供家庭使用，然而由于该种复印机既简单又便宜，越来越多的小企业也开始使用。随着一些企业大量定购，销售量开始猛增，但这些企业的频繁使用导致机器某些组件损坏。复印机的保修期是两年，而对使用量没有限制。结果，由于更换损坏的组件，公司承担着高额成本。

该公司的季度例会即将召开，总会计师刘军要求财务经理李卓提交一份情况报告。遗憾的是，李卓很难准确预测上述事情的后果，并且很显然，增加的维修成本将明显影响该公司的获利能力，而且许多企业用户开始购买竞争对手更加昂贵的复印机。李卓尽其所能汇报了当前形势。刘军十分关注这份报告对董事会产生的影响。他并非不同意以上分析，但认为这将给大家造成管理不力的印象，甚至使董事会决定停止这种产品的生产。通过与工程负责人会谈，刘军相信，经过细微的设计改动，复印机就可以满足大量客户使用的需求，而停止生产可能错过一个获利机会。刘军把李卓叫到他的办公室，要求他删掉有关组件失灵部分的内容。他认为这一部分只要口头向董事会提一下，同时说明工程上即将解决这一问题即可。

**要求**：如果你是李卓，你是否会按照刘军要求的做？请阐明理由。

# 1.1 管理会计的形成与发展

## 1.1.1 管理会计的形成

会计产生于人们对经济活动进行管理的客观需要，随经济管理的需求而发展，并与经济的发展密切相关。现代财务会计的雏形——簿记方法在几千年以前就已产生，而管理会计的产生则只有百年历史。从客观内容上看，管理会计的实践最初萌生于19世纪末20世纪初，其雏形产生于20世纪上半叶，正式形成和发展于第二次世界大战之后，20世纪70年代后在世界范围内得以迅速发展。

从英国产业革命开始，资本主义经济有了较快的发展，原有的单凭经验管理企业的方法，已经不能适应经济迅速发展的需要。1911年，被西方誉为"科学管理之父"的泰勒发表了著名的《科学管理原理》，开辟了企业管理的一个新纪元。泰勒最早提出将工资支付制度和提高效率密切结合起来的差别计件工资制。该制度的大意就是，如果工作能在最短的时间内完成，并且没有任何差错，那么对每个时间单位(每个单位或每项工作)要以高标准支付工资；工作时间长，而且成品有缺点，就以低标准支付工资。从差别计件工资制中可以看出，泰勒的根本思想在于制定出能使整个工人群体在互相竞争中自发地加强劳动强度的一种制度。

泰勒为生产劳动制定了各种标准，制定了较精确的工作方法，实行了较完善的计算和监督制度，具有较高的科学性。但他设计的系统，只是为了检查工人劳动和原材料的效率，与他同时代的一些工程师和学者已经开始利用人工和原材料标准方面的信息，寻找并设计控制实际成本的新方法。后来的事实也证明，与此同时，一些制造商已经利用实际成本与标准成本之间的差异，控制企业的经营，这时就产生了分析标准成本差异的现代分析方法。

最初，标准成本是独立于会计系统之外的，后来有人主张将标准成本纳入会计系统。1919年，美国全国成本会计师协会成立，该协会开始了标准成本会计的推广工作。

预算控制也是将科学管理的原理引进会计的产物。法国的法约尔认为，管理应当包括预测、组织、指挥、协调和控制五项职能。另一位同时代人物卢瑟·古利克认为，管理包括计划、组织、用人、指挥、协调、报告和预算七项职能。受这些理论的影响，人们不断摸索企业管理计划和控制的途径及方法。预算始于19世纪美国小城镇所实施的公共预算制度，后来逐渐得到推广。最早系统地论述预算控制的是卡彭特。1921年6月，美国国会公布《预算和会计法》，这对民间企业推行预算控制产生了决定性的影响。

西方管理会计的两个萌芽——标准成本计算和预算控制都产生于20世纪初的美国。

一方面是由于当时美国在经济实力等方面取代了英国的统治地位，经营管理研究的重心转移到美国，因而能够形成先进的经营管理方法；另一方面是为应对资本主义世界经济萧条而产生的一种方法。

第二次世界大战后，特别是20世纪50年代后，资本主义世界一度在科学技术和经济建设方面有了飞快的发展。伴随高速发展的经济，资本主义企业本身和它们所处的外部环境都发生了巨大变化。各垄断集团之间的竞争加剧，通货膨胀率上升，资本利润率下降，迫使企业更加注意经营管理，由此带来西方管理理论研究的兴旺。在这一时期，会计的理论和实践受到当代管理理论很大的影响。

同时，追求最大利润的内在动力和竞争的外在压力，使得企业管理者单靠资本雄厚，靠提高劳动强度和广告宣传等传统手法已经不能在竞争中处于有利地位，迫切需要提高产品质量和降低产品成本，使产品物美价廉，以便在市场上有竞争能力。而要做到这一点，就需要加强企业内部管理，进而要求会计工作从单纯的记账、算账、报账，向协助企业管理者加强企业管理方向转化。

另外，资本主义国家资本日益集中，企业越来越普遍地采取股份公司的组织形式，规模不断扩大。第二次世界大战后，跨国公司的大量涌现，使生产经营日趋复杂，经营管理的科学化和现代化成为企业生存和发展的关键。企业的经营管理权逐渐由受过专门训练、具有较强专业知识的经营管理专家所掌握，所有权和经营权分离。

在这种情况下，西方会计将传统会计的主要工作，即根据公认的会计原则，向企业外部关系人（股东、银行、债权人、投资者以及有关的政府机构等）报告企业的财务状况和经营成果，称为财务会计；将会计中涉及企业内部管理的部分从传统会计中分离出来，称为管理会计。因而，管理会计既是企业管理的一个分支，又是与财务会计并列的一个会计分支。它的主要任务是根据会计所提供的经济信息，借用数学和计算机等工具，进行信息数据的整理、计算和分析，以满足企业管理的预测、决策、计划和控制等方面的需要。在1952年的世界会计学会年会上正式通过了“管理会计”这个专有名词。随着现代管理水平的日益提高，管理会计的内容也在不断丰富，逐渐形成了一个相对独立的理论方法体系。20世纪70年代初，在经济发达的美国、日本及西欧各国，现代管理会计已十分盛行。

综上所述，管理会计产生于西方资本主义国家，是管理科学化、现代化的产物，是会计实践发展的必然结果，更是企业追求最大利润的结果。

我国的管理会计是在20世纪70年代末至80年代初开始兴起的。当时，我国财务会计工作中，诸如财务计划的编制、计划指标的测算、日常财务管理、资金定额管理以及全面经济核算和经济活动分析等，实际上都属于管理会计的范畴，只不过还未形成体系而已。

### 1.1.2　管理会计的发展

随着社会经济的发展和经济理论的丰富，管理会计的理论体系逐步得到完善，内容更加丰富，形成了预测、决策、预算、控制、考核、评价的管理会计体系。其中，以标准成本制度为主要内容的管理控制继续得到强化并有了新的发展。责任会计将行为科学的理论与管理控制的理论结合起来，不仅进一步加强了对企业经营的全面控制（不仅仅是成本控制），而且将责任者的责、权、利结合起来，考核、评价责任者的工作业绩，从而极大地激发了经营者的积极性和主动性。

管理会计在强化控制职能的同时,开始行使预测、决策职能。管理的关键在于决策,决策的关键在于预测。随着各种预测、决策的理论和方法广泛引入会计工作,逐步形成了以预测、决策为主要特征并与管理现代化要求相适应的行之有效的管理会计体系。

管理会计体系的主要内容包括以下几个方面。

(1) 预测。预测是指运用科学的方法,根据历史资料和现实情况,预计和推测经济活动未来趋势和变化程度的过程,包括销售预测、成本预测、利润预测、资金需要量预测等。

(2) 决策。决策是指按照既定的目标,通过预测、分析、比较和判断,从两个或两个以上的备选方案中选择最优方案的过程,包括经营决策(如产品品种决策、产品组合决策、生产组织决策、定价决策)、投资决策等。

(3) 预算。预算是指用货币度量和非货币度量反映企业一定期间收入、成本、利润、对资产的要求及资金的需要,反映经营目标和结果的计划,包括业务预算、专门决策预算和财务预算等。

(4) 控制。控制是指按预算要求,控制经济活动使之符合预算的过程,包括标准成本法和责任会计等。

(5) 考核和评价。考核和评价是指通过实际与预算的比较,确定差异,分析差异形成的原因,并据以对责任者的业绩进行评价和对生产经营进行调整的过程,这一过程往往在标准成本法和责任会计的实施中表现出来。

综上所述,在发展阶段,管理会计的内容体系已经建立起来了。

## 1.2 管理会计的基本内容及与财务会计的关系

### 1.2.1 管理会计的定义

对于什么是管理会计,国内外会计学界众说纷纭。有人认为管理会计就是预测、决策会计,有人则认为管理会计是为企业内部管理提供决策信息的内部会计。

#### 1. 国外会计学界对管理会计的定义

国外会计学界对管理会计的定义先后经历了两个阶段。

1) 狭义管理会计阶段

从20世纪20年代到70年代,国外会计学界一直从狭义上来定义管理会计,认为管理会计只是为企业内部管理者提供计划与控制所需信息的内部会计。

1958年,美国会计学会管理会计委员会对管理会计作了如下定义:管理会计就是运用适当的技术和概念,处理企业历史的和计划的经济信息,以有助于管理人员制订合理的、能够实现经营目标的计划,以及为达到各项目标所进行的决策。管理会计包含着为进行有效计划的制订、替代方案的选择、对业绩的评价以及控制等所必需的各种方法和概念。另外,管理会计研究还包括经营管理者根据特殊调查取得的信息以及决策的日常工作有关的会计信息的收集、综合、分析和报告的方法。

1966 年，美国会计学会的《基本会计理论》认为：所谓的管理会计，就是运用适当的技术和概念，对经济主体的实际经济数据和预计经济数据进行处理，以帮助管理人员制定合理的经济目标，并为实现该目标而进行合理决策。

1982 年，美国学者罗伯特在《现代管理会计》一书中对管理会计作了如下定义：管理会计是一种收集、分类、总结、分析和报告信息的系统，它有助于管理者进行决策和控制。

综合上述定义，狭义管理会计的核心内容：①管理会计以企业为主体展开其管理活动；②管理会计是为企业管理者的管理目标服务的；③管理会计是一个信息系统。

2）广义管理会计阶段

进入 20 世纪 70 年代，国外会计学界对管理会计的定义出现了新的变化：管理会计的外延开始扩大，出现了广义的管理会计概念。

1986 年，美国全美会计师协会管理会计实务委员会对管理会计的基本定义如下：管理会计是向管理者提供用于企业内部计划、评价、控制以及确保企业资源的合理使用和经营责任的履行所需的财务信息，确认、计量、归集、分析、编报、解释和传递的过程。管理会计还包括编制供诸如股东、债权人、规章制度机构及税务部门等非管理集团使用的财务报表。在上述定义中，财务信息从广义上说，包括用于解释实际和计划的商业活动、经济环境以及资产和负债的估价的因果关系所必需的货币性和非货币性信息。

1982 年，英国成本与管理会计师协会修订后的管理会计定义，把管理会计的范围进一步扩大到除审计以外的会计的各个组成部分。按照英国成本与管理会计师协会的解释，管理会计是对管理者提供所需信息的那一部分会计的工作，使管理者得以：①制定方针政策；②对企业的各项活动进行计划和控制；③保护财产的安全；④向企业外部人员（股东等）反映财务状况；⑤向职工反映财务状况；⑥对各个行动的备选方案作出决策。

综上所述，广义管理会计的核心内容包括以下几方面：①管理会计以企业为主体展开管理活动；②管理会计既为企业管理者的管理目标服务，同时也为股东、债权人、规章制度制定机构及税务部门等非管理集团服务；③管理会计作为一个信息系统，它所提供的财务信息包括用来解释实际和计划所必需的货币性和非货币性信息；④从内容上看，管理会计既包括财务会计，又包括成本会计和财务管理。

**2. 国内学者对管理会计的定义的论述**

在国内，对什么是管理会计也存在不同的观点。

汪家佑教授认为："管理会计是西方企业为了加强内部控制经营管理，实现最大利润的目的，灵活运用多种多样的方式方法，收集、加工和阐明管理当局合理地计划和有效地控制经济过程所需要的信息，围绕成本、利润、资本三个中心，分析过去、控制现在、规划未来的一个会计分支。"

李天民教授认为："管理会计主要是通过一系列专门方法，利用财务会计提供的资料及其他有关资料，进行整理、计算、对比和分析，使企业各级管理人员能据以对日常发生的一切经济活动进行规划与控制，并帮助企业领导作各种决策的一整套信息处理系统。"

温坤教授认为："管理会计是企业会计的一个分支。它运用一系列专门的方式方法，收集、分类、汇总、分析和报告各种经济信息，借以进行预测和决策，制订计划，对经营业务进行控制,并对业绩进行评价,以保证企业改善经营管理,提高经济效益。"

由此可见,我国学者通常是从狭义上来定义管理会计的。

国内外学者对管理会计的各种定义虽有差异,但是又有许多共同的地方,这些论述对于理解和研究管理会计是十分重要的。

本书认为:管理会计是以提高经济效益为最终目的的会计信息处理系统。它运用一系列专门的方式方法,通过确认、计量、归集、分析、编制与解释、传递等一系列工作,为管理和决策提供信息,并参与企业经营管理。

### 1.2.2 管理会计的基本内容

管理会计作为规划、控制企业未来生产经营活动的一种管理活动,其内容是十分丰富的。随着生产的发展和科学技术的不断进步,管理会计的内容和方法也在不断得到发展和充实。一般来说,管理会计的基本内容主要包括规划与决策会计及控制与业绩评价会计两项。

规划与决策会计是为管理者预测前景和规划未来服务的。所谓规划,就是事先确立目标,编制计划,并拟订出达到目标的具体方法,对企业未来的生产经营活动进行全面的筹划。所谓决策,就是通过分析比较,确定是否采取某项行动或在几种方案中选择出最优方案的过程。规划与决策会计首先是利用财务会计信息和其他有关信息,对利润、成本、销售及资金等专门问题进行科学的分析;然后在此基础上,将确定的目标用数量形式加以汇总、协调,编制企业的全面预算;再按照责任会计的要求加以分解,形成各个责任中心的责任预算,用来规划和把握未来的经济活动。因而,规划与决策会计主要包括经营预测、短期经营决策、长期投资决策和全面预算等内容。

控制与业绩评价会计是为管理者分析过去和控制现在服务的。所谓控制,就是通过一定的手段对生产经营活动施加影响,使之按预定的计划进行。所谓业绩评价,就是通过预算与实际执行情况的对比,分析两者的差异,找出差异的原因,确定经济责任,以此恰当地评价各责任中心的业绩成果。控制与业绩评价会计首先是利用标准成本制度结合变动成本法,对日常发生的经济活动进行追踪、收集和计算,确定不同情况下存货订购和储存的合理数额,制定相应的日常存货控制制度与方法;然后,根据责任会计的要求把实际发生数与预算数进行对比和分析,并编制日常绩效报告,用来评价和考核各个责任中心的业绩成果,确定其经济责任和相应的奖惩;同时,把经营过程中发现的重要问题及时反馈给有关部门,以便及时调整经济活动,改进经营管理工作。因此,控制与业绩评价会计主要包括存货控制和责任会计等内容。

管理会计的规划与决策以及控制与业绩评价,这两部分的功能是相互联系、不可分割的。对于一个企业而言,要开展生产经营活动,当然首先要制订一定的计划,并做出相应的决策,然后实施相应的控制,以促成计划的实现。同时,在控制过程中取得的有关数据资料是未来制订新的计划和做出新的决策不可缺少的数据资料,是使新的计划和决策建立在客观、合理基础上的重要依据和前提条件。综合规划与决策会计以及控制与业绩评价会计这两部分的内容即为管理会计的基本内容。

管理会计中还有成本性态分析、损益平衡分析等重要内容，它们是规划与决策会计以及控制与业绩评价会计的基础和先导，其基本理论和基本方法贯穿于预测、决策、规划、控制的整个过程之中，渗透到企业管理的各个领域之中。

### 1.2.3　管理会计与财务会计的关系

管理会计形成之后，与财务会计并列，同属会计的分支之一。它们之间既有联系，又有区别。传统的财务会计与新兴的管理会计相互配合、相互补充，在企业管理中共同发挥着应有的作用。

#### 1. 管理会计与财务会计的区别

管理会计和财务会计虽然同属会计范畴，但在很多方面具有不同的特征，主要区别有以下几点。

1）会计职能不同

管理会计的职能是对企业经营活动的规划和控制，而财务会计的职能是对企业经济活动的反映和监督。

管理会计的规划职能是在充分利用财务会计信息的基础上，对未来进行科学的预测，并帮助管理者对未来的经营活动做出决策，确定预期目标，指导当前和未来的经济活动。管理会计的控制职能是对所确定的预期目标与实际已经发生的经济活动进行对比和分析，以便在日常经营活动中对所发生的差异进行控制，保证预期目标的实现。

财务会计的反映职能表现为用货币的形式对企业已经发生的经济活动数量进行连续、全面、系统的记录；财务会计的监督职能是指根据记录的结果，指导和调整经济活动的行为。

管理会计与财务会计职能上的不同，是划分它们的重要标志。

2）服务对象不同

管理会计是为企业内部各层次管理人员提供未来经营活动和目标选择（决策）的信息，针对特定的经营活动进行预测、决策、控制和评价，为强化企业内部管理服务的，所以又称内部会计或对内报告会计。

财务会计虽然对内、对外都能提供有关企业最基本的财务信息，但主要侧重于对企业外部有经济利益关系的团体和个人服务。这些团体和个人，包括银行及其他债权人、财税部门和主管部门、证券管理部门以及股东等众多投资者，他们都有权了解企业的财务报表和财务情况，所以财务会计服务对象具有外向性，人们也称财务会计为外部会计或对外报告会计。

3）工作面向的时间状态和时间跨度不同

管理会计侧重于事前和事中这一时间状态，在于面向未来，算“活账”。通过预测，了解未来市场情况；通过决策，对未来的经营活动目标做出选择；对同一经营活动可以算出若干预测、决策结果，不拘泥于一种方法，灵活多样，所以管理会计属于经营型会计。

财务会计侧重于事后这一时间状态，面向过去，并对已经发生的经济活动用货币计量，按照规范的要求，不允许有丝毫偏差，单纯地提供历史信息，算“呆账”，属于报账型会计。财务会计不允许任何估测，也不能对未来进行预测，它记录的是已经发生的历史成本。

所以，管理会计是向“前”看的会计，财务会计是向“后”看的会计。

另外，从两类会计的时间跨度看，管理会计的时间跨度有较大的弹性，可以对未来数十年投资进行决策，也可以对眼前每小时发生的差异进行控制，没有限定的时间长度。但是，财务会计是定期工作的，以月、季至多一年为准，不存在可伸缩的弹性。

4）会计主体不同

管理会计主要以企业内部各个责任单位为会计主体，对各个责任单位日常经济活动的不利差异进行控制，对责任单位的工作业绩和成果进行考核和评价；同时也兼顾对企业全局性的长期投资进行决策分析，对企业整体编制全面预算，考虑企业和各类责任单位之间的协调和综合平衡。

财务会计自始至终以整个企业为会计主体，提供集中、综合的财务信息，对企业整体的财务状况和经营成果做出全面考核和评价。

5）会计过程履行程序不同

管理会计在预测、决策、控制过程中，没有固定的程序，有很大的选择自由，不涉及一系列的审核、报账、账务处理等程序，业绩报告也并不要求定期编制，表格设计满足管理需要，有自由度，对表格格式不做统一规定。

财务会计则要求按严格的规定程序运作，有强制性，会计凭证、账簿、报表有规定的格式，定期定时编制。

6）会计准则不同

管理会计不受一般公认会计原则（GAAP）或统一的会计制度的约束，只满足管理人员的需要以及既定的理论指导，以成本效益关系为准，执行贯彻管理会计的任务。

财务会计，一方面要接受一般公认会计原则，另一方面要按照统一的会计制度进行记录和核算日常账务，编制会计报表不得违反会计法规和会计制度，以保证财务会计数据的可信度及可比性。

7）行为影响客体不同

管理会计通过规划和控制的计量结果，以及提供的业绩报告，旨在影响管理人员的日常行为，并想方设法调动管理人员的责任心及员工的生产积极性和主观能动性。

财务会计关心的是保证如何准确计量企业财务信息，客观反映企业的财务状况，不重视管理人员的行为影响。

8）会计资料的精确程度不同

管理会计工作的重点着重于未来，不确定因素较多，难以对未来的数据提供精确保证，同时所采用的方法也多种多样，特别是概率预测和决策，本身就允许存在一定的误差，所以并不要求管理会计提供的信息十分精确。

财务会计是反映过去的历史信息，都是确定性数据，所以对数据的精确性要求高。

9）会计适用方法不同

管理会计在其运用过程中，其方法可以是多种多样的，对同一经济活动可以使用不同的预测方法。管理会计对经营管理活动中的数据可以用货币计量，也可用实物计量。总之，管理会计在方法使用上要求灵活适用，不强求一致。

财务会计在相当长的时期内，只允许采用一种专门的计算方法，以保证核算资料的连续性，而且强调货币计量形式，一般不允许使用实物计量，凡是登记在账簿和报表中的数据都应是货币计量。

10）信息特征不同

管理会计一般提供有选择的、部分的或特定的经营活动信息，业绩报告不对外发表，不具有法律责任。

财务会计一般提供系统的、连续的、综合的财务信息，财务报表定期对外公开发表，具有法律责任。

### 2. 管理会计与财务会计的联系

以上从十个方面划分了管理会计和财务会计的界线，表明了两者确实是现代企业会计中的两大不同领域，但两者又同属于现代企业会计的统一体中。因此，管理会计与财务会计存在着互相渗透的密切联系，这种联系表现在以下三个方面。

1）两者的对象具有一致性

管理会计与财务会计是同属于现代企业会计统一体内的两个子系统，它们运用的对象都是企业，都是企业的经济活动所发出的信息，只是两者对企业经济活动信息的侧重面不同而已。在时间上，管理会计侧重于现在和未来的经济活动信息，财务会计侧重于过去已经发生的经济活动信息；在空间上，管理会计侧重于特定的、部分的（责任单位）经济活动信息，财务会计侧重于企业整体的全部经济活动信息。这样，管理会计和财务会计不仅在企业经济活动信息这一对象上保持了一致，而且在时间和空间上互相补充，使得企业经济活动信息更加完整和全面。

2）两者的原始资料来源相同

财务会计是从最原始的凭证开始，全面记录、计算、入账，形成系统的核算资料和财务信息；管理会计在进行规划和控制活动中，直接引用财务会计的凭证、账簿和报表，或者对这些资料再做进一步加工、调整，以供企业内部经营管理使用。所以，从本质上说，管理会计的资料也属于原始凭证，这和财务会计资料来源是相同的。我们还要看到，财务会计有时也把管理会计的内部报表作为对外公开发表的范围，随同会计报表一起公开，因此就把管理会计的一些资料，视同财务会计报表的一部分了。再如，财务会计报表还把企业内部的实际成本与标准成本、实际利润与目标利润也视同基本财务报表的补充资料一并公开发表。这就表明了管理会计与财务会计在资料运用上既可以是同源的，也可以是双向交流和互相借鉴的。

从管理会计与财务会计的区别与联系中可以看出，管理会计有许多显著特点，是有别于财务会计的一整套会计理论和方法体系，但它与财务会计存在着紧密联系，这种分工不同而又紧密联系的关系，如图1-1所示。

3）某些概念相同

管理会计使用的某些概念（如成本、收益、利润等）与财务会计完全相同，有些概念则是根据财务会计的概念引申出来的（如边际成本、边际收益、机会成本等）。

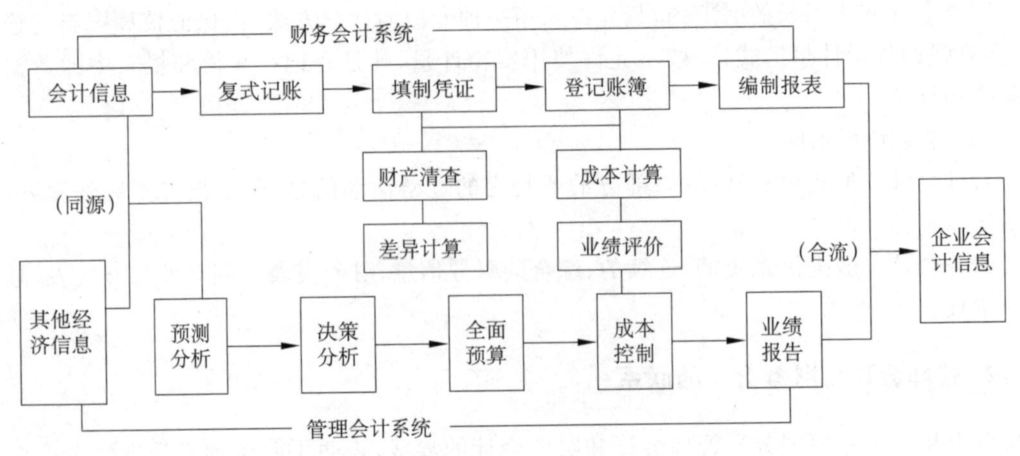


图 1-1 管理会计与财务会计的关系

### 1.2.4 管理会计的基本假设与基本原则

管理会计的假设与原则是近年来人们在对管理会计学基本理论进行规范性研究时，参照财务会计基本概念框架结构而提出的课题，迄今尚无定论。美国会计学会沿用构建财务会计假设和原则的框架，从会计信息论的角度，围绕“为什么提供信息”“为谁提供信息”“提供什么样的信息”“怎样提供信息”等问题，设计了一系列管理会计基本假设和基本原则。对此，中外许多学者提出了不同的看法。

**1. 管理会计的基本假设**

1）管理会计的基本假设的含义

所谓管理会计的基本假设，是指为实现管理会计目标，合理界定管理会计工作的时间范围，统一管理会计操作方法和程序，满足信息搜索与处理的要求，从纷繁复杂的现代企业环境中抽象概括出来的，组织管理会计工作不可缺少的一系列前提条件的统称。

2）管理会计的基本假设的内容

管理会计的基本假设的具体内容包括多层主体假设、理性行为假设、合理预期假设、充分占有信息假设等。

(1) 多层主体假设又称多重主体假设。该假设规定了管理会计工作对象的基本活动空间。由于管理会计主要面向企业内部管理，而企业内部可划分为许多层次，因此管理会计假定会计主体不仅包括企业整体，而且包括企业内部各个层次的所有责任单位。

(2) 理性行为假设。理性行为假设包含两重意义：第一，由于管理会计在履行其职能时，往往需要在不同的程序或方法中进行选择，就会使其工作结果在一定程度上受到人的主观意志影响，因此管理会计总是出于设法实现管理会计工作总体目标的动机，采取理性行为，自觉地按照科学的程序与方法办事；第二，假定每一项管理会计具体目标的提出，完全出于理性或可操作性的考虑，能够从客观实际出发，既不将目标定得过高，也不至于含糊不清，无法操作。

(3) 合理预期假设也称灵活分期假设。合理预期假设规定，为了满足管理会计面向未来决策的要求，可以根据需要和可能，灵活地确定工作的时间范围或进行会计分期，不必严格地受财务会计上的会计年度、季度或月份的约束；在时态上可以跨越过去和现在，一直延伸到未来。

(4) 充分占有信息假设。充分占有信息假设从信息收集及处理的角度提出：一方面，管理会计采用多种计量单位，不仅充分占有和处理相关企业内部、外部的价值量信息，而且占有和处理其他非价值量信息；另一方面，管理会计所占有的各种信息在总量上能够充分满足现代信息处理技术的要求。

### 2. 管理会计的基本原则

1) 管理会计的基本原则的含义

管理会计基本原则是指在明确管理会计的基本假设的基础上，为保证管理会计信息符合一定质量标准而确定的一系列主要工作规范的统称。

2) 管理会计的基本原则的内容

管理会计基本原则的内容包括最优化原则、效益性原则、决策有用性原则、及时性原则、重要性原则、灵活性原则等。

(1) 最优化原则。最优化原则是指管理会计必须根据企业不同管理目标的特殊性，按照最优化设计的要求，认真组织数据的收集、筛选、加工和处理，以提供能满足科学决策需要的最优信息。

(2) 效益性原则。效益性原则包括两层含义：第一，信息质量应有助于管理会计总体目标的实现，即管理会计提供的信息必须能够体现管理会计为提高企业总体经济效益服务的要求；第二，坚持成本-效益原则，即管理会计提供信息所获得的收益必须大于为取得或处理该信息所花费的信息成本。

(3) 决策有用性原则。现代管理会计的重要特征之一是面向未来决策。因此，能否有助于管理者正确决策是衡量管理会计信息质量高低的重要标志。决策有用性是指管理会计信息在质量上必须符合相关性和可信性的要求。

信息的相关性是指所提供的信息必须紧密围绕特定决策目标，与决策内容或决策方案直接联系，符合决策要求。对决策者来说，不具备相关性的信息不仅毫无使用价值，而且干扰决策的过程，加大信息成本，必须予以剔除。由于不同决策方案的相关信息是不同的，这就要求具体问题具体分析，不能盲目追求所谓的全面完整。

信息的可信性包括可靠性和可理解性两个方面，前者是指所提供的未来信息估计误差不宜过大，必须控制在决策者可以接受的一定可信区间内；后者是指信息的透明度必须达到一定标准，不至于导致决策者产生误解。前者规范的是管理会计信息内在质量的可信性，后者规范的是管理会计信息外在形式上的可信性。只有同时具备可靠性和可理解性的信息，才可以信赖并可能加以利用。

必须注意的是，不能将管理会计提供的未来信息应当具备的可靠性与财务会计提供的历史信息应具备的准确性、精确性或者真实性混为一谈。

(4) 及时性原则。及时性原则要求规范管理会计信息的提供时间，讲求时效，在尽可能短的时间内，迅速完成数据收集、处理和信息传递，确保有用的信息得到及时利用。不能及时发挥作用的、过时的管理会计信息，从本质上看也是没有用处的。管理会计强调的及时性,其重要程度不亚于财务会计所看重的真实性、准确性。

(5) 重要性原则。虽然管理会计并不需要像财务会计那样,利用重要性原则来修订全面性原则,但也强调对信息处理的方法,分项单独说明。对次要事项,可以简化处理,合并反映;对无足轻重或不具有相关性的事项,甚至可以忽略不计。贯彻重要性原则,必须考虑到成本-效益原则和决策有用性原则的要求;同时它也是实现及时性的重要保证。

(6) 灵活性原则。尽管管理会计十分讲求工作的程序化和方法的规范化,但必须增强适应能力,根据不同任务的特点,主动采取灵活多变的方法,提供不同信息,以满足企业内部各方面管理的需要,从而体现灵活性原则的要求。

**3. 管理会计的基本原则与基本假设的关系**

如果说管理会计的基本假设是组织管理会计工作的必备前提,是实现管理会计基本原则的根本出发点的话,那么,管理会计的基本原则就是在基本假设的基础上对管理会计工作质量(尤其是对信息质量)所提出的具体要求。

当然,无论是管理会计的基本假设,还是管理会计的基本原则,都必须服从于管理会计的总体目标。

## 1.3 管理会计的职能和方法体系

### 1.3.1 管理会计的职能

管理会计是一项具体的会计活动,也是一种管理行为。因此,管理会计的职能是管理和会计两种职能的继承和发展。

从管理方面而言,一般认为现代企业的管理活动具有决策、计划、组织、指挥、控制、协调等基本职能。这些职能的完成,需要有一个管理信息系统。可以认为,管理会计是这个管理信息系统的组成部分,并承担其中一部分职能。

从会计方面而言,会计活动在长期实践中逐渐具备了对生产过程的事后反映和定期监督两种职能。完成这些职能是通过财务信息系统来实现的。但是,只能单纯事后反映和监督的财务信息系统远远不能满足管理实践对事前、事中管理的需要,因此需要有一种能够在事前、事中对企业生产经营活动进行核算、控制的会计手段。由于这种客观需要,管理会计应运而生,承担着事前、事中会计管理的职能。

正是管理会计的两重性,使得管理会计的基本职能成为会计职能和管理职能的综合与发展。因此,管理会计的基本职能是对企业经营活动进行的规划(未来)、控制(现在)与评价(过去)。

**1. 规划职能**

规划职能就是充分使用财务会计信息及有关其他信息,对企业经营活动产生的结果进行预测。同时,在预测的基础上,对若干备选方案进行决策分析,帮助管理者做出正确、合理的选择，并确定未来的经营目标和经营活动。

**2. 控制职能**

控制职能就是根据规划阶段的各项目标，采取各种控制措施，保证预期目标的实现，如采用编制全面预算（也可以认为是规划，实际上是介于规划与控制的过渡阶段）、制定标准成本、进一步落实经济责任制、实行责任会计等方法，对日常的经营活动进行对比分析，采取适当的措施修正不利影响，达到控制的目的。

**3. 评价职能**

评价职能就是根据企业和下属责任单位所提供的业绩报告和预算执行情况评价与考核其日常经营活动是否按预期目标去完成，其业绩和成果如何，确定它们的经济责任和相应的奖惩，并在评价与考核的过程中，把发现的有关问题反馈给有关部门，落实经济责任制。

在以上职能中，由于评价这一职能也可以在日常工作的执行过程中开展，与控制职能融合为一体，所以也有人把管理会计的基本职能划分为规划与控制两大职能，这也是公认的。

### 1.3.2 管理会计的方法体系

管理会计方法是从管理会计实践中总结出来的，用来发挥管理会计的职能和作用，进而实现管理会计目标的手段和技术。随着社会经济和科学技术的发展，管理会计职能不断拓展，管理会计方法也相应得到了改进和革新，并经历了一个由简单到复杂的发展过程。现在，管理会计已形成一个相对科学、完善的方法体系。根据管理会计的职能和内容，这种方法体系由以下两大类构成。

**1. 会计规划方法**

会计规划方法是指管理会计为企业管理者规划企业未来的生产经营活动而服务的一系列方法，大体分为以下三类。

1）预测分析方法

预测分析方法包括定量分析法和定性分析法。

（1）定量分析法，按其具体做法的不同，又可分为：①趋势预测分析法，如移动加权平均法、指数平滑法、回归分析法等；②因果预测分析法，如投入产出法、本量利分析法等。

（2）定性分析法，如调查分析法、判断分析法等。

2）决策分析方法

决策分析方法按照决策的内容，可归纳为两类。

（1）短期决策方法，也叫经营决策方法，根据决策的具体内容，主要包括：①生产决策方法，如差量分析方法、本量利分析法、边际贡献分析法、经济批量法、线性规划法、概率分析法等；②定价决策分析方法，如市场定价法、成本加成法、边际贡献定价法等；③存货决策方法，如经济订货量法、订货点法、ABC 分析法等。

（2）长期投资决策方法，如投资回收期法、投资报酬率法、净现值法、现值指数法、内含报酬率法等。

3）预算编制方法

预算编制方法包括综合平衡法、固定预算法、弹性预算法、零基预算法、滚动预算法等。

**2. 会计控制方法**

会计控制方法是指管理会计为企业管理者分析、评价和控制企业过去、现在与未来的生产经营活动服务的一系列方法，主要包括以下方法。

（1）成本控制法，如标准成本法、价值工程控制法、差异分析法等。

（2）责任会计方法，如责任中心划分法、预算编制方法、内部转移定价法、内部结算方法和业绩考评方法等。

## 本章练习题

**一、名词解释**

管理会计　规划与决策会计　控制与业绩评价会计　多层主体假设　理性行为假设　合理预期假设　充分占有信息假设　最优化原则　效益性原则　决策有用性原则　及时性原则　重要性原则　灵活性原则　规划职能　控制职能　评价职能

**二、判断题**

1. 在广义管理会计的范围内，管理会计既包括财务会计，又包括成本会计和财务管理。（　）

2. 管理会计是以提高经济效益为最终目的的会计信息处理系统。（　）

3. 管理会计的最终目标是提高企业的经济效益。（　）

4. 管理会计与财务会计对企业的经营活动及其他经济事项的确认标准是一致的、相同的。（　）

5. 管理会计的计量基础不是历史成本，而是现行成本或未来现金流量的现值。（　）

6. 管理会计与财务会计相比，管理会计的职能倾向于对未来的预测、决策和规划；财务会计的职能侧重于核算和监督。（　）

7. 管理会计既要提供反映企业整体情况的资料，又要提供反映企业内部各责任单位经营活动情况的资料；财务会计以企业为会计主体，提供反映整个企业财务状况、经营成果和资金变动的会计资料。（　）

8. 正确的信息必然精确，而精确的信息未必正确。（　）

9. 在准确性和及时性之间，管理会计更重视准确性，以确保信息的质量。（　）

10. 管理会计人员不得从事道德上有害于其履行职责的活动，不得收受任何馈赠、赠品或宴请。（　）

11. 现金流动具有最大的综合性和敏感性，可以在控制、决策、预测控制、考核、评价等各环节发挥积极作用。（　）

12. 分析分为定量分析和定性分析。（　）

13. 管理会计受会计准则、会计制度的制约，同时企业也可根据管理的实际情况和需要确定。（　）

14. 机会成本、边际成本、边际收益是管理会计常用的概念。（　）

15. 战略管理会计是与企业战略管理密切联系的。它运用灵活多样的方法收集、加工、

整理与战略管理相关的各种信息，并据此协助企业管理层确立战略目标、进行战略规划并评价企业的管理业绩。　　(　　)

16. 管理会计提交报告的对象局限于企业内部各管理层次。　　(　　)

17. 管理会计的计量基础不是历史成本，而是现行成本或未来现金流量。　　(　　)

**三、单项选择题**

1. 下列项目中，不属于管理会计基本职能的是(　　)。

A. 规划经营方针　　B. 参与经营决策

C. 控制经济过程　　D. 核算经营成果

2. 管理会计工作(　　)。

A. 具有统一性和规范性　　B. 必须遵循公认会计原则

C. 结构松散、程序性较差　　D. 方法单一

3. 能够作为管理会计原始雏形的标志之一，并于20世纪初在美国出现的是(　　)。

A. 责任会计　　B. 预测决策会计

C. 科学管理理论　　D. 标准成本计算制度

4. 管理会计的服务侧重于(　　)。

A 股东　　B. 外部集团

C. 债权人　　D. 企业内部的经营管理

5. 下列(　　)项目属于管理会计的内容。

A. 管理会计职责的分派

B. 协调会计与其他业务

C. 授权并决定集权或分权制

D. 招募、训练、发展各个职责范围的员工

6. 下列说法中不正确的是(　　)。

A. 灵活的信息分类能更好地适应不同的管理要求，增加管理所需的信息数量

B. 及时的信息，有利于正确的决策

C. 过时的信息，会导致决策失误

D. 简明性需求不论在内容上还是形式上都应简单明确，易于理解

7. 下列说法正确的是(　　)。

A. 管理会计是经营管理型会计，财务会计是报账型会计

B. 管理会计是报账型会计，财务会计是经营管理型会计

C. 管理会计为对内报告会计

D. 财务会计为对内报告会计

8. 管理会计不要求(　　)的信息。

A. 相对精确　　B. 及时

C. 绝对精确　　D. 相关

9. 管理会计与财务会计的关系是(　　)。

A. 起源相同、目标不同　　B. 目标相同、基本信息同源

C. 基本信息不同源、服务对象交叉　　D. 服务对象交叉、概念相同

10. 管理会计人员的职业道德标准的构成是(　　)。

A. 技能、独立、客观、保密
B. 技能、公正、客观、廉正
C. 公正、客观、廉正、保密
D. 技能、保密、廉正、客观

11. 下列（　　）项目不属于管理会计的基本假设。

A. 会计实体、会计分期假设
B. 资金时间价值、风险价值可计量假设
C. 成本性态可分、成本与市价孰低假设
D. 持续运作、目标利润最大化假设

12. 现代预算以（　　）为基础编制。

A. 静态预算
B. 动态预算
C. 现金流量
D. 资金时间价值

13. 下列（　　）概念不是建立在成本性态可分假设之上的。

A. 边际贡献
B. 完全成本
C. 本量利分析
D. 标准成本差异分析

14. “价值差量论”认为管理会计研究的“差量”问题不包括（　　）。

A. 数量差量
B. 价值差量
C. 实物差量
D. 劳动差量

15.（　　）是对管理会计对象运行基本方式的规定，即企业以及各级责任单位的生产经营和筹资、投资活动将无限期地延续下去。

A. 目标利润最大化假设
B. 风险价值可计量假设
C. 持续运作假设
D. 会计分期假设

16.（　　）是指一切成本都可以按其性态划分为固定成本和变动成本。

A. 资金时间价值假设
B. 成本性态可分假设
C. 会计实体假设
D. 会计分期假设

17. 管理会计提供信息的质量特征中，（　　）是指管理会计所提供的信息应该具有对决策有影响或对预期产生结果有用的特征。

A. 相关性
B. 客观性
C. 灵活性
D. 及时性

18. 管理会计提供信息的质量特征中，（　　）是指同一企业不同时期应使用相同的规则、程序和方法，其目的在于使企业本身各个年度的管理会计信息能够相互可比。

A. 相关性
B. 准确性
C. 一贯性
D. 及时性

**四、多项选择题**

1. 下列项目中，可以作为管理会计主体的有（　　）。

A. 企业整体
B. 分厂
C. 车间
D. 班组
E. 个人

2. 下列关于管理会计的叙述中正确的是（　　）。

A. 工作程序性较差
B. 可以提供未来信息
C. 以责任单位为主体
D. 必须严格遵守公认会计原则

E. 重视管理过程和职工的作用

3. 现代管理会计的主要特点体现在(　　)。

A. 同时兼顾企业生产经营的整体和局部

B. 侧重为企业内部的经营管理服务

C. 广泛地应用数学方法

D. 方式方法更为灵活多样

E. 注重历史描述

4. 下列各项中,属于管理会计与财务会计的区别的是(　　)。

A. 会计主体不同　　B. 基本职能不同

C. 工作依据不同　　D. 具体工作目标不同

E. 方法及程序不同

5. 管理会计的基本职能包括(　　)。

A. 计划　　B. 评价　　C. 控制

D. 确保资源的有效利用　　E. 报告

6. 简明性要求(　　)。

A. 凡是对管理者作出某种判断或者评价有重要影响的信息,必须详细提供

B. 凡是对管理者作出某种判断或者评价没有重要影响的信息,可以合并提供

C. 凡是对管理者作出某种判断或者评价没有重要影响的信息,可以提供

D. 无论对管理者作出某种判断或者评价有无重要影响的信息,可以提供

E. 所有信息均应简化提供

7. 预测包括(　　)项目。

A. 销售预测　　B. 成本预测　　C. 利润预测

D. 资金需要量预测　　E. 存货预测

8. 经营决策包括(　　)项目。

A. 投资决策　　B. 定价决策　　C. 产品组合决策

D. 生产组织决策　　E. 产品品种决策

9. 管理会计应向各级管理人员提供(　　)。

A. 与计划、评价和控制企业经营活动有关的各类信息

B. 历史信息和未来信息

C. 与维护企业资产安全、完整及资源有效利用有关的各类信息

D. 与股东、债权人及其他企业外部利益关系者决策有关的信息

E. 经营管理者所需要的全部信息

10. 下列说法中正确的是(　　)。

A. 相关性是就特定目标而言的

B. 相关性强调各信息用户的目标与整个组织的最高管理当局的目标之间的一致性与和谐性

C. 对某一决策目的是相关的信息,对另一决策目的则不一定相关

D. 相关性与可靠性没有必然联系

E. 相关性与可靠性有十分密切的联系

11. 管理会计的基本假设包括(    )。

A. 会计实体假设  B. 持续运作假设
C. 会计分期假设  D. 资金时间价值假设
E. 风险价值可计量假设

12. 管理会计所提供的信息必须具有(    )质量特征。

A. 相关性  B. 准确性  C. 一贯性
D. 客观性  E. 成本效益平衡性

13. 狭义管理会计的核心内容为(    )。

A. 以企业为主体活动
B. 为企业管理当局的目标服务
C. 是一个信息系统
D. 为股东、债权人、制度制定机构及税务等非管理机构服务
E. 以市场为主体活动

14. 广义管理会计的核心内容是(    )。

A. 以企业为主体展开活动
B. 为企业管理者的目标服务,同时也为股东、债权人、制度制定机构及税务部门等非管理机构服务
C. 是一个信息系统,包括用来解释实际计划所必需的货币性和非货币性信息
D. 既包括财务会计,又包括成本会计和财务管理
E. 以市场为主体活动

15. 资金时间价值假设是(    )。

A. 管理会计预测决策的基础
B. 管理会计控制的基础
C. 管理会计预算编制的重要基础
D. 持等量货币在不同时间点上具有不同的价值
E. 管理会计决策的基础

16. 理论界对管理会计的对象有(    )观点。

A. 现金流动论  B. 价值差量论  C. 资金总运动论
D. 信息论  E. 系统论

17. 在以成本控制为基本特征的管理会计阶段,对管理会计形成较大影响的理论学派有(    )。

A. 官僚学派  B. 科学管理学派  C. 凯恩斯主义学派
D. 行政管理学派  E. 供给学派

18. 在以成本控制为基本特征的管理会计阶段,管理会计的主要内容包括(    )。

A. 标准成本  B. 预算控制  C. 预算
D. 决策  E. 差异分析

19. 在以预测、决策为基本特征的管理会计阶段,管理会计的主要内容包括(    )。

A. 预算  B. 控制  C. 预测
D. 考核和评价  E. 决策

20. 管理会计的基本假设包括(　　)。

A. 会计实体假设　　B. 持续运作假设
C. 会计分期假设　　D. 资金时间价值假设
E. 成本性态可分假设　　F. 目标利润最大化假设
G. 风险价值可计量假设

21. 管理会计的基本职能包括(　　)。

A. 计划　　B. 评价　　C. 控制
D. 确保资源的有效利用　　E. 报告

**五、简答题**

1. 简述管理会计与财务会计的区别。
2. 简述管理会计与财务会计的联系。
3. 简述广义管理会计的内容。
4. 简述狭义管理会计的内容。
5. 简述管理会计的职能。

**六、案例分析题**

**戴尔公司的管理智慧**

戴尔公司利用技术和信息将计算机价值链上的供应商、生产商和顾客的流程垂直地联合起来。公司的创立者迈克尔·戴尔认为,这种做法会使戴尔公司获得更高的生产效率和更大的盈利能力。此外,他认为“实质性联合”的公司将会成为信息时代的组织模型。对市场而言,价值链上的所有组织就像是一个整体。

供应商为计算机生产零部件。戴尔公司将供应商的送货与生产计划协调起来。供应商生产的零部件只有在需要时才直接送到车间,而不是送到仓库,也不需要经过卸货、检查、储存、领用等环节。这就需要供应商和购买者的信息和计划能够持续分享。

索尼公司为戴尔公司的计算机提供显示屏。但是,显示屏在发送给顾客之前并不送到戴尔公司,而是由 Airborne Express 或 UPS 同需要发送的计算机一起包装,并一起发送给顾客。

戴尔公司重视提高产品的价值和减少顾客的成本,例如伊士曼化学公司和波音公司。伊士曼化学公司的计算机需要专业化程度很高的软件,如果在收到计算机送货后再安装这种软件,那么每台计算机需要的花费超过200美元。为了减少顾客的成本,戴尔公司在组装计算机时就为每台计算机安装这种专业软件,其安装费用只有15～20美元。

波音公司拥有100 000台戴尔计算机,戴尔公司则有30名员工常驻波音公司。“我们看起来更像是波音公司的计算机部门。”戴尔说,他注意到戴尔公司已经密切参与到波音公司的计算机需求计划和网络计划之中。

**请分析:**本案例说明了哪些管理思想和管理方法在决策中的应用。

# 第2章
# 成本性态分析和变动成本法

## 本章学习目的

通过本章的学习，掌握对成本按性态和决策相关性进行划分的方法；理解固定成本、变动成本和混合成本的定义、分类和相关范围，以及混合成本分解的三种方法；掌握变动成本法的应用过程及优缺点。

## 本章学习目标

1. 掌握成本性态的含义；
2. 掌握变动成本与固定成本的含义；
3. 掌握混合成本的分解方法；
4. 掌握变动成本法的含义；
5. 掌握变动成本法与完全成本法的区别；
6. 掌握边际贡献的概念及计算。

## 引导案例

### 制药厂的成本

2020年3月12日某医药工业公司财务科科长，根据本公司各制药厂的会计年报及有关文字说明，写了一份公司年度经济效益分析报告送交总经理室。总经理阅后对报告中提到的两个制药厂的情况颇感困惑：一个是专门生产输液材料的甲制药厂，另一个是生产制药原料的乙制药厂。甲制药厂2018年产销不景气，库存大量积压，贷款不断增加，资金频频告急。2019年该厂对此积极应对，一方面适量生产，另一方面想方设法广开渠道，扩大销售，减少库存。但报表上反映的利润2019年却比2018年下降。乙制药厂情况则相反，2019年市场不景气，销售量比2018年下降，年度财务决算报表几项经济指标，除资金外，都比上年好。被总经理这么一提，公司财务科长也觉得有问题，于是他将这两个厂交上来的企业内部使用的有关报表和财务分析拿出来进行进一步研究。

甲制药厂的有关资料如表2-1所示。

表 2-1　甲制药厂利润表

| 项　　目 | 2018年 | 2019年 |
| --- | --- | --- |
| 销售收入/元 | 1 855 000 | 2 597 000 |
| 减:销售成本/元 | 1 272 000 | 2 233 162 |
| 销售费用/元 | 85 000 | 109 000 |
| 净利润/元 | 498 000 | 254 838 |
| 库存资料/瓶 | | |
| 在制品 | | |
| 期初存货数 | 16 000 | 35 000 |
| 本期生产数 | 72 000 | 50 400 |
| 本期销售数 | 53 000 | 74 200 |
| 期末存货数 | 35 000 | 11 200 |
| 期末在制品 | — | — |
| 单位售价/元 | 35 | 35 |
| 单位成本/元 | 24 | 30.11 |
| 其中: | | |
| 材料 | 7 | 7 |
| 工资 | 4 | 5.71 |
| 燃料和动力 | 3 | 3 |
| 制造费用 | 10 | 14.40 |

工资和制造费用,两年分别为288 000元和720 000元。销售成本采用后进先出法。

该厂在分析其利润下降原因时,认为这是生产能力没有充分利用,工资和制造费用等固定费用未能得到充分摊销所致。

乙制药厂的有关资料如表2-2所示。

表 2-2　乙制药厂利润表

| 项　　目 | 2018年 | 2019年 |
| --- | --- | --- |
| 销售收入/元 | 1 200 000 | 1 100 000 |
| 减:销售成本/元 | 1 080 000 | 964 700 |
| 销售费用/元 | 30 000 | 30 000 |
| 净利润/元 | 90 000 | 105 300 |
| 库存资料/瓶 | | |
| 期初存货数 | 100 | 100 |
| 本期生产数 | 12 000 | 13 000 |
| 本期销售数 | 12 000 | 11 000 |
| 期末存货数 | 100 | 2 100 |

续表

| 项　　目 | 2018年 | 2019年 |
|---|---|---|
| 期末在制品 | — | — |
| 单位售价/元 | 100 | 100 |
| 单位成本/元 | 90 | 87.70 |
| 其中: | | |
| 材料 | 50 | 50 |
| 工资 | 15 | 13.85 |
| 燃料和动力 | 10 | 10 |
| 制造费用 | 15 | 13.85 |

工资和制造费用,两年平均分别约180 000元。销售成本也采用后进先出法。

该厂在分析其利润上升的原因时,认为这是他们在市场不景气的情况下,为保证国家利润不受影响,全厂职工一条心,充分利用现有生产能力,增产节支的结果。

**要求:**

(1) 甲制药厂和乙制药厂的分析结论对吗? 为什么?

(2) 如果你是公司财务科长,你将得出什么结论? 如何向你的经理解释?

## 2.1 成本的分类和性态分析

### 2.1.1 成本的分类

成本是衡量企业经营管理水平和经济效益的重要指标,它是企业为生产和销售产品所支出的费用总和。对成本的研究是管理会计中一个极其重要的内容。本节将从不同角度对成本加以分类,并着重阐述如何按照成本性态将企业的完全成本项目划分为固定成本和变动成本两大类,同时介绍混合成本的分解方法,系统阐述变动成本下损益的计算方法。通过对此部分内容的学习,有助于管理者对企业未来的生产经营活动进行科学的规划和控制。

成本是企业为生产和经营产品所支出的费用总和,是衡量一个单位的经营管理水平和经济效益的一项综合性指标。为了满足经营管理工作的多种需要,在实际工作中,可以从不同角度对成本进行分类。

#### 1. 成本按经济用途分类

成本按经济用途进行分类,在商业企业、制造业企业和服务业企业稍有不同。

1) 在商业企业中,成本按经济用途的分类

在商业企业,成本按其经济用途可以分为商品流通的进价成本和期间费用。其中,期间费用还可以分为经营费用、管理费用和财务费用。

(1) 商品的进价成本。对于一般纳税企业而言,国内购进商品的进价成本,包括购进商

品的原进价和购入环节缴纳的税金。原进价是指供货单位发货票上所列价格。税金是指企业收购不含税农副产品时支付的税金。

国外购进商品的进价成本是指进口商品在到达目的地港口以前发生的各种支出。一般包括进口商品的国外进价(到岸价格)、进口报关时应缴纳的关税、购进外汇价差等。

对于小规模纳税企业而言,还包括购进环节及进口时缴纳的增值税。

(2) 经营费用。经营费用是指企业在整个经营环节所发生的各种费用,包括由企业负担的运输费、装卸费、整理费、包装费、保险费、差旅费、展览费、保管费、检验费、中转费、劳务手续费、广告费、商品损耗、进出口商品累计佣金、经营人员的工资及福利费等。

按费用发生的环节,经营费用又可分为进货费用、储存费用和销售费用等。进货费用是指商品、物资从采购到验收入库发生的各项费用,如运输费、装卸费、整理费、包装费、保险费、差旅费等;储存费用是指商品、物资入库后到出库前发生的各种费用,如保管费、检验费、中转费、商品损耗等;销售费用是指商品、物资在销售过程中发生的费用,如广告费、展览费、包装费、差旅费、代销手续费等。

(3) 管理费用。管理费用是指企业行政管理部门为管理和组织商品经营活动而发生的各项费用,包括由企业统一负担的管理人员工资及职工福利费、职工待业保险费、业务招待费、技术开发费、董事会会费、工会经费、职工教育经费、劳动保险费、涉外费、租赁费、咨询费、诉讼费、商标注册费、技术转让费、低值易耗品摊销、折旧费、无形资产摊销(不含自行开发的无形资产)、修理费、开办费摊销、审计费等。

(4) 财务费用。财务费用是指企业为筹集资金而发生的各项费用,包括企业经营期间发生的利息支出、外汇调剂手续费、加息、支付金融机构手续费等。这里的利息净支出,包括银行借款的利息净支出,发行普通债券的利息净支出,以及发行的可转换债券在转换为股本之前支付的利息。

2) 在制造业企业中,成本按经济用途的分类

在制造业企业,成本按其经济用途可以分为生产成本和期间费用。其中,期间费用又可以分为管理费用、销售费用和财务费用。

制造业企业的管理费用、财务费用的内容,与商业企业及两项费用的内容基本相同。只是在制造业企业中,上述经营费用中的进货费用和储存费用在会计期末是计入存货成本而不从当期利润中扣除的,这是商业企业与制造业企业在成本概念内涵上的一个重要区别。生产成本和期间费用的具体内容如图2-1所示。

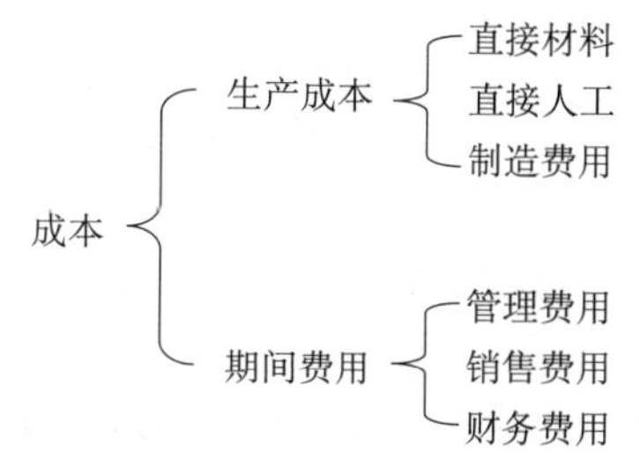


**图2-1 成本按经济用途的分类**

(1) 生产成本。生产成本又称制造成本,通常指直接材料、直接人工以及制造费用。

直接材料是指为生产产品而耗用的原材料、辅助材料、备品备件、外购半成品、燃料、动力、包装物，以及其他直接材料；直接人工是指企业直接从事产品生产人员的工资、奖金、津贴和补贴；制造费用是指企业各个生产单位(包括分厂、车间)为组织和管理生产所发生的生产单位管理人员工资、职工福利费、生产单位房屋建筑物、机器设备等的折旧费、租赁费(不包括融资租赁费)、修理费、机物料消耗、低值易耗品摊销、取暖费、水电费、办公费、差旅费、运输费、保险费、设计制图费、试验检验费、劳动保护费、季节性生产和修理期间的停工损失，以及其他制造费用。

(2) 销售费用。销售费用是指企业在销售产品、自制半成品和提供劳务等过程中发生的各项费用，以及专设销售机构的各项经费，包括应由企业负担的运输费、装卸费、包装费、保险费、委托代销手续费、广告费、展览费、租赁费(不含融资租赁费)和销售服务费用，销售部门人员工资、职工福利费、差旅费、办公费、折旧费、修理费、物料消耗、低值易耗品摊销，以及其他经费。

3) 在服务业企业中，成本按经济用途的分类

在服务业企业中，成本按其经济用途可以分为人工成本和期间费用。人工成本主要是支付给企业员工的工资、奖金、津贴和补贴。期间费用主要有办公地点的房屋建筑物的租金和折旧费用，以及维持企业正常运作的水、电和办公费用等一些正常开支。

成本按经济用途进行分类，能够反映产品成本的结构，便于对发生的成本进行分析和考核，分析成本升降的原因，寻求降低成本的途径。但这种分类不能从数量上反映成本和产销(业务)量的内在联系，不能为企业的经营决策提供更相关的成本资料，也不便于事前的预测和控制。所以，为了预测、决策和控制，在管理会计中必须按成本性态(即成本与业务量的关系)对成本进行分类。

### 2. 成本按其与业务量的关系分类

成本按其与业务量的关系，可以分为变动成本、固定成本和混合成本。

变动成本是指随业务量变动而成正比变动的有关费用，如商品的购进原价、运输费等。

固定成本是指不随业务量变动而变动的相对稳定的费用，如办公费、差旅费、广告样品费等。

混合成本是指部分固定和部分变动的费用。随着业务量的变动，混合成本也会发生变动，但不成正比例变动，如运输设备的维护、保养费等。

### 3. 成本按决策相关性分类

按是否与决策相关，成本可以分为相关成本与无关成本两类。

相关成本，顾名思义就是与决策有关联关系的成本，也就是在进行决策分析时必须认真考虑并加以计量的各种形式的未来成本，如后面将要讲到的付现成本、差量成本、机会成本、边际成本、专属成本、可递延成本等。

无关成本则是指过去已经发生，或者虽发生但对决策没有影响，因而在进行决策分析时无须加以考虑的各种成本，如后面将讲到的沉没成本、历史成本、不可递延成本、共同成本等。

需要指出的是，某项成本到底属于相关成本还是无关成本，必须结合具体的决策来分

析，抛开决策内容而论成本的相关性是没有意义的。换句话说，成本的无关性是相对的，相关性是绝对的。

### 2.1.2 成本性态分析

成本性态又称成本习性、成本特性，它是指成本与业务量之间的依存关系，即成本如何随着业务量的变动而产生不同的变动。因为这种依存关系是客观存在的，所以称为性态、习性或特性。成本性态是管理会计学中最基本和最重要的成本分类标志之一。

这里的成本是指企业为取得营业收入而付出的制造成本和非制造成本，即它不仅包括产品的全部生产成本，还包括企业的销售费用和管理费用等构成的期间成本。

这里的业务量是指企业在一定的生产经营期内投入或完成的经营工作量的通称，可用多种计量单位来表示。业务量包括绝对量和相对量两大类。其中，绝对量可细分为实物量、价值量和时间量三种形式；相对量可以用百分比和比率等形式来反映。具体使用什么计量单位，应视管理要求和现实可能而定。业务量是企业生产活动的业务基础，可以是产品产量、人工小时、机器工作小时、销售量等。在研究成本性态时，应选择与所考察的成本存在着最直接联系的业务量。

成本性态分析，就是研究成本与业务量之间的依存关系，考察不同类别的成本和业务量之间的特定数量关系，把握业务量的变动对于各类成本变动的影响。可见，成本性态分析也就是将成本按其与业务量的关系进行适当的分类，这个问题在前面已经提到，在本节将详细说明。

**1. 变动成本**

凡成本总额随业务量总数的增减呈正比例变动的成本称为变动成本。外国企业把直接材料、直接人工都划属于变动成本，我国工业企业中直接用于产品生产的原材料、辅助材料、燃料、加工费用等也属于变动成本。变动成本的总额，随业务量的增减而成正比例增减，发生同方向变动，但就单位产品变动成本而言，变动成本是固定不变的。

**【例 2-1】** 说明一明公司变动成本总额和单位变动成本之间的数量特点。

**解：**假设一明公司加工毛料西服，每套服装需用毛料200元，根据其生产情况，设每套服装毛料成本(即单位变动成本)为$b$，产量为$x$套，那么该厂生产该种服装的毛料总成本为$bx$，它们的关系如表2-3所示。

表 2-3 一明公司西服产量和所需毛料成本资料

| 西服产量 $x$/套 | 每套西服毛料成本 $b$/元 | 全部西服毛料变动成本总额 $bx$/元 |
|---|---|---|
| 100 | 200 | 20 000 |
| 200 | 200 | 40 000 |
| 300 | 200 | 60 000 |
| 400 | 200 | 80 000 |
| 500 | 200 | 100 000 |

将表 2-3 中西服产量和所需毛料成本之间的关系用图形表示，如图 2-2 所示。

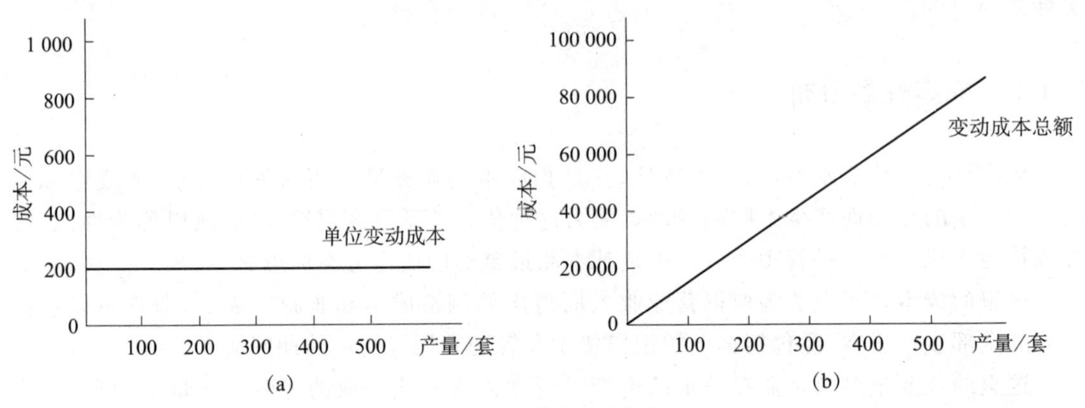


**图 2-2　变动成本的性态**

由图 2-2 可以看出，单位产品的变动成本是不变的(变动成本总额的斜率为常数，单位变动成本为水平线)。所以，要想降低变动成本，主要应从技术革新和技术改造，降低单位产品内的材料消耗和工资含量入手。

## 2. 固定成本

凡成本总额在一定时期和一定业务量范围内，不随业务量的变化而保持固定不变的成本，均叫作固定成本。如按直线法计提的固定资产折旧、厂房设备租金、管理人员工资、车间管理费等。固定成本是相对于产品总量而言的，就单位产品中固定成本来看，却是随产量变化而朝反方向变化的，即业务量增加，单位固定成本减少。

**【例 2-2】** 仍以例 2-1 一明公司为例，说明该公司固定成本总额和单位固定成本之间的数量特点。

**解：**假定该公司每月生产西服最大产量为 500 套，月固定成本总额 $a$ 为 10 000 元，则单位产品固定成本为 $a/x$，其中 $x$ 为西服的月产量(套)，其数量关系如表 2-4 所示。

**表 2-4　一明公司西服月产量和所需固定成本资料**

| 西服月产量 $x$/套 | 月固定成本总额 $a$/元 | 单位固定成本 $a/x$/(元/套) |
|---|---|---|
| 100 | 10 000 | 100.0 |
| 200 | 10 000 | 50.0 |
| 300 | 10 000 | 33.3 |
| 400 | 10 000 | 25.0 |
| 500 | 10 000 | 20.0 |

将表 2-4 中月固定成本总额和单位固定成本的关系用图形表示，如图 2-3 所示。

由图 2-3 可以看出，当西服产量在 500 套以内时，固定成本总额是不变的，而单位产品成本中所包含的固定成本，则随着产量的增加而降低。由此可见，在固定成本总额不变的条件下，增加产品产量可以降低单位产品成本中的固定成本，这也正是规模产量带来的好处。

固定成本通常还可以进一步分为约束性固定成本和酌量性固定成本两类。

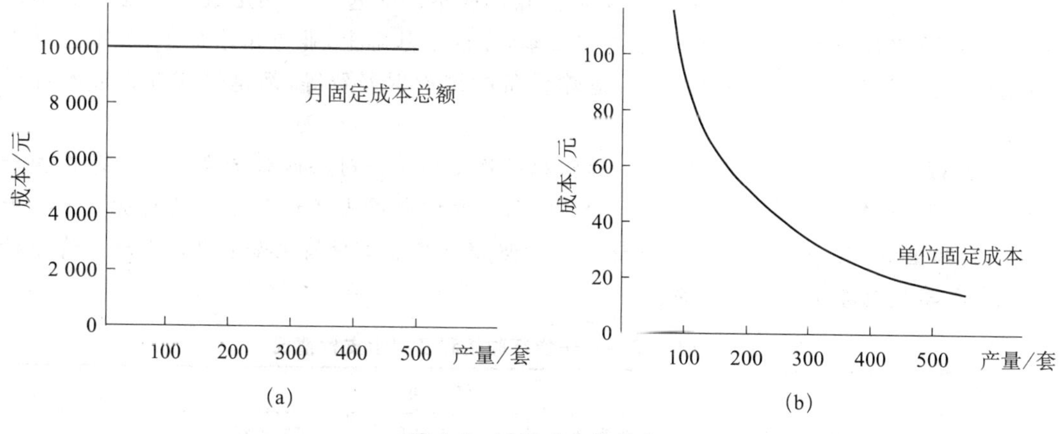


**图 2-3　固定成本的性态**

约束性固定成本主要属于经营能力成本，它是指与企业经营活动的形成及其正常维护直接相联系的成本，管理者一般不能改变其数额大小。如厂房与机器设备的折旧、保险费、财产税、租金、管理人员薪金等。这些费用是企业经营能力已经形成且必须负担的最低成本，具有很大的约束性。因此，降低约束性固定成本，只有从合理利用生产能力，尽量提高产品产量，从而减少单位固定成本方面入手。

酌量性固定成本是指管理者通过其决策可改变其数额的固定成本，一般通过高层领导的预算额确定，主要包括产品研究开发费、广告费、职工培训费等项目。这些成本的数额一般在每个会计年度开始前，通过斟酌计划期间财务状况和经营的需要而确定。因此，降低酌量性固定成本，还可以从精打细算、厉行节约、减少其开支总额入手。

从对变动成本和固定成本分析来看，我们所说的变动成本和固定成本，是就其成本总额而言的；而从单位变动成本和单位固定成本而言，恰恰单位变动成本是固定的，而单位固定成本是变动的。这是我们需要注意的。

另外，还要注意，变动成本和固定成本就其总额来看，它是与业务量成正比例变化，还是不随业务量发生变化，都应在一定的相关范围之内。所谓相关范围，指的是一定时间、一定业务量的双重含义。

由此可见，按成本性态把成本分为变动成本和固定成本，是建立在以下两个假设前提下的：一是变动成本反映的是线性关系；二是固定成本总额只能在相关范围内保持不变。

如例 2-1，从固定成本看，一明公司目前的最大生产能力是 500 套服装，如果生产 700 套服装，就需要增加设备，势必要增加固定成本。再如，在物价上涨的情况下，即使产量仍为 500 套，由于时间发生变化，固定成本也会发生变动。像最大生产量 500 套、物价不上涨等，都是我们所说的相关范围。

有些行业中，变动成本总额与业务量之间的变动比例也存在一定的相关范围。在相关范围内，变动成本总额与业务量发生正比例变化；在相关范围外，变动成本总额与业务量则不一定成正比例变动关系。这种现象在化工行业的产品中比较突出。

### 3. 混合成本

混合成本是指随着业务量的增减变动，其总额虽然也相应地发生变化，但变动的幅度并不同,业务量的变动保持严格的正比例关系。混合成本同时包含了固定成本与变动成本两种因素。它通常有一个初始量,类似于固定成本,在这个基础上,业务量增加了,成本总额也相应增加,类似于变动成本。如保管费、运输设备的维护保养费等,都是带有混合成本性质的费用。

**【例 2-3】** 一明公司租用送货卡车一辆,租约规定租金同时按两种标准计算。每季支付租金 1 200 元,卡车行驶每千米支付租金 1.20 元。设该公司当年送货卡车共行驶 3 800 千米,共支付租金 9 360 元。该公司各季送货行驶里程及租金支付情况如表 2-5 所示。请分析混合成本与季度业务量之间的关系。

**表 2-5 一明公司各季送货行驶里程及租金支付情况**

| 项 目 | 时 间 | | | | |
|---|---|---|---|---|---|
| | 第一季度 | 第二季度 | 第三季度 | 第四季度 | 合 计 |
| 里程/千米 | 800 | 750 | 950 | 1 300 | 3 800 |
| 固定租金/元 | 1 200 | 1 200 | 1 200 | 1 200 | 4 800 |
| 变动租金/元 | 960 | 900 | 1 140 | 1 560 | 4 560 |
| 成本合计/元 | 2 160 | 2 100 | 2 340 | 2 760 | 9 360 |

**解:**根据表 2-5 的有关数据,可将混合成本与季度业务量之间的关系用图 2-4 表示。

从图 2-4 可以看出,无论卡车送货还是不送货,也无论行驶里程多少,季度成本都以 1 200 元为起点,即必须交纳 1 200 元,这一部分是固定的,即固定成本部分。当卡车送货里程增加时,成本额也随之增加,即图中所画斜线,这一部分是变动的,即变动成本部分。

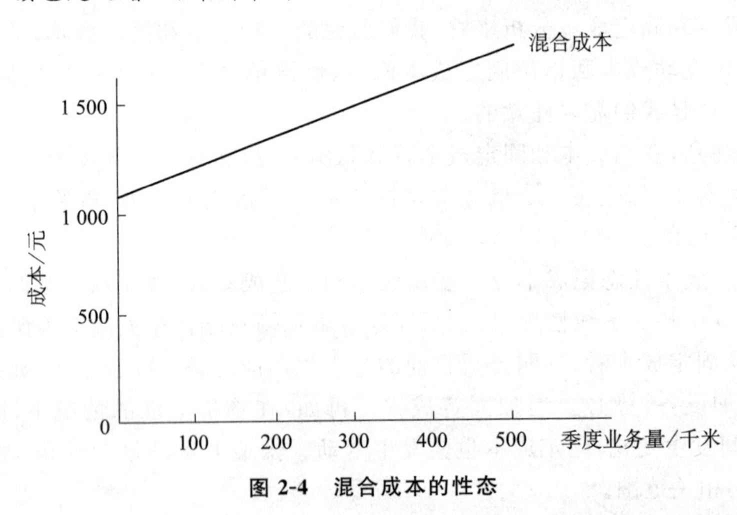


**图 2-4 混合成本的性态**

前面已经讲过,在实际工作中,有些成本项目与业务量的依存关系是复杂的。混合成本同时兼有变动成本和固定成本两种性质,虽然成本总额也随产量变动而变动,但不成正比例,不能简单归入变动成本或固定成本,因而称为混合成本。

在混合成本中,又根据其与业务量的联系,分为半固定成本、半变动成本、延伸变动成本三种主要类型。

1）半固定成本

半固定成本的特点：在一定业务范围内，其发生额是固定的；当业务量超过相关范围时，就突然跳跃到一个新的水平，然后在业务量增长的一定限度内，其发生额又保持不变；直到业务量超过这个限度，又突然跳到一个高度，继而保持不变。

**【例 2-4】** 一明公司生产产量在 500 套以内时，需要检验员 2 人，每人工资 200 元，工资成本为 400 元；当产品增加到 500～1 000 套时，就需要再增加 2 人，工资成本为 800 元；在生产产品 1 000～1 500 套时，就需要再增加 2 人，工资成本为 1 200 元……一般认为，检验员工资、化验员工资、机器设备修理费用的开支都属于此类半固定成本，其性态模型为阶梯状，如图 2-5 所示。

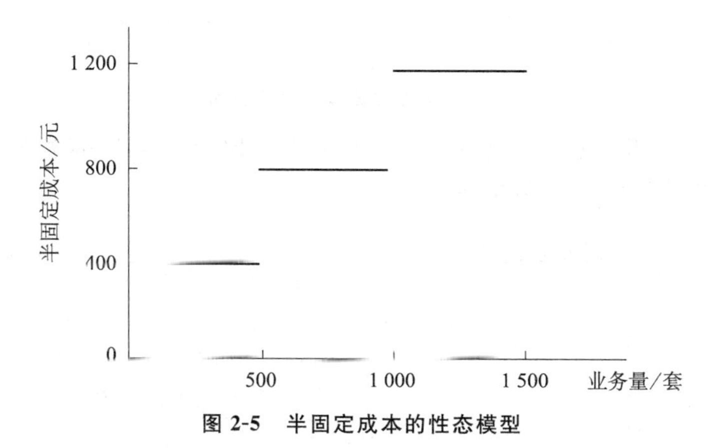


**图 2-5　半固定成本的性态模型**

半固定成本 $C(x)$ 的数学表达式为

$$C(x)=a_i \quad (x_i \leqslant x < x_i+1, i=0,1,\cdots,n)$$

式中，$x$ 为业务量，$x_0=0$。它也可以写成

$$C(x)=\begin{cases} a_0 & (x_0 \leqslant x < x_1) \\ a_1 & (x_1 \leqslant x < x_2) \\ \vdots & \\ a_n & (x_n \leqslant x < x_{n+1}) \end{cases}$$

2）半变动成本

半变动成本的特点：通常有一基数，一般保持不变，相当于固定成本，但基数上面部分则随着业务量成正比例增加，这部分性质相当于变动成本。因此，从它的完全成本来看，与业务量不能保持等比例变化。例如，我国的电话费，就是在收取基本费（相当于固定成本）后，再收取每一次使用电话的费用（相当于变动成本）。在工业企业中，热处理电炉中的预热部分费用为固定成本，热处理所消耗的电费为变动成本。还有正常期的机器设备维修费也属此类。半变动成本的性态模型如图 2-6 所示。半变动成本的数学表达式为

$$y=a+bx$$

3）延伸变动成本

延伸变动成本的特点：在正常业务量内，其成本支出是一定的，但业务量超过正常限度后，其费用支出与业务量成正比例变化。一般可以认为，在正常时间内支付管理人员的工资

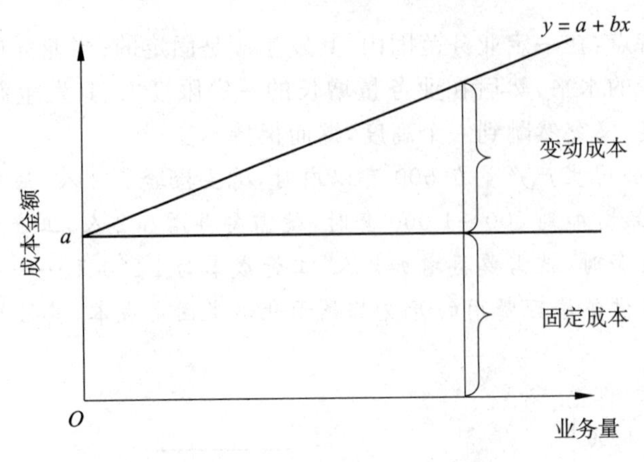


图 2-6 半变动成本的性态模型

是固定不变的，但当加班后就要根据加班时间的长短按比例支付津贴（薪金）。延伸变动成本的性态模型如图 2-7 所示，其数学表达式为

$$延伸变动成本=\begin{cases}a & (0\leqslant x\leqslant x_1)\\ a+b(x-x_1) & (x>x_1)\end{cases}$$

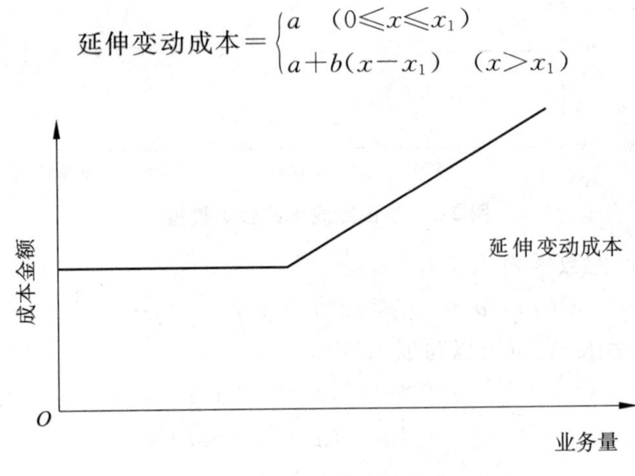


图 2-7 延伸变动成本的性态模型

## 2.2 混合成本的分解

### 2.2.1 混合成本分解的方法

混合成本包含固定成本和变动成本两部分。为了适应经营管理的需要，必须把混合成本分解为固定成本部分和变动成本部分。最精确的做法就是根据费用发生的原始凭证逐项逐次地进行分析。但这样做，工作量太大，通常采用以下方法进行分解。

**1. 合同确认法**

合同确认法是指以供应单位签订的合同所规定的计价办法，来确认哪些为固定成本，哪些为变动成本。例如，电话费中所规定的基本费就确认为固定成本，超出基本费的部分则为变动成本。

### 2. 技术指标法

技术指标法是指根据生产过程中所消耗的技术成分(比例)加以测定，确认固定成本部分和变动成本部分。例如，热处理的电炉设备，当热处理时都要预热一段时间，它与热处理的耗电数量没有关系，预热耗电成本部分视为固定成本，预热后进行热处理的耗电成本为变动成本。

### 3. 数学模型法

数学模型法是指根据混合成本($y=a+bx$)的数学表达式，采用一段时期的混合成本与业务量的有关数据，求出参数 $a$(固定成本部分)和 $b$(单位变动部分)，达到分解的目的。

下面主要介绍高低点法和回归直线法。

1) 高低点法

高低点法是以某一期间内最高业务量(即高点)的混合成本与最低业务量(即低点)的混合成本的差数除以最高与最低业务量的差数，得出的商即为业务量的成本变量(即单位业务量的变动成本额)，进而可以确定混合成本中的变动成本部分和固定成本部分。

如前所述，混合成本在一定的相关范围内总可以用 $y=a+bx$ 这样一个数学模型来近似地描述，这也是高低点法的基本原理。高低点法分解混合成本的过程如例 2-5 所示。

**【例 2-5】** 一明公司是只生产单一产品的企业，2020 年各月的电费支出与产量的有关数据如表 2-6 所示。

**表 2-6　一明公司 2020 年各月电费支出与产量的关系**

| 月份 | 产量 $x$/件 | 电费 $y$/元 |
|---|---|---|
| 1 | 1 200 | 5 000 |
| 2 | 900 | 4 250 |
| 3 | 1 350 | 5 625 |
| 4 | 1 500 | 5 625 |
| 5 | 1 200 | 5 375 |
| 6 | 1 650 | 6 875 |
| 7 | 1 500 | 6 150 |
| 8 | 1 500 | 6 300 |
| 9 | 1 350 | 5 800 |
| 10 | 1 050 | 4 875 |
| 11 | 1 800 | 7 200 |
| 12 | 1 800 | 7 250 |

采用高低点法对电费这一混合成本进行分解。

**解**：采用高低点法对电费进行分解。

设高点的成本性态为 $y_1=a+bx_1$ ①

低点的成本性态为 $y_2=a+bx_2$ ②

由方程①和②可得 $b=(y_1-y_2)/(x_1-x_2)$ ③

取高点(1 800,7 250)、低点(900,4 250)，将数据代入方程③，可得 $b=3.33$。

将 $b=3.33$ 代入方程①，可得 $a=1\ 256$。

因此，混合成本的数学模型为 $y=1\ 256+3.33x$。

2）回归直线法

回归直线法是运用数理统计中常用的最小平方法的原理，对所观测到的全部数据加以计算，从而勾画出最能代表平均成本水平的直线，这条通过回归分析得到的直线就称为回归直线，它的截距就是固定成本 $a$，斜率就是单位变动成本 $b$，又因为回归直线可以使各观测点的数据与直线相应各点误差的平方和最小，所以这种分解方法又称最小平方法。

回归直线法对混合成本的分解过程就是求取 $a$ 和 $b$ 的二元一次联立方程的过程。假定有 $n$ 个$(x,y)$观测数值(如例 2-5 中不同产量条件下的电费数额)，就可以建立一组决定回归直线的联立方程式，用 $n$ 个观测值的和的形式表示为

$$\sum y = na + b\sum x$$

经过一系列运算可得

$$b=\frac{n\sum xy-\sum x\sum y}{n\sum x^2-\left(\sum x\right)^2} \qquad a=\frac{\sum x^2\sum y-\sum x\sum xy}{n\sum x^2-\left(\sum x\right)^2}$$

**【例 2-6】** 同例 2-5 资料，采用回归直线法对电费这一混合成本进行分解，请根据回归直线法的分解结果预测 2021 年 1 月的电费支出，假定 2021 年 1 月计划产量为 1 700 件。

**解**：(1) 采用回归直线法对电费进行分解，如表 2-7 所示。

**表 2-7 一明公司 2020 年各月电费支出与产量的关系**

| 月　份 | 产量 $x$/件 | 电费 $y$/元 | $xy$ | $x^2$ |
|---|---|---|---|---|
| 1 | 1 200 | 5 000 | 6 000 000 | 1 440 000 |
| 2 | 900 | 4 250 | 3 825 000 | 810 000 |
| 3 | 1 350 | 5 625 | 7 593 750 | 1 822 500 |
| 4 | 1 500 | 5 625 | 8 437 500 | 2 250 000 |
| 5 | 1 200 | 5 375 | 6 450 000 | 1 440 000 |
| 6 | 1 650 | 6 875 | 11 343 750 | 2 722 500 |
| 7 | 1 500 | 6 150 | 9 225 000 | 2 250 000 |
| 8 | 1 500 | 6 300 | 9 450 000 | 2 250 000 |
| 9 | 1 350 | 5 800 | 7 830 000 | 1 822 500 |
| 10 | 1 050 | 4 875 | 5 118 750 | 1 102 500 |

续表

| 月　份 | 产量 $x$/件 | 电费 $y$/元 | $xy$ | $x^2$ |
|---|---|---|---|---|
| 11 | 1 800 | 7 200 | 12 960 000 | 3 240 000 |
| 12 | 1 800 | 7 250 | 13 050 000 | 3 240 000 |
| 合计 | 16 800 | 70 325 | 101 283 750 | 24 390 000 |

由回归模型可得 $b=3.25$，$a=1\ 310.42$。

因此，电费的线性回归模型为 $y=1\ 310.42+3.25x$。

(2) 根据求得的回归方程 $y=1\ 310.42+3.25x$，可求得

当产量 $x=1\ 700$ 时，电费 $y=6\ 835.42$(元)。

此外，根据数理统计方法原理，利用业务量和混合成本的历史资料，使用 Excel 软件可以迅速求出参数 $a$ 与 $b$，从而对混合成本加以分解。

采用线性回归方法分解变动成本和固定成本时还要计算它们的 $p$ 值(或显著性水平)，$p$ 值越小越好。一般说来，当 $p$ 值小于 0.05 时，该分解有效；当 $p$ 值小于 0.01 时，该分解非常有效($p$ 值为统计学中结果可信程度的一个递减指标，$p$ 值越大，我们越不能认为样本中变量的关联是总体中各变量关联的可靠指标)。

利用 Excel 电子表格中的一元线性回归工具，计算上述 $a$、$b$ 与 $p$ 值的具体步骤如下。

(1) 打开 Excel 电子表格。

(2) 分别在 A 列与 B 列输入“业务量 $x$”的数据与“成本 $y$”的数据。

(3) 单击菜单栏中的“工具”按钮，在出现的下栏菜单中单击“数据分析”选项，在出现的对话框中，选择“回归”选项，然后按 Enter 键(或单击“确定”按钮)，将出现的新对话框移至左侧(或右侧)，选中(涂黑)B 列数据(“成本 $y$”数据)，然后将对话框中“Y 值输入区域”右侧的光标，移至下一个单元格(“X 值输入区域”右侧的单元格)，选中(涂黑)A 列数据(“业务量 $x$”数据)，然后按 Enter 键(或单击“确定”按钮)。

这时，$a$、$b$ 与 $p$ 值就全部计算出来了。

**【例 2-7】** 一明公司 6 个月直接人工和维修成本资料如表 2-8 所示，请使用 Excel 电子表格计算并输出线性拟合图。

**表 2-8　一明公司 6 个月直接人工和维修成本资料**

| 月份 | 直接人工 $x$/小时 | 维修成本 $y$/元 |
|---|---|---|
| 1 | 200 | 2 400 |
| 2 | 600 | 3 400 |
| 3 | 400 | 2 800 |
| 4 | 800 | 3 400 |
| 5 | 1 200 | 4 600 |
| 6 | 1 000 | 3 800 |

**解：**使用 Excel 电子表格可以立即计算得到 $a=2\ 000$，$b=2$ 与 $p=0.001\ 116$。因此，这样的分解非常有效。

而且,Excel 电子表格还能输出线性拟合图,如图 2-8 所示。

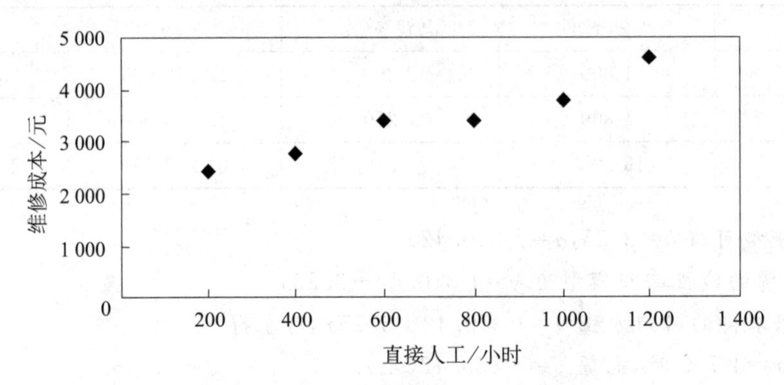


图 2-8 维修成本与直接人工线性拟合图

### 2.2.2 成本性态分析原理的应用

从以上关于成本性态分析原理的说明中可以看出,通过考察业务量的变动对成本变动的影响,将成本按其性态区分为固定成本和变动成本两部分后,实际上同时达到了两个相互关联的目的。

第一是确定了企业一定期间内总成本的基本构成,即

总成本=固定成本+变动成本

第二是确定了成本与业务量之间的依存关系,即

$$y=a+bx$$

并将此关系以直线方程式进行定量化描述。

成本性态分析的有关内容,在相当程度上摆脱了传统成本分类观念的束缚,提出了科学性和实用性兼备的、符合现代企业管理需要的成本结构模式。其基本内容渗透在现代管理会计理论、方法体系的各个方面,可应用于企业内部管理的所有领域,能帮助企业管理者对生产经营活动进行科学的规划和有效的控制。成本性态分析原理在企业内部管理中主要应用于以下几个方面。

#### 1. 财务预测

财务预测是企业内部事前管理的重要内容,它与企业经营目标的确定和经营决策的制定关系极大。

根据成本性态分析的结果,建立了企业在一定期间内的成本、业务量关系式。

$$y=a+bx$$

式中,$a$ 为不受业务量变动影响的固定成本;$b$ 为随业务量增减而成正比例增减的成本变动率,即单位业务量平均变动成本。

因此,一方面,只要企业的经营能力和基本组织结构没有发生变异,就可以根据上述成本模式,大体上掌握未来时期成本变动的基本趋势,并可以直接确定某一特定业务量条件下的成本预测值。另一方面,还可根据成本性态分析所确定的固定成本总额和成本变动率及

相关资料，确定未来一定期间内实现目标利润所需要的销售量预测值。不仅如此，就是在确定利润目标乃至整个企业的经营目标时，经成本性态分析所确立的成本结构模式也是不可缺少的。

**2. 经营决策**

经营决策是企业内部事前管理的核心内容，其目的在于通过一定的分析、评价，为企业未来的经营活动选择最优的行动方案。

在选择最优方案的过程中，既需要大量的决策信息，又需要多种决策分析方法。由于成本性态分析的结果科学地区分了受业务量变动影响的变动成本，因此，在正确评价、鉴别有关备选方案的经济效益时，就有了两个最重要的客观依据——变动成本和固定成本。尤其是变动成本，在一定的业务量范围内，它实际上既是差别成本，又是边际成本，它们分别同各自对应的差别收入和边际收入相配合，即组成决策分析中两个极为重要的决策分析方法——差量分析法和边际分析法。其中，差量分析法的应用范围最广，实用价值最大。无论是短期经营决策还是长期投资决策，都可以通过对有关备选方案收入、成本(或现金流出、现金流入)差量的计算与分析，从中选择差量收入最多或差量成本最低(差量利润最高)的最佳决策行动方案。至于边际分析方法，在制定有关商品最佳进货批量或最优销售价格等决策时，也可以发挥其特殊的作用。

**3. 内部控制**

内部控制是顺利实现各项经营目标和计划的重要保证，它主要包括购进、销售、财务成本等方面。其中，成本控制涉及经营目标，特别是利润目标能否圆满实现的关键。

首先，成本性态分析的结果科学地描述了成本与业务量之间的依存关系，将企业的总成本分解为变动成本和固定成本两大部分。因此，可据此预测有关商品在未来期间(一定销售量条件下)的成本变动趋势及其结果，为成本规划工作创造有利条件。

其次，可以据此确定符合企业经营总目标要求的成本目标，为成本控制工作指明方向。

最后，可以据此建立成本中心，分解成本指标，落实成本责任，为最终完成成本控制的具体任务奠定基础。

## 2.3　变动成本法

### 2.3.1　边际贡献

传统的产品成本计算，是按照经济用途将各种费用归集、分配于产品之间，以确定各种产品的实际成本，进而计算企业的期间损益，根本没有考虑决策的需要。

按成本性态将总成本分解为变动成本和固定成本两部分，虽然这样可以满足需要，但充其量不过是对财务会计资料进行二次加工和改制，因此，其效率和精度不能不受到一些限制。如果改变传统的成本计算方法，使日常的会计核算资料既满足财务会计的需要，也满足决策的需要，将会得到事半功倍的效果。基于这种想法，1936 年美国会计学者哈里斯首先提出了变动成本计算方案。第二次世界大战以后，随着资本主义经济矛盾的日趋尖锐，市场竞争日益激化，企业管理当局要求会计能提供更广泛、更有用的会计信息。如何按成本性态来控制成本，如何将占成本比重日益增大的固定成本，恰当地在产品之间进行分配，是成本会计学研究的重点问题。变动成本法不但解决了上述问题，也为企业决策提供了不少方便，因而被美、日、西欧各国广泛应用，成为管理会计的一项重要内容。

本节将从边际贡献着手，通过变动成本法与完全成本法的比较分析，系统介绍变动成本法的主要内容。

在上一节中，我们系统地研究了成本的习性，并把企业的完全成本划分为变动成本和固定成本两大类，这是现代管理会计研究的基础。在研究变动成本法之前，我们必须弄清楚管理会计的一个基本概念——边际贡献。

**1. 边际贡献的基本概念**

边际贡献是管理会计学中研究变动成本法常用的一个概念，通常被称为贡献毛益、边际利润或创利额。它是指产品销售收入超过变动成本的金额。边际贡献有两种表现形式：一种是边际贡献总额（TCM），它是从产品的销售收入总额中减去各种产品的变动成本总额后的余额，它的经济内容体现为在计算企业的营业净利中能做出多大贡献；另一种是单位边际贡献（CM），即每种产品的销售单价减去该种产品的单位变动成本，其性质是反映某种产品的盈利能力。用公式具体表述如下。

$$\text{边际贡献总额(TCM)}=\text{销售收入总额}-\text{变动成本总额}=px-bx=(p-b)x$$

式中，$p$ 为价格；$x$ 为销售量；$b$ 为单位变动成本。

$$\text{单位边际贡献(CM)}=\text{销售价格}-\text{单位变动成本}=p-b$$

**2. 边际贡献的计算**

根据上述公式，举例说明边际贡献的具体计算。

**【例 2-8】** 一明出版社今年出版一本《辞典》，定价为 20 元，固定成本为 4 000 元，单位变动成本为 16 元，去年已销售 20 000 册，计算边际贡献总额与单位边际贡献。

**解**：边际贡献总额（TCM）$=px-bx=20\times20\ 000-16\times20\ 000=80\ 000$（元）

$$\text{单位边际贡献(CM)}=p-b=20-16=4\text{(元)}$$

或
$$\text{CM}=\frac{\text{TCM}}{x}=\frac{80\ 000}{20\ 000}=4\text{(元)}$$

从以上计算中可以看出，边际贡献不等于企业的营业净利。企业得到的边际贡献，需要首先弥补固定成本总额，剩余部分才为企业提供利润。如果边际贡献总额小于固定成本，则表现为亏损。

$$\text{营业净利}=80\ 000-40\ 000=40\ 000\text{(元)}$$

从边际贡献概念可进一步引出生产边际贡献总额的概念，即从销售收入中扣除变动成

本总额后的余额。计算公式为

$$生产边际贡献总额 = 销售收入 - 变动成本总额$$

销售收入、边际贡献总额、固定成本和税前利润之间的关系如图 2-9 所示。

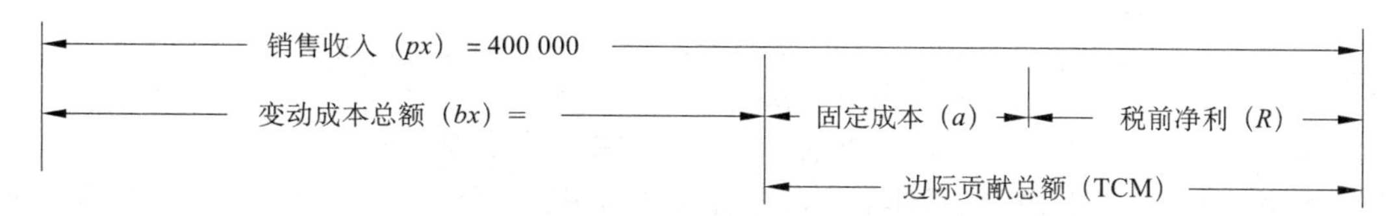


**图 2-9　销售收入、边际贡献总额、固定成本和税前利润之间的关系**

### 3. 边际贡献的派生指标

把边际贡献这一绝对数指标化为相对数指标，可以有边际贡献率和变动成本率两个相对指标。

1) 边际贡献率

边际贡献率(CMR)又称贡献毛益率、边际利润或创利率。其计算公式以及根据前例的计算结果如下。

$$CMR = \frac{TCM}{px} = \frac{80\ 000}{400\ 000} = 20\%$$

或

$$CMR = CM$$

$$p = \frac{4}{20} = 20\%$$

**【例 2-9】** 表 2-9 是 4 个工厂在过去一年中的生产和销售情况，假定每个工厂生产的产品都在一种以上。根据边际贡献率的实质和其与成本性态的联系，计算出空白栏中的数据。

**表 2-9　4 个工厂生产和销售情况数据**

| 工厂 | 销售收入/元 | 变动成本总额/元 | 边际贡献率/% | 固定成本总额/元 | 税前净利/元 |
|---|---|---|---|---|---|
| 1 | 180 000 | | 40 | | 12 000 |
| 2 | 300 000 | 165 000 | | 100 000 | |
| 3 | | | 30 | 80 000 | −5 000 |
| 4 | 400 000 | 260 000 | | | 30 000 |

**解:** 4 个工厂生产和销售情况空白栏中的数据计算结果如表 2-10 所示。

**表 2-10　4 个工厂生产和销售情况数据**

| 工厂 | 销售收入/元 | 变动成本总额/元 | 边际贡献率/% | 固定成本总额/元 | 税前净利/元 |
|---|---|---|---|---|---|
| 1 | 180 000 | 108 000 | 40 | 60 000 | 12 000 |
| 2 | 300 000 | 165 000 | 45 | 100 000 | 35 000 |
| 3 | 250 000 | 175 000 | 30 | 80 000 | −5 000 |
| 4 | 400 000 | 260 000 | 35 | 110 000 | 30 000 |

2）变动成本率

变动成本率(BR)的计算公式以及根据例2-8的计算结果如下。

$$BR=\frac{b}{p}=\frac{16}{20}=80\%$$

或
$$BR=\frac{变动成本总额}{销售收入总额}=\frac{bx}{px}=\frac{16\times 20\ 000}{20\times 20\ 000}=\frac{320\ 000}{400\ 000}=80\%$$

或
$$BR=1-边际贡献率=1-CMR=1-20\%=80\%$$

运用以上公式,可以根据具体的资料条件灵活运用有关公式,并从已知数据推导有关未知指标。

单位边际贡献(CM)＝价格×边际贡献率＝$p\times CMR=20\times 20\%=4$(元)

而且,从公式里还可以看出,边际贡献率与变动成本率的关系呈现彼此消长的变化,变动成本率越低,表明企业创利润能力越大,反之亦然。

## 2.3.2 变动成本法和完全成本法的区别

变动成本法是管理会计学中核算成本的基本方法,它根据成本性态的特点来核算成本。它在计算产品的生产成本和存货成本时,不包括在生产过程中的固定制造费用,把这一部分费用以期间成本方式处理,作为边际贡献的减除项,列入损益,如图2-10所示。

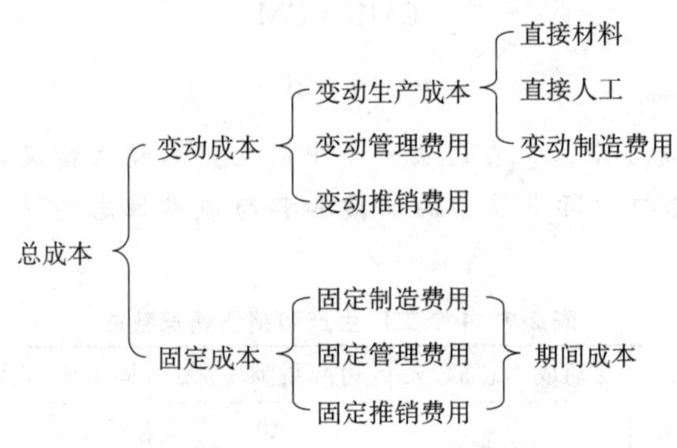


**图2-10 变动成本法构成**

按照变动成本法,固定制造费用是为企业提供一定的经营条件而发生的,并以保持准备状态而发生的成本,它们与产品实际产量没有直接联系,不随产量的提高而增加,也不随产量的下降而减少。它们实质上是发生在一定的会计期间,随时间的消逝而消失,因此其组成部分不应递延到下一个会计期间,而应把费用发生的当期金额列在利润表内,作为期间成本扣除。变动成本法与人们理解的成本有一定差距,但是它把固定成本总额与业务量分离,符合费用与收益相配比的公认会计原则。

**1. 成本的分类不同**

完全成本法根据经济职能把企业的完全成本分为生产领域成本、推销领域成本和管理领域成本;而变动成本法则按成本性态把企业的完全成本分为变动成本和固定成本两大类。

## 2. 产品成本的构成内容不同

采用完全成本法计算时，变动成本和固定制造费用均纳入产品成本中，而采用变动成本法计算时，只把变动成本纳入产品成本，把固定制造费用作为期间成本，这是两种方法的根本区别。

【例 2-10】 一明公司只生产一种产品，各种资料如下，分析两种成本法对单位生产成本的影响。

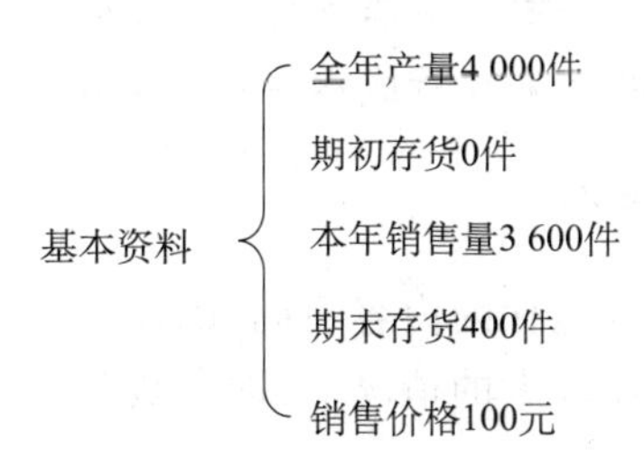


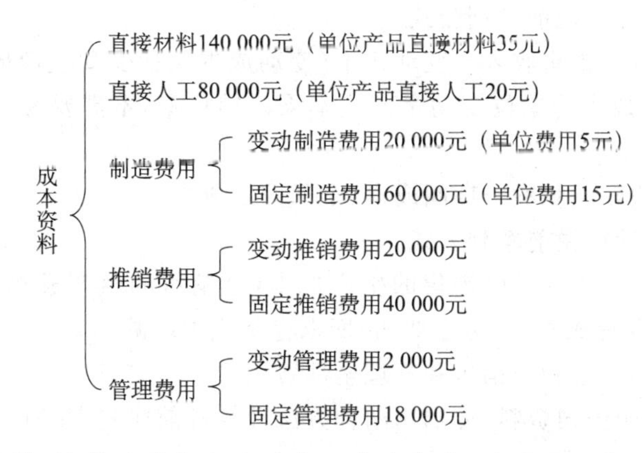


**解**：根据上述资料，计算两种成本法的产品生产成本，其结果如表 2-11 所示。

**表 2-11　一明公司两种成本法的产品生产成本结果**　　单位：元

| 成 本 项 目 | 变动成本法 | 完全成本法 |
|---|---|---|
| 直接材料 | 35 | 35 |
| 直接人工 | 20 | 20 |
| 变动制造费用 | 5 | 5 |
| 固定制造费用 | — | 15 |
| 单位生产成本 | 60 | 75 |

由计算结果可以看出，按完全成本法计算的单位生产成本为 75 元，比按变动成本法计算的单位生产成本(60 元)多 15 元，这是由于每件产品负担固定制造费用 15 元(60 000÷4 000)造成的。

### 3. 期末产成品和在产品的存货计价不同

从例 2-10 可以看出：采用变动成本法，只包括了变动成本，而不包括固定制造费用；若采用完全成本计算法，则在已销售产品、库存的产成品和在产品之间都分配了固定制造费用，从期末产成品和在产品的存货计价来看，也包含固定制造成本这一部分，因此存货中的成本金额必然大于按变动成本法计算的存货的成本金额。

根据例 2-10 分别计算存货成本。

(1) 按变动成本法计算的期末存货成本＝60×400＝24 000(元)

(2) 按完全成本法计算的期末存货成本＝75×400＝30 000(元)

### 4. 计算税前净利的结果不同

由于两种成本方法对成本包含的内容不同，因而在利润表上反映的税前净利也不同，特别是在生产量与销售量差别比较大的情况下，即存货数量发生较大变化时，两者计算的税前净利就会发生较大差别。

1) 按变动成本法计算税前净利公式

(1) 边际贡献总额＝销售收入－变动成本(变动成本包括变动生产成本、变动推销和管理费用，其中变动生产成本为单位变动生产成本乘以销售量，不需要考虑期末、期初存货增减变动)

(2) 税前净利＝边际贡献额－期间成本(全部固定成本)

2) 按完全成本法计算税前净利公式

(1) 销售毛利＝销售收入－已销售的生产成本(已销售的生产成本＝期初存货成本＋本期生产成本－期末存货成本，要考虑期初、期末存货成本增减)

(2) 税前净利＝销售毛利－销售和管理全部费用

根据例 2-10 中一明公司资料，分别用两种方法计算税前净利，并加以比较。

根据变动成本法计算如下。

边际贡献总额＝100×3 600－(60×3 600＋20 000＋2 000)＝122 000(元)

税前净利＝122 000－(60 000＋40 000＋18 000)＝4 000(元)

根据完全成本法计算如下。

销售毛利＝100×3 600－(0＋75×4 000－75×400)＝90 000(元)

税前净利＝90 000－(60 000＋20 000)＝10 000(元)

从上述计算的结果来看，按完全成本法计算的税前净利为 10 000 元，比按变动成本法计算的结果(4 000 元)多 6 000 元，是因为按完全成本法计算时，把期末存货 400 件中每件包括的固定制造费用 15 元，从销售成本内结转至下一个会计期间，因而本期成本减少 6 000 元(15×400)，于是本期净利就多了 6 000 元；而按变动成本法计算时没有把固定制造费用分配到相应的存货中去，而是都算作本期的期间成本，从边际贡献中扣除，因而本期的期间成本增加，导致税前净利减少。总之，这两者之间的不同，是因为它们从销售收入中所扣除的固定成本金额不同所致。按变动成本法计算时，不管产销量如何不一致，总是把本期的固定成本总额全部扣除；而按完全成本计算时所扣除的固定成本是期初存货中固定成本加上本期固定成本减去期末存货中的固定成本。

### 5. 编制利润表方面的不同

以例 2-10 中一明公司生产某产品资料编制利润表，贡献式利润表如表 2-12 所示，职能式利润表如表 2 13 所示。

表 2-12 一明公司贡献式利润表(按变动成本法编制) 单位:元

| 摘 要 | 金 额 |
| --- | --- |
| 销售收入总额(100×3 600) | 360 000 |
| 变动成本： | |
| 变动生产成本(60×3 600) | 216 000 |
| 变动推销费用 | 20 000 |
| 变动管理费用 | 2 000 |
| 变动成本总额 | 238 000 |
| 边际贡献总额 | 122 000 |
| 期间成本： | |
| 固定制造费用 | 60 000 |
| 固定推销费用 | 40 000 |
| 固定管理费用 | 18 000 |
| 期间成本总额 | 118 000 |
| 税前净利 | 4 000 |

表 2-13 一明公司职能式利润表(按完全成本法编制) 单位:元

| 摘 要 | 金 额 |
| --- | --- |
| 销售收入(100×3 600) | 360 000 |
| 生产成本： | |
| 期初存货成本 | 0 |
| 本期生产成本(75×4 000) | 300 000 |
| 可供销售的生产成本 | 300 000 |
| 减:期末存货成本(75×400) | 30 000 |
| 已销售的生产成本 | 270 000 |
| 销售毛利 | 90 000 |
| 减:推销费用 | 60 000 |
| 管理费用 | 20 000 |
| 营业费用总额 | 80 000 |
| 税前净利 | 10 000 |

表2-12和表2-13是根据一个会计期间并且在期初没有存货的条件下编制的利润表。假若期初、期末均有存货，有时期初存货大于期末存货，有时则相反，那么它们计算的税前净利也会有不同的结论。一般可以认为有三种情况，会得出三种结论。

(1) 生产量等于销售量，即期末存货等于期初存货，那么两种方法扣除的固定成本总额相等，计算的税前净利相等。

(2) 生产量大于销售量，即期末存货大于期初存货，则按完全成本法计算的税前净利大。这是因为增加的存货中所包含的固定制造费用转入下一会计期间，增加本期利润。所以按完全成本法计算的税前净利多出额等于单位固定制造费用乘以期末增加的存货。以上述一明公司为例，按完全成本法所计算的税前净利比按变动成本法所计算税前净利多6 000元(10 000－4 000)，正好等于转入下期的固定制造费用6 000元(15×400)。

(3)销售量大于生产量，即期末存货小于期初存货，则按变动成本法计算的税前净利大。这是因为减少的存货(即期初存货－期末存货)中，用完全成本法把上期结转到存货中的固定制造费用也转入本期成本，造成本期成本增加，利润减少。按变动成本法比按完全成本法计算的税前净利多出余额等于单位固定制造费用乘以期末减少的存货。

### 6. 多会计期间变动成本法和完全成本法利润表计算分析

前面主要就单一会计期间利润表的变动成本法和完全成本法进行比较分析，并对生产量和销售量出现的三种不同情况进行了总结，现在再通过若干会计期间的实例对三种结论做进一步说明。

1) 生产量等于销售量

**【例2-11】** 一明公司三年生产、销售的基本资料，如表2-14所示，分析采用两种方法编制利润表的区别。

**表2-14 一明公司三年生产、销售的基本资料** 单位：元

| 项　目 | 第一年 | 第二年 | 第三年 | 合　计 |
|---|---|---|---|---|
| 期初存货/件 | 0 | 5 000 | 2 000 | 0 |
| 本年生产量/件 | 20 000 | 25 000 | 28 000 | 73 000 |
| 本年销售量/件 | 15 000 | 28 000 | 30 000 | 73 000 |
| 期末存货量/件 | 5 000 | 2 000 | 0 | 0 |
| 销售价格/元 | 10 | | | |
| 生产成本： | | | | |
| 单位变动成本/元 | 4.8 | | | |
| 固定成本总额/元 | 25 000 | | | |
| 销售与管理成本： | | | | |
| 单位变动成本/元 | 0.5 | | | |
| 固定成本总额/元 | 15 000 | | | |

**解**：根据表2-14中资料分别按两种方法编制利润表，如表2-15所示。

表 2-15 一明公司利润表(生产量等于销售量) 单位:万元

| 方法 | 项目 | 第一年 | 第二年 | 第三年 |
|---|---|---|---|---|
| 完全成本法 | 销售收入 | 15 | 28 | 30 |
| | 销售成本 | | | |
| | 期初存货 | 0 | 3.025 | 1.16 |
| | 生产成本 | 12.1 | 14.5 | 15.94 |
| | 可供销售成本 | 12.1 | 17.525 | 17.1 |
| | 减:期末存货 | 3.025 | 1.16 | 0 |
| | 销售成本合计 | 9.075 | 16.365 | 17.1 |
| | 销售毛利 | 5.925 | 11.635 | 12.9 |
| | 减:推销及管理费 | 2.25 | 2.9 | 3 |
| | 净收益 | 3.675 | 8.735 | 9.9 |
| | 三年净收益合计 | 22.31 | | |
| 变动成本法 | 销售收入 | 15 | 28 | 30 |
| | 减:变动成本 | 7.95 | 14.84 | 15.9 |
| | 变动生产成本 | 7.2 | 13.44 | 14.4 |
| | 变动推销管理成本 | 0.75 | 1.4 | 1.5 |
| | 边际贡献 | 7.05 | 13.16 | 14.1 |
| | 减:期间成本 | 4 | 4 | 4 |
| | 固定生产成本 | 2.5 | 2.5 | 2.5 |
| | 固定推销管理成本 | 1.5 | 1.5 | 1.5 |
| | 净收益 | 3.05 | 9.16 | 10.1 |
| | 三年净收益合计 | 22.31 | | |

由表 2-15 得出以下内容。

(1) 在若干会计期间,虽然每年产销量不相等,但若干年的总产销量相等时,按两种成本法计算的净收益之和是相等的,都是 22.31 万元。

(2) 按两种成本法计算的各年度收益互不相同,是由于各年度的产销量不一致而造成的。如从第一年看,其生产量大于销售量,所以按完全成本法计算,第一年净收益为 3.675 万元,大于按变动成本法计算的第一年净收益 3.05 万元,这一点已在上面的单一会计期间两种成本法分析中做了说明。从第二年看,由于销售量大于生产量,所以按完全成本法计算,第二年净收益为 8.735 万元,小于按变动成本法计算的第二年净收益 9.16 万元,差额为 4 250 元。主要原因有两点:一是上年结转而来的期初存货 5 000 件,按变动成本法计算存货价值为 2.4 万元,按完全成本法计算的存货价值为 3.025 万元,期初存货价值相差 6 250 元;二是这一年销售量 28 000 件大于生产量 25 000 件,而本期销售的 28 000 件为去年结转的 5 000 件和今年生产的 23 000 件(按先进先出法计算)之和,同样期末存货为 2 000 件(25 000－23 000),但变动成本中单位变动生产成本仍为 4.8 元,期末存货价值为 9 600 元(4.8×2 000),而按完全成本法计算,单位生产成本为 5.8 元(变动成本 4.8 元,固定生产成本 1 元),期末存货价值为 1.16 万元(5.8×2 000),因而期末存货相差 2 000 元(1.16 万元－0.96 万元)。这种期初存货与期末存货价值相抵后的净额为 4 250 元(期初差额6 250元－期末差额 2 000 元),也就是说,在本期按完全成本法计算比按变动成本法计算多结转过来成本 4 250 元,因而减少净收益 4 250 元。第三年的情况与第二年的情况大致相同。

2) 生产量大于销售量

**【例 2-12】** 一明公司经营某产品,三年的生产和销售资料如表 2-16 所示,分析采用两种方法编制利润表的区别。

**表 2-16 一明公司三年的生产和销售资料**

| 项　目 | 第一年 | 第二年 | 第三年 | 合　计 |
|---|---|---|---|---|
| 期初存货/件 | 0 | 2 000 | 1 000 | 0 |
| 本年生产量/件 | 20 000 | 25 000 | 30 000 | 75 000 |
| 本年销售量/件 | 18 000 | 26 000 | 28 000 | 72 000 |
| 期末存货量/件 | 2 000 | 1 000 | 3 000 | 3 000 |
| 销售价格/元 | 10 | | | |
| 生产成本: | | | | |
| 单位变动成本/元 | 4.8 | | | |
| 固定成本总额/元 | 25 000 | | | |
| 销售与管理成本: | | | | |
| 单位变动成本/元 | 0.5 | | | |
| 固定成本总额/元 | 15 000 | | | |

**解**:根据表 2-16 中资料分别按两种方法编制利润表,如表 2-17 所示。

**表 2-17 一明公司利润表(生产量大于销售量)** 单位:万元

| 方　法 | 项　目 | 第一年 | 第二年 | 第三年 |
|---|---|---|---|---|
| 完全成本法 | 销售收入 | 18 | 26 | 28 |
| | 销售成本 | | | |
| | 期初存货 | 0 | 1.21 | 0.58 |
| | 生产成本 | 12.1 | 14.5 | 16.9 |
| | 减:期末存货 | 1.21 | 0.58 | 1.69 |
| | 销售成本合计 | 10.89 | 15.13 | 15.79 |
| | 销售毛利 | 7.11 | 10.87 | 12.21 |
| | 减:推销及管理费 | 2.4 | 2.8 | 2.9 |
| | 净收益 | 4.71 | 8.07 | 9.31 |
| | 三年净收益合计 | 22.09 | | |

续表

| 方　法 | 项　目 | 第一年 | 第二年 | 第三年 |
|---|---|---|---|---|
| 变动成本法 | 销售收入 | 18 | 26 | 28 |
| | 减:变动成本 | 9.54 | 13.78 | 14.84 |
| | 变动生产成本 | 8.64 | 12.48 | 13.44 |
| | 变动推销管理成本 | 0.9 | 1.3 | 1.4 |
| | 边际贡献 | 8.46 | 12.22 | 13.16 |
| | 减:期间成本 | 4 | 4 | 4 |
| | 固定生产成本 | 2.5 | 2.5 | 2.5 |
| | 固定推销管理成本 | 1.5 | 1.5 | 1.5 |
| | 净收益 | 4.46 | 8.22 | 9.16 |
| | 三年净收益合计 | 21.84 | | |

在表2-17中,第一年和第三年均属生产量大于销售量的情况,因此按完全成本法计算的净收益大于按变动成本法计算的净收益,有关原因已在前面章节的例题中做了说明。第二年属于生产量小于销售量的情况,因此按完全成本法计算的净收益小于按变动成本法计算的净收益,有关道理已在例2-11第二年净收益差额原因中做了说明,即分别用两种方法说明期初存货价值差额、期末存货价值差额,然后求这两种差额的净值,即净差额,这就是净收益存在的原因。例如,第三年按完全成本法计算的净收益为9.31万元,大于第三年按变动成本法计算的净收益9.16万元,差额为0.15万元。从期初存货1 000件价值看,按完全成本法计算为0.58万元(5.8×1 000),按变动成本法计算为0.48万元(4.8×1 000),差额为0.1万元。从期末存货3 000件价值看,按完全成本法计算为1.69万元(4.8×3 000+25 000×3÷30),按变动成本法计算为1.44万元(4.8×3 000),差额为0.25万元(1.69−1.44);期初与期末存货成本净差额为0.15万元(0.25−0.1),这就是按完全成本法计算净收益比按变动成本法计算净收益多0.15万元的原因。

从三年整个期间看,由于总生产量75 000件大于总销售量72 000件,因而按完全成本法计算的净收益比按变动成本法计算的净收益多0.25万元,它是在期末存货3 000件中,按完全成本法计算转移了0.25万元(2.5×3/30)固定生产成本并结转到下期去,增加了净利0.25万元。

3）生产量小于销售量

**【例2-13】** 一明公司连续三年的生产和销售资料如表2-18所示。

**表2-18　一明公司连续三年的生产和销售资料**　　单位:件

| 项　目 | 第一年 | 第二年 | 第三年 | 合　计 |
|---|---|---|---|---|
| 期初存货 | 5 000 | 3 000 | 1 000 | 5 000 |
| 本年生产量 | 20 000 | 25 000 | 30 000 | 75 000 |
| 本年销售量 | 22 000 | 27 000 | 31 000 | 80 000 |
| 期末存货量 | 3 000 | 1 000 | 0 | 0 |

该企业的产品销售价格、单位变动成本、固定成本总额与例2-11和例2-12相同。其中第一年期初存货5 000件,单位变动成本为4.8元,单位固定成本为1元。分析采用两种方

法编制利润表的区别。

**解**:根据表2-18中资料,分别用两种成本方法编制利润表,如表2-19所示。

**表2-19　一明公司利润表(生产量小于销售量)**　　单位:万元

| 方　法 | 项　目 | 第一年 | 第二年 | 第三年 |
|---|---|---|---|---|
| 完全成本法 | 销售收入 | 22 | 27 | 31 |
| | 销售成本 | | | |
| | 期初存货 | 2.9 | 1.815 | 0.58 |
| | 生产成本 | 12.1 | 14.5 | 16.9 |
| | 减:期末存货 | 1.815 | 0.58 | 0 |
| | 销售成本合计 | 13.185 | 15.735 | 17.48 |
| | 销售毛利 | 8.815 | 11.265 | 13.52 |
| | 减:推销及管理费 | 2.6 | 2.85 | 3.05 |
| | 净收益 | 6.215 | 8.415 | 10.47 |
| | 三年净收益合计 | 25.1 | | |
| 变动成本法 | 销售收入 | 22 | 27 | 31 |
| | 减:变动成本 | 11.66 | 14.31 | 16.43 |
| | 变动生产成本 | 10.56 | 12.96 | 14.88 |
| | 变动推销管理成本 | 1.1 | 1.35 | 1.55 |
| | 边际贡献 | 10.34 | 12.69 | 14.57 |
| | 减:期间成本 | 4 | 4 | 4 |
| | 固定生产成本 | 2.5 | 2.5 | 2.5 |
| | 固定推销管理成本 | 1.5 | 1.5 | 1.5 |
| | 净收益 | 6.34 | 8.69 | 10.57 |
| | 三年净收益合计 | 25.6 | | |

由表2-19,从三个年度的净收益看,由于生产量小于销售量,所以按变动成本法计算的净收益25.6万元比按完全成本法计算净收益25.1万元多,净差额为0.5万元。由于在完全成本法中,将上期存货中5 000件中的固定成本0.5万元(1×5 000)结转到本期来,从而使按完全成本法比按变动成本法计算多出成本0.5万元,净收益也因此减少0.5万元,这就是两者差别的原因。如果从各个年度看,其中有的年度生产量大于销售量,有的年度生产量小于销售量,分别用两种方法计算的净收益存在不同的原因,已在前面做过分析,不再赘述。

从以上实例可以看出,不同的成本计算方法所确定的某一会计期间的损益数额,按生产量和销售量之间的数量关系,将会产生以下几种情况。

(1) 当某期产品生产量与销售量相等时,按变动成本法确定的净收益数额与按完全成本法确定的净收益数额相等。

(2) 当某期产品生产量大于销售量时,按变动成本法确定的净收益数额小于按完全成本法确定的净收益数额。

(3) 当某期产品生产量小于销售量时,按变动成本法确定的净收益数额大于按完全成本法确定的净收益数额。

(4) 当各年销售量相等时,用变动成本法计算出的净收益也一定相等,不受生产量的影响。完全成本法则不然,它受销售量和生产量的双重影响,因而利润不一定相等。

(5) 从长远观点来看,在多个经营周期内,用两种方法计算出的损益总额,不会有显著差异。因为有的年份生产量大于销售量,而有的年份生产量小于销售量,各种情况相抵后,会呈现出产销平衡的趋势。

### 2.3.3 变动成本法和完全成本法的评价

#### 1. 变动成本法的优点和不足

1) 变动成本法的优点

变动成本法为经营管理者进行规划和控制开辟了途径,体现了很多优越性,主要表现在以下几个方面。

(1) 符合"费用与收益相配比"这一公认会计原则的要求。这一原则体现为会计记录在一定期间发生的费用与收益,必须属于这一会计期间。应当以产生的收益为根据,把有关费用与所产生的收益相配比,这项原则与"权责发生制"记账的要求是一致的。

变动成本法按成本性态分为两部分:一部分是与产品制造直接有联系的变动成本,它们需要按产品的销售量比例,将其中已销售的部分转入销售成本(即当期费用),与销售收入(即当期收益)相配比。将来销售的产品成本转入存货,以便与未来期间的收益相配合。另一部分是与产品制造没有直接联系的成本,即固定成本,它们是作为生产准备状态而引起的各种费用,这类成本与生产能力的利用程度无关,不会因产量的变化而变动,只随时间的消逝而成立,即在什么期间发生就核算在什么期间,故应当为期间成本(当期费用),与本期收益相配合,作为本期收益的减除项。

(2) 有利于科学分析成本和成本控制。由于变动成本和固定成本所受到的影响因素是大不相同的,因此就可以从不同的影响因素方面着手,划清成本责任的归属。如固定成本主要应由管理者负责,变动成本由生产部门负责,这样才能对变动成本采用单耗控制的方法,对固定成本用总额控制的方法找出控制途径。再如变动成本提供的信息能够对成本的下降原因严格区分,明确是由于产量变动引起的,还是由于成本控制的业绩引起的,从而对各工作部门的实际成果做出客观和恰当的评价。

(3) 对预测、决策等规划活动提供最有用的信息。采用变动成本法计算的单位变动成本、边际贡献、变动成本率、边际贡献率、经营杠杆率等各种信息资料,成为管理者进行决策、预测最有力的依据。因为它能揭示业务量与成本变动的内在规律,找出生产、销售、成本、利润之间的依存关系,从而为管理者进行盈亏两平分析,以及销售预测、利润预测、短期经营决策、编制弹性预算等一系列规划活动提供可靠的信息。

(4) 促进重视销售环节,防止盲目生产。采用变动成本法计算后,在销售单价、单位变动而成本不变的情况下,净利只随销售量发生同方向变动,而不随产量发生同方向变动。这样管理者就特别重视销售工作,加强促销,开辟市场,把管理工作的中心转向销售,避免了完全成本法依靠增加产量、导致净利虚增的假象。这样才能防止盲目生产、造成库存积压的严重后果。

(5) 简化了产品成本计算。由于变动成本法把固定制造费用视为期间成本,从本期损益中一次性减除,这就使固定制造费用不再继续分摊。特别是在多种产品的情况下,复杂的分配计算因此大大简化,减少了工作量。

基于以上种种优点,大多数人认为变动成本法最能满足企业内部经营管理的要求。

2) 变动成本法的不足

变动成本法作为成本核算方法并非十全十美,它也存在一些不足之处,主要表现在以下两点。

(1) 不完全符合传统的成本概念。一般认为,“成本是为了达到一个特定目的而已经发生或可能发生的以货币计量的价值牺牲”,因此产品成本不仅要包括变动成本,也应包括固定成本,而变动成本法不能实现这一要求。如果对变动成本和固定成本不能真实、准确地划分(实际上也是近似的),那么变动成本计算的产品成本就难以成立,而完全成本法则不存在这一问题。

(2) 不能适应长期投资决策和定价决策的需要。长期投资决策要解决的是增加或减少生产能力及经营规模问题,即投资问题。因此从长期来看,固定成本不可能不发生变动,单位变动成本也将随着技术进步而下降,固定成本总额和单位变动成本也很难固定不变,按变动成本法也就难以为长期决策提供可使用的信息。

另外,在制定产品价格时,变动成本和固定成本理应都能得到价值补偿,而变动成本法提供的产品成本资料,也不能作为定价的基础。

### 2. 完全成本法的优点和不足

1) 完全成本法的优点

(1) 完全成本法是从价值补偿角度计算成本的,其产品生产成本(或制造成本)包括变动制造费用和固定制造费用两部分,反映生产过程中的全部消耗,符合传统的成本概念,也易于人们理解,便于编制财务报表,是财务会计核算中确定盈亏的重要依据。

(2) 由于完全成本法把固定制造费用分配到了每一单位产品中,因此促进企业积极扩大生产,就会降低每一单位分配的固定制造费用,引起单位产成品的成本降低,提高经济效益。

2) 完全成本法的不足

(1) 完全成本法不利于成本管理。在完全成本法下,把固定制造费用计入产品成本内,给成本管理带来了困难:第一,把固定制造费用分配到各种产品中去,是一项繁重的工作,增加了成本计算量,同时也影响了成本计算的及时性和准确性。第二,由于产品中既包括变动成本部分,又包括固定成本部分,不易统一控制成本标准,使成本控制复杂化;同时固定成本分散在单位产品中,也使管理者难以对固定成本加以控制。第三,在分配固定成本过程中,遇到不同的产品时,就难以确定分配标准。第四,不能准确反映生产部门对成本的控制成果。一般情况下,固定制造费用对生产部门来说属于不可控成本,因为产量的增减必定引起生产成本的升降,但由于产品中吸收了固定成本内容,就不能反映生产部门的成绩与责任,难以对责任单位进行业绩考核与评价。以上各点从不同角度说明了把固定制造费用纳入成本,给成本管理和控制带来了一定的困难。

（2）难以反映真实的盈利情况。从完全成本法的构成内容可以得出，其固定成本部分的大小与生产量呈反方向变动，这是一件好事。但是，当销售量与生产量变动不一致时，即销售量下降，而生产量上升，企业盈利会出现令人难以理解的现象。

**【例 2-14】** 一明公司生产一种产品，2019 年和 2020 年的有关资料如表 2-20 所示。

**表 2-20　一明公司 2019 年和 2020 年相关资料**

| 项　　目 | 2019 年 | 2020 年 |
|---|---|---|
| 销售收入/元 | 1 000 | 1 500 |
| 产量/吨 | 300 | 200 |
| 年初产成品存货数量/吨 | 0 | 100 |
| 年末产成品存货数量/吨 | 100 | 0 |
| 固定生产成本/元 | 600 | 600 |
| 销售和管理费用(全部固定)/元 | 150 | 150 |
| 单位变动生产成本/元 | 1.8 | 1.8 |

要求：

（1）用完全成本法为该公司编制这两年的比较利润表，并说明为什么销售增加 50%，营业净利反而大幅减少。

（2）用变动成本法根据相同的资料编制比较利润表，并将它同（1）中的比较利润表进行比较，指出哪一种成本法比较重视生产，哪一种比较重视销售。

**解：**（1）采用完全成本法编制该公司 2019 年和 2020 年的比较利润表，如表 2-21 所示。

**表 2-21　一明公司按完全成本法编制的 2019 年和 2020 年的利润表**　　单位：元

| 项　　目 | 2019 年 | 2020 年 |
|---|---|---|
| 销售收入 | 1 000 | 1 500 |
| 销售成本 | — | — |
| 期初存货成本 | 0 | 380 |
| 当期产品成本 | 1 140 | 960 |
| 当期销售产品成本 | 760 | 1 340 |
| 期末存货成本 | 380 | 0 |
| 毛利 | 240 | 160 |
| 管理费用和销售费用 | 150 | 150 |
| 税前利润 | 90 | 10 |

之所以会出现销售增加 50%，营业利润反而降低 89% 的结果，完全是由于 2019 年生产量高于 2020 年生产量，使单位产品成本中的固定成本相应地更低，导致销售的产品所负担的单位固定成本也比 2020 年低。因此，出现了销售量虽然大幅度上升，但是由于生产量降低，最终的营业净利反而降低的结果。

（2）采用变动成本法编制该公司 2019 年和 2020 年的比较利润表，如表 2-22 所示。

表 2-22　一明公司按变动成本法编制的 2019 年和 2020 年的利润表　　单位：元

| 项　目 | 2019 年 | 2020 年 |
| --- | --- | --- |
| 销售收入 | 1 000 | 1 500 |
| 销售成本 | 360 | 540 |
| 边际贡献 | 640 | 960 |
| 固定制造费用 | 600 | 600 |
| 营业费用和销售费用 | 150 | 150 |
| 税前利润 | −110 | 210 |

比较两表计算结果可知，在完全成本法下，由于增加产量可以降低单位产品所负担的固定成本，在销量一定的情况下会增加利润，因此企业会重视生产环节；相反，在变动成本法下，由于固定成本被视为期间成本，只有增加销量才能增加边际贡献，从而增加利润，所以企业会相对重视销售环节。

### 3. 两种成本计算法的综合运用

学习和应用变动成本法，应结合我国企业会计制度所规定的制造成本法计算成本，不宜在对外报告时用制造成本计算法，在对内管理时用变动成本计算法，搞两套平行的成本计算资料，这样就会造成极大的重复劳动和一些不必要的浪费。通常要采取一些灵活的措施进行处理，比较可行的做法如下。

把日常的核算工作建立在变动成本的基础上，对产成品和在产品均按变动成本计算，但同时对西方的变动成本计算法做一些变通，将日常发生的固定制造费用先记入专设的"存货中的固定成本"账户。每届期末，按当期产品销售量的比例，将"存货中的固定成本"属于本期已销售的部分转入"销售成本"账户，并列入利润表中作为本期销售收入的减除项目；另将"存货中的固定成本"属于本期未销售的部分，仍留在该账户内，并将其余额按实际比例分配给资产负债表上"产成品"和"在产品"项目上，使它们仍按完全成本列示，这样就使一套账目完成对外报告和对内管理两方面的职责，兼顾了内部经营管理和会计制度的需要。

在我国具体运用变动成本法时，还要注意到销售税金与西方国家企业的不同。在西方国家企业中，销售税金作为变动成本的一部分，而我国把它作为一个独立项目。从理论上讲，销售税金是按销售额的比例计算的，与变动成本有同样的性质，故在采用变动成本计算盈亏时，销售税金也应作为变动成本处理。通常边际贡献的公式就改写为

$$边际贡献总额=销售收入-变动成本额-销售税金$$

这样再从边际贡献中扣除期间成本总额所得税前净利，就与西方国家企业的税前净利一致了。

## 本章练习题

### 一、名词解释

直接人工　间接材料　成本性态　酌量性固定成本　约束性固定成本　固定成本　变

动成本　半变动成本　半固定成本　延伸变动成本　相关成本　变动成本的相关范围　无关成本　混合成本　变动成本法　完全成本法

**二、判断题**

1. 间接人工是指为生产提供劳务而不直接进行产品制造的人工成本，如企业管理人员的工资。（　）

2. 生产自动化水平的提高会导致制造费用在生产成本总量中所占比重增大，生产的专业化分工的加深会导致制造费用的形象更加间接化。（　）

3. 固定成本是指其总额在一定期间内不受业务量的影响而保持固定不变的成本。（　）

4. 若从单位业务量所负担固定成本多寡的角度来考察，固定成本是一个变量。（　）

5. 约束性固定成本通常是由企业管理者在每一个会计年度开始前制定年度预算，一旦预算制定之后，将对年度内固定成本的支出起约束作用。（　）

6. 由于任意性固定成本的大小完全取决于管理者的决定，它并不能形成顾客所认为的价值，因此，在进行成本控制时应尽量压缩其总量。（　）

7. 约束性固定成本作为经营能力成本这一属性决定了该项成本的预算期通常比较长，约束性固定成本预算应着眼于经济合理地利用企业的生产经营能力。（　）

8. 酌量性固定成本与经营能力成本均与企业的业务量水平无直接关系。（　）

9. 在对混合成本进行分解时，账户分析法通常用于特定期间总成本的分解，而且对成本性态的确认，通常也只限于成本性态相对而言比较典型的成本项目。（　）

10. 当期初存货小于期末存货时，变动成本法下的期末存货计价小于完全成本法下的期末存货计价；当期初存货大于期末存货时，变动成本法下的期末存货计价大于完全成本法下的期末存货计价。（　）

11. 回归直线可以使各观测点的数据与直线相应各点的误差的平方和实现最小化。（　）

12. 以边际贡献减去固定性制造费用就是利润。（　）

13. 工程分析法是一种相对独立的分析方法，只能适用于缺乏历史成本数据的情况。（　）

14. 客观上，变动成本法有刺激销售的作用。也就是说，在一定意义上，变动成本法强调了固定性制造费用对企业利润的影响。（　）

15. 完全成本法下对固定成本的补偿由当期销售的产品承担，期末未销售的产品与当期已销售的产品承担着不同的份额。（　）

**三、单项选择题**

1. 对直接人工、直接材料和制造费用的划分或三者的构成有直接影响的是（　）。

　A. 使用材料的政策　　B. 生产方式的改变和改进

　C. 对固定资产的投资　　D. 产品品种结构的改变

2. 下列费用中属于酌量性固定成本的是（　）。

　A. 房屋及设备租金　　B. 技术开发费

　C. 行政管理人员的薪酬　　D. 不动产税

3. 下列费用中属于约束性固定成本的是（　）。

A. 照明费　　B. 广告费

C. 职工教育培训费　　D. 业务招待费

4. 下列各种混合成本可以用模型 $y=a+bx$ 表示的是(　　)。

A. 半固定成本　　B. 延伸变动成本

C. 半变动成本　　D. 阶梯式变动成本

5. 假设每个质检员最多检验 1 000 件产品，也就是说产量每增加 1 000 件就必须增加一名质检员，且在产量一旦突破 1 000 件的倍数时就必须增加。那么，该质检员的工资成本属于(　　)。

A. 半变动成本　　B. 半固定成本

C. 延伸变动成本　　D. 变动成本

6. 当企业实行计时工资制时，其支付给职工的正常工作时间内的工资总额是固定不变的；但当职工的工作时间超过正常水平，企业须按规定支付加班工资，且加班工资的多少与加班时间的长短存在正比例的关系。那么，上述这种工资成本属于(　　)。

A. 延伸变动成本　　B. 变动成本

C. 半变动成本　　D. 半固定成本

7. 采用散布图法分解混合成本时，通过目测在各成本点之间画出一条反映成本变动趋势的直线，这条直线与纵轴的交点就是固定成本，斜率则是变动成本。理论上这条直线距离各成本点之间的(　　)最小。

A. 距离之和　　B. 离差之和

C. 离差平方和　　D. 标准差

8. (　　)是分解混合成本诸多方法中最为简单的一种，同时也是相关决策分析中应用比较广泛的一种。

A. 高低点法　　B. 账户分析法

C. 回归分析法　　D. 工程分析法

9. 管理会计将成本区分为固定成本、变动成本和混合成本三大类，这种分类的标志是(　　)。

A. 成本的可辨认性　　B. 成本的可盘存性

C. 成本的性态　　D. 成本的时态

10. (　　)在决策中属于无关成本。

A. 边际成本　　B. 沉没成本

C. 专属成本　　D. 机会成本

11. 造成“某期按变动成本法与按完全成本法确定的营业净利润不相等”的根本原因是(　　)。

A. 两种方法对固定性制造费用的处理方式不同

B. 两种方法记入当期损益表的固定生产成本的水平不同

C. 两种方法计算销售收入的方法不同

D. 两种方法将营业费用记入当期损益表的方式不同

## 四、多项选择题

1. 在相关范围内固定不变的是(　　)。

A. 固定成本　B. 单位产品固定成本　C. 变动成本
D. 单位变动成本　E. 历史成本

2. 下列各成本概念中属于无关成本的是(　　)。
A. 专属成本　B. 沉没成本　C. 历史成本
D. 共同成本　E. 混合成本

3. 采用高低点法分解混合成本时,应当选择(　　)作为低点和高点。
A. (50,100)　B. (60,120)　C. (50,120)
D. (70,130)　E. (60,130)

4. 变动成本法下,产品成本包括(　　)。
A. 直接材料　B. 直接人工　C. 变动性制造费用
D. 固定性制造费用　E. 制造费用

5. 混合成本根据发生的具体情况,通常可以分为(　　)。
A. 半变动成本　B. 半固定成本　C. 延伸变动成本
D. 延伸固定成本　E. 非制造成本

6. 混合成本的分解方法很多,通常有(　　)。
A. 高低点法　B. 散布图法　C. 回归直线法
D. 账户分析法　E. 工程分析法

7. 下列各项中,属于完全成本法特点的有(　　)。
A. 强调不同的制造成本在补偿方式上存在的差异性
B. 强调生产环节对企业利润的贡献
C. 强调销售环节对企业利润的贡献
D. 符合公认会计原则的要求
E. 强调固定制造费用和变动制造费用在成本补偿方式上的一致性

8. 下列各项中,属于变动成本法的特点的有(　　)。
A. 强调不同的制造成本在补偿方式上存在的差异性
B. 强调生产环节对企业利润的贡献
C. 强调销售环节对企业利润的贡献
D. 符合公认会计原则的要求
E. 以成本性态分析为基础计算产品成本

9. 下列各项中,体现变动成本法局限性的有(　　)。
A. 按变动成本法计算的产品成本至少目前不符合税法的有关要求
B. 按成本性态将成本划分为固定成本与变动成本往往基于某种假设
C. 当面临长期决策的时候,变动成本法的作用会随着决策期的延长而降低
D. 变动成本法不利于进行各部门的业绩评价
E. 变动成本法使成本计算工作更加烦琐

**五、简答题**

1. 简述运用高低点法分解混合成本的基本做法和需要注意的问题。
2. 分别说明采用高低点法、回归直线法分解混合成本的基本做法或步骤。
3. 试比较说明与合同确认法、技术指标法相比,数学模型法的优点。

4. 完全成本法与变动成本法各有何特点？两种方法之间的差异主要表现在哪些方面？

## 六、计算题

1. 已知一明公司从事单一产品的生产，连续三年销量均为1 000件，而这三年产量分别为1 000件、1 200件和800件。单位产品售价为200元/件；管理费用与销售费用均为固定费用，这两项费用各年总额均为50 000元；单位产品变动成本（包括直接材料、直接人工、变动制造费用）为90元；固定制造费用为20 000元。

要求：

(1) 根据上述资料，不考虑销售税金，分别采用变动成本法和完全成本法计算各年税前利润。

(2) 根据计算结果，简单分析完全成本法与变动成本法对损益计算的影响。

2. 一明公司是只生产一种产品的企业，第1～3年每年的生产量（基于正常生产能力）都是8 000件，而销售量分别为8 000件、7 000件和9 000件。单位产品的售价为12元/件。生产成本中，单位变动成本5元（包括直接材料、直接人工和变动制造费用）。固定制造费用基于正常生产能力8 000件，共计24 000元，每件产品分摊3元。销售和行政管理费假定全部都是固定成本，每年发生额均为25 000元。

要求：根据资料，不考虑销售税金，分别采用变动成本法和完全成本法，计算各年税前利润。

3. 一明公司只生产一种产品，产品单位变动成本（包括直接材料、直接人工和变动制造费用）为6元，单位产品的售价为15元/件，每月固定制造费用为40 000元，单位产品的变动摊销成本为1元，固定管理费用为15 000元。已知月初无产成品存货，当月产量为10 000件，售出8 500件。

要求：

(1) 按完全成本法计算当月税前净利润，并在此基础上调整计算变动成本法下的净利润。

(2) 按变动成本法计算当月税前净利润，并在此基础上调整计算完全成本法下的净利润。

## 七、案例分析题

### 成本分解案例

上海化工厂是一家大型企业，该厂在从生产型转向生产经营型的过程中，从厂长到车间领导和生产工人都非常关心生产业绩。过去，往往要到月底才能知道月度的生产情况，这显然不能及时掌握生产信息，特别是成本和利润两大指标。如果心中无数，便不能及时地在生产过程各阶段进行控制和调整。该厂根据实际情况，决定采用本量利分析的方法来预测产品的成本和利润。首先以主要生产环氧丙锭和丙乙醇产品的五车间为试点，按成本与产量变动的依存关系，把工资费用、附加费、折旧费和大修理费等列入固定成本（约占总成本的10%），把原材料、辅助材料、燃料等生产费用的其他要素作为变动成本（约占成本的65%），同时把水电费、蒸气费、制造费用、管理费用（除折旧以外）列入半变动成本，因为这些费用与产量无直接比例关系，但也不是固定不变的（约占总成本的25%）。按照1—5月的资料，总成本、变动成本、固定成本、半变动成本和产量如表2-23所示。

表 2-23　上海化工厂成本与产量资料

| 月份 | 总成本/万元 | 变动成本/万元 | 固定成本/万元 | 半变动成本/万元 | 产量/吨 |
|---|---|---|---|---|---|
| 1 | 58.633 | 36.363 | 5.94 | 16.33 | 430.48 |
| 2 | 57.764 | 36.454 | 5.97 | 15.34 | 428.49 |
| 3 | 55.744 | 36.454 | 5.98 | 13.43 | 411.20 |
| 4 | 63.319 | 40.189 | 6.21 | 16.92 | 474.33 |
| 5 | 61.656 | 40.016 | 6.54 | 15.19 | 462.17 |
| 合计 | 297.116 | 189.476 | 30.64 | 77.21 | 2 206.67 |

1—5 月半变动成本组成如表 2-24 所示。

表 2-24　上海化工厂半变动成本组成

| 月份 | 修理/元 | 扣下脚/元 | 动力/元 | 水费/元 | 管理费用/元 | 制造费用/元 | 合计/万元 |
|---|---|---|---|---|---|---|---|
| 1 | 33 179.51 | —15 926.75 | 85 560.82 | 19 837.16 | 35 680 | 4 995.28 | 16.33 |
| 2 | 26 286.10 | —15 502.55 | 86 292.62 | 25 879.73 | 24 937 | 5 471.95 | 15.34 |
| 3 | 8 169.31 | —2682.75 | 80 600.71 | 16 221.10 | 26 599 | 5 394.63 | 13.43 |
| 4 | 12 540.31 | —5 803.45 | 81 802.80 | 26 936.17 | 47 815 | 5 943.39 | 16.92 |
| 5 | 33 782.25 | —26 372.50 | 83 869.45 | 4 962.00 | 30 234 | 5 423.88 | 15.19 |

会计人员用高低点法对半变动成本进行分解，结果是：单位变动成本为 0.055 3 万元，固定成本为—9.31 万元。固定成本是负数，显然是不对的。用回归分析法求解，单位变动成本为 0.032 1 万元，固定成本为 1.28 万元。经验算发现，1—5 月固定成本与预计数 1.28 万元相差很远（1 月：1.675 万元；2 月：1.585 万元；3 月：0.230 万元；4 月：1.694 万元；5 月：0.354 万元）。会计人员感到很困惑，不知道问题出在哪里。

**请分析**：应该采用什么方法来划分变动成本和固定成本？

# 第3章

# 本量利分析

## 本章学习目的

通过本章的学习，掌握本量利分析的方法。本量利分析是对成本、产量(或销量)、利润之间的相互关系进行分析的一种简称，也称CVP分析(cost volume profit analysis)。这一分析方法是在人们认识到成本可以也应该按性态进行划分的基础上发展起来的，主要研究销量、价格、成本和利润之间的相互关系。

## 本章学习目标

1. 掌握本量利分析的概念；
2. 掌握单一产品的本量利分析；
3. 掌握多种产品的本量利分析；
4. 掌握利润的敏感性分析。

## 引导案例

### 加油站的担忧

在一个小镇中有一个加油站，油站内设有一个卖报纸和杂货的商店，该商店在本地社区的销售每周达到3 600元。除此之外，外地顾客在路过加油的时候也会光顾该商店。

经理估计，平均每100元花费在汽油上的车主会另外花费20元在商店的货品上。在汽油销售量波动时，该比率仍维持不变。本地社区的销售与汽油的销售是独立的。

汽油的边际贡献率是18%，而货品的边际贡献率是25%。现行的汽油销售价是每升2.8元，而每周的销售量是16 000升。场地每周的固定成本是4 500元，而每周工人薪金是固定的2 600元。

经理非常关心将来的生意额。因为一个近期的公路发展计划将会夺去油站的生意，而汽油销售量是利润最敏感的因素。

**要求**：计算现行每周的利润，并分析汽油的销售量至少要保证多少加油站才不会亏本?

# 3.1 本量利分析概述

## 3.1.1 本量利分析的概念

本量利分析是成本—业务量—利润关系分析的简称，是指在成本性态分析和变动成本法的基础上，以模型与图式的方式来揭示企业在一定时期内营业净利润、销售量、单价、单位变动成本、固定成本等因素之间的内在变化关系，为企业经营管理提供必要信息的一种定量分析方法。本量利分析也称量本利分析、保本分析、损益平衡点分析或CVP分析。

早在1904年，美国就出现了有关本量利分析图的记载。进入20世纪50年代后，随着世界范围管理会计的快速发展，本量利分析法在敏感性分析、不确定性分析和非线性关系分析等方面得到进一步扩展，其基本原理和分析方法在企业的预测、决策、计划和控制等方面有着广泛的用途，确立了其在现代管理会计学中的重要基础地位。本量利分析法可以为企业改善经营管理和正确地进行经营决策提供有用的资料，是我国管理会计中应用时间较早、应用范围比较广泛的一种分析方法。

## 3.1.2 本量利分析的基本假定

本量利分析理论是建立在一定的假定基础之上的，即本量利分析所涉及的成本、业务量和利润之间的关系需要在某些假定条件下才能成立。如果忽视了这些前提条件，使假定不能成立，就会影响本量利分析结果的精确性，从而导致企业的决策者做出错误的预测和决策。本量利分析的基本假定主要有以下几个方面。

**1. 成本性态分析假定**

成本性态分析假定是指假定企业的全部成本已按成本性态合理地划分为固定成本和变动成本两部分。本量利分析是建立在成本性态分析基础上的一种方法，进行成本性态划分是本量利分析的基础工作，成本划分的准确性将直接影响本量利分析的结果。

**2. 相关范围线性关系假定**

相关范围线性关系假定包括两方面的内容：一是假定销售单价为常数，前提条件是产品处于成熟期，不论销量是多少，售价均比较稳定。即单价保持不变，销售收入与销售量成正比例关系，销售收入函数表现为线性方程，即

$$P=\mathrm{SP}x$$

式中，SP为销售单价；$x$为销售量。在坐标图中，该函数图像为一条过原点的直线，其斜率为销售单价(SP)。

二是在相关范围内(一定期间和一定业务量范围内)，单位变动成本为常数，变动成本总额只随业务量的变化而变化，变动成本与业务量成正比例关系，变动成本函数表现为线性方程，即

$$B=\mathrm{VC}x$$

式中，VC 为单位变动成本；$x$ 为销售量。在坐标图中，该函数图像为一条过原点的直线，其斜率为单位变动成本（VC）。如果超出了相关范围，如生产产量过低或者超负荷生产，单位变动成本则不是保持不变的。

#### 3. 相关范围固定成本不变假定

相关范围固定成本不变假定是指假定在相关范围内，固定成本总额保持不变，不受业务量变动的影响。超出一定时期和一定业务量，固定成本将会发生变化。例如，产量超出现有生产能力时，为扩大生产能力而新增设备、扩建厂房或者增加必要的人员、机构等，都会造成固定成本的增加。因此，在企业生产经营能力的相关范围内，固定成本总额固定不变，函数方程为

$$\mathrm{FC}=a$$

式中，FC 为固定成本。在坐标图中，其图像为一条平行于横轴的直线，函数值为 $a$。

#### 4. 产销平衡假定

产量的变化无论对固定成本还是变动成本都可能产生影响，销量的变化会对收入的高低产生影响。如果产销之间差别过大，会对当期利润分析造成一定的影响。因此，在本量利分析中，假设当期产量与销量一致，产销平衡，当期生产出来的产品均能销售出去，不存在期初、期末存货水平变动的情况。

#### 5. 品种结构稳定假定

品种结构稳定假定是指假设在一个多品种生产和销售的企业中，产销品种结构不变，即在产销总量发生变化时，各种产品的销售额在全部产品销售总额中所占的比重保持不变。生产销售多品种产品的企业，各种产品的获利能力不尽相同，品种结构的变化会影响利润的高低，直接影响到本量利分析的结果。为排除产品品种结构变化对利润的影响，集中分析单价、成本及销售量对利润的影响，假定产品结构稳定。

综上所述，成本性态分析假定是本量利分析最基础的假定，成本性态分析是本量利分析的基础工作；相关范围是本量利分析的前提条件，是线性关系假定和固定成本不变假定成立的充分必要条件；产销平衡假定和品种结构稳定假定是本量利分析基本假定的进一步补充。有了上述基本假定，在实际工作中我们就可以合理地运用本量利分析方法，通过数学模型或图形来定量地揭示成本、业务量和利润之间的内在联系，以便准确地做出相应的经营决策。

### 3.1.3 本量利分析的基本公式

在基本假定的前提下，本量利分析所考虑的相关因素主要包括固定成本、单位变动成本、销售量、单价、销售收入和营业利润等。在本量利分析中，如果没有特殊说明，目标利润均假定为营业利润。成本、销售量和利润之间的依存关系，可用下列基本公式来表示。

营业利润＝销售收入总额－成本总额

＝销售收入总额－变动成本总额－固定成本总额

当企业只产销单一品种产品时，上述公式可具体表示为

营业利润＝销售量×单价－销售量×单位变动成本－固定成本

＝(单价－单位变动成本)×销售量－固定成本

为了便于公式的运用，现将上述本量利关系的基本公式用字母表示如下。

$$\begin{aligned}P&=\text{SP}x-(\text{VC}x+\text{FC})\\&=\text{SP}x-\text{VC}x-\text{FC}\\&=(\text{SP}-\text{VC})x-\text{FC}\end{aligned}$$

式中，$P$ 为营业利润；SP 为单价；$x$ 为销售量；FC 为固定成本总额；VC 为单位变动成本。

由于上述公式反映了本量利关系的基本定义，本量利关系的其他公式都是在此基础上建立起来的，故将上述公式称为标准型本量利关系式。

根据标准型本量利分析公式，如果等式右侧各变量已知，就可以计算出目标利润。如果目标利润一定，可以将基本公式恒等转化，就可以得出本量利分析的变形公式。

$$x=\frac{P+\text{FC}}{\text{SP}-\text{VC}}$$

$$\text{SP}=\frac{P+\text{FC}}{x}+\text{VC}$$

$$\text{VC}=\text{SP}-\frac{P+\text{FC}}{x}$$

$$\text{FC}=(\text{SP}-\text{VC})x-P$$

**【例3-1】**　一明公司生产A产品，单位售价为20元，单位变动成本为15元，在销售量为6 000件以内时，每月固定成本为4 000元，若本月计划销售量为5 000件，求本月预计能实现利润多少元？

**解**：根据标准型本量利基本公式 $P=(\text{SP}-\text{VC})x-\text{FC}$ 计算可得

$$\begin{aligned}P&=(20-15)\times5\ 000-4\ 000\\&=21\ 000(\text{元})\end{aligned}$$

**【例3-2】**　如果例3-1中的企业欲实现目标利润22 000元，在其他因素不变的情况下，求该企业应销售多少件A产品？

**解**：根据本量利分析的变形公式 $x=\dfrac{P+\text{FC}}{\text{SP}-\text{VC}}$ 计算可得

$$\begin{aligned}x&=\frac{22\ 000+4\ 000}{20-15}\\&=5\ 200(\text{件})\end{aligned}$$

因此，在其他因素不变的情况下，该企业销售5 200件A产品时，可以实现目标利润22 000元。

**【例3-3】**　如果例3-1中的企业欲实现目标利润22 000元，销售量仍为5 000件，在成本水平保持不变的情况下，求该企业A产品的单位售价应为多少元，才能保证目标利润的实现？

**解**：根据本量利分析的变形公式 $\text{SP}=\dfrac{P+\text{FC}}{x}+\text{VC}$ 计算可得

$$\begin{aligned}\text{SP}&=\frac{22\ 000+4\ 000}{5\ 000}+15\\&=20.2(\text{元})\end{aligned}$$

因此，在成本水平保持不变的情况下，该企业A产品的单位售价应从20元增加至20.2元，才能实现22 000元的目标利润。

**【例 3-4】** 如果例 3-1 中的企业欲实现目标利润 22 000 元，在其他因素不变的情况下，求该企业 A 产品的单位变动成本应为多少元，才能保证目标利润的实现？

**解：**根据本量利分析的变形公式 $VC=SP-\frac{P+FC}{x}$ 计算可得

$$\begin{aligned}VC &=20-\frac{22\ 000+4\ 000}{5\ 000}\\ &=14.8(\text{元})\end{aligned}$$

因此，在其他因素不变的情况下，该企业 A 产品的单位变动成本由 15 元减少至 14.8 元时，可以实现目标利润 22 000 元。

**【例 3-5】** 如果例 3-1 中的企业欲实现目标利润 22 000 元，在其他因素不变的情况下，求该固定成本应控制在什么水平，才能保证目标利润的实现？

**解：**根据本量利分析的变形公式 $FC=(SP-VC)x-P$ 计算可得

$$\begin{aligned}FC &=(20-15)\times 5\ 000-22\ 000\\ &=3\ 000(\text{元})\end{aligned}$$

因此，在其他因素不变的情况下，该企业的固定成本由 4 000 元减少至 3 000 元时，可以实现目标利润 22 000 元。

### 3.1.4 边际贡献及相关指标的计算

**1. 边际贡献的计算**

边际贡献也称贡献边际、贡献毛益、边际利润或创利额，是本量利分析中反映产品创利能力的一个重要指标，是产品的销售收入减去变动成本后的余额。边际贡献的表现形式有三种：边际贡献额、单位边际贡献和边际贡献率。

边际贡献额是总额概念，简称边际贡献（用 TCM 表示），是指产品的销售收入总额减去变动成本总额后的余额。单位边际贡献（用 CM 表示）是单位概念，是指产品的销售单价减去单位变动成本后的余额，反映的是单位产品的创利能力，即每增加一个单位产品的销售可提供的创利额。边际贡献率（用 CMR 表示）是相对数概念，是指边际贡献总额占销售收入总额的百分比，或者是单位边际贡献占销售单价的百分比，反映的是每百元销售额中能提供的边际贡献额。边际贡献额、单位边际贡献和边际贡献率的计算公式分别如下。

$$\text{边际贡献额}=\text{销售收入总额}-\text{变动成本总额}=\text{单位边际贡献}\times\text{销售量}$$

$$\text{单位边际贡献}=\text{销售单价}-\text{单位变动成本}=\frac{\text{边际贡献额}}{\text{销售量}}$$

$$\text{边际贡献率}=\frac{\text{边际贡献额}}{\text{销售收入总额}}\times 100\%=\frac{\text{单位边际贡献}}{\text{销售单价}}\times 100\%$$

公式用字母表示为

$$TCM=SPx-VCx=CMx$$

$$CM=SP-VC=\frac{TCM}{x}$$

$$\begin{aligned}CMR &=\frac{TCM}{SPx}\times 100\%\\ &=\frac{CM}{SP}\times 100\%\end{aligned}$$

### 2. 边际贡献率的相关指标

变动成本率(用VCR表示)是与边际贡献率密切相关的指标。变动成本率是指变动成本总额与销售收入总额的比率,或者是单位变动成本与销售单价的比率,反映的是每百元销售额中变动成本所占的金额。变动成本率的计算公式如下。

$$变动成本率=\frac{变动成本总额}{销售收入总额}\times 100\%=\frac{单位变动成本}{销售单价}\times 100\%$$

公式用字母表示为

$$VCR=\frac{VCx}{SPx}\times 100\%=\frac{VC}{SP}\times 100\%$$

因为边际贡献等于销售收入总额减去变动成本总额,所以,

$$\frac{边际贡献额}{销售收入总额}+\frac{变动成本总额}{销售收入总额}=1$$

也就是说,

$$边际贡献率+变动成本率=1$$

两者的互补关系如下。

$$边际贡献率+变动成本率=1$$

$$变动成本率=1-边际贡献率$$

由此可见,边际贡献率与变动成本率是一对互补性质的指标。产品的变动成本率低,则其边际贡献率就高,创利能力就大;反之,产品的变动成本率高,则其边际贡献率就低,创利能力就小。因此,边际贡献率是一个正指标,其值越大越好;而变动成本率则相反,它是一个反指标,其值越小越好。边际贡献指标在管理会计中的应用十分广泛,特别是在短期经营决策和控制中起着非常重要的作用。

**【例3-6】** 一明公司只生产和销售甲产品,已知甲产品的销售单价为80元,单位变动成本为56元,每个月的固定成本为18 000元,本月销售量为1 000件。计算边际贡献额、单位边际贡献、边际贡献率、变动成本率和本月的营业利润。

**解:** 边际贡献额=销售收入总额-变动成本总额

$$\begin{aligned}&=SPx-VCx\\&=(SP-VC)x\\&=(80-56)\times 1\,000\\&=24\,000(元)\end{aligned}$$

单位边际贡献=销售单价-单位变动成本=SP-VC=80-56=24(元)

$$边际贡献率=\frac{边际贡献额}{销售收入总额}\times 100\%=\frac{24\,000}{80\,000}\times 100\%=30\%$$

变动成本率=1-边际贡献率=1-30%=70%

本月营业利润=(销售单价-单位变动成本)×销售量-固定成本

$$\begin{aligned}&=(SP-VC)x-FC\\&=(80-56)\times 1\,000-18\,000\\&=6\,000(元)\end{aligned}$$

### 3. 贡献型本量利的关系式

根据边际贡献额、单位边际贡献、边际贡献率和变动成本率等指标概念,以及它们与固

定成本及营业净利润之间的关系，标准型的本量利关系式可以转化为

营业利润＝销售收入总额－成本总额
　　　　＝销售收入总额－变动成本总额－固定成本总额
　　　　＝边际贡献额－固定成本总额
边际贡献额＝固定成本总额＋营业利润

用字母表示为

$$P = \mathrm{TCM} - \mathrm{FC}$$

$$\mathrm{TCM} = P + \mathrm{FC}$$

当企业只生产销售单一品种产品时，公式可具体表述为

营业利润＝单位边际贡献×销售量－固定成本总额
　　　　＝销售收入总额×边际贡献率－固定成本总额
　　　　＝销售收入总额×(1－变动成本率)－固定成本总额

用字母表示为

$$\begin{aligned} P &= \mathrm{CM}x - \mathrm{FC} \\ &= \mathrm{SP}x\mathrm{CMR} - \mathrm{FC} \\ &= \mathrm{SP}x(1 - \mathrm{VCR}) - \mathrm{FC} \end{aligned}$$

由于上述公式涉及边际贡献及相关指标，因此也被称为贡献型本量利关系式。固定成本与产销量没有直接关系，它是企业在一定时期用来维持生产能力的成本。企业销售产品所提供的边际贡献并非是企业的营业利润，它首先要用来弥补企业的固定成本，边际贡献弥补固定成本后的余额才是企业的营业利润。相反，如果边际贡献不够补偿固定成本，企业则会出现亏损。因此，边际贡献可以理解为“为补偿固定成本以及提供营业利润所做出的贡献”。

### 3.1.5 本量利分析的主要作用

(1) 本量利分析既可适用于生产单一产品的企业，又可适用于生产多品种的企业进行盈亏平衡点分析，还可以用于新产品开发的决策分析。

(2) 为实现一定时期的目标利润，确定所需要达到的销售数量。

(3) 在目标利润、成本水平和销售量一定的情况下，确定产品的销售单价。

(4) 在目标利润、销售单价和销售量一定的情况下，确定企业的成本控制水平，为降低企业的固定成本和变动成本提供有用的解决途径。

(5) 在预计销售量、单价、变动成本和固定成本一定的情况下，评价企业的经营安全程度。

(6) 通过敏感性分析，测算各个因素变化对利润变化影响的敏感程度，做出相应的决策来保证目标利润的实现。

(7) 可以利用边际贡献指标进行生产、销售和定价等短期经营决策。

## 3.2 单一产品的本量利分析

### 3.2.1 单一产品本量利分析的主要内容

单一产品本量利分析是指只对一种产品的生产和销售进行本量利分析，既适用于只生

产一种产品的企业，又适用于生产多种产品而只对其中的某一种产品进行本量利分析的企业。

单一产品的本量利分析主要包括盈亏平衡点分析和确定实现目标利润的销售量，也称为保本分析和保利分析。

### 3.2.2 盈亏平衡点分析

盈亏平衡点是指使企业达到不盈不亏，即盈亏平衡状态的销售量，在该业务量水平上，企业的营业利润为零，销售收入等于总成本或者说边际贡献等于固定成本。盈亏平衡点也被称为盈亏临界点、损益平衡点、保本点等。盈亏平衡点分析就是利用本量利函数关系预测企业在何种条件下达到盈亏平衡状态，确定盈亏平衡点，通过分析盈亏平衡点对销售量、成本和营业利润产生的影响，为企业合理准确地进行计划、决策和控制提供有用的信息。盈亏平衡点通常有两种表现形式：一种是业务量表现形式，称为盈亏平衡点销售量，即销售多少数量的产品才能够使企业达到盈亏平衡状态；另一种是货币金额表现形式，称为盈亏平衡点销售额，即销售多少金额的产品才能够使企业达到盈亏平衡状态，不盈不亏。盈亏平衡点的确定方法主要有基本公式法、边际贡献法及图示法等。

**1. 基本公式法**

基本公式法是指根据标准型的本量利关系式，当企业营业利润为零达到盈亏平衡状态时，计算得出此时的销售量和销售额的一种方法。此时的销售量和销售额分别称为盈亏平衡点销售量和盈亏平衡点销售额，简称保本量和保本额。

标准型的本量利关系式为

$$\text{营业利润}=(\text{销售单价}-\text{单位变动成本})\times\text{销售量}-\text{固定成本}$$

$$P=(\mathrm{SP}-\mathrm{VC})x-\mathrm{FC}$$

在盈亏平衡状态 $P=0$ 时，公式就成为

$$(\text{销售单价}-\text{单位变动成本})\times\text{销售量}-\text{固定成本}=0$$

$$(\mathrm{SP}-\mathrm{VC})x-\mathrm{FC}=0$$

所以

$$\text{盈亏平衡点销售量}=\frac{\text{固定成本}}{\text{销售单价}-\text{单位变动成本}}$$

$$\text{盈亏平衡点销售额}=\text{盈亏平衡点销售量}\times\text{销售单价}$$

$$=\frac{\text{固定成本}}{\text{销售单价}-\text{单位变动成本}}\times\text{销售单价}$$

$$x_0=\frac{\mathrm{FC}}{\mathrm{SP}-\mathrm{VC}}$$

$$S_0=\frac{\mathrm{FC}}{\mathrm{SP}-\mathrm{VC}}\times\mathrm{SP}$$

式中，$x_0$ 为保本量；$S_0$ 为保本额。

**【例 3-7】** 一明公司只生产和销售 B 产品，该产品的单位售价为 40 元，单位变动成本为

24 元，本月相关固定成本为 64 000 元。计算一明公司本月销售量需为多少件时才能达到盈亏平衡？此时的销售额为多少元？

**解：**

$$盈亏平衡点销售量=\frac{FC}{SP-VC}=\frac{64\ 000}{40-24}=4\ 000(件)$$

$$盈亏平衡点销售额=4\ 000\times40=160\ 000(元)$$

**2. 边际贡献法**

边际贡献法是指根据贡献型的本量利关系式，当企业营业利润为零达到盈亏平衡状态时，计算得出此时的销售量和销售额的一种分析方法。

贡献型的本量利关系式为

营业利润＝边际贡献额－固定成本
＝单位边际贡献×销售量－固定成本
＝销售收入总额×边际贡献率－固定成本

$$P=CMx-FC$$
$$=SPx\,CMR-FC$$

营业利润、边际贡献和固定成本三者的关系如图 3-1 所示。

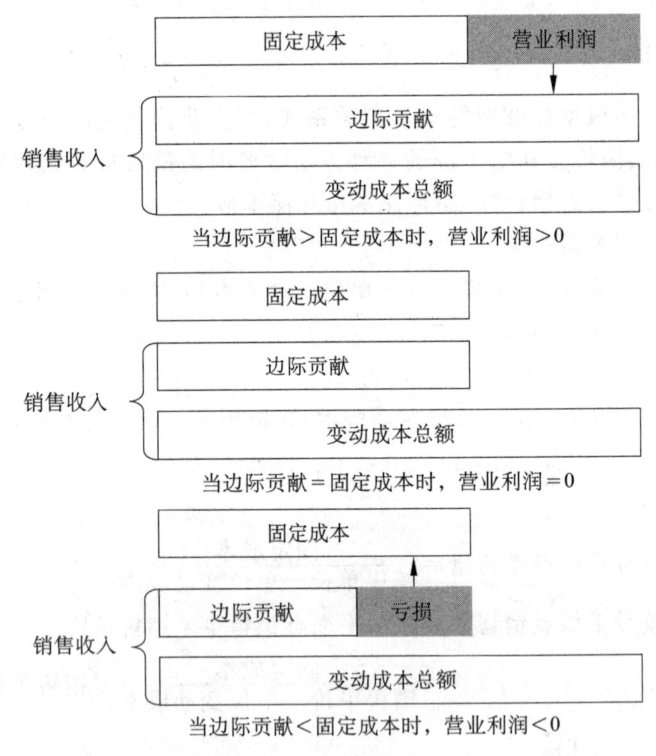


**图 3-1 营业利润、边际贡献和固定成本三者的关系**

在盈亏平衡状态 $P=0$ 时，公式就成为

单位边际贡献×销售量－固定成本＝0

$$CMx-FC=0$$

另　　　　　　　　销售收入总额×边际贡献率－固定成本＝0

$$SPx\text{CMR}-\text{FC}=0$$

所以

$$\text{盈亏平衡点销售量}=\frac{\text{固定成本}}{\text{单位边际贡献}}$$

$$\text{盈亏平衡点销售额}=\text{盈亏平衡点销售量}\times\text{销售单价}=\frac{\text{固定成本}}{\text{边际贡献率}}$$

$$x_0=\frac{\text{FC}}{\text{CM}}$$

$$S_0=\frac{\text{FC}}{\text{CMR}}$$

式中，$x_0$为保本量；$S_0$为保本额。

**【例 3-8】** 资料同例 3-7，采用边际贡献法进行盈亏平衡点分析。

**解：**

$$\text{单位边际贡献(CM)}=\text{SP}-\text{VC}=40-24=16(\text{元})$$

$$\text{边际贡献率(CMR)}=\frac{\text{CM}}{\text{SP}}\times100\%=\frac{16}{40}\times100\%=40\%$$

$$\text{盈亏平衡点销售量}(x_0)=\frac{\text{FC}}{\text{CM}}=\frac{64\ 000}{16}=4\ 000(\text{件})$$

$$\text{盈亏平衡点销售额}(S_0)=\frac{\text{FC}}{\text{CMR}}=\frac{64\ 000}{40\%}=160\ 000(\text{元})$$

从分析结果看出，基本公式法和边际贡献法的计算原理是相同的，但就边际贡献法而言，可以得出营业利润、边际贡献和固定成本三者之间的关系。一明公司每销售一件B产品可获得40元的销售收入，扣除发生的24元的变动成本，从而产生16元的边际贡献。每月的固定成本不受销售量的影响，保持64 000元的水平，因此一明公司本月销售4 000件产品或销售收入为160 000元时，边际贡献额为64 000元，正好弥补固定成本，企业达到盈亏平衡点。当B产品销售量超过4 000件的盈亏平衡点时，每增加一件产品的销售量，增加的边际贡献创造的营业利润将增加16元；而当销售量低于4 000件时，每减少一件产品的销售量，营业利润将减少16元。

### 3. 图示法

图示法是指在直角坐标系中通过本量利分析图进行盈亏平衡点分析的一种方法，即在直角坐标系上绘出反映企业不同业务量水平条件下的盈亏状况的图形，也称盈亏平衡图。图示法直观明了、简便易懂，能够从动态角度形象地反映成本、业务量及营业利润三者内在的联系，成为本量利分析中应用最广泛的方法。但是，由于它是目测绘制而成的，数据与结果不是十分准确。因此，企业通常在进行本量利目标规划时，结合公式法及其他方法一起使用。

根据不同的数据资料和要达到不同的目的，盈亏平衡图可以有不同的绘图方法，常用的图示法具体可以分为基本式、边际贡献式、利量式三种。

1）基本式

基本式是图示法中最基本也是应用最为广泛的形式，其特征是总成本线以固定成本为基础,固定成本置于变动成本之下,固定成本线能够清晰地反映出固定成本总额不变的特点,同时揭示盈亏平衡点、盈利区与亏损区的关系。基本式的绘制步骤如下。

(1) 选定直角坐标系,在第Ⅰ象限内以横轴表示销售量(或其他业务量),纵轴表示销售收入与成本的金额。

(2) 绘制固定成本线。在纵轴上找出固定成本对应的数值,以此点(0,固定成本值)为起点,绘制一条与横轴平行的直线,即为固定成本线。

(3) 绘制总成本线。以点(0,固定成本值)为起点,以单位变动成本为斜率,绘制出总成本线。也可根据总成本=单位变动成本×销售量+固定成本(销售量>0)的函数关系,在横轴上任取一点销售量计算出其对应的总成本值,在直角坐标系内标出该点(任取一点销售量,该销售量对应的总成本值),连接该点和点(0,固定成本值)即可确定总成本线。

(4) 绘制销售收入线。以坐标原点(0,0)为起点,以单价为斜率,绘制销售收入线。具体做法是在横轴上任取一点销售量,计算出其对应的销售收入,在直角坐标系内标出该点(任取一点销售量,该销售量对应的销售收入值),连接该点和坐标原点(0,0)即可确定销售收入线。

(5) 确定盈亏平衡点。在盈亏平衡图中,销售收入线与总成本线的交点即为盈亏平衡点,在此销售量下销售收入总额等于总成本额。

**【例 3-9】** 资料同例 3-7,采用图示法基本式进行盈亏平衡点分析。

**解:**绘制出一明公司的盈亏平衡图,如图 3-2 所示。

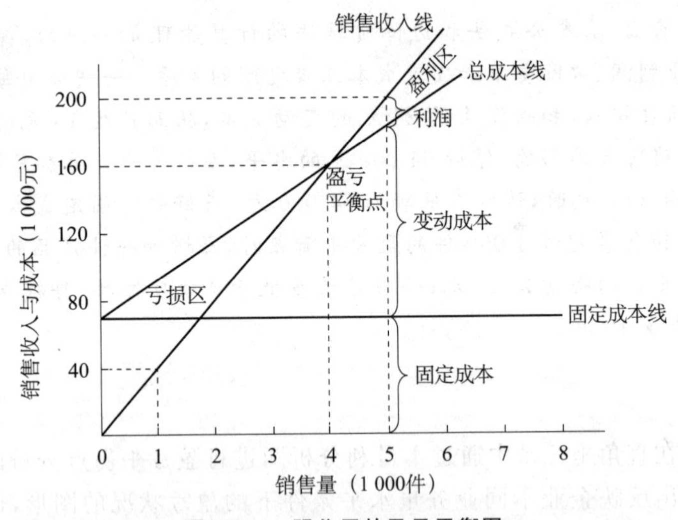


图 3-2 一明公司的盈亏平衡图

从图 3-2 中可以看出,销售收入线与总成本线在销售量为 4 000 件、销售收入为 160 000 元时相交,这就是盈亏平衡点销售量和盈亏平衡点销售额。在销售量小于 4 000 件时,一明公司处于亏损状态,且亏损额随销售量的减少而逐渐增加;在销售量大于 4 000 件时,一明公司处于盈利状态,且利润随着销售量的增长而增加。企业利润的高低取决于销售收入和总成本之间的数量对比,而销售收入的大小取决于销售单价和销售量两个因素,总成本的大小取决于变动成本和固定成本两个因素。因此,盈亏平衡点的位置取决于销售单价、单位变动成本和固定成本因素。

通过基本式盈亏平衡点分析，可以总结出以下几个方面的规律。

(1) 在盈亏平衡点不变的情况下，即在销售单价、单位变动成本和固定成本不变的情况下，销售量超过盈亏平衡点一个单位，即可获得一个单位边际贡献的盈利。所以，销售量超过盈亏平衡点时，销售量越大，能实现的利润就越多；反之，销售量就越小，企业能实现的利润就越少。当销售量不到盈亏平衡点时，销售量越大，招致的亏损就越少；反之，销售量越小，企业招致的亏损额就越多。

(2) 在销售单价、单位变动成本不变的情况下，盈亏平衡点的高低取决于固定成本总额的大小，随固定成本总额的变动而同向变动。固定成本总额越大，总成本线与纵轴的交点的位置越高，盈亏平衡点的位置就越高；反之，盈亏平衡点的位置就越低。

(3) 在销售单价、固定成本总额不变的情况下，盈亏平衡点的高低取决于单位变动成本的大小，随单位变动成本的变化而同方向变化。单位变动成本越大，总成本线的斜率就越大，盈亏平衡点的位置就越高；反之，盈亏平衡点的位置就越低。

(4) 在销售量不变的情况下，盈亏平衡点的位置越低，盈利区的面积就会扩大，亏损区的面积就会缩小。它反映了产品的盈利性有所提高，即能实现更多的利润或产生更少的亏损。反之，盈亏平衡点的位置越高，盈利区的面积就会缩小，而亏损区的面积就会扩大。它反映了产品的盈利性有所降低，即能实现的利润越少或产生的亏损越大。

(5) 在总成本不变的情况下，盈亏平衡点位置的高低取决于销售单价的大小，随销售单价的变动而逆方向变动。销售单价越高，销售收入线的斜率就越大，盈亏平衡点的位置就越低；反之，盈亏平衡点的位置就越高。

基本式盈亏平衡图是图示法的基本形式，与公式计算相比，它能够更加直观地反映企业相关范围内不同业务量对利润的影响，因此在实际工作中得到了广泛的应用，其他形式的图示法是出于不同角度的考虑由其演变而来的。

2) 边际贡献式

基本式盈亏平衡图虽然反映了本量利之间的基本关系，但却无法使人们直观地了解边际贡献的形成和作用。边际贡献式则是从图中能直观地看出边际贡献的形成、弥补固定成本和创造利润过程的一种图示法。边际贡献式的特点是将固定成本线置于变动成本线之上，总成本线是一条平行于变动成本线的直线，因而能直观地反映出边际贡献的形成及与利润之间的关系。边际贡献式的绘制方法如下。

(1) 选定直角坐标系，在第Ⅰ象限内以横轴表示销售量(或其他业务量)，纵轴表示销售收入与成本的金额。

(2) 绘制销售收入线。以坐标原点 0(0,0)为起点，以销售单价为斜率，绘制销售收入线。具体做法同基本式，即在横轴上任取一点销售量，计算出其对应的销售收入，在直角坐标系内标出该点(任取一点销售量，该销售量对应的销售收入值)，连接该点和坐标原点 0(0,0)即可确定销售收入线。

(3) 绘制变动成本线。以坐标原点 0(0,0)为起点，以单位变动成本为斜率，绘制变动成本线。具体做法是在横轴上任取一点销售量，计算出其对应的变动成本，在直角坐标系内标出该点(任取一点销售量，该销售量对应的变动成本值)，连接该点和坐标原点 0(0,0)即可确定变动成本线。

(4) 绘制总成本线。以点(0，固定成本值)为起点，以单位变动成本为斜率，绘制出与变动成本线平行的总成本线。

(5) 确定盈亏平衡点。在盈亏平衡图中,销售收入线与总成本线的交点即为盈亏平衡点,在此销售量下销售收入总额等于总成本额。

**【例 3-10】** 资料同例 3-7,采用图示法边际贡献式进行盈亏平衡点分析。

**解:**按上述步骤绘制出一明公司的盈亏平衡图,如图 3-3 所示。

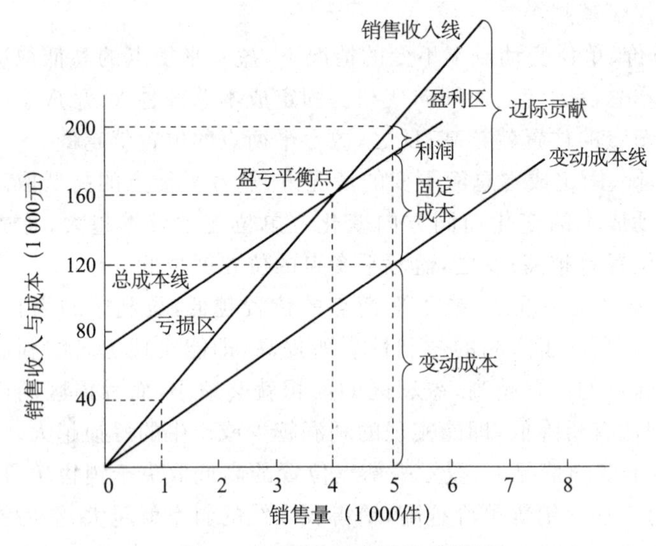


**图 3-3 边际贡献式盈亏平衡图**

从图 3-3 中可以看出,只要产品的销售收入大于变动成本,即销售单价大于单位变动成本,就必然存在边际贡献。因此,销售收入首先要用于补偿变动成本,才能形成边际贡献,然后再用边际贡献来补偿固定成本。盈亏平衡点的边际贡献刚好等于固定成本,企业处于盈亏平衡状态,此时的销售量为 4 000 件,销售收入为 160 000 元。当销售量低于 4 000 件或销售收入低于 160 000 元时,边际贡献小于固定成本,企业处于亏损状态;当销售量高于 4 000 件或销售收入高于 160 000 元时,边际贡献大于固定成本,企业处于盈利状态。

根据同样的数据,基本式和边际贡献式盈亏平衡图得出的结论是一致的。两种方法的主要区别在于,基本式将固定成本线置于变动成本线之下,固定成本在相关范围内保持不变。

而边际贡献式将固定成本置于变动成本之上,形象地反映出边际贡献的形成过程和构成——产品的销售收入减去变动成本的差额就是边际贡献。在边际贡献式盈亏平衡图中,在保本点的销售量,边际贡献刚好等于固定成本;超过保本点的边际贡献大于固定成本,使企业处于盈利区;而不足保本点的边际贡献小于固定成本,则使企业处于亏损区。应该说,边际贡献式盈亏平衡图更加符合变动成本法的思路。

3) 利量式

上述两种本量利图示法揭示了本量利之间的关系,但其对利润与业务量间的直接关系未能予以直接揭示。利润—业务量式本量利图是上述两种本量利图的一种变化形式,它以利润线代替销售收入线和总成本线,因此是一种简化了的盈亏平衡图。该图仅仅反映并突出了利润与业务量之间的依存关系,因而又被简称为利量图。它提供的利润信息比上述两图更加直截了当、简明扼要、易于理解，因此受到企业管理人员的欢迎。利量图的绘制步骤如下。

（1）在第Ⅰ、Ⅳ象限内选定直角坐标系，以横轴表示销售量（或其他业务量）或者销售金额，纵轴表示利润。在横轴上任一销售量（或销售额）对应的利润额均为零，因此横轴代表了盈亏平衡线。

（2）在坐标系的纵轴原点以下部分找到与固定成本总额相等的点（0，固定成本），此点表示当销售量等于零时，亏损额等于固定成本。

（3）在横轴上任取一整数销售量，并计算出在该销售量下的利润额，据此在坐标图中再确定一点，连接该点与点（0，固定成本值）的连线即为利润线。利润线与横轴的交点就是所求的盈亏平衡点。

下面举例说明利量式图示法的绘制方法。

**【例 3-11】**　资料同例 3-7，采用利量式图示法进行盈亏平衡点分析。

**解：**绘制利量式盈亏平衡图，如图 3-4 所示。

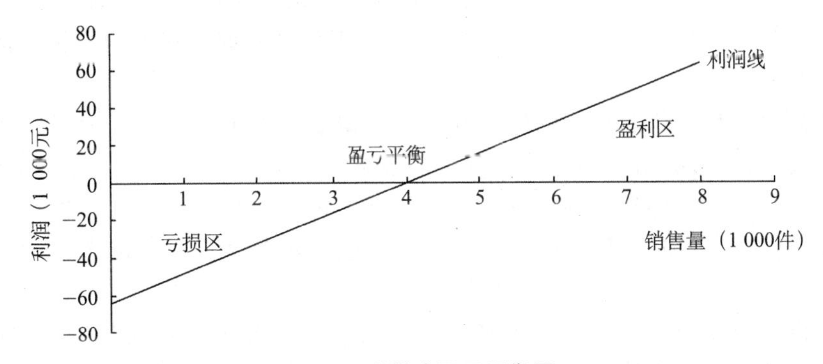


**图 3-4　利量式盈亏平衡图**

由此可以得出结论：当销售量低于 4 000 件或销售收入低于 160 000 元时，利润线在横轴的下方，利润小于零，企业处于亏损状态；当销售量高于 4 000 件或销售收入高于160 000 元时，利润线在横轴的上方，利润大于零，企业处于盈利状态。当销售量为 4 000 件或销售额为 160 000 元时，利润等于零，企业处于盈亏平衡状态。因此，该企业的保本量为4 000 件，保本额为 160 000 元。

从图 3-4 中可以得出以下规律。

（1）在单位边际贡献大于零的条件下，当销售量为零时，企业的亏损额等于固定成本总额。

（2）当产品的销售价格和成本水平不变时，随着销售量的增加，企业亏损逐渐减少，利润逐渐增加，直至盈利；反之，随着销售量的减少，企业利润逐渐减少，亏损就会逐渐增加。

（3）利润线的斜率由业务量的选择决定，当业务量为销售量时，利润线的斜率是单位边际贡献；当业务量为销售额时，利润线的斜率是边际贡献率。

（4）利润线与坐标系横轴的交点即为盈亏平衡点。在固定成本既定的情况下，单位边际贡献或边际贡献率越大，利润线的斜率就越大，盈亏平衡点就越靠近原点。

利量图的最大优点是清晰地揭示了利润与业务量的直接关系，反映了产品的边际贡献水平对保本点位置高低的影响。在进行利润预测时,可直接根据预测的业务量得到预测的利润值。并且,利量图将固定成本置于横轴之下,能够清晰地说明固定成本在企业盈亏中所起的特殊作用,但是不能显示出业务量变化对成本的影响。

### 3.2.3 安全边际

通过保本分析,可以了解企业的保本销售额和保本销售量,但这只是企业经营的最低标准,因为该业务量使企业的营业利润为零。企业经营的目的是要获利,因此企业实际的销售额和销售量超过保本点越多越好。因此,在计算保本点的基础上,我们还需要考虑企业经营的安全程度,以下指标常用来衡量企业生产经营的安全性,对于考察企业的生产经营和盈利情况有很大帮助。

**1. 安全边际指标**

安全边际是指企业实际或计划销售量超过盈亏平衡点销售量的差额。这个差额表明从实际或预计销售量到盈亏平衡点有多大的差距,或者说现有或预计的销售量降低多少,就会导致企业发生亏损。

安全边际可以反映企业经营的安全程度。根据盈亏平衡点分析可知,只有当企业的销售量超过盈亏平衡点的销售量时,超出部分的业务量所创造的边际贡献才能形成企业的营业利润,而超出部分就是安全边际。因此,企业的销售量超过盈亏平衡点越多,安全边际就越大,说明企业发生亏损的可能性就越小,企业的经营也就越安全。反之,企业经营的安全性就越差。

安全边际可以用绝对数和相对数两种形式来表现。其中绝对数具体又有两种表现形式:一种是用实物量表示;另一种是用货币金额表示。安全边际相对数形式称为安全边际率(MSR),它是衡量企业经营安全程度的相对数指标之一。

(1) 安全边际量指标。它是指企业正常情况下实际(或计划)销售量与盈亏平衡点销售量的差额,计算公式如下。

$$\begin{aligned}\text{安全边际量}&=\text{实际(或计划)销售量}-\text{盈亏平衡点销售量}\\&=\frac{\text{安全边际额}}{\text{销售单价}}\end{aligned}$$

(2) 安全边际额指标。它是指企业正常情况下实际(或计划)销售额与盈亏平衡点销售额的差额,计算公式如下。

$$\begin{aligned}\text{安全边际额}&=\text{实际(或计划)销售额}-\text{盈亏平衡点销售额}\\&=\text{安全边际量}\times\text{销售单价}\end{aligned}$$

安全边际量和安全边际额都是反映企业经营安全程度的绝对数正指标,指标值越大,表明企业经营的安全程度越高;反之则越低。安全边际量与安全边际额指标可在本量利关系坐标图中反映出来。

(3) 安全边际率指标。同一企业,可以通过比较不同时期的安全边际绝对量的大小,来评价企业经营安全程度的变化。但是在评价不同企业和不同行业经营安全程度时,就只能利用安全边际的相对数指标——安全边际率(MSR)。它是指企业安全边际量与正常情况下实际(或计划)销售量的比率或者是安全边际额与正常情况下实际(或计划)销售额的比率。计算公式如下。

$$安全边际率(MSR)=\frac{安全边际量}{实际(或计划)销售额}\times100\%=\frac{安全边际额}{实际(或计划)销售额}\times100\%$$

安全边际率也是评价企业经营安全程度的正指标,指标值越大越好。安全边际率数值越大,企业发生亏损的可能性就越小,说明企业的业务经营越安全。人们根据企业实际经营安全程度等级和安全边际率经验数据的一定分布区间,得出评价企业经营安全程度的一般标准。西方企业经常使用的企业经营安全程度的评价标准如表3-1所示。

**表3-1　企业经营安全程度的评价标准**

| 安全边际率/% | 安全程度 |
|---|---|
| 10以下 | 危险 |
| 10～20 | 值得注意 |
| 20～30 | 比较安全 |
| 30～40 | 安全 |
| 40以上 | 很安全 |

**【例3-12】**　一明公司为生产和销售单一产品的企业,该产品单位售价为80元,单位变动成本50元,固定成本总额60 000元,预计正常销售量4 000件。

要求:

(1) 计算盈亏临界点销售量。

(2) 计算安全边际量及安全边际率。

**解:**(1) $盈亏临界点销售量=\frac{固定成本}{销售单价-单位变动成本}=\frac{60\ 000}{80-50}$

$=2\ 000(件)$

(2) 安全边际量=实际(或计划)销售量-盈亏平衡点销售量=4 000-2 000=2 000(件)

$$安全边际率=\frac{安全边际量}{实际(或计划)销售量}\times100\%=\frac{2\ 000}{4\ 000}\times100\%$$

$$=50\%$$

### 2. 盈亏平衡点作业率指标

企业的经营安全程度除用安全边际量、安全边际率等正指标来评价外,还可以用盈亏平衡点作业率来反映。盈亏平衡点作业率,又称保本作业率、损益平衡点作业率,它是指企业盈亏平衡点销售量与正常情况下实际(或计划)销售量的比率或者是盈亏平衡点销售额与正常情况下实际(或计划)销售额的比率,也是反映企业经营安全程度的相对数指标之一。计算公式如下。

$$盈亏平衡点作业率=\frac{盈亏平衡点销售量}{实际(或计划)销售量}\times100\%=\frac{盈亏平衡点销售额}{实际(或计划)销售额}\times100\%$$

盈亏平衡点作业率指标是一个反指标,其指标值越小,说明企业经营越安全;反之,其指标值越大,说明企业经营越危险。从边际贡献率与盈亏平衡点作业率的定义可以看出,它们

是互补关系,即

安全边际率+保本作业率=100%

**【例 3-13】** 一明公司只生产一种产品,单位售价 20 元,单位变动成本 12 元,全年的固定成本总额为 8 000 元,预计计划期的销售量为 3 200 件。计算该企业计划期反映经营安全程度的相关指标,验证正、反指标的关系,并评价该企业的经营安全程度。

**解:**$x_0=\dfrac{FC}{SP-VC}=\dfrac{8\,000}{20-12}=1\,000$(件)

安全边际量$=x-x_0=3\,200-1\,000=2\,200$(件)

安全边际额=销售单价×安全边际量=20×2 200=44 000(元)

$$安全边际率=\frac{安全边际量}{实际(或计划)销售量}\times100\%=\frac{2\,200}{3\,200}\times100\%=68.75\%$$

$$盈亏平衡点作业率=\frac{盈亏平衡点销售量}{实际(或计划)销售量}\times100\%=\frac{1\,000}{3\,200}\times100\%=31.25\%$$

安全边际率+盈亏平衡点作业率=68.75%+31.25%=100%

由于该企业的安全边际率为 68.75%,在 40%以上,因此企业目前的经营程度是很安全的。

### 3. 安全边际与利润的关系

由于安全边际为超过盈亏平衡点的销售量或销售额,因此只有达到安全边际才能为企业制造利润。保本额扣除变动成本后只能为企业收回固定成本,安全边际部分的销售额扣除安全边际部分的变动成本后的余额即为企业利润,也就是说,安全边际中的边际贡献等于企业的利润。安全边际与利润的关系如下。

营业利润=边际贡献−固定成本

固定成本=单位边际贡献×盈亏平衡点销售量

营业利润=单位边际贡献×销售量−单位边际贡献×盈亏平衡点销售量

=单位边际贡献×(销售量−盈亏平衡点销售量)

=单位边际贡献×安全边际量

因此,

营业利润=单位边际贡献×安全边际量

=安全边际额×安全边际率

=安全边际额×(1−保本作业率)

另外,如果等式两边都除以销售收入,还可以得出企业销售利润率、安全边际率和边际贡献率三者之间的关系式。

销售利润率=安全边际率×边际贡献率

以上公式提供了一种计算销售利润率的方法,从中可以看出企业要提高销售利润率,就必须提高安全边际率或提高边际贡献率,对企业的生产经营安排具有一定的现实指导意义。

**【例 3-14】** 资料同例 3-13。计算该企业的销售利润率。

**解:**

$$边际贡献率=\frac{单位边际贡献}{销售单价}\times100\%=\frac{20-12}{20}\times100\%=40\%$$

见例 3-12，安全边际率$=\frac{\text{安全边际量}}{\text{实际(或计划)销售量}}\times100\%=\frac{2\ 200}{3\ 200}\times100\%=68.75\%$

$$\text{销售利润率}=\text{安全边际率}\times\text{边际贡献率}=68.75\%\times40\%=27.5\%$$

### 3.2.4　实现目标利润分析

企业生产经营的目的是获利而非保本，即尽可能多地超越盈亏平衡点来实现利润。实现目标利润分析，也称保利分析，是指在假定销售单价、单位变动成本、固定成本总额不变的条件下，将目标利润引入本量利分析的基本公式，在确保企业目标利润实现的正常条件下，充分揭示成本、业务量和利润三者之间关系的定量分析方法。

保利分析是盈亏平衡点分析的延伸和扩展，在分析之前，首先要确定企业计划期应达到的目标利润，然后再根据保利分析方法来确定实现目标利润的产销水平，为实现目标利润提供各种有关生产和经营的可行性方案服务，在以目标管理为基本特征的现代企业管理活动中有着十分重要的现实意义。

**1. 保利点的确定**

保利点是指使企业实现目标利润状态时产品应达到的销售业务量的总称，包括保利销售量(简称保利量)和保利销售收入总额(简称保利额)两种具体表现形式，前者以实物量表示，后者以价值量表示。保利量和保利额指标在本量利关系坐标图中形成一个“坐标点”，即(保利量，保利额)，它们是企业进行目标管理的重要参考信息。

根据目标利润是否考虑税收的影响，保利分析可分为税前目标利润分析和税后目标利润分析，以下是具体的分析模型。

1) 实现税前目标利润的模型

不考虑所得税，根据本量利分析的基本公式，可得出目标利润(PT)。

$$\text{目标利润}=(\text{销售单价}-\text{单位变动成本})\times\text{保利量}-\text{固定成本}$$

$$\text{保利量}=\frac{\text{目标利润}+\text{固定成本}}{\text{销售单价}-\text{单位变动成本}}=\frac{\text{目标利润}+\text{固定成本}}{\text{单位边际贡献}}$$

$$=\frac{PT+FC}{SP-VC}=\frac{PT+FC}{CM}$$

将保利量公式左右两侧均乘以销售单价，就可以得出保利额的计算公式。

$$\text{保利额}=\frac{\text{目标利润}+\text{固定成本}}{\text{边际贡献率}}=\frac{PT+FC}{CMR}$$

**【例 3-15】**　一明公司只生产和销售一种产品，产品的单位售价为 60 元，单位变动成本为 30 元，固定成本为 60 000 元，该企业在计划期的目标利润为 60 000 元。计算企业为实现目标利润应达到的销售量和销售额。

**解：**

$$\text{保利量}=\frac{\text{目标利润}+\text{固定成本}}{\text{销售单价}-\text{单位变动成本}}=\frac{60\ 000+60\ 000}{60-30}=4\ 000(\text{件})$$

$$\text{边际贡献率}=\frac{\text{单位边际贡献}}{\text{销售单价}}\times100\%=\frac{60-30}{60}\times100\%=50\%$$

$$保利额=\frac{目标利润+固定成本}{边际贡献率}=\frac{60\ 000+60\ 000}{50\%}=240\ 000(元)$$

或者　　保利额＝销售单价×保利量＝60×4 000＝240 000(元)

2）实现税后目标利润的模型

在实现税前目标利润的模型中，目标利润是指缴纳所得税前的营业利润。所得税费用是企业的一项必然支出，真正影响企业生产经营中现金流量的现实因素，不是税前利润，而是税后利润，即净利润。由于只有净利润才是企业实际能够支配的盈利，因此企业管理人员关心的是税后净利润，从税后利润的角度进行目标利润的规划和分析，会更符合企业生产经营的实际，对企业确定保利点更为适用。因此，需要计算为确保目标净利润的实现而应当达到的销售量和销售额。

由于净利润＝税前利润×(1－企业所得税税率)，所以在确定保利点时，应将实现税前目标利润模型计算公式的税前利润转化成税后利润，即税前利润＝$\frac{税后利润}{1-企业所得税税率}$，以下是实现税后目标利润保利点的计算方法。

$$保利量=\frac{\frac{目标税后利润}{1-企业所得税税率}+固定成本}{销售单价-单位变动成本}=\frac{\frac{目标税后利润}{1-企业所得税税率}+固定成本}{单位边际贡献}$$

$$保利额=\frac{\frac{目标税后利润}{1-企业所得税税率}+固定成本}{边际贡献率}$$

**【例 3-16】** 资料同例 3-15，若该企业在计划期的目标税后利润为 72 000 元，企业所得税税率为 25%，价格和成本水平不变。计算企业为实现目标税后利润应达到的销售量和销售额。

**解：**

$$保利量=\frac{\frac{目标税后利润}{1-企业所得税税率}+固定成本}{销售单价-单位变动成本}=\frac{\frac{72\ 000}{1-25\%}+60\ 000}{60-30}=\frac{96\ 000+60\ 000}{60-30}=5\ 200(件)$$

$$边际贡献率=\frac{单位边际贡献}{销售单价}\times100\%=\frac{60-30}{60}\times100\%=50\%$$

$$保利额=\frac{\frac{目标税后利润}{1-企业所得税税率}+固定成本}{边际贡献率}=\frac{\frac{72\ 000}{1-25\%}+60\ 000}{50\%}=312\ 000(元)$$

或者　　保利额＝销售单价×保利量＝60×5 200＝312 000(元)

**2. 实现目标利润的具体措施分析**

根据本量利分析的基本公式，目标利润＝(销售单价－单位变动成本)×销售量－固定成本，在目标利润一定的情况下，各个因素的变动都会对目标利润的实现产生一定的影响。为了确保目标利润的实现，可以采取以下措施。

1）单因素变动以实现目标利润

根据公式目标利润＝(销售单价－单位变动成本)×销售量－固定成本，可以推导出目标利润一定时，各个因素逐个变动的计算公式。

$$实现目标利润的单价=单位变动成本+\frac{固定成本+目标利润}{销售量}=VC+\frac{FC+PT}{x}$$

$$实现目标利润的单位变动成本=销售单价-\frac{固定成本+目标利润}{销售量}=SP-\frac{FC+PT}{x}$$

$$实现目标利润的销售量=\frac{目标利润+固定成本}{销售单价-单位变动成本}=\frac{目标利润+固定成本}{单位边际贡献}=\frac{PT+FC}{SP-VC}=\frac{PT+FC}{CM}$$

$$\begin{aligned}实现目标利润的固定成本&=(销售单价-单位变动成本)\times销售量-目标利润\\&=单位边际贡献-目标利润\\&=边际贡献\times销售量-目标利润\\&=销售收入-变动成本-目标利润\\&=销售收入\times边际贡献率-目标利润\\&=销售收入\times(1-变动成本率)-目标利润\\&=(SP-VC)x-PT\\&=CMx-PT\\&=SPx-VCx-PT\\&=SPxCMR-PT\\&=SPx(1-VCR)-PT\end{aligned}$$

**【例 3-17】** 资料同例 3-15，一明公司只生产和销售一种产品，产品的单位售价为 60 元，单位变动成本为 30 元，固定成本为 60 000 元，计划销售量为 4 000 件。现该企业根据市场情况预测，决定将目标利润提高至 80 000 元。对影响目标利润的四个因素逐个进行分析，计算各因素应如何变动才能保证80 000 元目标利润得以实现。

**解：**(1) 提高单位售价。在销售量和成本保持水平不变的情况下，计算实现目标利润的销售单价。

$$\begin{aligned}实现目标利润的单价&=单位变动成本+\frac{固定成本+目标利润}{销售量}\\&=30+\frac{60\ 000+80\ 000}{4\ 000}=65(元)\end{aligned}$$

所以，在单位变动成本、销售量和固定成本水平保持不变的情况下，将销售单价从 60 元提高至 65 元，即提高售价的 8.3% $\left(\frac{65-60}{60}\times100\%\right)$，就可以实现目标利润 80 000 元。

(2) 降低单位变动成本。在销售单价、销售量和固定成本水平保持不变的情况下，计算实现目标利润的单位变动成本。

$$\begin{aligned}实现目标利润的单位变动成本&=销售单价-\frac{固定成本+目标利润}{销售量}\\&=60-\frac{60\ 000+80\ 000}{4\ 000}=25(元)\end{aligned}$$

所以，在单位售价、销售量和固定成本水平保持不变的情况下，将单位变动成本从 30 元降低至 25 元，即降低单位变动成本的 16.7% $\left(\frac{30-25}{30}\times100\%\right)$，就可以实现目标利润 80 000 元。

(3) 提高销售量。在销售单价与成本水平保持不变的情况下，计算实现目标利润的销售量。

$$实现目标利润的销售量=\frac{目标利润+固定成本}{销售单价-单位变动成本}=\frac{80\ 000+60\ 000}{60-30}=4\ 667(件)$$

所以，在单位售价与成本水平保持不变的情况下，将销售量从 4 000 件提高至 4 667 件，即提高销售量的 16.7%$\left(\frac{4\ 667-4\ 000}{4\ 000}\times100\%\right)$，就可以实现目标利润 80 000 元。

(4) 降低固定成本。在销售单价、销售量和单位变动成本水平保持不变的情况下，计算实现目标利润的固定成本。

$$\begin{aligned}实现目标利润的固定成本&=(销售单价-单位变动成本)\times销售量-目标利润\\&=(60-30)\times4\ 000-80\ 000=40\ 000(元)\end{aligned}$$

所以，在单位售价、销售量和单位变动成本水平保持不变的情况下，将固定成本从 60 000 元降低至 40 000 元，即降低固定成本的 33.3%$\left(\frac{60\ 000-40\ 000}{60\ 000}\times100\%\right)$，就可以实现目标利润 80 000 元。

2) 多因素同时变动以实现目标利润

前面的分析是在假定其他因素不变的情况下，为实现目标利润而应采取的单项措施。但在现实生产经营活动中，各因素并非孤立存在，而是相互制约、相互影响的，因此往往更多地采取多因素同时变动的综合措施来保证目标利润得以实现。

**【例 3-18】** 资料同例 3-17，一明公司只生产和销售一种产品，假定计划期的目标利润为 80 000 元。经过各方面的预测，为了竞争扩大销售量，企业只能采取降价措施。当价格降至 58 元时，销售量可达到 5 000 件，但还实现不了目标利润。企业决定再追加 2 000 元的约束性固定成本，可以提高人工效率，降低材料消耗，从而降低单位变动成本。为实现目标利润，单位变动成本应降至多少元？

**解：** 
$$\begin{aligned}实现目标利润的单位变动成本&=销售单价-\frac{固定成本+目标利润}{销售量}\\&=58-\frac{60\ 000+2\ 000+80\ 000}{5\ 000}=29.6(元)\end{aligned}$$

所以，上述因素同时变动时，单位变动成本从 30 元降低至 29.6 元即可实现目标利润。

以上所讨论的盈亏点平衡分析和保利分析，都是假定在只生产单一产品的条件下进行的。但是在实际经济生活中，大多数企业都不止生产经营一种产品，而是同时生产和销售多种产品。在这种情况下，单一产品的本量利分析模型就无法运用，因为不同品种产品的销售量是无法直接相加的。因此，多品种条件下的本量利分析具有十分重要的现实意义。

## 3.3 多种产品的本量利分析

### 3.3.1 多种产品的盈亏平衡点分析

企业在产销多种产品的条件下，由于各种产品的性能存在着差异，因而从会计的角度而言，各种产品在实物数量上的简单相加并无多大实际意义。因此，在进行多品种产品的盈亏平衡点分析时，就不适宜采用实物量单位进行计算，而只能用货币量来反映，即计算盈亏平衡点的销售额。

计算多品种产品盈亏平衡点常用的方法有加权平均边际贡献率法、分别计算法、联合单位法、图示法等。

### 1. 加权平均边际贡献率法

加权平均边际贡献率(也称综合边际贡献率)是指以各种产品的边际贡献率为基础,用各种产品的预计销售比重作为权数,进行加权计算的平均边际贡献率。加权平均边际贡献率法是在确定企业加权平均边际贡献率的基础上,计算多种产品盈亏平衡点销售额(也称综合保本销售额)的一种方法。

由于企业生产的各种产品的盈利能力不同,在没有占绝对优势的主导产品时,企业的综合盈利能力不能由某一种产品来代表,因此,盈亏平衡点销售额计算公式中的边际贡献率应为各种产品的加权平均数。加权平均边际贡献率法是计算多品种产品盈亏平衡点最常用的方法,该方法不要求分配固定成本,而是将各种产品所创造的边际贡献视为补偿企业全部固定成本和利润的来源。该方法一般适用于各种产品资料齐全、产品结构相对稳定的企业。

加权平均边际贡献率法的计算步骤如下。

(1) 计算各种产品的边际贡献率。

(2) 计算各种产品的销售比重。

$$\text{某种产品销售比重}=\frac{\text{某种产品的销售额}}{\text{全部产品的销售收入总额}}\times 100\%$$

(3) 计算各种产品的加权平均边际贡献率。

在实际工作中,加权平均边际贡献率除可以通过对每种产品的边际贡献率分别以其销售比重为权数计算外,还可以用各种产品的边际贡献总额与全部产品的销售收入总额的比率来确定。

$$\begin{aligned}\text{加权平均边际贡献率}&=\sum\text{某种产品边际贡献率}\times\text{该产品销售比重}\times 100\%\\&=\frac{\text{各种产品边际贡献总额}}{\text{全部产品销售收入总额}}\times 100\%\end{aligned}$$

(4) 计算盈亏平衡点综合销售额。

$$\text{盈亏平衡点综合销售额}=\frac{\text{固定成本总额}}{\text{加权平均边际贡献率}}$$

(5) 计算各种产品的盈亏平衡点销售额。

$$\text{某种产品的保本销售额}=\text{盈亏平衡点综合销售额}\times\text{该产品的销售比重}$$

**【例 3-19】** 一明公司生产销售 A、B、C 三种产品,假定产销平衡,固定成本总额 240 000 元,其他资料如表 3-2 所示。用加权平均边际贡献率法进行盈亏平衡点分析。

**表 3-2 一明公司 A、B、C 产品产销和成本资料表**

| 项 目 | A | B | C |
|---|---|---|---|
| 产销量/件 | 3 000 | 6 000 | 6 000 |
| 单位售价/元 | 60 | 60 | 30 |
| 单位变动成本/元 | 30 | 39 | 21 |

**解：**

(1) 预计全部产品的销售总额＝60×3 000＋60×6 000＋30×6 000＝720 000(元)

(2) 计算三种产品的销售比重。

$$A产品的销售比重=\frac{60\times 3\ 000}{720\ 000}\times 100\%=25\%$$

$$B产品的销售比重=\frac{60\times 6\ 000}{720\ 000}\times 100\%=50\%$$

$$C产品的销售比重=\frac{30\times 6\ 000}{720\ 000}\times 100\%=25\%$$

(3) 计算加权平均边际贡献率。

$$A产品的边际贡献率=\frac{60-30}{60}\times 100\%=50\%$$

$$B产品的边际贡献率=\frac{60-39}{60}\times 100\%=35\%$$

$$S产品的边际贡献率=\frac{30-21}{30}\times 100\%=30\%$$

加权平均边际贡献率＝50％×25％＋35％×50％＋30％×25％＝37.5％

(4) 计算盈亏平衡点综合销售额。

$$盈亏平衡点综合销售额=\frac{固定成本总额}{加权平均边际贡献率}=\frac{240\ 000}{37.5\%}=640\ 000(元)$$

(5) 计算三种产品的盈亏平衡点销售额和销售量。

A产品的盈亏平衡点销售额＝盈亏平衡点综合销售额×该产品的销售比重
＝640 000×25％＝160 000(元)

A产品的盈亏平衡点销售量＝160 000÷60＝2 667(件)

B产品的盈亏平衡点销售额＝盈亏平衡点综合销售额×该产品的销售比重
＝640 000×50％＝320 000(元)

B产品的盈亏平衡点销售量＝320 000÷60＝5 334(件)

C产品的盈亏平衡点销售额＝盈亏平衡点综合销售额×该产品的销售比重
＝640 000×25％＝160 000(元)

C产品的盈亏平衡点销售量＝160 000÷30＝5 334(件)

### 2. 分别计算法

分别计算法是指在一定条件下，将企业的固定成本总额按一定的标准在各种产品之间进行分配，然后再对每一个品种分别进行本量利分析，分别计算各产品盈亏平衡点销售额和综合平衡点销售额的方法。在分配固定成本时，专属固定成本直接分配，共同固定成本则选择适当标准(如销售额、边际贡献、产品重量、长度、体积、产品消耗工时等)分配给各种产品。由于企业所有因素中边际贡献与固定成本的联系比较紧密，因此也可以按各种产品的边际贡献比重来分配共同固定成本。

**【例 3-20】** 一明公司生产销售甲、乙、丙三种产品，有关资料如表 3-3 所示。根据资料按产品边际贡献分配共同固定成本，并采用分别计算法进行盈亏平衡点分析。

表 3-3 一明公司甲、乙、丙三种产品产销和成本资料表

| 摘　　要 | 甲产品 | 乙产品 | 丙产品 |
|---|---|---|---|
| 预计产销量/件 | 1 000 | 1 200 | 800 |
| 单位售价/元 | 20 | 16 | 30 |
| 单位变动成本/元 | 14 | 12 | 24 |
| 单位边际贡献/元 | 6 | 4 | 6 |
| 专属固定成本/元 | 3 360 | 2 600 | 2 400 |
| 共同固定成本/元 | | 5 460 | |

**解：** 共同固定成本分配率 $=\dfrac{FC}{\sum TCM}=\dfrac{5\,460}{6\times1\,000+4\times1\,200+6\times800}=0.35$

甲产品分配的固定成本 $=6\times1\,000\times0.35=2\,100$（元）

乙产品分配的固定成本 $=4\times1\,200\times0.35=1\,680$（元）

丙产品分配的固定成本 $=6\times800\times0.35=1\,680$（元）

甲产品的盈亏平衡点销售量 $=\dfrac{FC}{CM}=\dfrac{3\,360+2\,100}{6}=910$（件）

甲产品的盈亏平衡点销售额 $=\dfrac{FC}{CMR}=\dfrac{3\,360+2\,100}{6\div20}=18\,200$（元）

乙产品的盈亏平衡点销售量 $=\dfrac{FC}{CM}=\dfrac{2\,600+1\,680}{4}=1\,070$（件）

乙产品的盈亏平衡点销售额 $=\dfrac{FC}{CMR}=\dfrac{2\,600+1\,680}{4\div16}=17\,120$（元）

丙产品的盈亏平衡点销售量 $=\dfrac{FC}{CM}=\dfrac{2\,400+1\,680}{6}=680$（件）

丙产品的盈亏平衡点销售额 $=\dfrac{FC}{CMR}=\dfrac{2\,400+1\,680}{6\div30}=20\,400$（元）

企业的综合盈亏平衡点销售额 $=18\,200+17\,120+20\,400=55\,720$（元）

采用分别计算法时，要求企业生产的产品品种不多，并且生产过程独立化，可以提供各产品计划与控制所需要的详细资料，以便能够确切地区分各产品的专属固定成本和能够客观地按一定标准将固定成本在各产品之间进行分配。

### 3. 联合单位法

联合单位法是指在事先掌握各产品之间客观存在的相对稳定产销实物量比例的基础上，确定每一联合单位产品的单价和单位变动成本，然后进行本量利分析。

如果多品种企业所生产的各种产品的产销量之间存在着比较稳定的数量关系，而且其产品的销路都有保障，那么就可用联合单位代表按实物量比例构成的一组产品。如企业生产甲、乙、丙三种产品，其销量比为 1∶3∶2，则一个联合单位就相当于甲产品 1 个单位、乙产品 3 个单位和丙产品 2 个单位的组合。根据这种产销量比，按照单一品种盈亏平衡分析法可以算出每一联合单位的联合单价、联合单位变动成本、联合单位边际贡献、整个企业的联合保本量及各产品的保本量。联合单位法适用于有严格产出规律的联合产品生产企业应

用，具体计算公式如下。

联合单价$=\sum$某种产品的单位售价×该产品的销量比

联合单位变动成本$=\sum$某种产品的单位变动成本×该产品的销量比

联合单位贡献=联合单价－联合单位变动成本

联合保本量$=\dfrac{\text{固定成本}}{\text{联合边际贡献}}$

某种产品的保本量=联合保本量×该产品销量比

**【例 3-21】** 一明公司生产甲、乙、丙三种产品，销量比为 5∶3∶2，甲、乙、丙三种产品的单位售价分别为 40 元、80 元、200 元，单位变动成本分别为 17 元、32 元、50 元，固定成本总额为 300 000 元。用联合单位法确定该企业的盈亏平衡点销售量是多少。

**解：** 联合单价$=\sum$某种产品的单位售价×该产品的销量比

$=40\times5+80\times3+200\times2=840$（元）

联合单位变动成本$=\sum$某种产品的单位变动成本×该产品的销量比

$=17\times5+32\times3+50\times2=281$（元）

联合盈亏平衡点销售量$=\dfrac{\text{固定成本}}{\text{联合边际贡献}}=\dfrac{300\ 000}{840-281}=537$（联合单位）

甲产品的盈亏平衡点销售量=联合盈亏平衡点销售量×甲产品销量比

$=537\times5=2\ 685$（件）

乙产品的盈亏平衡点销售量=联合盈亏平衡点销售量×乙产品销量比

$=537\times3=1\ 611$（件）

丙产品的盈亏平衡点销售量=联合盈亏平衡点销售量×丙产品销量比

$=537\times2=1\ 074$（件）

#### 4. 图示法

在多品种产品生产条件下，除以上盈亏平衡点计算方法外，也可以用图示法绘制多品种条件下的利润—业务量式本量利图。

**【例 3-22】** 一明公司生产和销售甲、乙、丙三种产品，该企业的年固定成本为 1 200 000 元，其他有关资料如表 3-4 所示。根据上述资料绘制利量式盈亏平衡图，进行盈亏平衡点分析。

表 3-4　一明公司甲、乙、丙三种产品产销和成本资料表

| 产　品 | 销售数量/件 | 销售价格/元 | 销售收入/元 | 单位变动成本/元 | 单位边际贡献/元 | 边际贡献/元 |
|---|---|---|---|---|---|---|
| 甲 | 10 000 | 200 | 2 000 000 | 100 | 100 | 1 000 000 |
| 乙 | 10 000 | 140 | 1 400 000 | 80 | 60 | 600 000 |
| 丙 | 5 000 | 120 | 600 000 | 80 | 40 | 200 000 |
| 合　计 | — | — | 4 000 000 | — | — | 1 800 000 |

**解：**根据资料，绘制的利润—业务量式盈亏平衡图如图 3-5 所示。

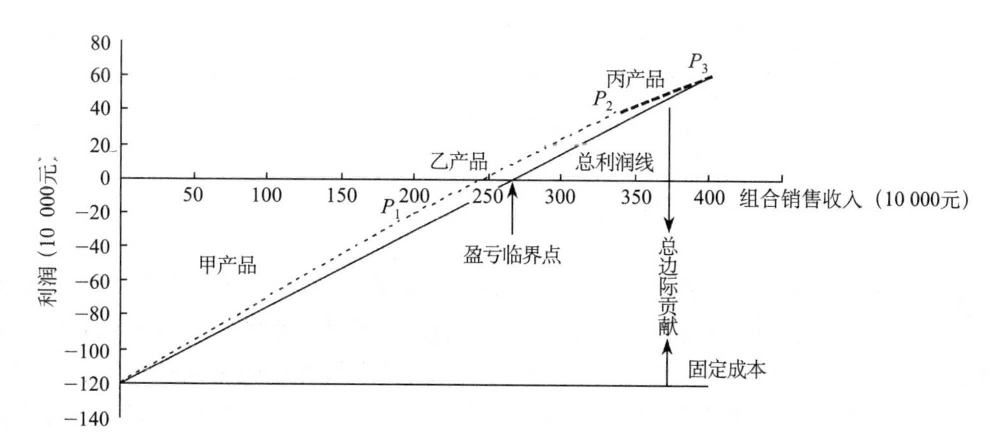


**图3-5 利润—业务量式盈亏平衡图**

产销多品种产品情况下的利润—业务量式盈亏平衡图，其绘制的思路和方法与单一品种情况下大体相同，所不同的是需要将各种产品的边际贡献在图中累进绘制，以描述固定成本的补偿和利润的形成，并在图中按各种产品提供的边际贡献依次绘出不同的线段。本例具体步骤如下。

（1）以横轴表示多品种的组合销售收入，以纵轴表示利润。

（2）在纵轴上找出与固定成本数相应的数值（取负值−120万元），并以此为起点画一条与横轴平行的直线。

（3）在横轴上确定甲产品的销售收入（200万元），并计算相应形成的利润（−20万元），或计算销售甲产品的边际贡献（100万元，从固定成本线开始算起）。据此可以确定利润点$P_1$(200，−20)，意味着只销售甲产品还不足以补偿全部固定成本，将此点与纵轴上的固定成本点以虚线相连，即为甲产品的利润线。

（4）假设该企业又销售乙产品，则累计销售收入为340万元，实现利润40万元（或累计边际贡献160万元，从固定成本线开始算起）。据此可以确定利润点$P_2$(340，40)，意味着在补偿全部固定成本120万元后尚有盈利40万元，将$P_1$点与$P_2$点以虚线相连，即为乙产品的利润线。用同样的方法也可以画出丙产品的利润线。

（5）将纵轴上的固定成本点与$P_3$点(400，60)相连，即为企业的总利润线，该线的斜率为以各种产品的销售数量为权数的加权边际贡献率，表明了三种产品各自的获利能力。边际贡献率越高、利润线的斜率越大，则产品的获利能力也就越强。本例中，甲产品的边际贡献率最高，其利润线的斜率最大，获利能力最强；乙产品次之；丙产品最弱。

在盈亏平衡点，边际贡献总额＝固定成本总额，则在三种产品品种构成（2∶2∶1）不变的情况下，假设甲产品的盈亏平衡点销售量为$x$件。

$$100x+60x+40\times 0.5x=1\ 200\ 000$$

$$x=6\ 667(\text{件})$$

即在盈亏平衡点，甲、乙产品的销售量为6 667件，丙产品的销售量为3 334件。

从上述盈亏平衡点分析的几种方法可以看出，在企业生产多种产品的条件下，可选择多种方法计算其综合盈亏平衡点销售额，而且每一种方法的结果可能不尽相同。原因在于，一是每种方法都存在一定的适用前提条件，二是不同方法出自对综合盈亏平衡点销售额的不同理解。因此，在企业生产多品种的产品时，应根据自身实际的生产经营情况，结合自身特点来选择适合本企业多品种保本分析的具体方法。

### 3.3.2 多种产品的保利分析

多种产品的保利分析与多种产品的盈亏平衡点分析一样，由于不同品种产品的销售量直接相加毫无意义，因此其不能用实物量表示，只能用货币量来反映。多种产品的保利分析常用的方法有加权平均边际贡献率法、分别计算法等，其中最常用的是加权平均边际贡献率法，其计算分析原理同多种产品的盈亏平衡点分析是一致的。依次类推，我们可以得出生产多种产品条件下，保证实现目标税后利润的综合保利销售额的计算公式，其他不再逐一论述。

$$\text{综合保利销售额}=\frac{\dfrac{\text{目标税后利润}}{1-\text{企业所得税税率}}+\text{固定成本}}{\text{加权平均边际贡献率}}$$

## 3.4 有关因素变动分析

从盈亏平衡点分析、保利分析的计算公式中可以看出，产品的单位售价、变动成本、固定成本以及产品的品种结构等因素的变动都会对盈亏平衡点和保利点产生影响。在前述分析中，我们都是假定销售单价、单位变动成本、固定成本、产品品种结构及产销平衡等因素保持不变。但在现实生产经营活动中，这些因素是经常发生变动的，并导致盈亏平衡点和利润的升降变动。为了能够及时采取相应措施来降低盈亏平衡点，以避免或减少亏损，我们应事先了解有关因素变动对盈亏平衡点和利润的影响规律。

### 3.4.1 销售单价变动的影响

产品销售单价的变动是影响盈亏平衡点的一个重要因素。在其他因素不变的情况下，销售单价的变动会引起单位边际贡献和边际贡献率向同方向变动，从而会改变盈亏平衡点和利润。具体地说，提高产品销售单价时，会使单位边际贡献和边际贡献率增大，在本量利图中，表现为销售收入线的斜率增大，导致盈亏平衡点降低；同时，在一定销售量下实现的利润区域将会增大或者亏损区域减少；当降低产品销售单价时，会使单位边际贡献和边际贡献率减小，在本量利图中，表现为销售收入线的斜率减小，导致盈亏平衡点上升。同时，在一定销售量下实现的利润区域会减小或者亏损区域将会增大，如图 3-6 所示。图中销售总收入线在提高单价之后斜率增大，盈亏平衡点左移，从 $Q_0$ 至 $Q_1$ 段由原来的亏损区域变成了盈利区域。

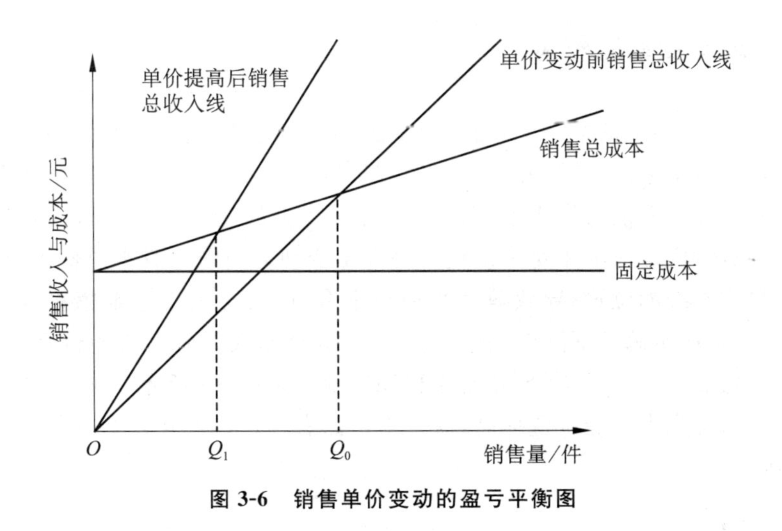


**图 3-6　销售单价变动的盈亏平衡图**

## 3.4.2　单位变动成本变动的影响

如果其他因素保持不变，产品单位变动成本的变动会引起单位边际贡献和边际贡献率向相反方向变动，从而改变盈亏平衡点和利润。具体地说，当产品单位变动成本上升时，会减少单位边际贡献和边际贡献率。在本量利图中，表现为总成本线的斜率增大，导致盈亏平衡点上升，同时会减少一定销售量下的利润量；当产品单位变动成本下降时，会使单位边际贡献和边际贡献率减小，在本量利图中，表现为总成本线的斜率减小，导致盈亏平衡点下降，同时会增加一定销售量下实现的利润区域，如图 3-7 所示。由于单位变动成本提高，使得变动后的总成本线的斜率增大，盈亏平衡点右移，从 $Q_0$ 至 $Q_1$ 段由原来的盈利区域变成了亏损区域。

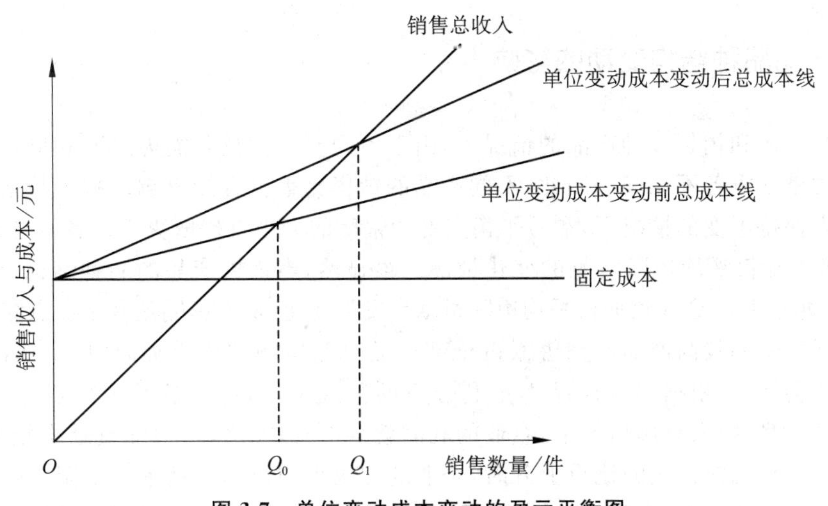


**图 3-7　单位变动成本变动的盈亏平衡图**

### 3.4.3 固定成本变动的影响

在其他因素保持不变的情况下，固定成本的大小与企业经营规模直接相关，企业的经营规模越大，固定成本就越高，其盈亏平衡点销售量也就越大。固定成本虽然不随业务量的变化而变化，但若企业经营能力发生改变或者管理层决策的变化都会导致固定成本总额发生改变，特别是酌量性固定成本相对来说更容易发生变动。当固定成本总额上升时，在本量利图中，会抬高总成本线的位置，导致盈亏平衡点上升，同时会减少一定销售量下实现的利润区域；反之，当固定成本总额下降时，在本量利图中，会降低总成本线的位置，导致盈亏平衡点下降，同时会增加一定销售量下实现的利润区域，如图 3-8 所示。由于固定成本总额提高，使得变动后的总成本线的位置提高，盈亏平衡点右移，从 $Q_0$ 至 $Q_1$ 段由原来的盈利区域变成了亏损区域。

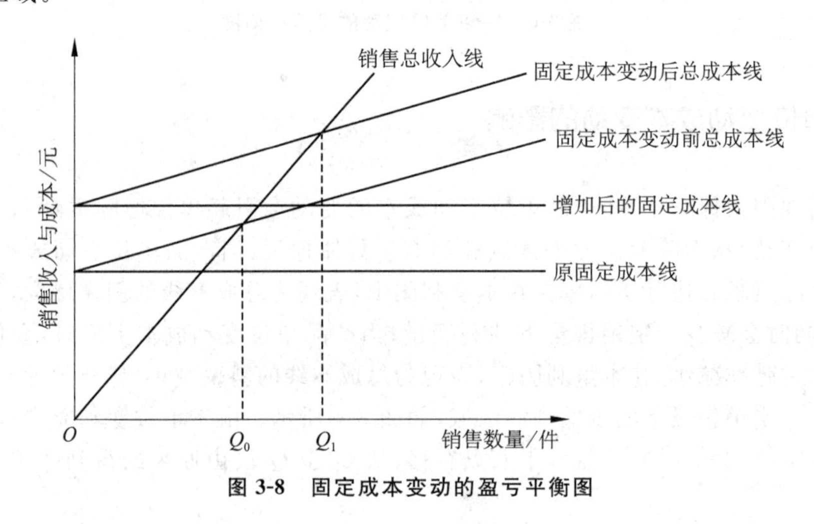


**图 3-8 固定成本变动的盈亏平衡图**

### 3.4.4 产品品种结构变动的影响

企业在生产和销售多种产品的情况下，由于不同产品的盈利能力各不相同，因而不同产品的边际贡献率也各不相同。因此，不同产品的销售比重将直接影响加权平均边际贡献率。在其他因素保持不变的情况下，盈亏平衡点变动幅度的大小直接取决于以各种产品的销售比重作为权数的加权平均边际贡献的变化情况。很显然，当销售产品的品种结构（销售品种组合）发生变动时，势必会导致加权平均边际贡献率发生变化，从而影响盈亏平衡点综合销售额。

当边际贡献率较高产品的销售额占全部产品总销售额的比重提高时，企业的加权平均边际贡献率会增大，根据多种产品本量利分析的公式可以得出，盈亏平衡点综合销售额下降，在同样的销售收入总额情况下，企业的利润就会上升；反之，当边际贡献率较低产品的销售额占全部产品总销售额的比重上升时，企业的加权平均边际贡献率会下降，从而导致盈亏平衡点综合销售额上升，在同样的销售收入总额情况下，企业的利润就会下降。

**【例 3-23】** 资料同例 3-19，一明公司生产销售 A、B、C 三种产品，假定产销平衡，固定成本总额为 240 000 元，其他资料如表 3-2 所示。原来三种产品的品种结构资料如表 3-5 所示,假设品种结构由1:2:1改变为1:6:3。分析三种产品品种结构改变后对盈亏平衡点的影响。

表3-5 一明公司A、B、C产品品种结构资料表

| 项　目 | A | B | C |
|---|---|---|---|
| 销售收入/元 | 180 000 | 360 000 | 180 000 |
| 边际贡献/元 | 90 000 | 126 000 | 54 000 |
| 边际贡献率/% | 50 | 35 | 30 |

**解**:通过计算得出原来盈亏平衡点综合销售额。

$$盈亏平衡点综合销售额=\frac{固定成本总额}{加权平均边际贡献率}=\frac{240\ 000}{37.5\%}=640\ 000(元)(见例3\text{-}19)$$

三种产品品种结构改变后,A、B、C三种产品的销售比重为10%、60%和30%。

(1) 计算加权平均边际贡献率。

加权平均边际贡献率=50%×10%+35%×60%+30%×30%=35%

(2) 计算品种结构改变后的盈亏平衡点综合销售额。

$$盈亏平衡点综合销售额=\frac{固定成本总额}{加权平均边际贡献率}=\frac{240\ 000}{35\%}=685\ 714(元)$$

从计算结果可以看出,三种产品品种结构改变后加权平均边际贡献率为35%,低于改变前的37.5%,这是因为三种产品中边际贡献率较低的B、C产品的销售比重从原来的50%和25%提高至60%和30%,而边际贡献率较高的A产品的销售比重从原来的25%降低至10%。加权平均边际贡献率降低,使得盈亏平衡点从原来的640 000元提高至685 714元,盈利区域减小了。

## 3.5 利润的敏感性分析

敏感性分析就是研究与某一变量相关的因素发生变动时对该变量的影响程度,也称为"如果……就怎么"分析,即如果当与某一变量相关的因素发生变化时,该变量发生了怎样的变化,变化程度大还是不大,即敏感与否。利润的敏感性分析就是研究利润对各项影响因素变动的敏感程度的一种定量分析方法。

就企业内部来说,根据盈亏平衡点分析和实现目标利润分析,影响利润的因素主要包括销售单价、单位变动成本、销售量和固定成本,这四个因素中的某个或者某几个发生变动,都会导致利润也随之发生相应的变动。这四个因素对利润的影响程度是不一样的,所以即使这些因素的变动方向和变动幅度完全一样,对利润所产生的影响也将大不相同。

在影响利润的诸因素中,有些因素的增长会导致利润相应增加,而有些因素下降才会导致利润相应增加。有些因素只要略有变动就会导致利润发生较大幅度的变动,而有些因素虽然变动幅度较大,但是对利润只产生较小的影响。我们把对利润影响较大的因素称为强敏感性因素;把对利润影响较小的因素称为弱敏感性因素。利润敏感性分析的主要任务是计算与利润有关因素的敏感性指标,揭示各因素与利润的相对数关系,并利用敏感度指标进

行利润预测。

### 3.5.1 利润敏感性分析的假定

对于企业的管理者来讲，需要及时地了解哪个因素对利润的影响大，哪个因素对利润的影响小，以便采取单项措施或者综合措施保证目标利润的实现。利润敏感性分析应建立在以下假定条件基础之上。

(1) 有限因素的假定。为简化分析，假设利润只受销售单价、单位变动成本、销售量和固定成本四因素的影响。

(2) 单独变动的假定。为正确反映各因素对利润的影响，假定四个因素中任一因素的变动均不会引起其他三个因素的变动。

(3) 同一变动幅度假定。采用定量分析法确定利润受各因素影响程度的大小，假定每个因素均按1%的同一幅度变动。

(4) 利润增长的假定。为了使利润敏感性分析的结论具有可比性，使每个因素的变动最终能导致利润的增长，要求属于正指标因素的变动率为增长率，属于反指标因素的变动率为降低率。

### 3.5.2 敏感系数

在以上利润敏感性分析的假定基础上，我们就可以测定各因素的敏感程度，反映敏感程度的指标称为敏感系数，其计算公式为

$$敏感系数=\frac{目标值变动百分比}{因素值变动百分比}$$

式中，若敏感系数大于零，表明它与利润同向增减，为正指标；若敏感系数小于零，表明它与利润反向增减，为负指标。

敏感系数越大，说明该因素引起利润变动的幅度越大，该因素敏感程度越高；反之，敏感系数越小，说明该因素引起利润变动的幅度越小，该因素敏感程度越低。根据敏感系数公式，我们可以推导出各个因素的敏感系数计算公式。

(1) $销售单价敏感系数=\frac{利润变动百分比}{单价变动百分比}$

$$=\frac{P_1-P}{P}\times\frac{\mathrm{SP}}{\mathrm{SP}_1-\mathrm{SP}}=\frac{(\mathrm{SP}_1-\mathrm{SP})x}{P}\times\frac{\mathrm{SP}}{\mathrm{SP}_1-\mathrm{SP}}=\frac{\mathrm{SP}\ x}{P}$$

(2) $单位变动成本敏感系数=\frac{利润变动百分比}{单位变动成本变动百分比}$

$$=\frac{P_1-P}{P}\times\frac{\mathrm{VC}}{\mathrm{VC}_1-\mathrm{VC}}=\frac{-(\mathrm{VC}_1-\mathrm{VC})x}{P}\times\frac{\mathrm{VC}}{\mathrm{VC}_1-\mathrm{VC}}$$

$$=-\frac{\mathrm{VC}\ x}{P}$$

(3) $销售量敏感系数=\frac{利润变动百分比}{销售量变动百分比}$

$$=\frac{P_1-P}{P}\times\frac{x}{x_1-x}=\frac{(\mathrm{SP}-\mathrm{VC})(x_1-x)}{P}\times\frac{x}{x_1-x}=\frac{(\mathrm{SP}-\mathrm{VC})x}{P}$$

$$=\frac{\mathrm{TCM}}{P}$$

(4) 固定成本敏感系数 $=\dfrac{\text{利润变动百分比}}{\text{固定成本变动百分比}}$

$$=\frac{P_1-P}{P}\times\frac{\mathrm{FC}}{\mathrm{FC}_1-\mathrm{FC}}=\frac{-(\mathrm{FC}_1-\mathrm{FC})}{P}\times\frac{\mathrm{FC}}{\mathrm{FC}_1-\mathrm{FC}}=-\frac{\mathrm{FC}}{P}$$

式中，$P$ 为基期利润；SP 为基期单位售价；VC 为基期单位变动成本；$x$ 为基期销售量；FC 为基期固定成本总额。

从结果可以看出，销售敏感系数、销售量敏感系数均为正指标，表明该因素的变动情况与利润变动同方向；单位变动成本敏感系数、固定成本敏感系数均为负指标，表明该因素的变动情况与利润变动反方向。

**【例 3-24】** 一明公司为生产和销售单一产品的企业，当年有关数据如下：销售产品 4 000 件，产品单价 80 元，单位变动成本 50 元，固定成本总额 50 000 元，实现利润 70 000 元，计划年度目标利润 100 000 元。

要求：

(1) 计算实现目标利润的销售量。

(2) 计算销售量、销售单价、单位变动成本及固定成本的敏感系数。

**解：**

(1) 实现目标利润的销售量 $=(100\,000+50\,000)\div(80-50)=5\,000$(件)

(2) 销售量敏感系数 $=\dfrac{V(\mathrm{SP}-\mathrm{VC})}{P}=\dfrac{4\,000\times(80-50)}{70\,000}=1.71$

销售单价敏感系数 $=V\times\dfrac{\mathrm{SP}}{P}=4\,000\times\dfrac{80}{70\,000}=4.57$

单位变动成本敏感系数 $=-V\times\dfrac{\mathrm{VC}}{\mathrm{P}}=-4\,000\times\dfrac{50}{70\,000}=-2.86$

固定成本敏感系数 $=-\dfrac{\mathrm{FC}}{P}=-\dfrac{50\,000}{70\,000}=-0.71$

在例 3-24 影响利润的各个因素中，最敏感的销售单价敏感系数为 4.57，意味着单价每变动 1%，利润同方向变动 4.57%。其次敏感的是单位变动成本，其敏感系数为 −2.86，即单位变动成本每变动 1%，利润反方向变动 2.86%。次之敏感的是销售量，敏感系数为 1.71，最后是固定成本。在进行敏感性分析时，关键看敏感系数绝对值的大小，绝对值越大，说明该指标越敏感；反之，说明该因素越不敏感。敏感系数的符号仅表示该指标的正负，即该因素变动导致利润同方向或者反方向变化。

但上例敏感系数的排列顺序并不是唯一的，在企业正常的盈利条件下，根据敏感系数的计算公式，其排列顺序有以下规律可循。

(1) 销售单价敏感系数总是最高。

(2) 销售单价敏感系数与单位变动成本敏感系数之和等于销售量敏感系数。

这是因为：

$$销售单价敏感系数=\frac{SPx}{P}$$

$$单位变动成本敏感系数=-\frac{VCx}{P}$$

$$销售量敏感系数=\frac{TCM}{P}$$

$$\frac{SPx}{P}-\frac{VCx}{P}=\frac{TCM}{P}$$

(3) 销售量敏感系数不可能最低。因为在正常的盈利条件下,企业的边际贡献总额始终会大于固定成本总额。

(4) 销售量敏感系数与固定成本敏感系数之和等于1。

$$销售量敏感系数=\frac{TCM}{P}$$

$$固定成本敏感系数=-\frac{FC}{P}$$

$$\frac{TCM}{P}-\frac{FC}{P}=\frac{P}{P}=1$$

在利润敏感性分析中,可以利用敏感系数的计算公式进行利润预测。

### 1. 单一因素变动

当影响利润的某一因素发生变动时,可以利用事先计算出来的敏感系数,很方便地计算出利润受其变动影响而导致的变化率。其计算公式如下。

利润变动百分比=因素值变动百分比×该因素的敏感系数

式中,当销售单价和销售量上升或单位变动成本和固定成本下降时,利润变动百分比取正号;当单价和销售量下降或单位变动成本和固定成本上升时,利润变动百分比取负号。

**【例3-25】** 一明公司影响利润各因素的敏感系数如例3-24所示,假设该企业的销售单价、单位变动成本分别提高了5%,销售量、固定成本分别下降了4%。计算各因素单独变动后对利润带来的影响。

**解:** 利润变动百分比=因素值变动百分比×该因素的敏感系数

(1) 当销售单价提高5%时:

利润变动百分比=5%×4.57=22.85%

(2) 当单位变动成本提高5%时:

利润变动百分比=5%×(−2.86)=−14.30%

(3) 当销售量降低4%时:

利润变动百分比=−4%×1.71=−6.84%

(4) 当固定成本降低4%时:

利润变动百分比=−4%×(−0.71)=2.84%

所以当企业销售单价、单位变动成本分别提高了5%时,利润分别增长22.85%和下降14.30%;当销售量、固定成本分别下降4%时,利润分别下降6.84%和增长2.84%。

### 2. 多个因素同时变动

当预计影响利润的多个因素同时变动时，同样也可以利用事先计算出来的敏感系数很方便地预测出对利润的影响程度。其计算公式如下。

利润变动百分比＝(销售单价变动百分比＋销售量变动百分比＋销售单价变动百分比×销售量变动百分比)×销售单价敏感系数＋(单位变动成本变动百分比＋销售量变动百分比＋单位变动成本变动百分比×销售量变动百分比)×单位变动成本敏感系数＋固定成本变动百分比×固定成本敏感系数

**【例 3-26】** 一明公司影响利润各因素的敏感系数如例 3-24 所示，假设该企业的销售单价、单位变动成本分别提高了 5%，销售量、固定成本分别下降了 4%。计算 4 个因素同时变动对利润带来的影响。

**解：** 利润变动百分比＝(销售单价变动百分比＋销售量变动百分比＋销售单价变动百分比×销售量变动百分比)×销售单价敏感系数＋(单位变动成本变动百分比＋销售量变动百分比＋单位变动成本变动百分比×销售量变动百分比)×单位变动成本敏感系数＋固定成本变动百分比×固定成本敏感系数

$$=(5\%-4\%-5\%\times4\%)\times4.57+(5\%-4\%-5\%\times4\%)\times(-2.86)+(-4\%)\times(-0.71)=4.21\%$$

所以，当以上四因素同时变动时，利润将增长 4.21%。

敏感系数能够反映利润对相关因素变动而变动的敏感程度，但是不能够直接提供利润变动后的数值。为使管理人员能直观地了解利润对各个因素的敏感程度，通常可以编制利润敏感分析表。

**【例 3-27】** 一明公司计划年度的销售量为 5 000 件，单位产品售价为 50 元，单位变动成本为 25 元，固定成本为 25 000 元。以各因素 10% 的变动幅度为间隔，以 30% 为限，编制利润敏感分析表。

**解：** 目标利润＝(销售单价－单位变动成本)×销售量－固定成本

$$=(50-25)\times5\,000-25\,000=100\,000(\text{元})$$

(1) 销售单价敏感系数 $=\dfrac{SPx}{P}=\dfrac{50\times5\,000}{100\,000}=2.5$

(2) 单位变动成本敏感系数 $=-\dfrac{VCx}{P}=-\dfrac{25\times5\,000}{100\,000}=-1.25$

(3) 销售量敏感系数 $=\dfrac{TCM}{P}=\dfrac{(50-25)\times5\,000}{100\,000}=1.25$

(4) 固定成本敏感系数 $=-\dfrac{FC}{P}=-\dfrac{25\,000}{100\,000}=-0.25$

根据以上指标，编制利润敏感分析表，如表 3-6 所示。

表 3-6　一明公司因素变动敏感分析表

| 项　　目 | −30% | −20% | −10% | 0 | 10% | 20% | 30% |
|---|---|---|---|---|---|---|---|
| 销售量/件 | 62 500 | 75 000 | 87 500 | 100 000 | 112 500 | 125 000 | 137 500 |
| 销售单价/元 | 25 000 | 50 000 | 75 000 | 100 000 | 125 000 | 150 000 | 175 000 |
| 单位变动成本/元 | 137 500 | 125 000 | 112 500 | 100 000 | 87 500 | 75 000 | 62 500 |
| 固定成本/元 | 107 500 | 105 000 | 102 500 | 100 000 | 97 500 | 95 000 | 92 500 |

### 3.5.3　经营杠杆

在利润敏感性分析中,通过敏感系数可以测算各因素对利润变动的影响程度,从而使企业管理人员在生产经营过程中对重点敏感因素加强控制。但在实际生产经营活动中,由于产品销售量经常会受到市场供求关系的影响而发生较大波动,因而管理者更关注销售量的变动对利润的重大影响,并将其作为影响利润的一个重要因素来分析。

#### 1. 经营杠杆的概念

根据成本性态分析的原理,在相关范围内,企业产品产销量的增减变动不会改变固定成本总额,但单位产品分摊的固定成本会发生改变。企业总利润的大小由业务量和单位产品利润的大小决定,当产品产销量增加时,单位产品固定成本降低,从而单位产品利润提高,并且利润的增长幅度大于产销量的增长幅度;反之,当产品产销量下降时,会使单位产品固定成本上升,从而单位产品的利润降低,并使利润的下降幅度大于产销量的下降幅度。

假设企业没有固定成本,所有成本都是变动成本,那么边际贡献总额一定等于营业利润,则利润的变动方向和幅度与产销量的变动方向和幅度完全一致。但是,在现实经济生活中,企业不可能没有固定成本,只要有固定成本存在,利润的变动幅度就会大于产销量的变动幅度。因此,在销售单价、单位变动成本、固定成本不变的情况下,销售量的变动率小于利润的变动率,使得较小幅度销售量的变动引起利润较大幅度变动的杠杆效应称为经营杠杆。

#### 2. 经营杠杆系数

产生经营杠杆效应的根本原因在于固定成本因素,只要企业存在固定成本,就会存在经营杠杆的作用。不同企业或者同一企业在不同产销量上的经营杠杆效应的大小是不完全一致的,因此,我们需要对经营杠杆进行计量,实际工作中通常用经营杠杆系数来衡量。经营杠杆系数(DOL)是指在一定产销量基础上,利润(EBIT)变动率相当于产销量变动率的倍数。其计算公式为

$$\text{经营杠杆系数}=\frac{\text{利润变动率}}{\text{产销量变动率}}$$

用上述公式计算经营杠杆系数,必须具备利润和产销量变动前后的有关资料,如果没有计划期的资料,就无法利用经营杠杆系数进行预测。实际上,经营杠杆系数就是前述的销售量敏感系数,因此,经营杠杆系数可以利用基期的有关数据进行测算,具体计算公式如下。

$$经营杠杆系数=\frac{利润变动率}{产销量变动率}=销售量敏感系数=\frac{基期边际贡献}{基期利润}=\frac{TCM}{P}$$

可以从经营杠杆系数的计算公式中得出以下变动规律。

（1）只要边际贡献不为零，基期边际贡献就恒大于基期利润，经营杠杆系数就恒大于 1。

（2）成本指标的变动方向与经营杠杆系数的变动方向相同。

（3）在前后期销售单价、单位变动成本和固定成本不变的情况下，产销量的变动方向与经营杠杆系数的变动方向相反。

（4）销售单价的变动方向与经营杠杆系数的变动方向相反。

（5）在同一产销量水平基础上，经营杠杆系数越大，利润变动的幅度就越大，从而使企业的经营风险也越大。

**【例 3-28】** 一明公司 2020 年实际的销售量为 1 000 件，售价为 200 元，单位变动成本为 90 元，营业净利为 55 000 元。计算 2021 年经营杠杆系数。

**解：**

$$
\begin{aligned}
经营杠杆系数（销售量敏感系数）&=\frac{V(SP-VC)}{P}\\
&=\frac{1\ 000\times(200-90)}{55\ 000}\\
&=2
\end{aligned}
$$

**3. 经营杠杆系数在利润预测中的应用**

1）预测产销量的变动对利润的影响

在已知经营杠杆系数、基期利润和计划期销售变动率的情况下，可以预测计划期的利润变动率和计划期的利润额。

经营杠杆系数的计算公式如下。

$$经营杠杆系数=\frac{利润变动率}{产销量变动率}$$

$$计划期利润变动率=计划期销售变动率\times经营杠杆系数$$

$$
\begin{aligned}
预计计划期利润&=基期利润\times(1+计划期利润变动率)\\
&=基期利润\times(1+计划期销售变动率\times经营杠杆系数)
\end{aligned}
$$

**【例 3-29】** 同例 3-28 资料，若 2021 年计划增加销售 5%，计算 2021 年的利润变动率和利润预测值。

**解：**2021 年计划增加销售 5%，由于销售量的敏感系数为 2，所以

$$
\begin{aligned}
利润的增长率&=销售量增长率\times销售量敏感系数\\
&=5\%\times2\\
&=10\%
\end{aligned}
$$

$$
\begin{aligned}
2021年预期营业利润&=2020年营业利润\times(1+10\%)\\
&=55\ 000\times1.1\\
&=60\ 500（元）
\end{aligned}
$$

2）预测为实现目标利润的产销变动率

在已知经营杠杆系数、基期利润和目标利润或目标利润变动率的情况下，可以预测目标利润实现的预期销售变动率。计算公式为

$$产销变动率=\frac{目标利润变动率}{经营杠杆系数}=\frac{目标利润-基期利润}{基期利润\times 经营杠杆系数}$$

**【例 3-30】** 同例 3-28 资料，若 2021 年目标利润为 66 000 元，计算为保证 2021 年实现目标利润，产销量的变动率和 2021 年的预测销售量分别是多少。

**解：** 若 2021 年目标利润为 66 000 元，即在 2020 年营业利润的基础上增长 20%，则

$$产销量增长率=\frac{营业利润增长率}{销售量敏感系数}$$

$$=\frac{20\%}{2}=10\%$$

2021 年销售量＝1 000×(1＋10%)＝1 100(件)

因此，为确保 2021 年目标利润的实现，产销量必须增长 10%。

## 3.6 不确定情况下的本量利分析

以上所进行的本量利分析是建立在销售单价、单位变动成本和固定成本事先可以完全肯定的假设基础之上的。但企业在实际生产经营活动中，由于受种种因素的影响和制约，往往有关产品的售价、单位变动成本和固定成本难以完全肯定。如果忽视了这一点，当假设不能成立时，就会造成本量利分析不当，从而导致决策失误。

通过进行利润的敏感性分析，我们得知利润受到销售单价、单位变动成本、销售量和固定成本的影响，其中每一个因素的变动都将引起利润的变动。如果这些因素在计划期的变动情况可以确定(例如产品的单位变动成本会上升或降低至何种水平，销售数量由基期的数量增加或减少到多少数量)，那么利润的变动情况也可以得到确定。但在实际经济活动中，由于受多种现实因素的影响和制约，对影响利润的各因素的预计总会含有不确定性的因素，只能估计各因素的变动范围，即大体估计有关数值在这个范围内可能出现的概率是多少。在这种情况下，对于利润的预测将有多种可能，而不可能通过一次简单的计算得到一个定值。因此，需要对各因素预期的变动进行概率分析，确定各个因素在不同概率条件下的预计数值，计算各种组合情况下的盈亏平衡点或者目标利润，然后综合考虑并计算组合期望值，达到可能的数值——各组合期望值的合计数作为最终的预测值，这种方法称为概率分析法。

运用概率分析法进行不确定条件的本量利分析，一般包括以下几个基本步骤。

(1) 对可能出现的每种产品的售价、每种产品的单位变动成本和每种产品的固定成本的概率做出估价。

(2) 计算每一种可能的预期成本、售价组合下的分析指标。

(3) 计算每一种组合下的联合概率。

(4) 以联合概率为权数，用加权平均法计算各项分析指标的期望值，得出期望的盈亏平衡点销售量、实现目标利润的销售量，以及销售一定数量产品的期望利润。期望值反映了一种集中趋势，是这一不确定性决策项目最可能的结果。

(5) 根据期望值发生的累积概率，对决策风险进行判断，并根据决策者的风险偏好选择

适当的方案。

**【例3-31】** 一明公司生产经营某种产品,该产品可能出现的售价、单位变动成本和固定成本的概率估计如表3-7所示。

**表3-7 一明公司某产品产销和成本资料表**

| 售价/元 | 概率 $P$ | 单位变动成本/元 | 概率 $P$ | 固定成本/元 | 概率 $P$ |
|---|---|---|---|---|---|
| 30 | 0.2 | 16 | 0.7 | 100 000 | 0.8 |
| | | 18 | 0.2 | | |
| 36 | 0.8 | 20 | 0.1 | 80 000 | 0.2 |

要求:

(1) 盈亏平衡点销售量的期望值。

(2) 实现1 800元利润的销售量期望值。

**解**:运用概率分析的方法,通过编制盈亏平衡点销售量计算表和实现目标利润销售量计算表以进行不确定情况下的本量利分析,分析计算过程以及结果如表3-8和表3-9所示。

**表3-8 一明公司盈亏平衡点销售量计算表**

| 单位产品售价及概率 | 单位产品变动成本及概率 | 固定成本总额及概率 | 组合 | 盈亏平衡点销售量/件 | 联合概率 | 加权的盈亏平衡点销售量/件 |
|---|---|---|---|---|---|---|
| (1) | (2) | (3) | (4) | $(5)=\frac{(3)}{(1)-(2)}$ | $(6)=(1)\times(2)\times(3)$ | $(7)=(5)\times(6)$ |
| 36($P$=0.8) | 16($P$=0.7) | 100 000 ($P$=0.8) | 1 | 5 000① | 0.448② | 2 240 |
| | | 80 000 ($P$=0.2) | 2 | 4 000 | 0.112 | 448 |
| | 18($P$=0.2) | 100 000 ($P$=0.8) | 3 | 5 556 | 0.128 | 711 |
| | | 80 000 ($P$=0.2) | 4 | 4 444 | 0.032 | 142 |
| | 20($P$=0.1) | 100 000 ($P$=0.8) | 5 | 6 250 | 0.064 | 400 |
| | | 80 000 ($P$=0.2) | 6 | 5 000 | 0.016 | 80 |
| 30 ($P$=0.2) | 16 ($P$=0.7) | 100 000 ($P$=0.8) | 7 | 7 143 | 0.112 | 800 |
| | | 80 000 ($P$=0.2) | 8 | 5 714 | 0.028 | 160 |
| | 18 ($P$=0.2) | 100 000 ($P$=0.8) | 9 | 8 333 | 0.032 | 267 |
| | | 80 000 ($P$=0.2) | 10 | 6 667 | 0.008 | 53 |
| | 20 ($P$=0.1) | 100 000 ($P$=0.8) | 11 | 10 000 | 0.016 | 160 |
| | | 80 000 ($P$=0.2) | 12 | 8 000 | 0.004 | 32 |
| 盈亏平衡点销售量期望值 | 5 493 | | | | | |

注:① $5\ 000=\frac{100\ 000}{36-16}$,余同。

② $0.448=0.8\times0.7\times0.8$,余同。

**表 3-9 一明公司实现目标利润销售量计算表**

| 单位产品售价及概率 | 单位产品变动成本及概率 | 固定成本总额及概率 | 组合 | 实现 1 800 元利润销售量/件 | 联合概率 | 加权实现 1 800 元利润销售量/件 |
|---|---|---|---|---|---|---|
| (1) | (2) | (3) | (4) | (5)=$\frac{(3)+1\,800}{(1)-(2)}$ | (6)=(1)×(2)×(3) | (7)=(5)×(6) |
| 36(P=0.8) | 16(P=0.7) | 100 000 (P=0.8) | 1 | 5 090① | 0.448② | 2 280 |
| | | 80 000 (P=0.2) | 2 | 4 090 | 0.112 | 458 |
| | 18(P=0.2) | 100 000 (P=0.8) | 3 | 5 656 | 0.128 | 724 |
| | | 80 000 (P=0.2) | 4 | 4 544 | 0.032 | 145 |
| | 20(P=0.1) | 100 000 (P=0.8) | 5 | 6 362 | 0.064 | 407 |
| | | 80 000 (P=0.2) | 6 | 5 113 | 0.016 | 82 |
| 30 (P =0.2) | 16 (P=0.7) | 100 000 (P=0.8) | 7 | 7 271 | 0.112 | 814 |
| | | 80 000 (P=0.2) | 8 | 5 843 | 0.028 | 164 |
| | 18 (P=0.2) | 100 000 (P=0.8) | 9 | 8 483 | 0.032 | 271 |
| | | 80 000 (P=0.2) | 10 | 6 814 | 0.008 | 55 |
| | 20 (P=0.1) | 100 000 (P=0.8) | 11 | 10 180 | 0.016 | 163 |
| | | 80 000 (P=0.2) | 12 | 8 180 | 0.004 | 33 |
| 保利量预测值 | | 5 596 | | | | |

注:① $5\,090=\frac{100\,000+1\,800}{36-16}$,余同。

② 0.448=0.8×0.7×0.8,余同。

从分析过程和结果可以看出,由销售单价、单位变动成本和固定成本三个因素所决定的组合数共有 12 个,即盈亏平衡点有 12 种可能出现的结果。其中最低可能是 4 000 件,最高可能是 10 000 件,12 种组合结果的期望值的合计数就是盈亏平衡点销售量的预测值 5 493 件。同样道理,保证实现目标利润 1 800 元必须销售的产品数量,最低为 4 090 件,最高则为 10 180 件,期望值 5 596 件即为保利量的预测值。

运用概率分析法进行不确定情况下的本量利分析,把各种可以预计的可能性都加以考虑,可以全面地了解各种可能条件下的盈亏情况和风险信息。因此,预测的结果比较接近未来的实际情况,但要求对随机事件的概率预测比较准确,工作量相对来说比较大。

## 本章练习题

### 一、名词解释

本量利分析　盈亏平衡点分析　边际贡献　安全边际　边际贡献率　安全边际率　盈亏平衡点作业率　敏感性分析　敏感系数

### 二、判断题

1. 从本量利分析的立场上,由于利润只是收入与支出的一个差量,所以模型线性假设只涉及成本与业务量两个方面,业务量在此可以是生产数量,也可以是销售数量。（　　）

2. 成本按性态划分的基本假设同时也是本量利分析的基本假设。（　　）

3. 在传统式盈亏平衡图中,可以用横轴表示销售收入量,用纵轴表示成本,纵轴与横轴

的金额最好保持一致，此时总成本线的仰角应大于45°。（ ）

4. 在传统式盈亏平衡图中，总成本既定的情况下，销售价格越高，盈亏平衡点越高；反之，盈亏平衡点越低。（ ）

5. 盈亏平衡点的边际贡献刚好等于总成本，超过盈亏平衡点的边际贡献大于总成本，也就是实现了利润。（ ）

6. 利量式盈亏平衡图是各种盈亏平衡图中最简单的一种，更易于企业的管理人员所接受。因为它最直接地表达了销售量与利润之间的关系。（ ）

7. 利量式盈亏平衡图中利润线表示的是销售收入与变动成本之间的差量关系，即边际贡献，利润线的斜率也就是边际贡献率。（ ）

8. 产销不平衡是导致变动成本法与完全成本法存在诸多差异的最直接、最根本的原因。（ ）

9. 企业各种产品提供的边际贡献即是企业的营业毛利。（ ）

10. 单一品种情况下，盈亏平衡点的销售量随着边际贡献率的上升而上升。（ ）

11. 利用利量式盈亏平衡图分析多品种的本量利关系时，应按各种产品的销售量高低排序。（ ）

12. 销售利润率可以通过边际贡献率和安全边际率相乘求得。（ ）

13. 边际贡献式盈亏平衡图的特点是将固定成本置于变动成本之上。（ ）

14. 某一因素的敏感系数为负号，表明该因素的变动与利润的变动为反方向关系，为正号则表明是同向关系。（ ）

15. 单价的敏感系数肯定大于销售量的敏感系数。（ ）

16. 从单价的敏感系数特征来看，涨价是企业提高盈利的最直接、最有效的手段。（ ）

**三、单项选择题**

1. （ ）是本量利分析最基本的假设，是本量利分析的出发点。

A. 相关范围假设　　B. 模型线性假设

C. 产销平衡假设　　D. 品种结构不变假设

2. 在各种盈亏临界图中，（ ）更符合变动成本法的思路。

A. 传统式　　B. 边际贡献式　　C. 利量式　　D. 单位式

3. 在单位式盈亏平衡图中，产品销售价格线与（ ）的交点即为盈亏临界点。

A. 单位成本线　　B. 单位固定成本

C. 单位变动成本线　　D. 利润线

4. 已知A企业为生产和销售单一产品企业。A企业计划年度销售量为1 000件，销售单价为50元，单位变动成本30元，固定成本总额25 000元，则销售量、销售单价、单位变动成本、固定成本各因素的敏感程度由高到低排序是（ ）。

A. 销售单价>销售量>单位变动成本>固定成本

B. 销售单价>单位变动成本>销售量>固定成本

C. 销售单价>单位变动成本>固定成本>销售量

D. 销售单价>销售量>固定成本>单位变动成本

5. 在利量式盈亏平衡图中，若横轴代表销售量，则利润线的斜率代表（ ）。

A. 单位边际贡献　　B. 变动成本率

C. 边际贡献率　　D. 单位变动成本

6. 某企业只生产一种产品，单位变动成本为 36 元，固定成本总额 4 000 元，产品单价 56 元，要使安全边际率达到 50%，该企业的销售量应达到(　　)件。

A. 400　　B. 222　　C. 143　　D. 500

7. 销售收入为 20 万元，边际贡献率为 60%，其变动成本总额为(　　)万元。

A. 8　　B. 12　　C. 4　　D. 16

8. 某产品保本点为 1 000 台，实际销售 1 500 台，每台单位边际贡献为 10 元，则实际获利额为(　　)元。

A. 15 000　　B. 10 000　　C. 25 000　　D. 5 000

9. 某企业只生产一种产品，单价 6 元，单位变动生产成本 4 元，单位变动销售和管理变动成本 0.5 元，销量 500 件，则其产品边际贡献为(　　)元。

A. 650　　B. 750　　C. 850　　D. 950

**四、多项选择题**

1. 本量利分析的基本假设有(　　)。

A. 相关范围假设　　B. 模型线性假　　C. 产销平衡假设

D. 品种结构不变假设　　E. 盈亏平衡点

2. 在盈亏平衡图中，盈亏平衡点的位置取决于(　　)等因素。

A. 固定成本　　B. 单位变动成本　　C. 销售量

D. 销售单价　　E. 产品成本

3. 在作回归分析时，(　　)，说明所选择的回归方程越适合既定条件下的收入或成本的描述。

A. 置信区间越窄　　B. 置信区间越宽　　C. 标准差越小

D. 标准差越大　　E. 标准差不变

4. 在传统盈亏平衡图中，下列描述正确的是(　　)。

A. 在总成本既定的情况下，销售单价越高，盈亏平衡点越低

B. 在总成本既定的情况下，销售单价越高，盈亏平衡点越高

C. 在销售单价、单位变动成本既定的情况下，固定成本越大，盈亏平衡点越高

D. 在销售单价、固定成本总额既定的情况下，单位变动成本越高，盈亏平衡点越高

E. 在销售单价、固定成本既定的情况下，单位变动成本越高，盈亏平衡点越低

5. 下列各等式中成立的有(　　)。

A. 变动成本率＋安全边际率＝1　　B. 边际贡献率＋安全边际率＝1

C. 边际贡献率＋变动成本率＝1　　D. 安全边际率＋保本作业率＝1

E. 变动成本率＋保本作业率＝1

6. 经营杠杆系数可以通过以下(　　)公式计算。

A. 利润变动率/业务量变动率　　B. 业务量变动率/利润变动率

C. 基期贡献/边际基期利润　　D. 基期利润/基期边际贡献

E. 销售量的利润灵敏度×100

7. 安全边际率可以通过以下(　　)公式计算。

A. 安全边际/实际销售量　　B. 保本销售量/实际销售量

C. 安全边际额/实际销售额　　D. 保本销售额/实际销售额

E. 安全边际量/安全边际额

8. 生产单一品种产品的企业，保本销售额可以通过以下(　　)公式计算。

A. 保本销售量×单位利润　　B. 固定成本总额/边际贡献率

C. 固定成本总额/(销售单价－单位变动成本)　　D. 固定成本总额/综合边际贡献率

E. 固定成本总额/边际贡献

9. 利润 ＝(实际销售量－保本销售量)×(　　)。

A. 边际贡献率　　B. 单位利润　　C. 销售单价

D. 单位边际贡献　　E. 销售单价－单位变动成本

**五、简答题**

1. 简述本量利分析的基本假设。

2. 说明本量利分析“相关范围假定”的具体含义。

3. 单位式盈亏平衡图与一般盈亏平衡图相比有何特点?

4. 试比较利润对固定成本、单位变动成本、销售单价及销售量等因素变化的敏感程度。

**六、计算题**

1. 某公司只生产和销售一种产品，2020 年的单位变动成本为 12 元，变动成本总额为 60 000 元，共获得税前利润 18 000 元，若该公司计划 2021 年维持销售单价不变，变动成本率仍维持 2020 年的 40%。

要求：

(1) 计算该企业 2021 年的保本销售量。

(2) 若 2021 年的计划销售量比 2020 年提高 8%，可获得多少税前利润?

2. 某公司只生产和销售一种产品，销售单价为 10 元，每月销售量为 2 000 件，单位变动成本为 8 元，每月固定成本为 3 000 元。为了增加利润，有两个方案可供选择：方案一，将售价降低 0.5 元，销售量可增加 35%；方案二，不降低售价而每月花费 500 元做广告，销售量可增加 20%。哪个方案更好?

3. 某企业现拟购置一台专用设备，购置费为 20 000 元，可用 5 年，无残值直线法计提折旧。据测算，这台专用设备投入使用后，可使变动成本在现有基础上降低 20%。其他资料见表 3-10。

**表 3-10　某企业成本费用表**　　单位：元

| 项　目 | 变动成本 | 固定成本 |
|---|---|---|
| 直接材料 | 9 000 | |
| 直接人工 | 13 500 | |
| 折旧 | | 8 000 |
| 其他 | | 12 000 |
| 合　计 | 22 500 | 20 000 |

要求：根据本量利有关指标的计算结果，测算这一购置方案是否合理。

**七、案例分析题**

**常印冰淇淋加工厂决策分析**

**——单品种本量利分析**

常印曾是一乡镇企业的经营策划者，他一直渴望自己能够成为一个老板，因此，他随时都在寻找自己发展事业的大好时机。

常印的家就在镇政府所在地，该镇每逢公历的“2、5、8”日都有集市，方圆近百里的人都到这里赶集。常印发现，每逢集市，都有百里以外的企业到这里批发或零售雪糕、冰淇淋。大小商贩、个人要排很长的队才能买到，尤其是天气转热以后更是如此。有的人很早来排队，但到最后还是两手空空悻悻而归。他也时常看到乡村的娃娃花高价却吃了劣质的冰淇淋。于是他想自己创办一个冰淇淋加工厂，让家乡的父老乡亲吃到价廉可口的冰淇淋。常印坚定了信心，开始进行市场调查。

(1) 需求量资料：周边5个乡镇，每个乡镇约有8万人，总计约40万人。按现有生活水平和消费观念估算，即使在11—12月、1—4月淡季，每日也需要40 000支冰淇淋；在5—10月，则每日需要80 000～90 000支。经有关部门测算，若考虑乡间距离的远近和其他竞争市场的因素，该加工厂只要能保证冰淇淋的质量，价格合理，就能占60%～65%的市场份额，即在淡季，日需求量将达到24 000～26 000支；旺季日需求量将达到48 000～58 500支。

(2) 成本费用资料：为了减少风险，常印打算去某个冷饮厂租设备，全套设备年租金需要45 000元(可用房地产等实物作抵押，不必支付现金)；租库房和车间每月固定支付租金2 000元；工人可到市场随时招聘，按现行劳务报酬计算，每生产1 000支冰淇淋应支付各类工人(包括熬料、打料、拔模、包装工人)计件工资28元；聘管理人员、采购人员各1名，月薪分别为1 500元，技术人员1名，月薪2 000元(包括设备维护和修理)；每月固定支付卫生费和税金1 000元。在生产冰淇淋时，按市场价格计算所耗各种费用如下(以每锅料为标准，每锅料能生产1 000支冰淇淋)：

主要材料：188元

其中，淀粉：100元

奶粉：56元

白砂糖：30元

食用香精：2元

其他：52元

其中：水费：3元(其中1元为冰淇淋所耗用)

电费：15元

煤炭费：5元

氨(制冷用)：4元

包装纸棍：25元

(3) 生产能力：从设备的运转能力看，日生产能力12锅；由于考虑机器设备的维修，节假日和天气情况(阴雨天)等原因，预计全年可工作300天左右。

(4) 定价：按现行同等质量冰淇淋的市场平均价格定价为0.35元/支。

(5) 资金来源：依靠个人储蓄(不考虑利息费用)。

(资料来源：周亚力．管理会计——理论·方法·案例[M]．上海：立信会计出版社，2006.)

**请分析：**

1. 试用本量利分析常印冰淇淋厂是否应开立。
2. 每年能获利多少？
3. 若要年获利18万元，能实现吗？如不能实现，可以采取哪些措施？可行吗？

# 第 4 章

# 经 营 预 测

### 本章学习目的

通过本章的学习，理解预测分析的意义；掌握预测分析的内容和特点；掌握销售预测的基本方法；掌握利润预测的基本方法；掌握成本预测的基本方法；掌握资金需要量预测的基本方法；为企业在战略决策上起到领航的作用。

### 本章学习目标

1. 掌握预测分析的基本步骤和方法；
2. 掌握利润的预测。

### 引导案例

**一明公司的营业利润预测**

一明公司生产甲、乙两种产品，下期预计销售量分别为 5 000 件和 2 000 件，甲、乙两种产品的销售单价分别为 100 元/件和 240 元/件，销售成本分别为 50 元/件和 170 元/件，销售税金分别为 20 元/件和 40 元/件。预测下期的其他业务收入为 20 000 元，其他业务成本为 14 000 元，税金及附加为 4 000 元。

**要求**：根据资料预测一明公司下一会计期间的营业利润。

## 4.1 经营预测概述

在激烈的市场竞争中，企业不但需要熟知现有的内部环境和外部市场环境，而且必须通过对已经发生和正在发生的各种情况的分析，科学地预知未来将要发生的经济活动的某些情况。只有这样，企业才能立于不败之地。预测分析正是运用一定的专门方法，对企业的未来经济活动可能产生的经济效益和发展趋势进行科学估计和推测的一种分析方法。科学的预测分析是企业做出正确决策的基础，是企业编制计划，进行科学决策的重要组成部分。

预测分析是根据过去和现在预计未来，根据已知推测未知的各种专门的分析方法。预测准确，就会减少经营活动的盲目性，使企业的经济效益不断提高；否则，预测结果不准确，就会导致决策失误或计划不周，给经济工作带来损失。

### 4.1.1 预测分析的特点

**1. 预见性**

预测分析必须面向未来，着眼于预见未来经济的发展趋势和水平。虽然它要以占有大量历史资料为前提，但仅仅把工作范围局限于对历史资料的整理，停留在对过去情况的总结上，而不管现实情况如何变化，就不是预测，更谈不上科学预测。

**2. 明确性**

预测分析的结果表述必须清晰。预测结果不论正确与否，最终都应得到证明。

**3. 客观性**

预测分析必须以客观准确的历史资料和合乎实际的经验为依据，充分考虑真实条件。

**4. 灵活性**

预测分析可灵活采用多种方法。选择预测方法必须具体问题具体分析，只有选择简便易行、成本低、效率高的方法，才能起到事半功倍的作用。

### 4.1.2 预测分析的内容

预测分析是指对未来经济活动可能产生的经济效益及发展趋势事先进行估计和推断的过程。主要内容包括销售预测、成本预测、资金预测和利润预测等几个方面。

**1. 销售预测**

销售预测是根据历史销售资料，运用一定的方法，对有关产品在一定时期内的各种条件下的销售发展变化趋势所进行的估计和推断。这里所说的各种条件包括内部、外部方方面面的条件，例如，企业所处的国内、国外市场环境，包括政治、经济、文化、人口和科技等方面的情况，而企业的生产能力、营销计划更是不容忽视的预测限制因素。不同的条件组合，会产生不同的预测结果。

**2. 成本预测**

成本预测是根据历史成本资料，运用一定的方法对有关产品或劳务在一定时期内各种条件下的成本水平和变动趋势所进行的估计和判断。通过分析研究各种因素与成本的依存关系，在调查研究的基础上，结合经济发展前景，采取各种措施，运用科学的方法，对未来时期的产品或劳务的成本水平或不同方案的成本进行测算、分析和比较。在进行成本预测分析时，应当多方面考虑各种因素，包括生产技术、生产组织和经营管理等方面。

**3. 资金预测**

资金预测即资金需要量的预测,是根据历史资金资料、企业的技术经济条件以及企业经营日标,运用一定的方法,对未来一定时期内的资金需要量所进行的估计和判断。

**4. 利润预测**

利润预测主要是预测企业在一定时期内生产经营活动所取得的利润数额。通过对影响利润变动的因素,如成本、产销量等的综合分析,对有关产品或劳务在一定时期内的利润水平和变动趋势所做出的估计和判断。

### 4.1.3 预测分析的基本步骤

**1. 明确预测对象和预测目的**

预测分析首先要明确预测的对象和目的,只有这样,才能有的放矢地收集所需要的资料,选择合适的方法。企业应根据经营业务和管理的需要,确定预测的具体对象和目的,规定预测的范围,以便达到预期的效果。

**2. 收集整理所需资料**

企业应根据预测的对象和目的,广泛收集相关资料。对收集到的资料要检查其可靠性、完整性和典型性,去伪存真,然后进行归类、汇总,使资料符合预测的需要。

**3. 确定预测的具体方法**

企业对收集到的资料整理加工后,还要进行系统的分析和研究,找出各项指标的影响因素及其相互关系,选择符合客观实际的预测方法。预测分析的方法很多,一种方法可用于不同的预测目标,而同一预测目标又可以采用不同的方法。选择预测方法时,一般而言,要依据预测对象的特点、精度要求、资料占有情况而定,以费用最小、收效最快、精度最高作为原则。通过预测,对各项经济业务发展趋势和水平做出定量描述,取得初步的预测结果。

**4. 分析误差,确定最佳指标**

预测毕竟是对未来经营活动的设想和推测,往往因为与实际有出入而产生预测误差。为此,要根据客观实际情况的变化对初步的预测结果进行误差分析,使预测结果尽量符合或接近实际,为编制预算、制定决策提供所需资料。

### 4.1.4 预测分析的基本方法

科学预测来自预测方法的科学性。纵观预测技术的发展,预测方法已达上百种。一般分为定性预测法和定量预测法。

**1. 定性预测法**

定性预测法又称非数量预测法。它是指预测者通过实际调查，利用直观的资料，依靠个人经验和综合分析能力，对预测事物的发展趋势做出符合实际的预计和判断。这种方法适用于缺乏完备的历史资料或在有关变量缺乏明显的数量关系等条件下的预测。

定性预测法的特点是简单、方便，容易被接受，且预测费用较低。但这种方法对预测人员的专业技能及综合系统分析能力要求较高，在使用过程中，应尽量屏蔽主观臆测。

定性预测法主要有专家调查法、用户导向调查法、专业人员分析法等。

**2. 定量预测法**

定量预测也叫数学预测，它是在历史数据的基础上，运用数学方法对未来各项经济业务发展趋势和程度进行的测算。定量预测法按照具体做法的不同，又可分为以下两种类型。

1）趋势外推预测法

趋势外推预测法又称时间序列法，它将某指标过去的变化趋势作为预测的依据，而把未来作为历史自然延续的一种方法。属于这类方法的有算术平均法、移动平均法、趋势平均法、加权平均法、平滑指数法等。

2）因果预测分析法

因果预测分析法是根据预测对象与其他相关指标之间相互依存、相互制约的规律性联系，来建立相应的因果数学模型所进行的预测分析方法。属于这种方法的有本量利分析法、投入产出法、回归分析法等。

定性预测法与定量预测法并非相互排斥，在实际工作中，一般都是将定性预测与定量预测结合起来应用。通常用定性预测对定量预测的结果进行评价，提高预测结果的可信程度。

## 4.2 销售预测

销售预测是指根据市场调查所得到的有关资料，做出产品有无现实市场或潜在市场及市场大小的决策，并在此基础上通过对有关因素进行分析研究，预计和测算产品在一定未来时期的市场销售量水平及变化趋势的过程。销售预测的方法很多，本节只介绍常用的几种基本方法：市场调查法、判断分析法、趋势预测分析法、相关因素分析法。

### 4.2.1 市场调查法

市场调查法是通过对有代表性顾客的消费意向的调查，了解企业本身商品的市场占有率，预测某一时期内本企业该商品的销售量或销售额的一种专门方法。

市场调查一般可以从以下几方面进行。

（1）调查商品所处的寿命周期。任何工业产品都有发生、发展与衰亡的过程，经济学界把这个过程叫作商品的寿命周期。一般可分为试销、成长、成熟、饱和和衰退五个阶段。不同阶段的销售量或销售额是各不相同的，影响着企业的整个购销活动，从而成为销售预测的一个重要内容。

(2) 对消费者的情况进行调查，摸清消费者的经济情况、个人爱好、风俗习惯及对商品的要求等因素，据此分析未来一定时期的市场情况。

(3) 对市场竞争情况进行调查，了解经营同类商品企业的市场占有情况及它们所采取的各种促销措施，以比较本企业经营该种商品的优势、劣势及市场占有率。

(4) 对商品的采购渠道进行调查，了解同类商品生产厂家及其他进货渠道的分布情况以及这些厂家所生产、经营商品的花色、品种、质量、包装、价格、运输等方面的情况，并确定各个因素对销售量的影响。

(5) 对国内外和本地区经济发展趋势进行调查，以了解经济的发展趋势对商品销售量或销售额的影响。

将上述五个方面的调查资料进行综合、整理、加工、计算，就可以对某种商品在未来一定时期内的销售情况进行预测。

### 4.2.2 判断分析法

判断分析法就是由本企业有丰富经验的经营管理人员或外界经济专家对计划期间的销售情况进行综合研究，并做出推测和判断的一种分析方法。

判断分析法通常可采用以下三种方法。

(1) 经验判断法。由企业负责商品销售业务的有关人员，根据他们所拥有的学识和长期销售工作中积累起来的丰富经验，在对所掌握的历史销售资料进行分析评价后，对有关商品未来一定期间的销售变动趋势做出分析判断。

(2) 推销员合成法。由专门从事商业日常推销活动的有关工作人员，根据他们对其所在销售区域里各种商品历史销售情况的了解，提出有关商品在未来一定期间内增减变动的个人意见，然后经归纳汇总，推算出商品销售总量或商品销售总额。

(3) 专家意见法，也称德尔非法。利用一个专家小组的集体智慧，通过预测机构或人员向有关专家逐次寄送调查表或召开各种形式的座谈会，由有关专家根据自己的业务专长和对预测对象的深入了解，提出自己的意见，经过充分讨论，推断出有关商品在未来一定期间内的销售变动趋势。

**【例 4-1】** 一明公司有 3 名销售人员，1 名经理。每个预测者预计其销售量和概率如表 4-1 所示。根据给定的资料预测该企业的综合销售量为多少？

**表 4-1　一明公司预测者预测的销售量和概率表**

| 项　目 | 销售量/件 | 概率 | 销售量×概率/件 |
|---|---|---|---|
| 甲销售员预测： | | | |
| 最高 | 500 | 0.2 | 100 |
| 最可能 | 400 | 0.5 | 200 |
| 最低 | 300 | 0.3 | 90 |

续表

| 项　　目 | 销售量/件 | 概率 | 销售量×概率/件 |
| --- | --- | --- | --- |
| 期望值 | — | — | 390 |
| 乙销售员预测： | | | |
| 最高 | 600 | 0.2 | 120 |
| 最可能 | 500 | 0.6 | 300 |
| 最低 | 400 | 0.2 | 80 |
| 期望值 | — | — | 500 |
| 丙销售员预测： | | | |
| 最高 | 550 | 0.2 | 110 |
| 最可能 | 450 | 0.5 | 225 |
| 最低 | 350 | 0.3 | 105 |
| 期望值 | — | — | 440 |
| 经理预测： | | | |
| 最高 | 500 | 0.3 | 150 |
| 最可能 | 450 | 0.5 | 225 |
| 最低 | 300 | 0.2 | 60 |
| 期望值 | — | — | 435 |

**解**：先用概率计算出每个预测者的期望值，然后用加权平均法加以综合。假设经理的预测更为准确、更为重要，将其预测的比重定为2，而将销售人员的预测比重均定为1。

综合的预测销售量＝(390×1＋500×1＋440×1＋435×2)/(1＋1＋1＋2)＝440(件)

### 4.2.3 趋势预测分析法

趋势预测分析法也称时间序列预测分析法，它是根据企业历史的、按发生时间的先后顺序排列的一系列销售数据，运用一定的数学方法进行加工处理，按照时间数列找出销售随时间而发展变化的趋势，由此而推断其未来发展趋势的分析方法。采用这种方法，前提是过去有关因素在计划期内依然起影响作用。

趋势预测分析法根据所采用的具体数学方法的不同，又可分为算术平均法、移动加权平均法、趋势平均法和指数平滑法。

**1. 算术平均法**

算术平均法是根据过去若干时期的销售量(或销售额)的算术平均数，来预测计划期的销售量(或销售额)的一种预测分析方法。其计算公式为

$$计划期销售预测数=\frac{过去各期销售量(或销售额)之和}{期数}$$

$$=\frac{\sum_{i=1}^{n} x_i}{n}$$

式中，$x_i$ 为第 $i$ 期的销售量或销售额。

【例 4-2】　一明公司专门生产彩色电视机显像管，而决定显像管销售量的主要因素是彩色电视机的销售量。假设近 5 年全国彩色电视机的实际销售量的统计资料和一明公司彩色电视机显像管的实际销售量资料如表 4-2 所示。用算术平均法预测 2021 年一明公司彩色电视机的显像管的销售量。

**表 4-2　一明公司彩色电视机和显像管的实际销售量资料**

| 项　　目 | 2016 年 | 2017 年 | 2018 年 | 2019 年 | 2020 年 |
|---|---|---|---|---|---|
| 彩色电视机销售量/万台 | 120 | 140 | 150 | 165 | 180 |
| 显像管销售量/万只 | 25 | 30 | 36 | 40 | 50 |

**解**：2021 年彩色电视机的显像管预测销售量 $=\dfrac{25+30+36+40+50}{5}=36.2$(万元)

这种方法的假设前提是过去怎样发展，将来也会怎样发展，即将来的发展是过去的延续。当各历史时期的销售量呈现增减趋势时，采用算术平均法进行销售预测就不妥当了，因为算术平均法把每个观察值看成同等重要，不能体现这种增减趋势。

此法一般只适用于销售量或销售额比较平稳的商品，如没有季节性变化的食品、日常用品等。

### 2. 移动加权平均法

移动加权平均法是指对某种商品过去若干期间的销售量或销售额，按其距计划期的远近分别进行加权(近期的加权数大些，远期的加权数小些)，然后计算其加权平均数，并据以作为计划期的销售预测值的一种销售预测分析法。其计算公式为

$$\text{计划期销售}=\frac{\text{各期销售量(或销售额)分别乘以其权数并加总}}{\text{各期权数之和}}$$

$$\text{预测值}=\frac{x_1w_1+x_2w_2+\cdots+x_nw_n}{w_1+w_2+\cdots+w_n}=\frac{\sum_{i=1}^{n}x_iw_i}{\sum_{i=1}^{n}w_i}$$

式中，$x_i$ 为第 $i$ 期的销售量(或销售额)；$w_i$ 为第 $i$ 期销售量(或销售额)的对应权数。

【例 4-3】　根据例 4-2 资料，假设各年的权数依次是 0.1、0.1、0.2、0.2、0.4，用加权平均法预测 2021 年一明公司彩色电视机的显像管的销售量。

**解**：2021 年彩色电视机的显像管预测销售量 $=(25\times0.1+30\times0.1+36\times0.2+40\times0.2+50\times0.4)\div(0.1+0.1+0.2+0.2+0.4)=40.7$(万只)

### 3. 趋势平均法

趋势平均法是根据某种商品过去若干期间的销售量或销售额，分段、连续地计算其平均

值及相邻两期平均值的变动趋势，然后计算趋势平均值，并据此预测该种商品在未来一定期间的销售量(或销售额)的一种销售预测分析方法。

**【例 4-4】** 根据表 4-3 中所示的一明公司 2020 年 1—12 月的实际销售量资料，请用趋势平均法预测该企业下年 1 月的销售量。

**解**：预测下年 1 月销售量，可列表分别推移计算出每 5 个月的平均数，并将后一平均数减去前一平均数，计算出"变动趋势"，再计算出相连的 3 个变动趋势的平均数。具体计算如表 4-3 所示。

**表 4-3 一明公司销售变动趋势表** 单位：吨

| 时间 $t$ | 实际销售量 | 相连 5 期销售平均值 | 变动趋势 | 相连 3 期趋势平均值 |
|---|---|---|---|---|
| 1 | 25 | | | |
| 2 | 23 | | | |
| 3 | 26 | 25.4 | | |
| 4 | 29 | 25.2 | −0.2 | |
| 5 | 24 | 26.8 | +1.6 | 0.67 |
| 6 | 28 | 27.4 | +0.6 | 0.80 |
| 7 | 30 | 27.6 | +0.2 | 0.47 |
| 8 | 27 | 28.2 | +0.6 | 0.67 |
| 9 | 25 | 29.4 | +1.2 | 0.80 |
| 10 | 29 | 30.0 | +0.6 | |
| 11 | 32 | | | |
| 12 | 33 | | | |

表中最后一列"相连 3 期趋势平均值"0.80 吨，其对应月份为 9 月，9 月与下年 1 月相距 4 个月，而 9 月的"相连 5 期销售平均值"为 29.4 吨。因此，下年 1 月的销售量＝29.4＋0.80×4＝32.6(吨)。

### 4. 指数平滑法

指数平滑法是利用加权因子，即平滑指数，对过去不同期间的实际销售量或销售额进行加权计算，以区别远期和近期实际销售量或销售额对未来一定期间内销售预测值的不同影响的一种销售预测方法。其计算公式如下。

预测销售量(额)＝平滑指数×前期实际销售量(额)＋(1－平滑指数)×前期预测销售量(额)

**【例 4-5】** 根据表 4-4 中所示的资料，请用指数平滑法预测下年 1 月的销售量。

**表 4-4 一明公司产品销售量** 单位：吨

| 月　份 | 销售量 $Q_t$ |
|---|---|
| 1 | 26 |
| 2 | 24 |
| 3 | 27 |

续表

| 月　份 | 销售量 $Q_t$ |
|---|---|
| 4 | 28 |
| 5 | 22 |
| 6 | 25 |
| 7 | 32 |
| 8 | 30 |
| 9 | 29 |
| 10 | 25 |
| 11 | 31 |
| 12 | 35 |

**解**：设 $\alpha=0.3$，平滑指数法计算表如表4-5所示。

**表4-5　一明公司平滑指数法计算表**　　单位：吨

| 月份 $t$ | 销售量观测值 $Q_t$ | 平滑指数 $\alpha$ | 前期实际销售量 $Q_{t-1}$ | 1－平滑指数 $(1-\alpha)$ | 前期预测销售量 $Q_{t-1}$ | 预测销售量 $Q_t$ |
|---|---|---|---|---|---|---|
| 1 | 26 | — | — | — | — | 26.00 |
| 2 | 24 | 0.3 | 26 | 0.7 | 26.00 | 26.00 |
| 3 | 27 | 0.3 | 24 | 0.7 | 26.00 | 25.40 |
| 4 | 28 | 0.3 | 27 | 0.7 | 25.40 | 25.88 |
| 5 | 22 | 0.3 | 28 | 0.7 | 25.88 | 26.52 |
| 6 | 25 | 0.3 | 22 | 0.7 | 26.52 | 25.16 |
| 7 | 32 | 0.3 | 25 | 0.7 | 25.16 | 25.11 |
| 8 | 30 | 0.3 | 32 | 0.7 | 25.11 | 27.18 |
| 9 | 29 | 0.3 | 30 | 0.7 | 27.18 | 28.03 |
| 10 | 25 | 0.3 | 29 | 0.7 | 28.03 | 28.32 |
| 11 | 31 | 0.3 | 25 | 0.7 | 28.32 | 27.32 |
| 12 | 35 | 0.3 | 31 | 0.7 | 27.32 | 28.42 |

$$下年1月的预测销售量=0.3\times35+(1-0.3)\times28.42=30.39(吨)$$

运用指数平滑法进行销售预测，排除了移动加权平均法进行销售预测时实际销售量或销售额中所包含的偶然因素的影响，但确定平滑指数的值仍带有一定的主观因素。平滑指数越大，近期实际数对预测结果的影响越大；反之，平滑指数越小，近期实际数对预测结果的影响越小。因此，我们可以采用较大的平滑指数，使此法的平均数能反映观察值的近期变动趋势，以便进行近期的销售预测；采用较小的平滑指数，使此法平均数能反映观察值变动的长期趋势。

### 4.2.4　相关因素分析法

相关因素分析法就是从所掌握的历史资料中，找出需要预测的变量同与其相关联的变量之间的依存关系，从而建立起相应的相关因素分析的数学模型，并据此进行销售预测的一种预测分析方法。

相关因素分析法中，人们所最常用的具体方法是“回归分析法”，即根据直线方程式 $y=a+bx$。

按照数学上最小平方法（最小二乘法）的原理，来确定一条能正确反映自变量 $x$ 与因变量 $y$ 之间具有误差平方和最小的直线，这条直线通常称为“回归直线”。它的系数 $b$ 与常数项 $a$ 的值，可按下列公式计算。

$$a=\frac{\sum y-b\sum x}{n}$$

$$b=\frac{n\sum xy-\sum x\sum y}{n\sum x^2-\left(\sum x\right)^2}$$

**【例 4-6】** 根据例 4-2 资料，假设预测期 2020 年全国彩色电视机的销售量预测为 200 万台，用最小二乘法预测 2021 年一明公司彩色电视机的显像管的销售量。

**解：**(1) 在 $y=a+bx$ 中，假设 $y$ 代表彩色电视机的显像管销售量，$x$ 代表彩色电视机的销售量，$a$ 代表原来拥有的彩色电视机对显像管的每年需要量，$b$ 代表每销售万台彩色电视机对显像管的需要量。

(2) 根据给定资料编制计算表，如表 4-6 所示。

**表 4-6　一明公司用最小二乘法预测销售量**

| 年度 $n$ | 彩色电视机销售量 $x$/万台 | 显像管销售量 $y$/万只 | $xy$ | $x^2$ |
|---|---|---|---|---|
| 2016 | 120 | 25 | 3 000 | 14 400 |
| 2017 | 140 | 30 | 4 200 | 19 600 |
| 2018 | 150 | 36 | 5 400 | 22 500 |
| 2019 | 165 | 40 | 6 600 | 27 225 |
| 2020 | 180 | 50 | 9 000 | 32 400 |
| $n=5$ | $\sum x=755$ | $\sum y=181$ | $\sum xy=28\,200$ | $\sum x^2=116\,125$ |

(3) 将表 4-6 中的数值代入公式中计算 $a$ 与 $b$。

$$b=\frac{n\sum xy-\sum x\sum y}{n\sum x^2-\left(\sum x\right)^2}=\frac{5\times 28\,200-755\times 181}{5\times 116\,125-755^2}=\frac{4\,345}{10\,600}=0.41$$

$$a=\frac{\sum y-b\sum x}{n}=\frac{181-0.41\times 755}{5}=-25.71$$

(4) 将 $a$ 与 $b$ 的值代入公式 $y=a+bx$，得出预测结果。

$$y=a+bx=-25.71+0.41\times 200=56.29\text{（万只）}$$

如果仅有过去几期销售量或销售额的资料，预测计划期销售量或销售额时，可以时间的间隔期（月份或年份）为自变量 $x$，而当 $x$ 按时间序列排列时，间隔期相等。为简化计算，可

令 $\sum x=0$。若实际观测的次数($n$)为奇数,则取 $x$ 的间隔期为 1,即将 0 置于所有观察期的中间,其上下均以 1 递增;若实际观测的次数($n$)为偶数,则取 $x$ 的间隔期为 2,即将 $x=-1$ 与 $x=+1$ 置于所有观测期的当中上下两期,其上下均以 2 递增。

因为 $\sum x=0$,上述求 $a$ 与 $b$ 的值的公式可简化为

$$a=\sum y/n$$

$$b=\sum xy/\sum x^2$$

## 4.3 利润预测

### 4.3.1 利润预测的意义

利润预测是按照企业经营目标的要求,通过综合分析企业的内外部条件,测算企业未来一定时期可能达到的利润水平和变动趋势,以及为达到目标利润相应需要达到的销售、成本水平的一系列专门方法。做好利润的预测工作,对于加强企业管理、扩大经营成果、提高经济效益有着极为重要的作用。

**1. 利润预测是改善生产经营、提高经济效益的重要手段**

利润既是反映企业经营成果的综合指标,又是衡量企业经济效益的重要标准。一般来说,在商品的单位售价和税金不变的情况下,企业所获利润的多少主要取决于产销量的多少和销售成本的高低;而有关商品产销量的多少和销售成本的升降,又从一个非常重要的侧面反映着企业经营管理水平的高低和经济效益的好坏。通过利润预测,可以将企业管理各方面的积极性广泛调动起来,将生产经营各环节的潜力充分挖掘出来,从而达到改善经营管理、增加收入、节约开支、提高经济效益的目的。

**2. 利润预测是实现企业经营目标的重要环节**

利润是企业一定期间的销售收入扣除有关成本(费用)、税金之后的余额,是企业职工劳动创造的一部分剩余产品的货币表现。任何一个企业,若想在激烈的市场竞争中求得生存并不断得到发展,首先必须明确自身的经营目标。虽然企业在不同时期可能有不同的经营目标,但经营目标的实现,都直接或间接地同利润紧密相连。因此,做好利润预测工作,不仅能够合理地确定企业未来一定期间的利润目标,而且还可以使整个企业的总体奋斗目标建立在坚实可靠的基础之上。

**3. 利润预测是企业加强利润管理的重要措施**

利润既是企业自身发展、改善职工生活的必要条件,又是整个国家发展经济、增强国力的必备基础,每个企业都必须对利润进行有效的管理。企业利润管理工作的正常开展,在很大程度上取决于利润预测的过程和结果。利润预测不仅可以为目标利润的确定和利润计划的编制提供科

学依据，而且可以指明企业实现目标利润的方向，为利润计划的圆满实现制定相应的措施。

## 4.3.2 目标利润的确定

### 1. 目标利润的含义

目标利润是指企业在一定时期内，经过努力应该达到的最优化利润控制目标。它是企业未来经营必须考虑的重要战略目标之一。

### 2. 目标利润的预测方法

(1) 本量利分析法。企业在分析上期利润计划的完成情况，并考察下期影响利润的各种因素的变动情况的基础上，就可以预测下期的目标利润。由于销售收入抵减成本以后尚有剩余，剩余就是企业的利润。因此，可以通过下述3个公式来求得企业的目标利润。

目标利润＝销售收入－(变动成本＋固定成本)
＝销售单价×销售量－单位变动成本×销售量－固定成本
＝(销售单价－单位变动成本)×销售量－固定成本
＝边际贡献－固定成本

目标利润＝销售收入×边际贡献率－固定成本

目标利润＝(预计销售量－损益平衡销售量)×单位边际贡献

**【例 4-7】** 一明公司计划年销售A产品2 000台，每台售价550元，单位变动成本350元，全年固定成本总额90 000元。预测该企业计划期的目标利润为多少？

**解：** 目标利润＝2 000×(550－350)－90 000＝310 000(元)

(2) 销售额比例增长法。销售额比例增长法是以上年度实际销售收入总额和利润总额，以及下年度预计销售收入总额为依据，按照利润额与销售额同步增长的比例来确定下年度目标利润总额的一种方法。其计算公式为

$$目标利润=\frac{下年度预计销售收入总额}{上年度实际销售收入总额}\times 上年度实际利润总额$$

**【例 4-8】** 一明公司上年度实际销售收入为640 000元，实现利润50 000元，预计下年度销售收入总额为720 000元。试预测该企业下年度的目标利润。

**解：**

$$目标利润=\frac{下年度预计销售收入总额}{上年度实际销售收入总额}\times 上年度实际利润总额$$

$$=\frac{720\ 000}{640\ 000}\times 50\ 000$$

$$=56\ 250(元)$$

即该企业下年度的目标利润预计为56 250元。

(3) 利润增长率法。利润增长率法是根据有关产品上一期间实际获得的利润额和过去连续若干期间的平均利润增长幅度，并全面考虑利润的有关因素的预期变动而确定目标利润的一种方法。其计算公式为

目标利润＝上年度实际利润总额×(1＋预计利润增长率)

**【例 4-9】** 一明公司上年度实现利润500 000元，根据过去连续三年盈利情况的分析和

测算，确定下年度的利润增长率为10%。试确定该企业下年度的目标利润。

**解：** 目标利润=上年度实际利润总额×(1+预计利润增长率)

=500 000×(1+10%)=550 000(元)

即该企业下年度的目标利润为550 000元。

(4) 资金利润率法。资金利润率是指企业在一定期间内实现的利润总额对其全部资金的比率。资金利润率法就是根据企业上年度的实际资金占用状况，结合下年度的预计投资和资金利润率，确定下年度目标利润总额的一种方法。其计算公式为

目标利润=(上年度实际占用资金总额+下年度预计投资总额)×预计资金利用率

**【例4-10】** 一明公司上年度固定资金和流动资金占用总额为1 800 000元，预计下年度资金占用总额将比上年度增加2%，资金利润率为10%。试求甲公司下年度的目标利润。

**解：** 目标利润=(上年度实际占用资金总额+下年度预计投资总额)×预计资金利用率

=(180+180×2%)×10%=18.36(万元)=183 600(元)

该企业下年度的目标利润为183 600元。

### 4.3.3　利润预测中的敏感性分析

企业的目标利润确定后，还要根据本单位的业务能力、目标成本和市场供求状况及国家的计划任务进行各种测算，然后才能知道企业是否能实现目标利润。如果企业不能实现目标利润，就应在影响利润高低的各个因素(如销售单价、销售量、单位变动成本和固定成本总额等)上想方设法，采取措施，挖掘潜力，以保证目标利润的实现。

## 4.4　成本预测

### 4.4.1　成本预测步骤

成本预测是根据企业现有的经济、技术条件和今后的发展前景，以及市场供求状况，通过对影响成本变动的有关因素的分析、测算，科学地测定企业未来一定期间内的成本水平和变动趋势。

科学预测是进行正确决策的依据。成本预测是企业进行产品设计方案选择、零件外购或自制、是否增加新设备、新产品是否投产等决策的基础。通过成本预测，可以掌握未来的成本水平及其变动趋势，便于确定目标成本；同时有利于找出降低成本的有效途径及应采取的措施，为成本控制、成本决策提供依据。

一般来说，成本预测的步骤如下。

(1) 根据企业经营的总目标，提出目标成本的初步方案。

(2) 初步预测在当前生产经营条件下成本可能达到的水平，并找出与初选目标成本的差距。

(3) 提出各种降低成本方案，对比、分析各种成本方案的经济效果。

(4) 选择成本最优方案并确定正式目标成本。

### 4.4.2 目标成本法

目标成本法是根据商品价格、成本费用和利润三者之间的内在联系确定出目标成本，进而测定商品成本费用的一种方法。用这种方法进行预测时首先通过市场调查，确定一个适当的销售价格，然后减去按目标利润计算的利润和应向国家交纳的税费，测定出商品成本。该方法比较简便易行，但若市场调查失误，则预测值将会受到影响。

单位目标成本＝预计单位产品销售价格－预计单位产品应缴税费－单位目标利润

(1) 目标利润，一般是企业在未来一定期间的经营目标，通常是在利润预测的基础上确定的，在确定的过程中，可以考虑资金利润率、销售利润率等指标。

目标利润＝预计销售收入×销售利润率

或　　目标利润＝资金利润率×资金占用额

(2) 预计应缴税费，一般按税法规定的税种、税率和计税方法计算企业在未来一定期间内应交的合理税费。

(3) 预计销售收入，一般指企业在未来一定期间内应获得的销售收入总额，即

销售收入＝销售单价×销售量

销售量在销售预测的基础上予以确定。而销售单价则受产品的技术水平、竞争环境和国家价格政策等因素的影响。因此，确定销售收入的时候，要根据这些因素的影响进行修正，使其符合客观实际。

### 4.4.3 历史资料分析法

历史资料分析法是根据企业的历史成本资料，并采用一定的方法对这些数据进行相应处理，建立相关的数学模型，利用销售量的预测值，预测出未来总成本和单位成本水平的预测方法。基本方法主要有高低点法和回归分析法。

**1. 高低点法**

高低点法是将成本费用的发展趋势用 $y=a+bx$ 的直线方程来表示，选用一定时期历史资料中的最高点业务量与最低点业务量的成本或费用总额之差与两者业务量之差进行对比，先求出 $b$ 的值与 $a$ 的值，然后对未来一定时期的成本或费用进行预计和测算的一种方法。其计算公式如下。

$$y=a+bx$$

式中，$y$ 为成本总额或费用总额；$a$ 为固定成本或固定费用总额；$b$ 为单位变动成本或单位变动费用；$x$ 为业务量。

$$b=\frac{\text{最高点成本(或费用)总额}-\text{最低点成本(或费用)总额}}{\text{最高点业务量}-\text{最低点业务量}}$$

$$a=y-bx$$

**【例 4-11】** 一明公司 2020 年 1—6 月费用总额及销售额资料如表 4-7 所示。

**表 4-7　一明公司费用总额及销售额资料**　　　　单位：万元

| 月　份 | 费用总额 $y$ | 销售额 $x$ |
|---|---|---|
| 1 | 9.8 | 260 |
| 2 | 10.2 | 240 |
| 3 | 10.0 | 200 |
| 4 | 10.8 | 230 |
| 5 | 12.7 | 350 |
| 6 | 11.5 | 280 |

若一明公司同年 7 月的预计销售额为 400 万元，试测算 7 月该企业需要支出的费用总额。

**解：**

$$b=(12.7-10.0)\div(350-200)=0.018$$

当 $x=200$ 时，$y=10.0$。

$$a=y-bx=10.0-0.018\times200=6.4$$

或，当 $x=350$ 时，$y=12.7$。

$$a=y-bx=12.7-0.018\times350=6.4$$

因为在相关范围内，固定费用总额不随业务量变动而变动，所以，$a$ 的值通过最高点或最低点来计算都是一致的。

通过上述计算，可写出费用总额的直线方程式为 $y=6.4+0.018x$。

当 $x=400$ 时，

$$y=6.4+0.018x=6.4+0.018\times400=13.6(\text{万元})$$

即该企业同年 7 月需支出的费用总额为 13.6 万元。

高低点法是一种比较简单的预测方法。但往往因为所采用的历史资料数据较少，而计算结果比较粗略。该方法只适用于成本、费用比较稳定的企业。

### 2. 回归分析法

回归分析法是根据直线方程式 $y=a+bx$，按照最小平方法的原理，来确定一条最能反映自变量 $x$（即业务量）与因变量 $y$（即成本或费用总额）之间的关系，即二者误差平方和最小的直线，并以此来预测成本或费用总额的一种方法。其中，系数 $b$ 与常数项 $a$ 的值，可按下列公式计算。

$$a=\frac{\sum y-b\sum x}{n}$$

$$b=\frac{n\sum xy-\sum x\sum y}{n\sum x^2-\left(\sum x\right)^2}$$

式中，$y$ 为成本或费用总额；$x$ 为业务量；$a$ 为固定成本或固定费用总额；$b$ 为单位变动成本或单位变动费用。

**【例 4-12】**　假设一明公司近 5 年某产品的产量与成本数据如表 4-8 所示。

表 4-8 一明公司近 5 年某产品的产量与成本数据

| 年 份 | 产量/件 | 单位产品成本/元 |
|---|---|---|
| 1 | 500 | 70 |
| 2 | 600 | 69 |
| 3 | 400 | 71 |
| 4 | 700 | 69 |
| 5 | 800 | 65 |

计划年度的预计产量为 850 台。采用回归分析法预测计划年度产品的总成本和单位成本。

**解**：根据给定资料，将有关数值进行进一步加工，如表 4-9 所示。

表 4-9 一明公司采用回归分析法预测产品的总成本和单位成本

| 年份 $n$ | 产量 $x$ | 单位产品成本/元 | 总成本 $y$ | $xy$ | $x^2$ |
|---|---|---|---|---|---|
| 1 | 500 | 70 | 35 000 | 17 500 000 | 250 000 |
| 2 | 600 | 69 | 41 400 | 24 840 000 | 360 000 |
| 3 | 400 | 71 | 28 400 | 11 360 000 | 160 000 |
| 4 | 700 | 69 | 48 300 | 33 810 000 | 490 000 |
| 5 | 800 | 65 | 52 000 | 41 600 000 | 640 000 |
| $n=0$ | $\sum x=3\ 000$ | | 205 100 | 129 110 000 | 1 900 000 |

$$b=\frac{n\sum xy-\sum x\sum y}{n\sum x^2-\left(\sum x\right)^2}=\frac{5\times 129\ 110\ 000-3\ 000\times 205\ 100}{5\times 1\ 900\ 000-3\ 000^2}=\frac{30\ 250\ 000}{500\ 000}=60.5(\text{元})$$

$$a=\frac{\sum y-b\sum x}{n}=\frac{205\ 100-60.5\times 3\ 000}{5}=4\ 720(\text{元})$$

计划年度产品预计总成本为

$$y=4\ 720+60.5\times 850=56\ 145(\text{元})$$

计划年度产品预计单位成本为

$$b=\frac{56\ 145}{850}=66.05(\text{元})$$

### 4.4.4 因素变动预测法

因素变动预测法是通过对影响成本的各项因素的具体分析，预测计划期成本水平的方法。

**【例 4-13】** 一明公司从其会计资料中查得，A 产品 2021 年 1—10 月实际产量为 1 000 件，实际总成本为 9 000 元，预计 11—12 月产量为 500 件，总成本为 4 200 元，则 2021 年 A 产品

的预计平均单位成本为

$$(9\ 000+4\ 200)\div(1\ 000+500)=8.8(元)$$

A产品2021年预计平均单位成本和总成本的分项资料,如表4-10所示。

**表4-10　一明公司预测成本表**　　单位:元

| 项　　目 | 单位成本 | 总成本 |
| --- | --- | --- |
| 材料 | 4.56 | 6 840 |
| 燃料及动力 | 0.81 | 1 215 |
| 工资及福利费 | 0.94 | 1 410 |
| 制造费用 | 2.49 | 3 735 |
| 合　计 | 8.8 | 13 200 |

假定材料、燃料及动力、工资及福利费为变动费用,制造费用为固定费用,并假定2022年影响产品的主要因素及影响程度为产量增加25%;材料成本降低4%,材料消耗降低2%;燃料及动力消耗量降低3%;制造费用增加8%。

用因素变动预测法预测2022年甲产品的总成本和单位成本。

**解:** 预测期材料费用=6 840×(1+25%)=8 550(元)

由于材料成本降低4%,材料费用节约额=8 550×(−4%)=−342(元)

由于材料消耗降低2%,材料费用节约额=8 550×(−2%)=−171(元)

甲产品预测期材料费用=8 550−342−171=8 037(元)

预测期燃料及动力费用=1 215×(1+25%)×(1−3%)=1 473.19(元)

预测期工资及福利费用=1 410×(1+25%)=1 762.5(元)

预测期制造费用=3 735×(1+8%)=4 033.8(元)

预测期甲产品的总成本=8 037+1 473.19+1 762.5+4 033.8=15 306.49(元)

预测期甲产品的单位成本=15 306.49÷[1 500×(1+25%)]=8.16(元/件)

## 4.5　资金预测

资金需要量的预测,就是以预测期企业生产经营规模的发展和资金利用效果的提高等为依据,在分析有关历史资料、技术经济条件和发展规划的基础上,运用数学方法,对预测期资金需要量进行科学的预计和测算。

资金需要量的预测在提高企业经营管理水平和企业经济效益方面有着十分重要的意义。

(1) 资金需要量的预测是进行经营决策的主要依据。

(2) 资金需要量的预测是提高经济效益的重要手段。

(3) 资金需要量的预测是编制资金预算的必要步骤。资金需要量的预测内容包括固定资金需要量预测和流动资金需要量预测两大类。

### 4.5.1 资金需要总量预测

在资金需要总量预测中，常用的方法有资金增长趋势预测法和预计资产负债表法。

**1. 资金增长趋势预测法**

资金增长趋势预测法，就是运用回归分析法（最小二乘法）原理对过去若干期间销售收入（或销售量）及资金需用量的历史资料进行分析、计量后，确定反映销售收入与资金需用量之间的回归直线（$y=a+bx$），并据以推算未来期间资金需用量的一种方法。

**【例 4-14】** 一明公司近 5 年的销售收入和资金总量的资料如表 4-11 所示。

**表 4-11 一明公司近 5 年的销售收入和资金总量资料** 单位：万元

| 年　份 | 销售收入 | 资金总量 |
|---|---|---|
| 2016 | 430 | 270 |
| 2017 | 420 | 260 |
| 2018 | 445 | 275 |
| 2019 | 500 | 290 |
| 2020 | 520 | 330 |

如果一明公司 2021 年销售收入预测值为 600 万元，用最小二乘法预测 2021 年的资金需要总量。

**解：**根据回归分析原理，对表中的数据进行加工整理，如表 4-12 所示。

**表 4-12 一明公司采用回归分析法预测资金总量** 单位：万元

| 年份 $n$ | 销售收入 $x$ | 资金总量 $y$ | $xy$ | $x^2$ |
|---|---|---|---|---|
| 2016 | 430 | 270 | 116 100 | 184 900 |
| 2017 | 420 | 260 | 109 200 | 176 400 |
| 2018 | 445 | 275 | 122 375 | 198 025 |
| 2019 | 500 | 290 | 145 000 | 250 000 |
| 2020 | 520 | 330 | 171 600 | 270 400 |
| $n=5$ | $\sum x=2\,315$ | $\sum y=1\,425$ | $\sum xy=664\,275$ | $\sum x^2=1\,079\,725$ |

将表 4-12 中的数值代入最小二乘法中计算 $a$ 与 $b$ 的值的公式。

$$b=\frac{n\sum xy-\sum x\sum y}{n\sum x^2-\left(\sum x\right)^2}=\frac{5\times 664\,275-2\,315\times 1\,425}{5\times 1\,079\,725-2\,315^2}=0.571\,1$$

$$a=\frac{\sum y-b\sum x}{n}=\frac{1\,425-0.571\,1\times 2\,315}{5}=20.58$$

将 $a$ 与 $b$ 的值代入公式 $y=a+bx$，预测 2021 年资金需要总量结果为

$$y=a+bx=20.58+0.571\,1\times 600=363.24(\text{万元})$$

### 2. 预计资产负债表法

预计资产负债表法是通过编制预计资产负债表来预计预测期资产、负债和留用利润，从而测算外部资金需要量的一种方法。

资产负债表是反映企业某一时点资金占用(资产)和资金来源(负债和所有者权益之和)平衡状况的会计报表，企业增加的资产，必然是通过增加负债或所有者权益的途径予以解决的。因此，通过预计资产的增减，可以确定需要从外部筹措的资金数额。

**【例4-15】** 一明公司2020年的销售额为1 000 000元，这已是公司的最大生产能力。假定税后净利占销售额的4%，计40 000元，已分配利润为税后净利的50%，计20 000元。预计2021年销售量可达1 500 000元，已分配利润仍为税后净利的50%。一明公司2020年12月31日的资产负债表如表4-13所示。

**表4-13 一明公司资产负债表**

2020年12月31日　　单位：元

| 资产 | | 负债与所有者权益 | |
|---|---|---|---|
| 银行存款 | 20 000 | 应付账款 | 150 000 |
| 应收账款 | 170 000 | 应付票据 | 30 000 |
| 存货 | 200 000 | 长期借款 | 200 000 |
| 固定资产 | 300 000 | 实收资本 | 400 000 |
| 无形资产 | 110 000 | 未分配利润 | 20 000 |
| 资产总计 | 800 000 | 负债与所有者权益 | 800 000 |

根据所提供的资料，预测一明公司2021年的资金需要量。

**解**：根据2020年12月31日的资产负债表，分析各项目与当年销售收入总额的依存关系，将资产负债表中预计随销售量变动而变动的项目分离出来。从资产负债表可以看出，资产方除无形资产外均属于敏感资产，将随销售量的增加而增加，因为较多的销售量不仅会增加现金、应收账款，占用较多的存货，而且相应增加一部分固定资产。负债与所有者权益方，只有应付账款属于敏感负债，将随销售量的增加而增加，而其他项目将不随销售量的增加而增加。至于企业税后利润不全部分配给投资者时，留用利润也将增加。

编制该年度用销售百分比形式反映的资产负债表，如表4-14所示。

**表4-14 一明公司资产负债表(按销售百分比形式反映)**

2020年12月31日

| 资产 | | 负债与所有者权益 | |
|---|---|---|---|
| 银行存款 | 20 000÷1 000 000×100%=2% | 应付账款 | 150 000÷1000 000×100%=15% |
| 应收账款 | 170 000÷1 000 000×100%=17% | 应付票据 | 不变动 |
| 存货 | 200 000÷1 000 000×100%=20% | 长期借款 | 不变动 |
| 固定资产 | 300 000÷1 000 000×100%=30% | 实收资本 | 不变动 |
| 无形资产 | 不变动 | 未分配利润 | 不变动 |
| 合计 | 69% | 合计 | 15% |

未来年度每增加 1 元的销售量需要增加筹资的百分比为

$$69\% - 15\% = 54\%$$

上述计算表明，销售额每增加 1 元，全部资产将增加 0.69 元，负债将增加 0.15 元，尚欠 0.54 元需要通过筹资取得。因此，预计 2021 年应筹集的资金为

$$(1\ 500\ 000 - 1\ 000\ 000) \times 54\% = 270\ 000(\text{元})$$

最后，还应估计新增利润，并考虑可从未分配利润中获取部分资金等因素。

本案例中，2021 年销售收入为 1 500 000 元，按照税后净利占销售额 4%计算为 60 000 元，已分配利润 30 000 元，未分配的 30 000 元利润可以冲抵部分筹资额。

因此，预计的筹资额应为

$$270\ 000 - 30\ 000 = 240\ 000(\text{元})$$

### 4.5.2 固定资金需要量预测

固定资金需要量预测是对未来一定时期内企业进行生产经营活动所需固定资金进行预计和测算。要预测固定资金需要量，首先要预测固定资产的需要量。

固定资产需要量的预测，就是根据企业的生产经营方向、生产经营任务和现有的生产能力，预计和测算企业为完成生产经营任务所需要的固定资产数量。下面以工业企业为例，介绍固定资产需用量预测的具体方法。

**1. 生产设备需要量的预测**

预测生产设备需要量最基本的方法是生产能力和生产经营任务相平衡的方法，也就是说在对现有设备的数量、质量和生产能力进行彻底清查的基础上，将现有生产设备全年有效台时总数与完成预测期生产经营任务所需要的定额台时总数进行比较，计算出各类生产设备对完成预计生产经营任务的保证程度以及多余或不足的设备数量，最后决定对多余或不足设备的处理方法。其计算公式为

$$\text{某项生产设备需要量} = \frac{\text{预计生产经营能力(实物量或台时数)}}{\text{单台设备生产能力(实物量或台时数)}}$$

公式中，预计生产经营能力和单台设备生产能力可以用实物量(预计产量和单台设备年产量)表示，也可以用台时量(全年预计有效工作台时数和单台设备预计工作时数)表示。如果生产单一产品，可以直接按实物量计算设备需要量；如果生产多种产品，而且有些产品需要经过若干个加工工序才能完成，则应按定额台时数计算。生产设备需用量一般可以按以下步骤进一步进行预测。

(1) 单台设备生产能力的测算。单台设备生产能力按实物量测算，是单台设备的年产量。年产量取决于台班产量、开工班次、全年预计工作日数等因素。台班产量可参照设计、实际、最高能力等因素确定。开工班次应根据生产任务、现有人力、设备数量确定；全年预计工作日数等于日历日数减去法定节假日和检修停台日数。其计算公式为

$$\text{单台设备年生产能力(台)} = \text{台班产量} \times \text{开工班次} \times \text{全年预计工作日数}$$

单台设备年生产能力如果按台时数测算，就是单台设备预计有效工作时数。其计算公式为

$$单台设备预计有效工时数=(全年制度工作日数-设备检修停台日数)\times 每日开班数\times 每班工时数$$

(2) 预计生产经营任务的测算。预计生产经营任务按实物量测算,即预计产量。如果企业产品品种不多,可按不同品种的产量分别测算;如果企业产品品种很多,按不同产品品种分别测算有困难,则可按产品结构或工艺过程进行适当分类,从中选择一种规格的产品为代表产品,将其他规格的产品按照换算系数换算成代表产品的产量。换算系数的计算公式为

$$某产品的换算系数=\frac{该产品单位定额台时数}{代表产品单位定额台时数}\times 100\%$$

预计生产经营任务按台时数测算,即预计生产经营任务需要台时定额总数。各类生产设备需要台时定额是将全年预计生产经营任务的实物量,按单位产品台时定额换算而成的。其计算公式为

$$预计生产经营任务需要台时定额总数=\sum(预计产量\times 单位产品台时定额)\times 定额改进系数$$

式中,单位产品台时定额为企业技术资料所规定的现行台时定额;定额改进系数为企业预计新定额占现行定额的百分比。预计产量,当企业生产一种产品或产品品种不多时,可按生产经营任务规定的各种产品的预计产量直接计算;如果企业产品品种较多,难以按不同品种计算,则应折合成代表产品的产量。其换算方法与按实物量测算预计生产经营任务相同。

(3) 生产能力与预计生产任务平衡情况的预测。生产能力与预计生产任务的平衡是测算生产设备需要量的重要一环。通过平衡计算,可以掌握企业生产设备能力余缺情况,为调整生产设备,充分利用设备生产能力提供依据。生产设备能力余缺是通过计算设备负荷系数来确定的。其计算公式为

$$某类设备负荷系数=\frac{预计生产经营任务需要台时定额总数}{该种设备全年预计有效工作台时总数}\times 100\%$$

**2. 其他固定资产需要量的预测**

企业的其他配套性固定资产,如厂房、动力设备、运输设备等,它们的需要量与生产设备需要量有一定的比例关系。配套性固定资产需要量,可在测定生产设备需要量的基础上,按照其在基年与生产设备的比例关系,结合预测年度提高设备利用率的要求进行测算。将测算年度需要量与基年实有数进行比较,就可算出预测年度该类设备的多余或不足量。

### 4.5.3　流动资金需要量预测

预测流动资金需要量的方法有很多,最常见的方法有资金占用比例法、周转期预测法、因素测算法和余额测算法。

**1. 资金占用比例法**

资金占用比例法是指企业根据预测期确定的相关指标(如净产值、营业收入、营业成本费用、营业利润等指标),按基年流动资金实际平均占用额与相关指标的比例关系,来预测流

动资金需要总量的一种方法。其基本计算公式为

预计期流动资金需要总量＝预测期相关指标×基年相关指标流动资金率×(1±预测期流动资金周转速度变动率)

$$基年相关指标流动资金率=\frac{基年流动资金实际平均占用额-不合理平均占用额}{基年相关指标实际数额}\times 100\%$$

**2. 周转期预测法**

周转期预测法又称定额日数计算法，它是根据流动资金完成一次循环所需要的日数(资金定额日数)和每日平均周转额(每日平均资金占用额)来计算流动资金需要量的一种方法。

周转期预测方法的计算比较复杂，但结果比较精确，它是预测流动资金需要量的基本方法，通常用于品种少、用量大、价格高、占用多的资金项目预测。在工业企业，原材料、在产品、产成品等资金项目，通常都是采用这种方法进行测算的。周转期计算法的计算公式为

某项流动资金需要量＝该项流动资金每日平均周转额×该项流动资金周转日数

**3. 因素测算法**

因素测算法又称分析调整法。它是以有关流动资金项目上年度的实际平均需要量为基础，根据预测年度的生产经营任务和加速流动资金周转的要求进行分析调整，来预测流动资金需要量的一种方法。该种方法计算比较简单，易掌握，但预测结果不太精确，因此它通常用于品种繁多、规格复杂、用量较小、价格较低的资金占用项目的预测。

采用这种方法时，首先应在上年度流动资金实际平均占用额的基础上，剔除其中呆滞、积压、不合理的部分，然后根据预测期的生产经营任务和加速流动资金周转的要求进行测算。因素测算法的计算公式为

流动资金需要量＝(上年度流动资金实际平均占用额－不合理平均占用额)×(1±预测年度生产增减的%)×(1±预测期流动资金周转速度变动率)

**4. 余额测算法**

余额测算法是以上年结转余额为基础，根据预测年度发生数额、摊销数额来测算流动资金需要量的一种方法。该方法适用于流动资金占用数额比较稳定的项目，如待摊费用。其计算公式为

流动资金需要量＝预测年度期初结转余额＋预测年度发生额－预测年度摊销额

## 本章练习题

**一、名词解释**

经营预测　资金占用比例法　判断分析法　成本预测　预计资产负债表法　定性预测法　因果预测分析法　趋势预测分析法　回归直线法　周转期预测法

**二、判断题**

1. 运用加权平均法进行销售预测的关键是按照各个观察值与预测值不同的相关程度分别规定适当的权数。　(　　)

2. 定量销售预测比定性销售预测更为精确。（ ）

3. 当各历史期的销售量呈现增减趋势，运用加权平均法时，有必要将近期的观察值的权数规定得小一些。（ ）

4. 生产设备能力余缺可以通过计算设备负荷系数来确定。（ ）

5. 指数平滑法下，指数平滑指数的取值越大，近期实际销售量对预测结果的影响就越小。（ ）

6. 劳动生产率的变动，与单位产品中工资费用的变动成反比关系，而平均工资的增长，与单位产品中工资费用的增长成正比关系。（ ）

7. 目标成本法是指根据产品的成本构成来制定产品目标成本的一种方法。（ ）

8. 如果指数平滑系数的取值越大，则近期实际销售量对预测结果的影响也越大；如果取值越小，则近期实际销售量对预测结果的影响也越小。（ ）

9. 当各历史期的销售量呈现增减趋势时，为了体现这种增减趋势，有必要将近期的观察值的权数规定得大一些，远期的观察值的权数规定得小一些，使预测值更为接近近期的观察值。（ ）

10. 采用技术测定法对不可比产品成本进行预测，工作量较大，所以只对品种少、技术资料比较齐全的产品比较适用。（ ）

11. 产品品种结构变化对利润的影响是由于各个不同品种的产品利润率是不同的，而预测下期利润时，是以本期各种产品的平均利润率为依据的。（ ）

12. 凡是顾客数量有限，调查费用不高，每位顾客意向明确又不会轻易改变的，均可以采用调查分析法进行预测。（ ）

13. 按照各个观察值与预测值不同的相关程度分别规定适当的权数，是运用加权平均法进行预测销售的关键。（ ）

**三、单项选择题**

1. 下列各种销售预测方法中，没有考虑远近期销售业务量对未来销售状况会产生不同影响的方法是（ ）。

A. 移动平均法　　B. 算术平均法
C. 加权平均法　　D. 指数平滑法

2. 某企业利用0.4的平滑指数进行销售预测，已知2019年的实际销售量为100吨，预计销售量比实际销售量多10吨；2020年实际销售量比预计销售量少6吨，则该企业2021年预测销售量为（ ）吨。

A. 106.6　　B. 103.6　　C. 93.6　　D. 63.6

3. 在采用指数平滑法进行预测时，平滑指数的取值范围是（ ）。

A. 0＜平滑指数＜0.3　　B. 0.3＜平滑指数＜0.7
C. 0.7＜平滑指数＜1　　D. 0＜平滑指数＜1

4. 产品品种结构变化对利润的影响是由于各个不同品种的产品利润率是不同的，而预测下期利润时，是以本期各种产品的（ ）为依据的。

A. 个别利润率　　B. 平均利润率
C. 加权平均利润率　　D. 利润总额

5. 资金增长趋势预测法，就是运用（ ）原理对过去若干期间销售收入（或销售量）及资金需要量的历史资料进行分析、计量后，确定反映销售收入与资金需要量之间的回归直线 $y=a+bx$，并据以推算未来期间资金需要量的一种方法。

A. 回归分析法　　B. 判断分析法
C. 加权平均法　　D. 季节预测分析法

6. 对于制造行业的企业来说，经营预测的对象包括对产品销售市场、产品生产成本、利润以及(　　)等方面的预测。

A. 资金需要量　　B. 流动资金需要量
C. 固定资金需要量　　D. 材料需要量

7. 按照各个观察值与预测值不同的相关程度分别规定适当的权数，是运用(　　)进行预测销售的关键。

A. 算术平均法　　B. 加权平均法
C. 回归直线法　　D. 对数直线法

8. 在社会主义市场经济条件下，市场决定着企业的生存和发展。在企业经营预测中，起决定作用的是(　　)。

A. 成本预测　　B. 利润预测
C. 销售预测　　D. 资金需要量预测

9. 判断分析法是指销售人员根据(　　)进行估计，然后由销售人员加以综合，从而得出企业总体的销售预测的一种方法。

A. 消费意向　　B. 直觉判断
C. 数学模型　　D. 市场前景

10. 趋势预测分析法和因果预测分析法属于(　　)。

A. 调查分析法　　B. 判断分析法
C. 定性销售预测　　D. 定量销售预测

11. 如果产品的销售额或销售量在选定的历史期间呈现出某种上升或下降的趋势，就不能简单地采用(　　)。

A. 算术平均法　　B. 加权平均法
C. 回归直线法　　D. 对数直线法

12. 回归分析法包括回归直线法、对数直线法和多元回归直线法，它们是(　　)最常用的方法之一。

A. 调查分析　　B. 因果预测分析
C. 趋势预测分析　　D. 季节预测分析

**四、多项选择题**

1. 定性分析法有多种方法，具体包括(　　)。

A. 判断分析法　　B. 指数平滑法
C. 回归分析法　　D. 调查分析法
E. 移动平均法

2. 较大的平滑指数可用于(　　)情况的销售预测。

A. 近期　　B. 远期　　C. 波动较大
D. 波动较小　　E. 长期

3. 定量分析法包括(　　)。

A. 判断分析法　B. 集合意见法　C. 非数量分析法

D. 趋势外推分析法　E. 因果预测分析法

4. 成本降低方案的提出主要可以从(　　)3 个方面着手,这些方案应该既能降低成本,又能保证生产和产品质量的需要。

A. 改进产品设计　B. 改善生产经营管理

C. 增加销售量　D. 控制管理费用

E. 提高销售单价

5. 在测算各项措施对产品成本的影响程度时,应抓住影响成本的重点因素进行测算。一般可以从节约原材料消耗和(　　)等方面进行测算。

A. 提高劳动生产率　B. 合理利用设备

C. 节约管理费用　D. 减少废品损失

E. 提高销售量

6. 在企业的制造费用、管理费用中,有一部分费用属于固定费用,如管理人员工资、办公费、(　　)等,这些费用一般不随产量的增加而变动。

A. 差旅费　B. 折旧费用　C. 运输费

D. 消耗性材料　E. 财务费用

7. 固定资金需要量的预测,就是根据企业的(　　),预计和测算企业为完成生产经营任务所需要的固定资产数量。

A. 生产经营方向　B. 生产经营任务

C. 资金状况　D. 现有的生产能力

E. 现金流量

8. 经营预测的对象包括(　　)。

A. 销售预测　B. 产品成本预测　C. 利润预测

D. 资金需要量预测　E. 经济结构变动预测

9. 由于经济生活的复杂性,并非所有影响因素都可以通过定量进行分析,如下列因素就只有定性的特征。(　　)

A. 市场前景　B. 政治形势　C. 宏观环境

D. 购买力指数　E. 生产力布局

10. 常用的趋势预测分析法有(　　)。

A. 算术平均法　B. 加权平均法　C. 购买力指数法

D. 指数平滑法　E. 回归直线法

11. 流动资金需要量预测常用的方法有(　　)。

A. 回归直线法　B. 资金占用比例法

C. 周转期预测法　D. 因素测算法

E. 余额测算法

12. 采用预计资产负债表法预测需要量时,随销售量变动而变动的项目有(　　)。

A. 存货　B. 固定资产　C. 长期借款

D. 应收账款　E. 应付账款

13. 单台设备年产量的决定因素有(　　)。

A. 台班产量　B. 开工班次　　　C. 设备负荷系数

D. 定额改进系数　E. 全年预计工作日数

14. 影响产品销售利润的主要因素有(　　)。

A. 产品销售数量　B. 产品品种结构　　C. 产品销售成本

D. 产品销售价格　E. 产品销售税金

15. 企业销售增长时需要补充资金。假设每元销售所需资金不变,以下关于外部筹资需求的说法中,正确的有(　　)。

A. 股利支付率越高,外部筹资需求越大

B. 销售净利率越高,外部筹资需求越小

C. 如果外部筹资销售增长比为负数,说明企业有剩余资金,可用于增发股利或进行短期投资

D. 当企业的实际增长率低于本年的内含增长率时,企业不需要从外部筹资

## 五、简答题

1. 成本预测的步骤主要包括哪些?
2. 资金需要量预测的意义有哪些?
3. 采用调查分析法时应当注意的问题主要有哪些?
4. 算术平均法与移动加权平均法的适用范围是什么?
5. 固定资金需要量预测需要注意哪些问题?

## 六、案例分析题

### 慧聪集团等企业预测新韬略

纯粹的财务预测已不复存在,取而代之的是以企业驱动因素为基础的预测方式(以下简称动因预测)。预测不仅仅是对预算做微调,领先企业的财务主管们正把目光投向企业最关键的10~15个驱动因素,如市场份额、竞争定价和产品周期等,根据上述驱动因素的变化,对企业的发展做出全面的预测。

设计恰当的话,动因预测能确定每多销售一件产品所带来的成本及收益情况,使这种预测方式与财务趋势分析有所不同,而且可以解释为什么预测数字可能与原先的计算有偏差。

慧聪集团的执行董事亚克森也是CEO。他说:"我们要从物质性和易变性两个方面看预测。在快速成长的小企业中,预测更为关键,因为企业的迅猛发展可能会超出其能力的承受限度。比如说,订单源源涌来,但企业基础设施是否到位,能否支持你满足这种需求?简而言之,预测是帮助企业控制易变性的工具。"

如果按老路子走,预测可能是一件让人绞尽脑汁的烦琐事。慧聪集团下属企业——咨询公司哈克特集团(Hackett Group)估计,一般预测需21天才能完成。也就是说,每次预测完成时,就延迟了将近一个月。此外,对一年后的事情进行预测,其准确性远逊于对一周或一个月后事情的预测。

1. 抓住中心

德士古公司(TEXACO Inc.)具备看清其战略单位现状的能力,主动选择推行其现有预测系统。它把公司的战略单位维系在一个两年计划中。

德士古公司通过将战略经营单位独立出来，改善了资本支出的分配方式。这对资金密集型企业异常关键。瓦塞说：“过去，一桶油价格下跌3美元时，我们只好通过所谓共同承担法，大量削减资本支出。我们往各部门打电话，询问它们可以削减多少资本支出。现在如果要削减支出，我们只需了解哪个项目可以削减支出、削减多少，根本不用考虑这个经营单位究竟在世界的哪个角落。”

爱德华公司(J. D. EDWARDS)是一家软件公司，它在开发企业商用软件方面处于世界领先地位，目前正对其预测流程进行重大重组。该公司最关键的一个改进举措是将预算和预测流程与公司战略相联系。这一重组项目源于以下启示：财务部门80%的时间用于处理发票付款和记录账簿，只剩下20%的时间进行增值活动来帮助进行一流的预测。

财务报表、预算及预测总监埃文斯说：“我们马上找出一些改进机会，其一便是实行方便用户、可集成实际数据的预测模式。”

爱德华公司实行的是6季度循环预测，重在考察关键的业务驱动因素。尽早了解预测结果，加快确定目标的过程，是实现企业目标的关键因素。

易婉苏说道：“我们拥有4 000多名员工，队伍还在不断迅速壮大。在这种环境下，公司要将目光紧盯在发展方向上是很困难的。六季度循环预测的一大益处是，将决策支持者的时间解放出来，使他们能够真正关心公司的发展方向。”

2. 经验法则

跟所有的流程重组项目一样，推行新的预测方式也会碰上一些潜藏的陷阱，企业了解其关键的业务驱动因素及业绩表现至为关键。

管理咨询公司(Management Consultants Ltd.)的合伙人何陶说：“一个企业组织成长迅速时，很难意识到其生产能力不足以维持高速增长。企业往往只盯着高收益、高净利，因一叶障目而看不到整体，所以常常迷失方向。”

何陶建议企业重组预测流程时，应做两件事：一是对预测模式中的假定前提进行检验和了解；二是推行系统一体化计划时多一些谨慎。何陶观察道：“如今找个现成模式修正一下太容易了，但从根本上质疑模式中的假定前提可就难多了。就系统一体化而言，你所冒的风险是，重蹈覆辙的速度更快，并且会将这些错误带入你的决策模式中。因此，除非已采取保障措施，否则你会把自己未曾意识到的问题复杂化。”

贵恩合伙公司(Gunn Partners)是一家全球性顾问公司，其驻瑞典顾问格里高里认为，企业不应任凭自己被计算机生成的预测信息淹没。“你可不能受计算机信息的役使，使你对自己已掌握的信息充耳不闻，如竞争对手的行动等。否则，一旦发生不可测的事情，就可能对你产生巨大冲击，也许你都难以做出反应。”

不管你的企业经营何种业务，做预测的一条经验法则是，预测的详细程度应与要做预测的时间长短相适应。格里高里说：“我所看到的一大障碍是，人们努力做出最详尽的预测，他们也以这种方式预测18个月以后的情况。要做出预测的时间段越长，就越难做出详尽的预测。”

(资料来源：Business Finance(www. businessfinancema9. corn)，Ivy McLemore，1998(10).)

**请分析：**哈克特集团进行前景预测时的最好做法是什么？

# 第5章

# 短期经营决策

### 本章学习目的

决策分析是管理会计的重要内容。本章主要介绍了决策分析中的短期经营决策部分。通过本章的学习，了解决策分析的定义、原则、程序和类型，理解并掌握短期经营决策的相关概念，掌握短期经营决策的基本方法，并能运用这些方法解决生产决策和定价决策中的具体问题。

### 本章学习目标

1. 了解决策的定义、程序与类型；
2. 掌握短期经营决策的基本方法；
3. 能正确进行生产决策和产品定价决策。

### 引导案例

**如何择优决策**

一明公司生产上需要用甲零件，每单位的外购价为20元。如自行制造，每单位的变动成本为10元，但若自制零件，需为此每年追加固定成本20 000元。要求对零件的外购或自制做出决策。

**要求：**在需要追加固定成本的情况下，应采用本量利分析法来研究零件需要量在多少的情况下，哪个方案较优。

## 5.1 经营决策概述

### 5.1.1 决策的定义和原则

**1. 决策的定义**

在社会主义市场经济体制下，企业作为独立的商品生产者和经营者，必须面向市场，在市场竞争的大风大浪中接受优胜劣汰的严峻考验;在国家有关法律、法规允许的范围内,自主经营、自负盈亏、自我发展、自我约束。这就要求企业采用科学的决策理论与方法,加强经营决策工作,提高决策的科学水平,从而进一步提高企业生产经营的经济效益。决策的正确与否,直接关系到企业的兴衰成败。

所谓决策,通常是指人们为了实现一定的目标,借助于科学的理论和方法,进行必要的计算、分析和判断,进而从可供选择的诸方案中,选取最满意(可行)的方案。例如,在企业里,如何正确安排产品的生产,实现产品生产的最优组合;有些半成品完成一定的加工程序后是立即出售,还是进一步加工后再出售;企业生产所用的零部件是自制或外购等,都要求对可能采取的不同方案进行分析、比较,权衡利害,比较得失,从中选择最满意(可行)的方案。

#### 2. 决策的原则

为保证决策的科学性,使之达到预期的目标,必须遵循以下几项原则。

1) 信息原则

决策必须以信息为依据,掌握充分、准确、及时的信息是进行科学决策的必要条件。

2) 满意性原则

决策要从多种不同方案中选取最满意的方案。这是一个分析对比、综合判断的过程。决策者掌握的信息越充分、综合判断能力越强,寻求最满意的决策方案的可能性越大。

3) 合理利用资源的原则

现代化的生产经营必须取得和利用一系列人力、物力、财力资源。在一定情况下,资源条件可能成为决策方案实施的制约因素。因此,为促使决策方案的实施具有客观实际可能,合理利用资源是必须考虑的一个重要因素。

4) 反馈原则

企业内、外环境条件的变化,可能导致决策者必须根据反馈信息提供的新情况,对原定决策方案进行适当的修改和调整,使之更具客观现实性。

### 5.1.2 决策的程序和类型

#### 1. 决策的程序

为了使决策尽可能达到主、客观一致,必须按照一系列科学的程序来进行。它们主要包括为实现企业一定的经营目标,确定相应的对策方案,分析与选择最满意的方案,并加以组织实施,所以决策的程序实际上是一个提出问题、分析问题、解决问题的分析、判断过程。可概括为以下几个步骤。

1) 提出决策问题,确定决策目标

因为决策是为了实现某项预期目标,所以,首先要弄清楚一项决策要解决什么问题,要达到什么目的,其次针对问题确定目标。决策目标是决策的出发点和归属点,它一般应具有以下几个特点。

(1) 目标要具体明确,避免含混不清。

(2) 目标一般可以计量,便于使方案的选择有确切的依据。

(3) 目标的实现在主、客观上具有现实可能性。

2）广泛地收集与决策有关的信息

当决策目标确定后，决策者就应针对确定的决策目标，广泛地收集尽可能多的与决策目标相关的信息。这是决策程序中的重要步骤，是关系决策成败的关键问题之一。所以，所收集的信息必须符合决策所需的质量要求，同时也要注意定性与定量信息相结合，财务信息与非财务信息相结合，避免出现只收集定量信息与财务信息，忽略定性信息与非财务信息的倾向。对于所收集的各种信息，还要善于鉴别，要“去粗取精、去伪存真”。必要时，还要进行加工改制延伸，这样才能使收集的信息具有决策的相关性与有用性。

3）拟订达到目标的各种可能的行动方案

决策是各种可能行动方案的选择。为了做出最满意决策，必须拟订达到目标的各种可能的行动方案，以便通过分析比较，从中选取最满意的方案。可见，提出达到目标的各种可能的行动方案是决策分析的重要环节，是科学决策的基础与保证。

4）选择最满意方案

选择最满意方案是整个决策过程中最关键的环节。在这个阶段，必须对各种可能行动方案的可行性进行充分论证，并做出定性和定量、财务与非财务的综合分析，全面权衡有关因素的影响，例如，企业的资源条件、市场的需求、国家有关的方针政策等。通过不断比较、筛选，选出最满意方案。

5）组织与监督方案的实施、反馈

决策方案选定后，就应该将其纳入计划，具体组织实施。在方案实施过程中，应对实施情况进行检查监督，并将实施结果与决策目标的要求进行比较，找出偏离目标的差异及其原因，做好信息反馈工作。决策者要根据反馈信息，采取相应的措施。必要时，也可对原方案的要求进行适当修正，使之尽量符合客观实际。

决策的程序如图 5-1 所示。

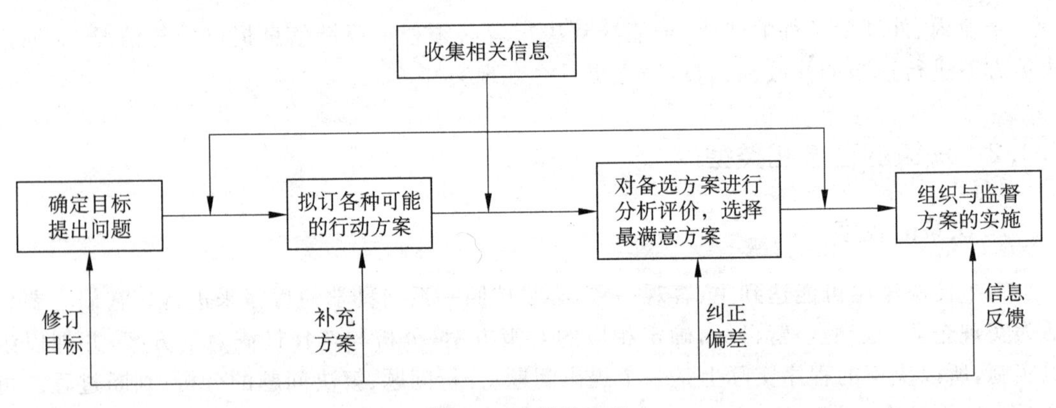


图 5-1 决策的程序

**2. 决策的类型**

基于企业生产经营活动的多样性和复杂性，决策可按照不同标准分类。

1）按时间长短分类

企业的经营决策按照其涉及时效的长短，可分为两类。

(1) 长期决策，是指为改变或扩大企业的生产能力或服务能力而进行的决策。例如，厂房设备的扩建、改建、更新、资源的开发利用、现有产品的改造和新产品的试制等。这些涉及企业的发展方向和规模的重大问题，都属于长期决策。其主要特点是投资支出的金额大，决定方案一旦执行后，事后很难改变，并将在企业生产经营中较长期地起作用；同时由于投资涉及的时间长、金额大，因而必须考虑资金时间价值和风险价值。

(2) 短期决策，是指企业为有效地组织现有的生产经营活动，合理利用经济资源和人才资源，以期取得最佳的经济效益而进行的决策。包括生产决策、销售决策、定价决策等各个方面。其特点是一般只涉及一年以内的有关经济活动，投资时间短、金额较少，一般不考虑资金时间价值。

2) 按决策的层次分类

(1) 高层决策，是指企业的最高阶层领导所做的决策。它所涉及的主要是有关企业全局性、长远性的大问题，例如，关系到企业的生产规模、发展方向和重点以及提高企业素质、增强竞争能力等方面的问题都属于这一类。这一类的决策属于战略性决策。

(2) 中层决策，是指由企业中级管理人员所做的决策。其基本内容是使高层决策从更低的层次，在更短的时间和更小的范围内进行具体化，并制定最优利用资源，保证最高决策得以顺利实现的实施方案。这一类决策可称为战术性决策。

(3) 基层决策，是指由企业生产第一线员工所做的决策。生产第一线员工的基本职责是对上一层次所做出的决策付诸具体实施。因此，这一类决策属于执行性决策，其目的是在执行上级既定决策过程中，妥善解决所遇到的问题。

3) 按决策所依据的环境、条件的状况分类

(1) 确定型决策，是指与决策相关的那些客观条件或自然状态是肯定的、明确的，并且可用具体的数字表示出来，决策者可直接根据完全确定的情况，从中选择最有利的方案。

(2) 风险型决策，是指与决策相关的因素的未来状况不能完全肯定，只能预计大概情况，无论选择哪一种方案都带有一定的风险，所以这类决策称为风险型决策。这类决策的分析一般以概率表示其可能性大小，尽可能做到符合实际情况。

(3) 非确定型决策，是指影响这类决策的因素不仅不能肯定，而且连出现这种可能结果的概率也无法较确切地进行预计，这类问题的决策称为非确定型决策。

4) 按照决策项目本身的从属关系分类

(1) 独立方案决策，是指对各自独立存在，不受其他任何方案影响的不同方案的决策。对独立方案决策只需要判断方案本身的可行性，不必择优，所以，又称“接受与否的决策”。例如，在企业中亏损产品是否停产的决策、是否接受加工订货的决策等。

(2) 互斥方案决策，是指在一定的决策条件下，存在几个相互排斥的备选方案，通过计算、分析对比，最终选出最优方案而排斥其他方案的决策。例如，零部件是自制还是外购的决策，产品是否进一步加工的决策，开发哪种新产品的决策等。

(3) 最优组合决策，是指有几个不同方案可以同时并举，但是在其资源总量受到一定限制的情况下，如何将这些方案进行优化组合，使其综合经济效益达到最优的决策。例如，在几种约束条件下生产不同产品的最优组合决策，或在资本总额定量的情况下不同投资项目的最优组合决策等。

5) 决策的其他分类

决策除按上述标准进行分类外，还有其他一些分类方法。例如，按决策的重要程度可分为战略决策和战术决策；按决策目标多少可分为单目标决策、多目标决策；按相同决策出现

的重复程度，可分为程序性决策与非程序性决策等。

### 5.1.3 短期经营决策的内容

短期经营决策的具体内容较多，概括地说主要包括生产决策和定价决策两大类。

生产决策是指短期（如一年）内，在生产领域中，围绕是否生产、生产什么、怎样生产及生产多少等方面的问题而展开的决策。包括新产品开发决策、亏损产品是否经营决策、是否转产决策、是否深加工决策、是否接受低价订货决策、自制还是外购决策、生产工艺选择决策等。

定价决策是指短期（如一年）内，在流通领域中，围绕如何确定销售产品及价格水平的问题而展开的决策。这种决策经常采用的方法包括以成本为导向的定价方法、以需求为导向的定价方法、以特殊目的为导向的定价方法等。

### 5.1.4 短期经营决策的相关收入和相关成本

**1. 相关收入**

相关收入是指与特定决策方案相联系的、能对决策产生重大影响的、在短期经营决策中必须予以充分考虑的收入，又称有关收入。如果某项收入只属于某个经营决策方案，即若有这个方案存在，就会发生这项收入，若该方案不存在，就不会发生这项收入，那么这项收入就是相关收入。相关收入的计算，要以特定决策方案的单价和相关销售量为依据。

与相关收入相对立的概念是无关收入。如果无论是否存在某决策方案，均会发生某项收入，那么就可以断定该项收入是上述方案的无关收入。显然，在短期经营决策中，不能考虑无关收入，否则就有可能导致决策失误。

**2. 相关成本**

相关成本是指与特定决策方案相联系的、能对决策产生重大影响的、在短期经营决策中必须予以充分考虑的成本，又称有关成本。这部分成本是随着决策方案变化而变化的，它的基本特征是未来发生的、备选方案之间有差别的成本。相关成本的种类主要有差量成本、边际成本、机会成本、付现成本、专属成本、可选择成本等。

1）差量成本

广义的差量成本是指在决策分析中，两个或两个以上备选方案之间预计成本的差额。狭义的差量成本是指两个或两个以上备选方案之间由于生产能力利用程度不同造成的预计成本差额。在一定条件下，差量成本通常表现为不同方案之间变动成本的差额。

在经营决策的生产决策中，差量成本是较为常见的相关成本。如在是否接受低价订货的决策、零部件自制或外购的决策和亏损产品是否经营的决策中，最基本的相关成本就是增量成本。

**【例 5-1】** 一明公司生产甲产品，有两种工艺方案可供选择，其中 A 方案固定成本总额为 500 000 元，变动成本为 400 元；B 方案固定成本总额为 300 000 元，变动成本为 500 元。若既定产量为3 000件，A方案、B方案决策的成本计算如表5-1所示。分析选择A、B哪个方案。

**表5-1　一明公司A方案、B方案决策的成本计算表**　　单位：元

| 项　目 | A方案 | B方案 | 差量成本 |
| --- | --- | --- | --- |
| 变动成本 | 400×3 000＝1 200 000 | 500×3 000＝1 500 000 | |
| 固定成本 | 500 000 | 300 000 | |
| 总成本 | 1 700 000 | 1 800 000 | －100 000 |

**解**：由于A方案总成本比B方案总成本低100 000元（即差量成本为－100 000元），在其他条件相同时，应选择A方案。

2）边际成本

从理论上讲，边际成本是指产量（业务量）向无限小变化时，成本的变动数额。当然，这是从纯经济学角度来讲的。事实上，产量不可能向无限小变化，至少应为1个单位的产量。因此，边际成本也就是产量每增加或减少1个单位所引起的成本变动数额。

与边际成本相对应的边际收入是指业务量每增加一个单位所引起的收入变动额。在定价决策中，边际收入和边际成本是两个最基本的概念，当销售产品的边际收入与边际成本相等时，即可得到最优价格。

3）机会成本

机会成本是决策中使用的一个较特殊的成本概念。它是以经济资源的稀缺性为前提，即资源被用于某一方面就不能用于其他方面。在决策中，若存在几个备选方案，选取一个最佳方案后，必然放弃次优方案，则放弃的次优方案的收益就是选取的最优方案的机会成本。这部分放弃的收益应该由最优方案来补偿，但这部分机会成本并不需要用现金来支付，不构成企业实际支出，也不在会计账簿中记录，但在决策中必须将其作为一项重要的相关成本加以考虑，否则会影响最佳方案的选择。

**【例5-2】**　一明公司生产某种半成品2 000件，完成一定加工工序后，可以立即出售，也可以进一步深加工之后再出售。如果立即出售，每件售价15元，若深加工后出售，售价为24元，但要多付加工费9 500元。显然，决策者只能在上述两种机会中选择一个，如果希望多获得销售收入而选择进一步加工半成品的方案，那么，出售半成品方案可获得的销售收入30 000元就会丧失。这样，出售产成品方案的全部成本就由两部分构成：一部分是加工成本9 500元，另一部分是机会成本30 000元。对半成品直接出售还是深加工出售做出决策。

**解**：半成品直接出售的相关收入＝15×2 000＝30 000（元）

半成品加工后出售的相关收入＝24×2 000＝48 000（元）

半成品加工的相关成本＝9 500元

半成品加工后出售与半成品直接出售的差量损益＝48 000－9 500－30 000＝8 500（元）

由于半成品加工后出售比半成品直接出售能多获利润8 500元，所以应选择半成品加工后出售。

4）付现成本

付现成本是指因选定和实施某项决策方案而必须立即或在近期动用现金支付的成本，又叫现金支出成本。在企业经营管理中，当现金比较紧张时，付现成本是应该重点考虑且认

真对待的一个问题。在实际工作中,决策者有时对付现成本的考虑,比对总成本更为重视。他们往往会舍弃未来收益较多、目前现金支付数额也较多的备选方案,而选择未来收益较小、目前现金支付数额也较少的备选方案。也就是说,决策者宁可选用现金支出成本最少的备选方案来取代收入最大的备选方案。显然,在现金比较拮据的情况下,只有符合企业目前实际支付能力的方案,才称得上是最优的方案。

**【例 5-3】** 一明公司 5 年前购进了一台机器,现关键检验设备因故损坏,造成停工,折余价值为 15 000 元。拟购买一台价值为 40 000 元的更新式机器取代,卖方提出可以用旧机器作价 14 500 元进行交换,其余的 25 500 元以现金支付,即为此方案的付现成本。此时,该厂资金很紧张,银行又不同意提供更多的追加贷款,现有现金余额已降低到 28 000 元,预计近几周内也不可能从应收账款方面收到现金。

**解:**在上述情况下,该厂选择置换机器的方案显然是合理的,尽管由于这种选择会损失掉原有旧设备的 500 元价值。因为只有这样,该厂才能尽快恢复生产,这多损失的 500 元现金,可以从早恢复生产所取得的利润中得到补偿。

5) 专属成本

专属成本是指可以明确归属于企业生产的某种产品,或为企业设置的某个部门而发生的固定成本。没有这些产品和部门,就不会发生这些成本,所以专属成本是与特定的产品或部门相联系的特定的成本。例如,专门生产某种产品的专用设备的折旧费、保险费、租赁费等。由于变动成本基本上均为专属的成本,没有必要进行特定的分类,因而管理会计所说的专属成本,主要是指专属的固定成本。

6) 可选择成本

固定成本按照是否能够随管理行为改变而改变,划分为可选择成本和约束性成本两部分。一般来说,可选择成本是相关成本,约束性成本是无关成本。

由企业管理者的决策来决定其是否发生的固定成本,称为可选择成本,如广告费、职工培训费、管理人员奖金、研究开发费等。

与相关成本相对立的概念是无关成本。那些对决策没有影响的成本,称为无关成本。在短期经营决策中,不能考虑无关成本,否则可能会导致决策失误。因此,了解和区分哪些是无关成本是十分必要的。

无关成本主要包括沉没成本、共同成本、约束性成本等。

沉没成本是指过去已经发生,无法由现在或将来的任何决策所改变的成本。例如,某商品流通企业 8 年前购置的一台设备,原价为 10 000 元,累计折旧 7 800 元。由于技术更新,这台设备已完全过时,因而被淘汰。此时,该设备的账面净值 2 200 元是原始支出中无法收回的部分,即沉没成本。正因为沉没成本是一种一经发生就一去不复返的成本,它对于目前或未来所进行的决策没有什么关系,因而在分析、评价未来经济活动并做出决策时,就不需要加以考虑。

共同成本是指那些由几种、几类产品或若干个部门共同承担的成本,它是与专属成本相对应的一个成本概念。同样,由于变动成本基本上都是专属的成本,因而管理会计中的共同成本主要指的是共同的固定成本。如企业管理人员的工资、福利费,管理部门固定资产的折旧费、修理费、租赁费等,均属于共同成本。

约束性成本是与可选择成本相对应的一个概念。那些为进行企业经营必须负担的,不能改变的最低限度的固定成本，如厂房、设备等固定资产所提的折旧，不动产的税金、保险费等，均称为约束性成本。

### 5.1.5 短期经营决策的基本方法

短期经营决策分析所采用的专门方法，因决策的具体内容不同而有所不同。但通常采用的专门方法有边际贡献分析法、差量分析法、本量利分析法、概率分析法等，现分别介绍如下。

#### 1. 边际贡献分析法

边际贡献分析法是在成本性态分类的基础上，通过比较各备选方案所能提供的边际贡献总额的大小确定最优方案的决策方法。边际贡献是销售收入与变动成本的差额。在生产经营决策中一般不改变生产能力，固定成本总额通常稳定不变。在这种情况下，直接对比各备选方案的边际贡献总额的大小即可从经济上做出判断。

应用此法通常有一个前提条件，即企业生产受到某一项资源(如某种原材料、人工工时或机器小时)的约束。因此，必须注意的是，尽管单位边际贡献是反映产品盈利能力的重要指标，但进行决策分析时却不能直接用它作为方案择优的标准。在资源受到约束的情况下，单位边际贡献大的产品其产量不一定大，因而其边际贡献总额不一定最大，这样就不能为企业带来最大的经济利益。在决策分析时，必须以备选方案提供的边际贡献总额的大小来判断方案的优劣。另外，此法也可以通过计算各备选方案的单位资源边际贡献指标作为选优标准。在已知备选方案中产品的单位边际贡献和单位产品资源消耗额(如工时定额、材料消耗定额)的条件下，可按下式计算单位资源边际贡献指标。

$$\text{单位资源边际贡献}=\frac{\text{单位边际贡献}}{\text{单位产品资源消耗定额}}$$

用单位资源边际贡献指标做出的决策，与用边际贡献总额指标进行决策，其结果是一致的。因为在资源一定的前提下，单位资源边际贡献越大，其边际贡献总额就越大。

当决策方案涉及追加专属成本时，就无法继续使用单位资源边际贡献或边际贡献总额指标，而应该使用剩余边际贡献指标。即在存在专属成本的情况下，首先应计算备选方案的剩余边际贡献(边际贡献总额减专属成本后的余额)，然后通过比较不同备选方案的剩余边际贡献总额，进而正确地进行择优决策。

**【例5-4】** 一明公司现有设备生产能力是30 000个机器工时，其利用率为80%，现准备利用剩余生产能力开发新产品A、B、C，三种产品的资料如表5-2所示。判断选择A、B、C哪种产品方案最优。

表5-2 一明公司A、B、C的有关资料

| 项　　目 | A | B | C |
|---|---|---|---|
| 单位产品定额工时/小时 | 2 | 3 | 5 |
| 销售单价/元 | 15 | 25 | 35 |
| 单位变动成本/元 | 5 | 15 | 20 |

**解**：由于现有设备加工精度不足，在生产C产品时，需要增加专属设备2 000元。在A、B、C产品市场销售不受限制的情况下，进行方案选择可以采用边际贡献分析法。

根据已知数据编制分析表，如表5-3所示。

**表5-3 一明公司边际贡献分析表**

| 项　　目 | 生产A产品 | 生产B产品 | 生产C产品 |
|---|---|---|---|
| 最大产量/件 | 6 000÷2=3 000 | 6 000÷3=2 000 | 6 000÷5=1 200 |
| 销售单价/元 | 15 | 25 | 35 |
| 单位变动成本/元 | 5 | 15 | 20 |
| 单位边际贡献/元 | 10 | 10 | 15 |
| 边际贡献总额/元 | 30 000 | 20 000 | 18 000 |
| 专属成本/元 | — | — | 2 000 |
| 剩余边际贡献总额/元 | — | — | 16 000 |
| 单位产品定额工时/小时 | 2 | 3 | 5 |
| 单位工时边际贡献额/元 | 5 | 3.33 | 3 |

从计算结果可知，生产A产品最有利。因为：首先，A产品的边际贡献额为30 000元，比B产品多10 000元(30 000－20 000)，比C产品的剩余边际贡献总额多12 000元(30 000－18 000)。其次，A产品的单位工时边际贡献额为5元，比B产品多1.67元(5－3.33)，比C产品多2元(5－3)。可见，无论从边际贡献总额，还是从单位工时边际贡献额来看，都是A产品的生产方案最优。

### 2. 差量分析法

差量分析法是指在进行两个互斥方案的决策时，以差量损益作为评价方案取舍标准的一种决策方法。运用差量分析时，首先应明确以下几个概念。

(1) 差量，指两个备选方案同类指标之间的数量差异。

(2) 差量收入，指两个备选方案预期收入之间的数量差异。

(3) 差量成本，指两个备选方案预期成本之间的数量差异。

(4) 差量损益，指差量收入与差量成本之间的数量差异。

当差量收入大于差量成本时，其数量差异为差量收益；当差量收入小于差量成本时，其数量差异为差量损失。差量损益实际是两个备选方案预期收益之间的数量差异。

在决策时，若差量损益为正(即为差量收益)，则前一个方案优于后一个方案；若差量损益为负(即为差量损失)，则后一个方案优于前一个方案。该法一般可通过编制差量分析表来进行，如表5-4所示。

**表5-4 一明公司差量分析表**

| 项　　目 | 方案1 | 方案2 | 差　　量 |
|---|---|---|---|
| 预期收入 | $R_1$ | $R_2$ | $\Delta R=R_1-R_2$ |
| 预期成本 | $C_1$ | $C_2$ | $\Delta C=C_1-C_2$ |
| 预期损益 | $P_1$ | $P_2$ | $\Delta P=P_1-P_2$<br>$=(R_1-R_2)-(C_1-C_2)$ |

当$(R_1-R_2)>(C_1-C_2)$，即差量损益大于0时，应选取第一个方案；反之，当$(R_1-R_2)<(C_1-C_2)$，即差量损益小于0时，应选取第二个方案。

运用差量分析法应注意以下两点。

(1) 差量分析法仅适用于两个方案之间的比较，如果有多个方案可供选择，在采用差量分析法时，只能分别两个两个地进行比较、分析，逐步筛选，择出最优方案。

(2) 差量分析法有两个特例，即差量成本法和差量边际贡献法，运用时要加以注意。

### 3. 本量利分析法

本量利分析法用于短期经营决策，是根据各备选方案的业务量、成本与利润三者之间的依存关系来分析特定情况下哪个方案为优的一种方法。若决策分析的问题不涉及收入，则本量利分析就简化为量本分析，即根据业务量与成本之间的关系来进行各备选方案的选优，即以不同情况下预计总成本最低的方案为优。在生产决策中，应用本量利分析的关键在于确定成本无差别点。成本无差别点是指能使两个备选方案总成本相等的业务量。

该法要求各备选方案的业务量单位必须相同，方案之间的相关固定成本和相关单位成本恰好互相矛盾，即第一个方案的相关固定成本大于第二个方案的相关固定成本，而第一个方案的单位变动成本又恰恰小于第二个方案的单位变动成本，否则无法应用该法。

令第一个方案的固定成本为$a_1$，单位变动成本为$b_1$，总成本为$y_1$；第二个方案的固定成本为$a_2$，单位变动成本为$b_2$，总成本为$y_2$，且满足$a_1>a_2$，$b_1<b_2$。根据成本无差别点时，两个方案总成本相等的原理，令

$$y_1=y_2$$

则

$$a_1+b_1x=a_2+b_2x$$

成本无差别点业务量

$$x=\frac{a_1-a_2}{b_2-b_1}$$

在决策时，若预期需求量小于成本无差别点时，应选择固定成本小、单位变动成本大的方案；若预期需求量大于成本无差别点时，应选择固定成本大、单位变动成本小的方案。该方法主要用于业务量不确定情况下的决策分析，借助于成本无差别点可以区别不同的业务量水平，分别做出正确、完整的决策分析结论。

### 4. 概率分析法

以上三种决策分析方法，都是在有关条件已知或确定情况下采用的，但如果企业决策者对未来情况不甚明了，则无法采用上述三种决策分析方法，而应采用概率分析法进行决策。概率分析法就是对企业经营中的诸多因素(如产品销售量、变动成本、固定成本等)在一定范围内的变动程度作出估计，从而把影响决策的各种现象都考虑进去，因而使决策更加接近于实际情况。在采用概率分析法时，应按以下步骤进行。

(1) 确定与决策结果有关的变量。

(2) 确定每一变量的变化范围。

(3) 凭决策者假定或以历史资料为依据，确定每一变量的概率。

(4) 计算各变量相应的联合概率。

(5) 将不同联合概率条件下的结果加以汇总,得到预期值。

**【例 5-5】** 一明公司在进行销售利润决策时,对甲产品销售量、变动成本、固定成本进行综合测定:甲产品预计销售单价为 100 元,预计销售量为 60 件、80 件和 100 件,其概率分别为 20%、60%和 20%;预计单位变动成本分别为 10 元、20 元和 30 元,其概率分别为 20%、30%和 50%;预计固定成本总额分别为 800 元和 1 000 元,其概率分别为 80%和 20%。由于影响销售利润的因素具有不确定性,因此应采用概率分析法进行决策分析。

分析时,应分别就不同销售单价、销售量、单位变动成本、固定成本的组合计算销售利润的预期值。

**解**:以销售单价 100 元,销售量 60 件,单位变动成本 10 元,固定成本 800 元,这一组合为例,则可实现利润为

利润=销售单价×销售量-(单位变动成本×销售量+固定成本)

=100×60-(10×60+800)=4 600(元)

已知这种情况出现的联合概率为

联合概率=0.2×0.2×0.8=0.032

则在此条件下利润的预期值为

利润的预期值=4 600×0.032=147.2(元)

同理,对其他各种组合依次进行计算:求出结果后,将所有预期值汇总,计算利润预期值为 5 320 元。

# 5.2 产品定价决策

## 5.2.1 产品定价决策的因素分析

产品定价决策应充分考虑以下因素。

### 1. 市场供求关系

供求关系是指一定时期市场上产品供应与产品需求之间的关系。市场供求关系的变动直接影响产品价格的变动。一般来说,产品的市场需求超过市场供应,可将其价格定得高些;产品的市场供应超过市场需求,可将其价格定得低些。同时,产品价格下降,将会引起产品需求量的增长;产品价格上升,将会引起该产品需求量的减少。但是,不同产品的价格变动所引起的需求量变动幅度并不相同,这又取决于产品的价格弹性。

### 2. 竞争形式

在市场经济条件下,企业之间必然存在竞争。但是,竞争程度不同,企业的“定价自由”也就有所不同。在市场经济条件下,存在完全竞争、垄断性竞争、寡头垄断竞争和纯粹垄断等市场类型。

在完全竞争条件下，市场上某些产品的卖方和买方的数量都很多，没有哪一个卖方或买方对现行市场价格能有很大影响。由于每个企业的市场占有率较低，若擅自提价或降价，只会失去原有市场或招致损失。因此，卖方和买方只能按照由市场供求关系决定的市场价格来买卖产品。这就是说，在完全竞争条件下，卖方和买方只能是"价格的接受者"，而不是"价格的决定者"。

垄断性竞争是一种介于完全竞争和纯粹垄断之间的市场类型。在垄断性竞争的市场上有许多卖方和买方，由于各个卖方提供的产品有差异，因此，各个卖方对其产品有相当的垄断性，能控制产品价格。也就是说，在垄断性竞争条件下，卖方已不是消极的"价格接受者"，而是强有力的"价格决定者"。

寡头垄断竞争是竞争和垄断的混合物。在寡头垄断竞争的条件下，少数几个大公司控制市场价格，而且它们相互依存、相互影响。

纯粹垄断是指在一个行业中某种产品的生产和销售完全由一个卖方独家经营和控制。在纯粹垄断的条件下，卖方完全控制市场价格，可以在国家法律允许的范围内随意定价。

总之，除完全竞争之外，在垄断性竞争、寡头垄断竞争和纯粹垄断的条件下，企业都必须对产品制定适当的价格。

**3. 成本**

成本是决定产品价格的主要依据，一般企业产品的价格都要在弥补成本的基础上获得一定的利润。但是，如果企业在定价决策中希望降低价格，那么产品的成本也必然要降低，这就要求企业管理人员采取必要的措施不断降低成本。

**4. 企业的竞争对手**

企业的竞争对手经常会调整其价格结构，因此，在制定价格时必须先了解竞争对手对价格的反应，也就是要及时掌握竞争对手价格决策变化的信息，调整本企业的价格策略，使产品价格具有持续的竞争性。

**5. 顾客**

顾客是企业产品的最终消费者，管理者在定价决策中，必须充分了解顾客的满意度情况。若本企业产品价格过高，与质量不相符合，顾客可能会选择其他企业的产品。只有当高质量产品价格定得较低，满足或超过了顾客的期望值，顾客才会觉得真正满意，从而扩大企业的产品销量。

**6. 产品所处的寿命周期**

产品的市场寿命周期包括四个阶段，即投入期、成长期、成熟期、衰退期。在不同的阶段定价策略应有所不同。投入期的价格，既要补偿高成本，又要能为市场所接受；成长期和成熟期正是产品大量销售，扩大市场占有率的时机，要求稳定价格以利于开拓市场；进入衰退期后，一般应采取降价措施，以便充分发掘老产品的经济效益。

**7. 国家的价格政策和法规**

每个国家对市场物价的高低和变动都有限制和法律规定。同时，国家还利用生产市场、货币金融等手段间接调节价格。在进行国际贸易时，各国政府对价格制定的限制措施往往更多、更严。因此，企业应很好地了解本国及所在国关于物价方面的政策和法规，并以其作为自己制定定价策略的依据。

### 5.2.2 以成本为导向的产品定价决策

成本是构成产品价格的基本因素，也是价格的最低经济界限。以成本为基础制定的产品价格，不仅能保证生产中的耗费得到补偿，还能保证企业必要的利润。

#### 1. 成本加成定价法

1）完全成本加成定价法

完全成本加成定价法是指在产品的全部成本基础上，加上一定百分比的销售利润，以此确定产品的销售单价。其定价模型为

$$销售单价=预计单位全部成本\times(1+利润加成率)$$

**【例 5-6】** 一明公司预计年生产C产品10 000件，工厂总成本为450 000元，其中直接原料280 000元，直接人工费80 000元，其他变动费用40 000元，固定费用50 000元，目标成本利润率40%。采用完全成本定价法宜将销售单价定为多少？

**解：** $$销售单价=\frac{280\ 000+80\ 000+40\ 000+50\ 000}{10\ 000}\times(1+40\%)=63(元)$$

完全成本加成定价法是大多数公司所采用的方法。一方面，产品的完全成本在企业对外报告中有现成的资料，收集信息的成本较低；另一方面，从长期来看，产品的成本是通过销售来得到补偿的，所以产品的价格必须弥补所有的成本并获得一定的利润，以维持正常的经营。但是，由于完全成本不是以成本特性分类为基础，所以无法了解当产量变动时，完全成本总额是如何变动的，以及无法预测价格和销售量变动对利润的影响。

2）变动成本加成定价法

变动成本加成定价法是以产品单位变动成本为基础，加上一定数额的边际贡献作为产品销售单价的一种方法。其定价模型为

$$销售单价=单位变动成本+单位边际贡献$$

或

$$销售单价=\frac{单位变动成本}{1-边际贡献率}$$

**【例 5-7】** 一明公司生产B产品，单位成本29元，其中直接材料费用10元，直接人工费用6元，变动制造费用4元，固定制造费用9元，该产品预订边际贡献率20%，则销售单价应为多少？

**解：**

$$单位变动成本=10+6+4=20(元)$$

$$销售单价=20\div(1-20\%)=25(元)$$

变动成本加成定价法是在成本按其性态分类的基础上进行的，可以清楚地了解销售单价和数量变化对利润的影响。然而，由于这种方法未考虑固定成本，销售单价往往定得过低，无法补偿所有的成本，长期来看，会影响公司的生存能力。

#### 2. 边际成本定价法

边际成本是指每增加一个单位产品销售所增加的总成本；边际收入是指每增加一个单

位产品销售所增加的总收入。边际收入与边际成本的差额称为边际贡献,表示每增加一个单位产品销售所增加的利润。

当边际收入等于边际成本时,利润总额最大。这时的价格就是最优价格。利用边际成本等于边际收入时利润最大的原理制定产品价格的方法称为边际成本定价法。

#### 3. 合同定价法

企业有时要按照客户的需要生产一些非标准产品。因非标准产品无市价可供参考,只能以成本为基础,经过买卖双方协商后,通过签订合同的形式确定下来,此类定价方法称为合同定价法,它又分为四种定价合同。

1) 固定价格合同

固定价格合同规定,产品价格是固定不变的,即不论产品的实际成本如何,完工后都按合同中的固定价格进行结算。

因此,按这种合同定价,无论是买方还是卖方,恰当的成本估算最为关键。不论哪一方,如果做不到这一点,用该方法将冒很大的风险,使自己遭受损失。因此,采用这种合同定价的条件使双方对产品成本的估计均有把握。

2) 成本加成合同

成本加成合同规定,卖方成本可在双方同意的合理范围内实报实销,并以实际成本为基础,加上按成本利润率计算的利润,以此作为今后双方结算的价格。其计算公式为

$$价格=实际成本\times(1+成本利润率)$$

从计算公式看,实际成本越高,卖方获利越多。因此,采用这种合同,卖方容易故意提高成本,使买方遭受损失。由于存在这种缺点,目前该种定价方法已经很少被采用。

3) 成本加固定费用合同

成本加固定费用合同规定,价格由实际成本和固定费用两部分组成。如果实际成本只包括生产成本,则固定费用相当于毛利,如果实际成本包括生产成本和非生产成本,则固定费用相当于营业净利润。成本实报实销,固定费用由合同明确规定数额,与实际成本高低无关。

这种定价方法,虽能保证卖方取得一定的利润,也克服了刺激卖方提高成本的弊病,但其不能促使卖方努力降低成本。

4) 奖励合同

奖励合同明确规定了预算成本和固定费用的数额,同时规定如果实际成本超过预算成本时,可以实报实销;如果实际成本低于预算成本,则成本节约额按合同规定的比例由买卖双方共同分享。这种定价方法可以鼓励卖方尽量降低成本。

### 5.2.3 以需求为导向的产品定价决策

以成本为基础的价格决策方法,着重考虑企业的成本情况而基本不考虑需求情况,因而产品价格的制定从企业取得最大产销收入或利润的角度,不一定是最优价格。最优价格应是企业取得最大利润或产销收入时的价格。因此,必须考虑市场需求情况与价格弹性,分析销售收入、成本利润与价格之间的关系,从中寻找最优价格点,其方法主要有以下两种。

### 1. 弹性定价法

市场供求关系的变化是影响企业产品价格的一个重要因素，因此，企业制定价格最需要考虑的因素是价格弹性。价格弹性是指需求数量变动率与价格变动率之比，反映价格变动引起需求变动的方向和程度。市场上的各种产品都存在价格对需求的影响，但不同产品的影响程度不同，即需求价格弹性不同。需求价格弹性的大小取决于产品的需求程度、可替代性和费用占消费者收入的比重等。必需品的弹性一般小于奢侈品，低档产品的弹性小于高档产品，无替代物的产品的弹性一般小于有替代物的产品。我们可以通过测定价格弹性进行产品价格的制定。

需求价格弹性大小的公式为

$$E_{\mathrm{p}} = \frac{\Delta Q/Q}{\Delta P/P}$$

式中，$E_{\mathrm{p}}$ 为需求价格弹性系数；$Q$ 为基期需求量；$\Delta Q$ 为需求变动量；$P$ 为基期单位产品价格；$\Delta P$ 为价格变动数。

当企业掌握了某种产品的需求价格弹性后，就可以利用弹性来预测价格变动的最优方向和幅度。下面举例说明。

**【例 5-8】** 一明公司计划期预计生产并销售某产品 35 000 件，上年每件产品价格 400 元，销售量 28 500 件。该产品价格弹性在－3.5 元左右。问计划期产品价格掌握在什么水平对企业最为有利。

**解：** 此种情况属于需求价格弹性和预测销售量已知，用弹性定价法制定价格。

由公式 $E_{\mathrm{p}} = \frac{\Delta Q/Q}{\Delta P/P}$ 展开可求得下列预测公式。

$$\Delta P = \frac{\Delta QP}{QE_{\mathrm{p}}} = \frac{(Q_1 - Q)P}{QE_{\mathrm{p}}}$$

式中，$Q_1$ 为预测期需求量。

设 $P_1$ 为预测期价格，则

$$P_1 - P = \frac{(Q_1 - Q)P}{QE_{\mathrm{p}}}$$

移项得

$$P_1 = P + \frac{(Q_1 - Q)P}{QE_{\mathrm{p}}} = P\left(1 + \frac{Q_1 - Q}{QE_{\mathrm{p}}}\right)$$

利用此公式可进行产品的价格制定。即

$$P_1 = 400 \times \left[1 + \frac{35\ 000 - 28\ 500}{28\ 500 \times (-3.5)}\right] = 374\ (\text{元/件})$$

可见，甲产品单位价格下调至 374 元对保证完成 35 000 件产品销售量是最为有利的。

### 2. 反向定价法

企业不以成本为依据，而在预测市场可接受的需求价格（如零售价格）限度内，逆向预测和制定经营者价格（如批发价格）、生产者价格（如出厂价格）及生产成本。其计算公式如下。

单位批发价格＝市场可销售价格－批零差价

或

$$单位批发价格=\frac{市场可销零售价}{1+批零差价率}$$

$$单位出厂价格=批发价格-进销差价$$

或

$$单位出厂价格=\frac{批发价格}{1+进销差价率}$$

$$单位生产成本=出厂价格-利润-税金$$

或

$$单位生产成本=\frac{出厂价格\times(1-税率)}{1+利润率}$$

应用上述公式，关键在于确定市场可销零售价，其他资料可以根据市场同类商品的有关资料确定，或通过市场调查、分析后确定。市场可销零售价格确定，可以分情况分别采取试用评价、调查估价、市场试销、试价等方法进行。总的原则是根据市场需求，按消费者愿意接受的水平确定。

### 5.2.4 以特殊目的为导向的产品定价决策

**1. 保本定价法**

在竞争的形势下，有些企业生产经营的个别产品价格在一定条件下可能规定得比较低，只有微利甚至仅仅保本，如为了扩大或维护企业的市场占有率，企业可按下式确定保本价格。

$$保本价格=单位变动成本+\frac{专属固定成本}{预计销量}$$

**2. 保利定价法**

保利定价法就是利用本量利分析原理中介绍过的实现目标利润的价格计算公式进行定价的方法。公式为

$$保利价格=单位变动成本+\frac{固定成本+目标利润}{预计销量}$$

**3. 最低极限价格定价法**

企业出于经营上的某种需要或考虑有时要制定最低的价格作为经销产品售价的下限。在企业生产能力有剩余且无法转移时，追加订货的最低极限价格就是单位变动成本。对于那些实在难以找到销路的积压物资和产品，甚至可以规定它们在一定时期内平均负担的仓储保管成本和耗损费，以及有关的资金占用成本的合计数作为确定极限价格的依据。只要出售的价格不低于这种极限价格，出售就是有利可图的或者使蒙受的损失最小。

### 5.2.5 产品定价决策的策略

**1. 新产品定价策略**

新产品定价策略有两种方法：撇油定价法和渗透定价法。前者指那些初次投放市场尚

未形成竞争的新产品以高价销售,以保证初期高额获利,随着市场销售提高、竞争加剧而逐步降价的方法,又称先高后低定价策略;后者是指以较低价格为新产品开拓市场,争取顾客,赢得竞争优势后再逐步提价的方法,又称先低后高定价策略。前者着眼于短期收益,后者着眼于长期利益,各有利弊。

对于同类竞争产品差异性较大,能满足较大市场需要,弹性小,不易仿制的新产品最好按撇油法定价;对于那些与同类产品差别不大,需求弹性大,易于仿制,市场前景光明的新产品则应考虑按渗透法定价。

**2. 心理定价策略**

顾客心理是影响定价的一个因素。企业应针对顾客的不同心理采取不同的定价策略。常用的心理定价策略有以下几种。

(1) 去整取余法,又叫尾数定价法或取九舍十法。顾客购物时,对价格数字往往有一种偏重于价格整数而忽略零数的心理倾向。尾数定价法就是根据顾客这种心理,采用非整数的定价形式,以达到激发顾客购买欲望、增加销售量的目的。这种方法多用于中低档商品的定价。

(2) 整数定价法,是指对于高档商品按整数价标售,以提高商品的售价,刺激顾客的购买欲望。

(3) 对比定价法,对于亟待出售需降价处理的商品,可将削价前后价格同时列出,促使顾客通过对比积极购买。

## 5.3 生产决策

### 5.3.1 新产品开发决策

随着市场竞争的日益激烈,老产品终将被新产品所替代,因此不断开发新产品是企业生存的关键。通常,企业主要是利用现有的剩余生产能力或过时的老产品腾出来的生产能力开发新产品,并需要对不同的新产品开发方案做出选择决策。该类决策主要采用边际贡献分析法或差量分析法进行。

**【例 5-9】** 一明公司现有生产能力 40 000 机器小时,尚有 20%的剩余生产能力,为充分利用生产能力,准备开发新产品,有甲、乙、丙三种新产品可供选择,资料如表 5-5 所示。但由于剩余能力有限,只允许投产其中的一种,问投产哪种新产品有利?

**表 5-5 一明公司相关资料**

| 项 目 | 甲 | 乙 | 丙 |
|---|---|---|---|
| 预计售价/元 | 100 | 60 | 30 |
| 预计单位变动成本/元 | 50 | 30 | 12 |
| 单价定额机时/小时 | 40 | 20 | 10 |

**解:** 采用边际贡献分析法进行决策,边际贡献分析表如表 5-6 所示。

表5-6　一明公司边际贡献分析表

| 项　目 | 甲 | 乙 | 丙 |
| --- | --- | --- | --- |
| 剩余生产能力/元 | 8 000 | 8 000 | 8 000 |
| 最大产量/件 | 200 | 400 | 800 |
| 单价,单位变动成本/元 | 100,50 | 60,30 | 30,12 |
| 单位产品边际贡献/元 | 50 | 30 | 18 |
| 单位定额机时/小时 | 40 | 20 | 10 |
| 单位机时提供的边际贡献总额/元 | 50÷40=1.25<br>1.25×8 000=10 000 | 30÷20=1.5<br>1.5×8 000=12 000 | 18÷10=1.8<br>1.8×8 000=14 400 |

从表5-6可知,从单位边际贡献来看,甲、乙两种提供的较多,但丙能提供的边际贡献总额最多(为14 400元),所以开发丙产品较为有利。

## 5.3.2　亏损产品是否停产决策

亏损产品是指产品销售利润为负数的产品。从完全成本计算法角度看,由于销售收入小于全部成本,应该停产,否则亏损将增加。但从变动成本计算法的角度看,产品销售后首先获取边际贡献,扣除固定成本后才得到利润。其中固定成本部分不管产品是否生产,总是要发生的,属于不可避免成本。因此,可以通过边际贡献指标的分析做出决策。如果某产品的边际贡献为正数,但无法弥补其应承担的固定成本,利润为负数,这样的亏损产品就不应该停产。因为此产品的边际贡献可弥补一部分固定成本,减少企业的亏损。若停产,原来由其负担的固定成本是不可避免的成本,必然由其他产品负担,否则企业亏损总额将会增加。如果某产品的边际贡献为负数,这类产品必须停产,以减少企业的亏损数。亏损产品是否停产决策可采用边际贡献分析法进行。

**【例5-10】**　一明公司生产A、B、C三种产品,年度会计决算结果,A产品盈利75 000元,B产品盈利19 000元,C产品亏损60 000元,有关资料如表5-7所示(其中固定成本400 000元按变动成本总额分配)。判断C产品是否停产。

表5-7　一明公司停产C产品前的利润表

| 项　目 | A产品 | B产品 | C产品 | 合　计 |
| --- | --- | --- | --- | --- |
| 销售量/件 | 1 000 | 1 200 | 1 800 | |
| 销售单价/元 | 900 | 700 | 500 | |
| 单位变动成本/元 | 700 | 580 | 450 | |
| 单位边际贡献/元 | 200 | 120 | 50 | |
| 边际贡献总额/元 | 200 000 | 144 000 | 90 000 | 434 000 |
| 固定成本/元 | 125 000 | 125 000 | 150 000 | 400 000 |
| 利润/元 | 75 000 | 19 000 | −60 000 | 34 000 |

**解:**从表5-7可以看出,C产品是亏损产品,但能够提供90 000元的边际贡献总额,这可补偿部分固定成本。因此,应继续生产,否则会使企业利润减少90 000元。如果停产C产

品，利润总额将由34 000元变为亏损56 000元，此时A产品利润为0，B产品也由盈利变为亏损56 000元，如表5-8所示。

**表5-8 一明公司停产C产品后的利润表** 单位：元

| 项　目 | A产品 | B产品 | 合　计 |
|---|---|---|---|
| 销售收入 | 900 000 | 840 000 | 1 740 000 |
| 变动成本 | 700 000 | 696 000 | 1 396 000 |
| 边际贡献总额 | 200 000 | 144 000 | 344 000 |
| 固定成本 | 200 000 | 200 000 | 400 000 |
| 利润 | 0 | −56 000 | −56 000 |

可见，在企业生产能力无法转移的情况下，只要亏损产品能够提供真正的边际贡献，就不应该停止其生产。

### 5.3.3 亏损产品是否转产决策

如果亏损产品的生产能力可以转移，即亏损产品停产后，其闲置下来的生产能力可以转产生产其他产品，只要转产产品所创造的边际贡献大于亏损产品所创造的边际贡献，那么这项转产方案就是可行的；相反，如果转产产品所创造的边际贡献小于亏损产品所创造的边际贡献，就不应该转产，而应该继续生产亏损产品。

同理，如果亏损产品停产后，将有关设备对外出租，只要其租金收入大于亏损产品创造的边际贡献，那么出租方案就可行；否则就不可行。

### 5.3.4 是否深加工决策

**1. 半成品是否深加工的决策**

在某些企业，如纺织、钢铁制造企业，其产品经过一定的加工后，可以作为半成品对外销售，也可以进一步深加工后再出售。通常，经过继续加工的产品的售价，要比半成品售价高，但要相应地追加一部分变动成本，还可能追加一定量的专属固定成本。因此，企业要对半成品直接对外销售还是进一步深加工后再出售做出选择。在决策过程中，关键是区分相关成本和无关成本。生产半成品之前发生的成本是共同成本，与决策没有关系，属于无关成本，无论其资料多么详细，都不需要考虑。而半成品进一步深加工所发生的追加成本是可避免成本，属于相关成本。因此，如果半成品深加工后的收入减去追加成本后的余额大于半成品出售的收入，应选择半成品深加工后再出售的方案；反之，如果半成品深加工后的收入减去追加成本后的余额小于半成品出售的收入，应选择半成品直接出售的方案。

**【例5-11】** 一明公司生产A产品，其中半成品原来对外销售，现根据生产能力和市场需要，计划将半成品进一步加工为成品对外销售，另外，继续加工需向银行借款购买设备，年折旧费为30 000元，利息为22 500元。其他资料如表5-9所示。采用差量分析法对此半成品是否深加工进行决策。

表 5-9　一明公司相关资料

| 项　　目 | 半成品 | 成　品 |
|---|---|---|
| 单价/元 | 60 | 100 |
| 单位变动成本/元 | 42 | 78 |
| 销售数量/件 | 20 000 | 18 000 |

**解:**一明公司差量分析表如 5-10 所示。

表 5-10　一明公司差量分析表　　单位:元

| 项　　目 | 直接出售半成品 | 深加工为成品 | 差　量 |
|---|---|---|---|
| 相关收入 | 20 000×60 | 18 000×100 | −600 000 |
| 相关成本 | | | |
| 其中:变动成本 | 20 000×42 | 18 000×78 | −564 000 |
| 专属成本 | | 30 000+22 500 | −52 500 |
| 差量损益 | | | 16 500 |

分析结果表明,企业如果直接出售半成品,将比出售成品多得利润 16 500 元,所以企业应直接出售半成品。

### 2. 联产品是否深加工的决策

联产品是指用同一种原材料在同一生产过程中同时生产出来的若干种经济价值较大的产品。如石油化工厂对原油裂化加工分馏出来的汽油、柴油、重油等产品都属于联产品。有些联产品除直接出售外,还可以进一步加工,如汽油就可以进一步加工成各种标号的油品。在进行联产品是否深加工的决策时,首先要区分联合成本和可分成本。联产品在分离以前发生的费用称为联合成本;分离后分别继续加工的费用称为可分成本。对于联产品是否深加工的决策而言,联合成本是无关成本,可分成本是相关成本。下面举例说明。

**【例 5-12】**　一明公司在同一生产过程中产出联产品 A、B、C 三种,有关资料如表 5-11 所示。根据上述资料做出有关联产品应立即出售还是进一步加工后再行出售的决策分析。

表 5-11　一明公司联产品资料

| 产品名称 | 产量/千克 | 联合成本/元 | 分离后立即出售的单价/元 | 分离后进一步加工的成本/元 | 加工后的出售单价/元 |
|---|---|---|---|---|---|
| A | 20 000 | 40 000 | 36 | 400 000 | 50 |
| B | 40 000 | 500 000 | 76 | 720 000 | 98 |
| C | 80 000 | 200 000 | 52 | 2 720 000 | 96 |

**解:**根据给定的资料,对各联产品分别进行差量分析,如表 5-12～表 5-14 所示。

表 5-12　一明公司 A 联产品差量分析表　　单位:元

| 项　目 | 分离后立即出售 | 进一步加工后出售 | 差　量 |
| --- | --- | --- | --- |
| 相关收入 | 36×20 000=720 000 | 50×20 000=1 000 000 | (280 000) |
| 相关成本 | 0 | 400 000 | (400 000) |
| 差量损益 | | | 120 000 |

表 5-13　一明公司 B 联产品差量分析表　　单位:元

| 项　目 | 分离后立即出售 | 进一步加工后出售 | 差　量 |
| --- | --- | --- | --- |
| 相关收入 | 76×40 000=3 040 000 | 98×40 000=3 920 000 | (880 000) |
| 相关成本 | 0 | 720 000 | (720 000) |
| 差量损益 | | | (160 000) |

表 5-14　一明公司 C 联产品差量分析表　　单位:元

| 项　目 | 分离后立即出售 | 进一步加工后出售 | 差　量 |
| --- | --- | --- | --- |
| 相关收入 | 52×80 000=4 160 000 | 96×80 000=7 680 000 | (3 520 000) |
| 相关成本 | 0 | 2 720 000 | (2 720 000) |
| 差量损益 | | | (800 000) |

根据以上分析可知,A 联产品分离后立即出售有利;B、C 两种联产品进一步加工后出售有利。

**【例 5-13】** 一明公司在生产过程中同时生产 A、B、C、D 四种新产品,其中,B 产品可以在分离后立即出售,也可继续加工后出售。资料如下:产量 8 吨,分离后销售单价为 6 000 元,加工后销售单价为 10 000 元,联合成本为 2 000 元,可分成本(单位变动成本)为 5 000 元。固定成本 20 000 元。问对 B 产品是否进一步加工?

**解:**B 产品分离后进一步加工与分离后立即出售的差量收入为 10 000×8－6 000×8=32 000(元);分离后进一步加工与分离后立即出售的差量成本为 5 000×8+20 000=60 000(元);分离后进一步加工与分离后立即出售的差量损失为 28 000 元。因此,B 产品分离后不再加工,而应立即出售比较有利。

### 5.3.5 是否接受低价订货决策

当企业有剩余生产能力可以利用时,还可以考虑是否接受低价的追加订货,即当客户要求以低于正常价格,甚至低于正常产量的平均单位成本的特殊价格追加订货时,企业是否考虑接受这种条件苛刻的追加订货呢? 应该按不同情况区别对待。

(1) 当追加订货不影响正常销售的完成,又不要求追加专属成本,且剩余能力无法转移时,只要特殊订货单价大于该产品的单位变动成本,就可以接受该追加订货。这里所说的追加订货不影响正常销售,是指企业可利用其剩余生产能力(即企业生产能力与正常订货之差)完成追加订货的生产,而不会妨碍正常订货的生产。

(2) 若该订货要求追加专属成本,其余条件同(1),则当该方案创造的边际贡献大于专属成本时,可接受此追加订货。

(3) 若有关的剩余生产能力可以转移,其余条件同(1),则应将转移能力的可能收益作为追加订货方案的机会成本考虑。当追加订货创造的边际贡献大于机会成本时,则可接受订货。

(4) 若追加订货影响正常销售,即剩余生产能力不够生产全部的追加订货,从而减少正常销售,其余条件同(1),则应将由此而减少的正常收入作为追加订货方案的机会成本。当追加订货的边际贡献足以补偿这部分机会成本时,则可接受订货。

**【例 5-14】** 一明公司本年计划生产甲产品 2 000 台,销售单价为 200 元,单位变动成本为 140 元,现有一企业向一明公司发出订单,要求订货 500 台,订单报价为 170 元/台。

就以下各不相关方案做出是否接受该项订货的决策分析。

(1) 如果企业的最大生产能力为 3 000 台,剩余生产能力不能转移,且追加订货不需要追加专属成本。

(2) 如果企业的最大生产能力为 2 200 台,且追加订货不需要追加专属成本。

(3) 如果企业的最大生产能力为 2 500 台,但追加订货需要使用某专用设备,该设备的使用成本为 2 000 元;若不接受追加订货,则该部分生产能力可以出租,可得租金 5 000 元。

(4) 如果企业的最大生产能力为 2 400 台,追加订货需要追加 3 000 元的专属成本;若不接受追加订货,则该部分生产能力可以承揽零星加工业务,预计可获边际贡献总额为4 000 元。

**解**:根据上述资料计算分析如下。

(1) 此种情况可采用边际贡献分析法分析。因为订单报价 170 元/台>单位变动成本 140 元/台,所以可以接受追加订货。

(2) 根据已知资料编制相关损益分析表,如表 5-15 所示。

**表 5-15　一明公司相关损益分析表**　　单位:元

| 项　　目 | 接受追加订货 | 拒绝接受订货 |
|---|---|---|
| 相关收入 | 170×500 = 85 000 | 0 |
| 相关成本合计 | 88 000 | |
| 变动成本 | 140×200 = 28 000 | |
| 冲减正常任务收入 | 200×300 = 60 000 | |
| 相关损益 | −3 000 | 0 |

由此可见,拒绝接受订货方案的相关损益最大,所以应拒绝接受追加订货。

(3) 根据已知资料编制相关损益分析表,如表 5-16 所示。

**表 5-16　一明公司相关损益分析表**　　单位:元

| 项　　目 | 接受追加订货 | 拒绝接受订货 |
|---|---|---|
| 相关收入 | 170×500 = 85 000 | 0 |
| 相关成本合计 | 77 000 | |
| 变动成本 | 140×500 = 70 000 | |
| 专属成本 | 2 000 | |
| 机会成本 | 5 000 | |
| 相关损益 | 8 000 | 0 |

由此可见,接受追加订货方案的相关损益最大,所以应接受追加订货。

(4) 根据已知资料编制相关损益分析表,如表 5-17 所示。

**表 5-17　一明公司相关损益分析表**　　单位:元

| 项　　目 | 接受追加订货 | 拒绝接受订货 |
|---|---|---|
| 相关收入 | 170×500 ＝ 85 000 | 0 |
| 相关成本合计 | 83 000 | |
| 变动成本 | 140×400 ＝ 56 000 | |
| 专属成本 | 3 000 | |
| 机会成本 | 24 000 | |
| 其中: | | |
| 冲减正常任务收入 | 200×100＝20 000 | |
| 设备出租可获租金 | 4 000 | |
| 相关损益 | 2 000 | 0 |

由此可见,接受追加订货方案的相关损益最大,所以应接受追加订货。

### 5.3.6　自制还是外购决策

对于那些具有机械加工能力的企业而言,经常面临所需零配件是自制还是外购的决策问题。由于自制方案或外购方案的预期收入是一样的,因而这类决策通常只需要考虑自制方案或外购方案的成本高低,在相同质量并保证及时供货的情况下,就低不就高。

影响自制或外购的因素很多,因而所采用的决策分析方法也不尽相同,但通常采用差量分析法或本量利分析法。

**【例 5-15】** 一明公司生产 A 零件,预计零件下年需 18 000 个。如外购每个进价 60 元。如利用车间生产能力进行生产,每个零件的直接材料费 30 元,直接人工费 20 元,变动制造费用 8 元,固定制造费用 6 元,合计 64 元。该车间的设备如不接受自制任务,也不作其他安排。做出下年零件是自制还是外购的决策分析。

**解:** 由于本例中不涉及收入,只需要比较差量成本,此决策可采用差量分析法,如表 5-18 所示。

**表 5-18　一明公司差量分析表**　　单位:元

| 成　本 | 自　制 | 外　购 | 差量成本 |
|---|---|---|---|
| 采购成本 | | 18 000×60 ＝ 1 080 000 | |
| 变动成本 | 18 000×(30＋20＋8)＝1 044 000 | | |
| 固定成本 | 18 000×6＝108 000 | 18 000×6＝108 000 | |
| 总成本 | 1 152 000 | 1 188 000 | －36 000 |

可见,A 零件应采用自制方案。因为采用自制方案,可比外购方案节约 36 000 元的成本开支。

此例用差量分析法对零配件自制还是外购进行决策分析,但其前提是零配件需要量是一定的。而当零配件需用量不确定时,就要采用本量利分析法进行决策分析,见下例。

**【例 5-16】** 依据例 5-15 的资料,假设 A 零件的需要量不确定。自制零件方案需增添专用设备两台，每台价值 100 000 元，使用期限 5 年，假定没有残值，按直线法进行折旧，每年为 40 000 元。分析 A 零件在什么情况下应自制，在什么情况下应外购？

**解**：设需要量为 $x$，总成本为 $y$。

则自制零部件的预期成本：$y_1=40\ 000+(30+20+8)x=40\ 000+58x$

外购零部件的预期成本：$y_2=60x$

成本无差别点业务量：$x_0=\dfrac{40\ 000-0}{60-58}=20\ 000$（件）

由此可见，当 $x=20\ 000$ 时，$y_1=y_2$，两个方案不分优劣；当 $x<20\ 000$ 时，$y_1>y_2$，外购方案较优；当 $x>20\ 000$ 时，$y_1<y_2$，自制方案较优。

### 5.3.7 生产工艺选择决策

生产工艺是指加工制造产品或零件所使用的机器、设备及加工方法的总称。当企业生产某种产品或零件时，按不同的工艺方案进行加工，其成本往往相差很多。一般来讲，采用先进的工艺方案，需要使用加工效率较高的某些专用设备，其单位变动成本可能会较低，而固定成本则较高；比较落后的工艺方案，往往只需要较普通的简易设备，单位变动成本可能会较高，其固定成本则较低。从人们的一般倾向看，大都愿意使用先进工艺生产。但从经济效益的角度上来看，未必是工艺越先进越好。对此类决策，可以采用本量利分析的方法。

**【例 5-17】** 一明公司生产某种产品，该类产品可以分别使用甲、乙两种不同的加工方案进行生产，有关资料如表 5-19 所示。

**表 5-19 一明公司相关资料**

| 项　　目 | 甲工艺产成品 | 乙工艺产成品 |
| --- | --- | --- |
| 最大销售量/件 | 2 500 | 2 000 |
| 每种产品在甲车间加工时间/小时 | 10 | 4 |
| 每种产品在乙车间加工时间/小时 | 4 | 8 |
| 单价售价/元 | 30 | 20 |
| 单位变动成本/元 | 20 | 12 |
| 单位边际贡献/元 | 10 | 8 |

甲车间加工能力 30 000 小时，乙车间加工能力 24 000 小时。

计算甲、乙两种不同工艺生产的最优组合。

**解**：设 $x_1$ 为甲工艺产成品的产量，$x_2$ 为乙工艺产成品的产量，$S$ 为提供的边际贡献，则线性规划模型如下。

目标函数：

$$S=10x_1+8x_2$$

约束条件：

$$\begin{cases}10x_1+4x_2\leqslant 30\ 000\\4x_1+8x_2\leqslant 24\ 000\\x_1\leqslant 2\ 500\\x_2\leqslant 2\ 000\\x_2,x_2\geqslant 0\end{cases}$$

则可形成一个可行区域，即 $ABCDEF$ 的面积区域，如图 5-2 所示。

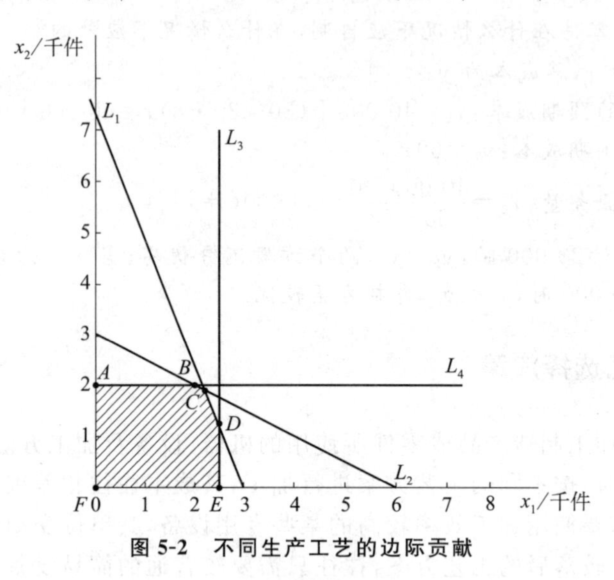


图 5-2 不同生产工艺的边际贡献

因此，$C$ 点为最佳组合：$x_1=2\ 250$ 件，$x_2=1\ 875$ 件。

# 5.4 存货决策

## 5.4.1 存货与存货成本

### 1. 存货

存货(inventory)在企业流动资产中，通常占有相当大的比重。存货控制对整个企业的财务状况和经营成果有重要影响。本节将从存货成本的构成出发，阐述存货最优储存水平的确定及存货日常控制的主要方法，以使存货所占用的资金能得到最经济合理的利用，提高整个企业的经济效益。

存货是指企业在生产经营过程中，为销售或耗用而储存的各种资产。它包括各种原材料、燃料、包装物、委托加工材料、低值易耗品、在产品、产成品和商品等。

### 2. 存货成本

存货成本是指存货从订购、购入、储存，一直到出库的整个过程所发生的各种费用，以及因存货不正常所引起的经济损失。它主要由以下四部分成本构成。

(1) 采购成本。采购成本是指由存货的买价构成的成本，通常作为存货本身的入账价值，其总额等于采购数量与单位采购成本的乘积。

在采购总量既定的情况下，采购成本不受采购次数和每次采购量多少的影响(假设物价水平稳定且无数量折扣)，是订货批量决策的无关成本；但当供应商为扩大销售而采用数量折扣等优惠方法时，采购成本就成为与决策相关的成本了。

（2）订货成本。订货成本是指订货过程中发生的差旅费、运输费、采购人员工资、采购部门办公费等与存货的取得相关的货款。

订货成本分为两部分：一部分是与订货次数直接相关的变动订货成本，如差旅费、邮资、电话电报费等支出，是决策的相关成本；另一部分是与订货次数无关的固定订货成本，如采购机构的办公费，是决策的无关成本。

（3）储存成本。储存成本是指存货在储存过程中发生的各种费用，包括仓储费、保险费、残损霉变损失、占用资金支付的利息等。

储存成本也可分为两部分：一部分是与储存量成正比例变动关系的变动储存成本，如存货资金的应计利息、存货的破损和变质损失、存货的保险费等，是决策的相关成本；另一部分是与储存量的多少没有直接关系的固定性储存成本，如仓库折旧、仓库职工的固定月工资等，是决策的无关成本。

（4）缺货成本。缺货成本是指由于存货储存不足，不能及时满足生产和销售的需要，而给企业带来的损失，包括停工待料损失、紧急订货追加的成本损失、商品存货不足而失去的创利额与企业信誉等。

缺货成本是不是决策的相关成本，主要看企业是否允许出现缺货。如果允许，则缺货成本与存货量反向变动，属于决策相关成本；否则属于无关成本。

### 5.4.2　经济订货批量控制

经济订货批量（economic order quantity，EOQ）是指在保证生产或销售顺利进行的前提下，可以使存货相关成本最低的每批订购数量。

#### 1. 经济订货批量的基本模型

经济订货批量的基本模型，又称简单条件下的经济订货批量模型，其中有以下假设。

（1）存货单价不变，不存在数量折扣。

（2）不允许缺货。

（3）存货一次性到货并入库。

（4）存货的日耗用量为已知的常数。

在上述前提下，存货模型可用图5-3表示。其中，横轴表示时间，$0\sim t$、$t\sim 2t$、$2t\sim 3t$分别表示3个订货周期；纵轴表示存货库存量，$Q$表示能立即补足的订货量。因为存货水平介于零到订货量$Q$之间，平均存货量等于订货量的一半，即$\frac{Q}{2}$。

由于企业不允许缺货，即每当存货数量降至零时，下一批订货便会随即全部购入，故不存在缺货成本。此时与存货订购批量、批次直接相关的就只有订货成本和储存成本两项。存货年相关总成本$T$就等于年订货成本加上年储存成本，即

$$T=\text{年订货成本}+\text{年储存成本}=\frac{A}{Q}\times P+\frac{Q}{2}\times C$$

式中，$A$为全年需要量；$Q$为订货批量；$P$为每批订货成本；$C$为单位存货年储存成本。

年订货成本、年储存成本及年相关总成本的关系如图5-4所示。

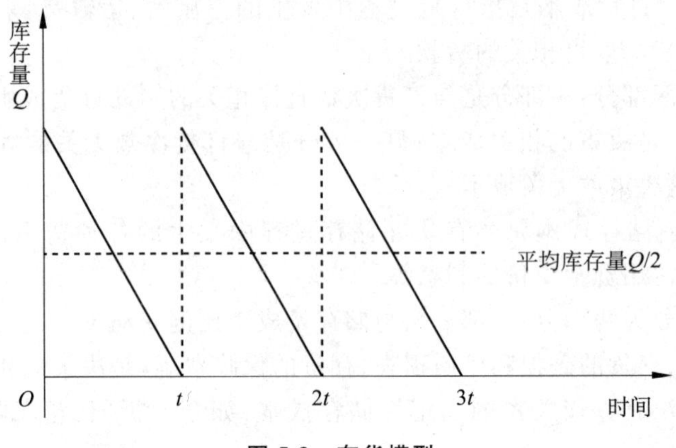


图 5-3　存货模型

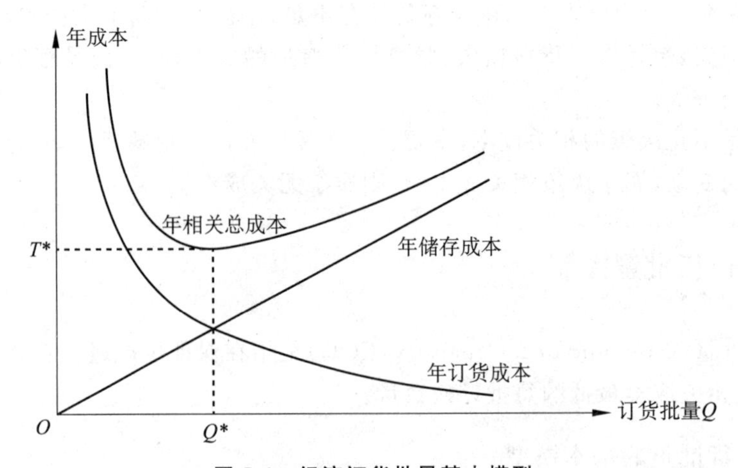


图 5-4　经济订货批量基本模型

从图 5-4 可以看出，年相关总成本是一条凹形曲线，其最低点在横轴上所对应的订货批量值（$Q^*$）即是使相关总成本达到最低值（$T^*$）的经济订货批量。

令

$$\frac{\mathrm{d}T}{\mathrm{d}Q}=0$$

由此解得，经济订货批量

$$Q^*=\sqrt{\frac{2AP}{C}}$$

最佳订货批次

$$N^*=\frac{A}{Q^*}=\sqrt{\frac{AC}{2P}}$$

由上式可得

$$T^*=\sqrt{2PAC}$$

**【例 5-18】**　一明公司每年使用材料 A 为 8 000 个单位，该材料储存成本中付现成本每单位为 4 元，每单位成本为 60 元，该单位的资本成本率为 20%，每批订货成本为 1 000 元。计算 A 材料的经济订购批量、经济订购批次和年最低相关总成本。

**解：**

$$单位储存成本 = 4+60\times20\%=16(元)$$

$$Q^* = \sqrt{2\times8\ 000\times\frac{1\ 000}{16}}=1\ 000(单位)$$

$$N^* = \sqrt{\frac{8\ 000\times16}{2\times1\ 000}}=8(次)$$

$$T^* = \sqrt{2\times8\ 000\times1\ 000\times16}=16\ 000(元)$$

**【例 5-19】** 一明公司全年需要某种商品 500 000 件，每次订货成本为 1 500 元，每件商品的年储存成本为 0.15 元。计算该种商品的经济订购批量、经济订购批次和年最低相关总成本。

**解：**

$$经济订购批量=\sqrt{\frac{2\times500\ 000\times1\ 500}{0.15}}=100\ 000(件)$$

$$经济订购批次=\sqrt{\frac{500\ 000\times0.15}{2\times1\ 500}}=5(次)$$

$$年最低相关总成本=\sqrt{2\times500\ 000\times1\ 500\times0.15}=15\ 000(元)$$

**2. 经济订货批量模型的扩展**

上述经济订货批量基本模型所假设的条件，在实际经济生活中，往往很难得到满足。因此，必须对其加以修正，以适应各种不同的情况。下面就存货控制中经常遇到的几种情况，分别加以说明。

1）存在数量折扣条件下的决策

数量折扣是指一次性购买某种货物的数量达到或超过一定限度，即可享受价格上的优惠。

为了鼓励购买者多购买商品，供应商对大量购买商品常常实行数量折扣价，即规定每次购买量达到某一数量界限时，给予价格优惠。于是，购买者就可以利用数量折扣价，取得较低商品价、较低运输费和较低年订购费用的机会，并使从大批量中得到的节约可能超过抵偿增支的储存成本。在有数量折扣的决策中，上述三种成本的年成本合计最低的方案，才是最优方案。

**【例 5-20】** 一明公司全年需用 A 零件 2 000 个，每件每年储存成小为 0.5 元，每次订货费用为 61.25 元。供应商规定，每次订货量不足 800 个时，单价为 50 元；每次订货量达到 800 个时，可获得 3%的价格优惠。计算该材料的经济订货批量。

**解：**该材料的经济订货批量计算可以分如下三步进行。

(1) 没有数量折扣时的经济订购批量。

$$Q^* = \sqrt{2A\frac{P}{C}}=\sqrt{2\times2\ 000\times\frac{61.25}{0.5}}=700(个)$$

(2) 不考虑数量折扣时年成本合计。

$$采购成本=2\ 000\times50=100\ 000(元)$$

$$订购成本=\frac{2\ 000}{700}\times61.25=175(元)$$

$$储存成本=\frac{700}{2}\times0.5=175(元)$$

$$年成本合计=100\ 000+175+175=100\ 350(元)$$

(3) 考虑数量折扣时年成本合计。

如果给予数量折扣,在进货数量超过 800 个时即可享受 3%的价格优惠,此时按给予数量折扣的最低进货批量,即按 800 个计算存货相关总成本。因为在给予数量折扣的进货批量范围内,无论进货量是多少,单位存货进价都是相同的。而相关总成本的变动规律是:进货批量越小,相关总成本就越低。

$$采购成本=2\,000\times50\times(1-3\%)=97\,000(元)$$

$$订购成本=\frac{2\,000}{800}\times61.25=153.13(元)$$

$$储存成本=\frac{800}{2}\times0.5=200(元)$$

$$年成本合计=97\,000+153.13+200=97\,353.13(元)$$

由计算结果可知,在现有条件下,该公司经济订货批量为 800 个。这时支付的相关总成本最低为 97 353.13 元。

2) 允许缺货条件下的决策

允许缺货是指存货短缺时,只需支付一定量的缺货费用,对企业并不造成重大损失。当为绝对避免存货短缺而增加保险储备量所耗费的代价,比因缺货所发生的经济损失还要大时,允许短时间发生存货短缺在经济上对企业是有利的,故应当允许缺货。在实际工作中,企业管理者要根据缺货的具体情况,确定在允许缺货条件下的经济订货量,以使其存货成本达到最低水平。

图 5-5 是允许缺货的经济批量模型中库存量与时间的关系。其中,$Q_S$ 为最大缺货量,$(Q-Q_S)$为最高库存量。如果发生缺货,就向顾客发出延期交货单,一旦补充进货,则首先满足延期交货单的需求,即采取缺货预约的管理方式。

记 $t$ 为两次采购间隔时间,$t_1$ 表示其中库存量为正的时间,$t_2$ 表示其中库存量为负的时间,$d$ 表示单位时间内存货的需要量。由于

$$t_1=\frac{Q-Q_S}{d}\quad t_2=\frac{Q_S}{d}\quad t=t_1+t_2=\frac{Q}{d}$$

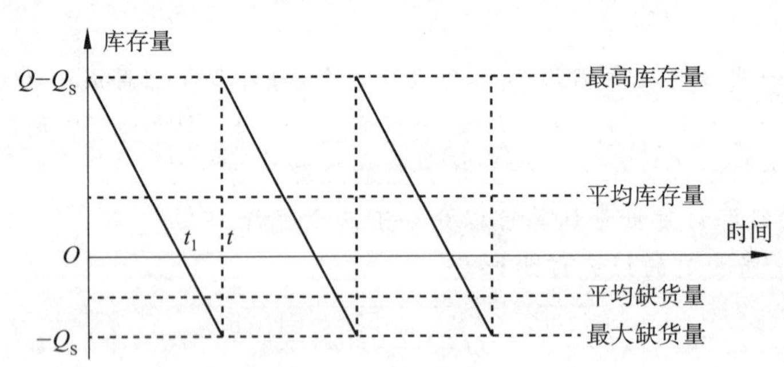


图 5-5 允许缺货条件下的库存

所以

$$平均库存量=\frac{(Q-Q_S)t_1}{2t}=\frac{(Q-Q_S)^2}{2Q}$$

依照同样的方法,得

$$平均缺货量=\frac{Q_S t_2}{2t}=\frac{Q_S^2}{2Q}$$

记 $S$ 为单位缺货成本，则在 $t$ 期间内的

$$订货成本=\frac{AP}{Q}$$

$$储存成本=\frac{C(Q-Q_S)^2}{2Q}$$

$$缺货成本=\frac{SQ_S^2}{2Q}$$

因此，缺货情况下的相关总成本的计算公式为

$$T=\frac{AP}{Q}+\frac{C(Q-Q_S)^2}{2Q}+\frac{SQ_S^2}{2Q}$$

以 $Q$ 和 $Q_S$ 为自变量，对前式求偏导数，并令其为零，求得缺货情况下的经济订货批量、最大允许缺货量和最低相关总成本分别为

$$Q^*=\sqrt{2AP\left(\frac{1}{C}+\frac{1}{S}\right)}\quad Q_S^*=\frac{Q^*C}{C+S}\quad T^*=\sqrt{\frac{2PACS}{C+S}}$$

**【例 5-21】** 一明公司全年需要甲材料 40 000 千克，允许缺货，每次订货成本 25 元，每千克材料年储存成本为 8 元，缺货成本为每千克 2 元。计算该公司对甲材料的经济订货批量、最大缺货量及年最低相关总成本。

**解：**

$$Q^*=\sqrt{2\times40\ 000\times25\times\left(\frac{1}{8}+\frac{1}{2}\right)}=1\ 118(千克)$$

$$Q_S^*=\frac{1\ 118\times8}{8+2}=894(千克)$$

$$T^*=\sqrt{\frac{2\times40\ 000\times25\times8\times2}{8+2}}=1\ 788(元)$$

计算结果表明，一明公司在允许缺货的条件下，甲材料的经济订货批量为 1 118 千克，最大缺货量为 894 千克，这样可使其相关总成本保持在最低水平 1 788 元。

3）逐次订货，边进边出条件下的决策

上述是假定一次订购的货物会立即全部入库。但在实际工作中，也存在一次订货后，陆续到达入库的情况。在这种情况下，进库速度必定大于出库速度。而当一次订货全部到达后，有关存货将只出不进，其经常储备量不断下降。在存货经常储备量下降到零时，下一批订货又将开始分批陆续到达，如此循环往复。其存货库存情况如图 5-6 所示。

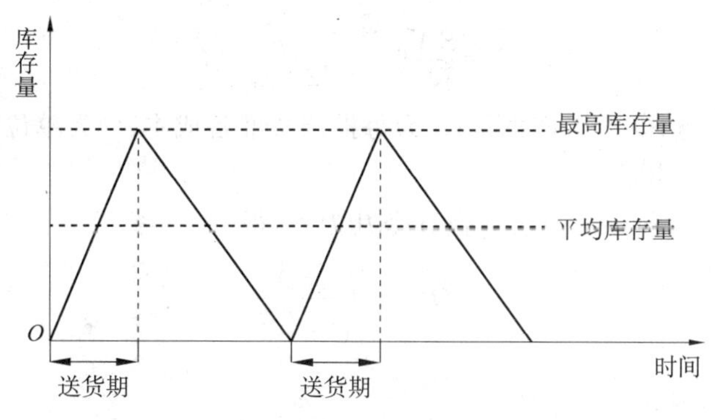


图 5-6　边进边出条件下的库存

若每日入库量为 $x$，每日耗用量为 $y$，则

$$平均库存量=\frac{Q\left(1-\frac{y}{x}\right)}{2}$$

由于年相关总成本 $T$ 等于年订货成本与年储存成本之和，因此

$$T=\frac{PA}{Q}+\frac{Q\left(1-\frac{y}{x}\right)}{2}\times C$$

以 $Q$ 为自变量，对公式求一阶导数并令其为零，得

$$Q^*=\sqrt{\frac{2PA}{C-\frac{Cy}{x}}}$$

将 $Q^*$ 值代入前式，得

$$T^*=\sqrt{2PAC\left(1-\frac{y}{x}\right)}$$

**【例 5-22】** 一明公司生产甲产品，全年需要 A 材料 20 000 千克，每日送货量 100 千克，每日消耗量 90 千克，每次订购费用 200 元，每千克 A 材料年存储成本为 5 元。计算经济订货批量。

**解：**

$$Q^*=\sqrt{\frac{2PA}{C\left(1-\frac{y}{x}\right)}}=\sqrt{\frac{2\times 200\times 20\ 000}{5\times\left(1-\frac{90}{100}\right)}}=4\ 000(千克)$$

计算结果表明，A 在材料陆续到达、陆续使用的条件下，其经济订购批量为 4 000 千克，此时，年成本合计为

$$T^*=\sqrt{2PAC\left(1-\frac{y}{x}\right)}=\sqrt{2\times 200\times 20\ 000\times 5\times\left(1-\frac{90}{100}\right)}=2\ 000(元)$$

4）经济生产批量模型

经济生产批量模型，是经济订货批量模型在企业生产中的一种推广应用，用于为成批生产的企业确定每次投产的最优批量。

这种情况与经济订货批量中“逐次进货，边进边出”条件下形成的库存动态表现一致。因此，我们可以类似地得到与生产批量有关的年相关总成本。

$$T=\frac{SA}{Q}+\frac{Q\left(1-\frac{d}{p}\right)}{2}\times C$$

式中，$A$ 为全年生产量；$Q$ 为生产批量；$S$ 为每批调整准备成本；$C$ 为单位年储存成本；$p$ 为每日生产量；$d$ 为每日发出量。

以 $Q$ 为自变量，对前式求一阶导数并令其为零，得

$$Q^*=\sqrt{\frac{2SA}{C-\frac{Cd}{p}}}$$

将 $Q^*$ 值代入前式，得

$$T^*=\sqrt{2SAC\left(1-\frac{d}{p}\right)}$$

**【例 5-23】** 一明公司全年需要 A 零件 10 000 件，每日生产 150 件，每日领用 30 件，每批调整准备成本 120 元，每件零件年储存成本为 60 元，计算经济生产批量、最低年相关总成本。

**解：**

$$Q^* = \sqrt{\frac{2\times10\ 000\times120}{60-\frac{60\times30}{150}}}=224(\text{件})$$

$$T^* = \sqrt{2\times10\ 000\times120\times60\times\left(1-\frac{30}{150}\right)}=10\ 733\ (\text{元})$$

有些企业往往用同一种设备轮换分批生产多种产品或零部件，这时就不能简单地采用前述方法计算，因为各种产品的最优生产批数并不相同，使企业无法据此在同一设备上安排生产。在这种情况下，应首先确定出各种产品的共同经济生产批次，然后据以分别计算各种产品的经济生产批量。

设 $N$ 为共同生产批次，则有

$$N=\frac{A}{Q} \quad 与 \quad Q=\frac{A}{N}$$

当有 $N$ 种产品或零部件轮换分批生产时，第 $i$ 种产品年相关总成本为

$$T_i=\frac{S_iA_i}{Q_i}+\frac{Q_i\left(1-\frac{d_i}{p_i}\right)}{2}\times C_i=S_iN+C_iA_i\ \frac{1-\frac{d_i}{p_i}}{2N}$$

式中，$A_i$ 为第 $i$ 种产品年生产量；$Q_i$ 为第 $i$ 种产品的生产批量；$S_i$ 为第 $i$ 种产品每批调整准备成本；$C_i$ 为第 $i$ 种产品单位年储存成本；$T_i$ 为第 $i$ 种产品年相关总成本；$p_i$ 为第 $i$ 种产品每日生产量；$d_i$ 为第 $i$ 种产品每日发出量；$N$ 为共同生产批次。

则 $N$ 种产品年相关总成本之和为

$$T=\sum_{i=1}^{n}T_i=N\sum_{i=1}^{n}S_i+\sum_{i=1}^{n}C_iA_i\ \frac{1-\frac{d_i}{p_i}}{2N}$$

以 $N$ 为自变量，求 $r$ 的一阶导数并令其为零，求得共同经济生产批次为

$$N^*=\left[\sum_{i=1}^{n}C_iA_i\left(1-\frac{d_i}{p_i}\right)\Big/\left(2\sum_{i=1}^{n}S_i\right)\right]^{1/2}$$

第 $i$ 种产品或零部件的经济生产批量为

$$Q_i{}^*=\frac{A_i}{N^*}$$

**【例 5-24】** 一明公司用同一设备轮换分批加工甲、乙两种零件，有关资料如表 5-20 所示。计算经济生产批量。

**表 5-20　一明公司有关生产资料情况表**

| 项　　目 | 甲零件 | 乙零件 |
| --- | --- | --- |
| 年生产量 $A_i$/件 | 2 000 | 3 600 |
| 每批调整准备成本 $S_i$/元 | 256 | 284 |
| 单位年储存成本 $C_i$/元 | 10 | 8 |
| 每日生产量 $p_i$/件 | 50 | 140 |
| 每日发出量 $d_i$/件 | 20 | 70 |

**解**:由上述资料可得

$$N^* = \{[2\ 000 \times 10 \times (1-20 \div 50) + 3\ 600 \times 8 \times (1-70 \div 140)] \div [2 \times (256+284)]\}^{1/2} = 5(\text{次})$$

因此,甲、乙两种零件的经济生产批量分别为

$$Q^*_{\text{甲}} = 2\ 000 \div 5 = 400(\text{件}) \quad Q^*_{\text{乙}} = 3\ 600 \div 5 = 720(\text{件})$$

即共同经济生产批次 5 次,轮换生产时,每次应安排生产甲零件 400 件、乙零件 720 件。

## 本章练习题

### 一、名词解释

机会成本　差量成本　边际成本　沉没成本　付现成本　专属成本　采购成本　订货成本　储存成本　缺货成本　相关收入

### 二、单项选择题

1. 在有关产品是否进行深加工决策中,深加工前的半成品成本属于(　　)。

A. 估算成本　B. 重置成本　C. 机会成本　D. 沉没成本

2. 在存在专属成本的情况下,通过比较不同备选方案的(　　)来进行择优决策。

A. 边际贡献总额　B. 剩余边际贡献总额
C. 单位边际贡献　D. 单位剩余边际贡献

3. 储存成本中,凡总额大小取决于存货数量的多少及储存时间长短的成本,称为(　　)。

A. 固定储存成本　B. 无关成本　C. 变动储存成本　D. 资本成本

4. 某人有现金 10 000 元,他若购买企业债券,年息 10%;若购买金融债券,则年息 12%。那么他购买企业债券的机会成本是(　　)元。

A. 1 000　B. 1 200　C. 200　D. 800

5. 较小的企业或谋求扩大产品市场占有率的企业常采取(　　)的定价法。

A. 低于竞争者　B. 高于竞争者
C. 维持原价　D. 根据竞争者的情况相应调查

6. 公司购买的一次还本付息债券,只能在到期时获得约定的收益,因而会产生的成本是(　　)。

A. 沉没成本　B. 机会成本　C. 差量成本　D. 固定成本

7. 当需求价格弹性大于 1 时,产品应(　　)。

A. 提价　B. 不变　C. 降价　D. 以上都可能

8. 下列各项中,不属于订货成本的是(　　)。

A. 采购部门的折旧费　B. 检验费
C. 按存货价值计算的保险费　D. 差旅费

9. 如果把不同产量作为不同方案来理解的话,边际成本实际上就是不同方案形成的(　　)。

A. 相关成本　B. 沉没成本　C. 差量成本　D. 付现成本

### 三、多项选择题

1. 在相关范围内,产量增加或减少一个单位的差量成本与(　　)一致。

A. 沉没成本　B. 边际成本　C. 变动成本
D. 相关成本　E. 机会成本

2. 在对亏损产品进行变动成本分析之后，可作出（　）其中之一的选择。
A. 停产　B. 继续生产　C. 出让
D. 出租　E. 转产

3. 下列各种价格中，符合最优售价条件的有（　）。
A. 边际收入等于边际成本时的价格　B. 边际贡献等于零时的价格
C. 收入最多时的价格　D. 利润最大时的价格
E. 成本最低时的价格

4. 差量成本这一概念经常用于（　）的决策。
A. 不同生产能力利用率下的成本差别　B. 接受追加订货
C. 零部件是外购还是自制　D. 某项不需用的设备是出租还是出售
E. 半成品直接出售还是加工为成品后再出售

5. 下列（　）是相关成本。
A. 机会成本　B. 沉没成本　C. 差量成本
D. 付现成本　E. 可选择成本

6. 下列各成本概念中属于无关成本的是（　）。
A. 专属成本　B. 沉没成本　C. 历史成本
D. 共同成本　E. 混合成本

7. 下列形式的成本一般可以归属于相关成本的有（　）。
A. 差量成本　B. 机会成本　C. 边际成本
D. 付现成本　E. 联合成本

8. 在是否接受低价追加订货的决策中，如果发生了追加订货冲击正常任务的现象，就意味着（　）。
A. 不可能完全利用其绝对剩余生产能力来组织追加订货的生产
B. 追加订货量大于绝对剩余生产能力
C. 会因此而带来机会成本
D. 追加订货量大于正常订货量
E. 因追加订货必须追加专属成本

9. 下列形式的成本一般可以归属于无关成本的有（　）。
A. 沉没成本　B. 联合成本　C. 约束性成本
D. 可选择成本　E. 专属成本

**四、简答题**

1. 经营决策中需要考虑哪些成本，不需要考虑哪些成本？
2. 如何利用差量分析法进行决策？
3. 零部件自制或外购决策需要考虑哪些因素？
4. 如何进行生产工艺决策？
5. 简述在存货决策中需要考虑哪几项成本。

## 五、计算题

1. 一明公司只生产一种产品，全年最大生产能力为 1 200 件。年初已按 100 元/件的价格接受正常任务 1 000 件，该产品的单位完全生产成本为 80 元/件(其中，单位固定生产成本为 25 元)。现有一客户要求以 70 元/件的价格追加订货 300 件，因有特殊工艺要求，企业需追加 900 元专属成本。剩余能力可用于对外出租，可获租金收入 5 000 元。按照合同约定，如果正常订货不能如期交货，将按违约货值的 1%加纳罚金。

要求：填制表 5-21 并为企业做出是否接受低价追加订货的决策。

表 5-21　一明公司差别损益分析表

| 项　目 | 追加订货 | 不追加订货 | 差异额 |
|---|---|---|---|
| 相关收入 | | | |
| 相关成本 | | | |
| 其中： | | | |
| | | | |
| | | | |
| | | | |
| | | | |
| 差别损益 | | | |

2. 一明公司生产甲产品，有两种工艺方案可供选择，其中 A 方案固定成本总额为500 000元，变动成本为 400 元；B 方案固定成本总额为 300 000 元，变动成本为 500 元。

要求：计算成本无差别点的产量；若既定产量为 3 000 件，应该采用哪一种工艺方案？

3. 一明公司修理部门修理某仪器，该仪器有甲、乙、丙三组零件可能损坏，损坏后没有仪器能测试甲、乙、丙三组中到底是哪个损坏，如果单修理、更换甲组零件，修理成本为 50 元；如果进一步修理，修理、更换乙组零件修理成本为 80 元；如果坏在丙组零件，修理成本为 160 元。

假定有如表 5-22 所示的三种修理方案。

方案 1 是按甲、乙、丙次序检修，直到修好为止；方案 2 是甲、乙两部分一起检修，再检验是否修好，否则再修理丙部分，甲、乙两部分一起修理的成本为 100 元；方案 3 是一次把甲、乙、丙三部分一起检修，成本为 200 元。

要求：利用概率分析法比较 3 个方案。

表 5-22　一明公司修理方案　　单位：元

| 项　目 | 甲损坏 | 乙损坏 | 丙损坏 |
|---|---|---|---|
| 概率 | 0.2 | 0.3 | 0.5 |
| 方案 1 成本 | 50 | 130 | 290 |
| 方案 2 成本 | 100 | 100 | 260 |
| 方案 3 成本 | 200 | 200 | 200 |

4. 一明公司会计资料如下。

| | | |
|---|---|---|
| 购买价格 | 每单位 | 5 元 |
| 运入运费 | 每单位 | 0.5 元 |
| 电话订货费 | | 30 元 |
| 装卸费 | 每单位 | (20+0.5)元 |
| 存货税 | 每单位每年 | 0.5 元 |
| 材料运到公司的成本 | | 200 元 |
| 接货人员的月工资 | | 600 元 |
| 库存保险费 | 每单位每年 | 0.1 元 |
| 仓库租金 | 每月 | 1 000 元 |
| 平均损失 | 每单位每年 | 1 元 |
| 资本成本率 | 每年 | 15% |
| 每月处理的订单份数 | | 500 份 |

要求:区分上述数据中的决策相关成本和决策无关成本,计算每次订货成本和单位材料年储存成本。

5. 一明公司需从青岛购进102橡胶帆布750吨,每次订购费50元(不包括铁路运输费),每吨单价6 250元,储存费用率12%。该厂距青岛2 000千米,通过铁路整车发货每吨运输费为31.40元,而作为零担发货则每吨为124.50元。按铁路运输规定,不足30吨的货物均做零担处理。现制定出不同的订购批量(见表5-23)。管理人员甲运用基本经济批量模型,通过计算,认为每次订购批量应为10吨。而管理人员乙却持有不同意见。

要求:请提出你的意见。

**表5-23　一明公司相关资料**

| 全年订购次数 | 每次订购批量/吨 |
|---|---|
| 150 | 5 |
| 75 | 10 |
| 50 | 15 |
| 25 | 30 |
| 15 | 50 |
| 10 | 75 |

6. 一明公司只生产一种产品,全年最大生产能力1 500件。年初已按100元/件的价格接受正常任务1 200件,该产品单位变动生产成本为55元/件,现有一客户要求以70元/件的价格追加订货300件,并对企业有特殊要求,企业要因此追加1 000元专属成本。企业剩余生产能力也可用于出租,可获租金1 000元。

要求:用相关损益法为企业做出是否接受低价追加订货的决策。

# 第6章

# 长期投资决策

## 本章学习目的

长期投资决策是涉及企业生产经营全面性和战略性问题的决策，其最终目的是提高企业总体经营能力和获利能力。长期投资决策直接影响企业未来的长期效益与发展，有些长期投资决策还会影响国民经济建设，甚至影响全社会的发展。因此，长期投资决策必须搞好投资的可行性研究和项目评估，从企业、国民经济和社会的角度进行研究论证，分析其经济、技术和财务的可行性。

## 本章学习目标

1. 了解长期投资决策的概念与类型；
2. 掌握现金流量的含义与现金净流量的计算方法；
3. 掌握资金时间价值的含义与计算方法；
4. 掌握贴现的长期投资决策方法。

## 引导案例

### 阿费罗兰德的决策

阿费罗兰德(Avroland)是加利福尼亚州的一个娱乐公园。现在，该公园运用计算机来执行一般的会计职能，包括计算门票收入、工资表处理及制定雇员及维护时间表等功能。两年前，购入该系统的原始成本为300 000美元。此系统已按照税法要求运用直线法计算折旧，预期使用寿命还有4年，不计残值。然而，由于公司最近的经营扩张，该计算机系统的容量已不够大。对系统升级以提高储存能力和处理速度来满足增加的数据处理要求，要花费65 000美元，升级后的系统在4年后也将淘汰。这一系统新添置部件同样用直线法进行折旧，不计残值。公园的会计师预计公园以后每年由于数据处理、工资处理(包括阿费罗兰德公园的职员)以及每年更新升级后系统的软件都要多支出28 000美元的税后经营支出。或者公园也可将工资表的处理工作外包给当地一家工资表处理公司，每年的税后成本为40 000美元。这样减少占用计算机的容量，从而避免对计算机升级的需要。假定该公园的资金成本为4%，企业所得税税率为40%。

(资料来源：杰罗尔德·L. 齐默尔曼. 决策与控制会计[M]. 陈晖丽，刘峰，译. 大连：东北财经大学出版社，2012.)

**要求：**请为阿费罗兰德公园作出是计算机升级还是外包的决策。

## 6.1　长期投资决策概述

### 6.1.1　长期投资决策的概念和特点

长期投资是指涉及投入大量资金，投资所获得报酬要在长时期内逐渐收回，能在较长时间内影响企业经营获利能力的投资。长期投资决策是指拟订长期投资方案，用科学的方法对长期投资方案进行分析、评价、选择最佳长期投资方案的过程。长期投资决策是涉及企业生产经营全面性和战略性问题的决策，其最终目的是提高企业总体经营能力和获利能力。因此，长期投资决策的正确进行，有助于企业生产经营长远规划的实现。

长期投资具有如下特点。

**1. 投资金额大**

长期投资，特别是战略性扩大生产能力的投资需要的金额一般都较大，往往是企业多年的资金积累。在企业总资产中占到很大比重。因此，长期投资对企业未来的财务状况和现金流量起到相当大的影响。

**2. 影响时间长**

长期投资投资期和发挥作用的时间都较长，项目建成后对企业的经济效益会产生长久的效应，并有可能对企业的前途有决定性的影响。

**3. 变现能力差**

长期投资的使用期长，一般不会在短期内变现，即使由于种种原因想在短期内变现，其变现能力也较差。长期投资项目一旦建成，想要改变是很困难的，不是无法实现，就是代价太大。

**4. 投资风险大**

长期投资项目的使用期长，面临的不确定因素很多，如原材料供应情况、市场供求关系、技术进步速度、行业竞争程度、通货膨胀水平等都会影响投资的效果。所以固定资产投资面临较高的投资风险。

长期投资不仅需要投入较多的资金，而且影响的时间长，投入资金的回收和投资所得收益都要经历较长的时间才能完成。在进行长期投资决策时，一方面要对各方案的现金流入量和现金流出量进行预测，正确估算出每年的现金净流量；另一方面要考虑资金时间价值，还要计算出为取得长期投资所需资金所付出的代价，即资金成本。因此，现金净流量、资金时间价值和资金成本都是影响长期投资决策的重要因素。

### 6.1.2　长期投资决策的类型

长期投资决策有以下两种分类标准。

**1. 按决策所起的作用可以分为两种**

(1) 影响企业经营方向的长期投资决策。这一类投资决策主要是指对整个企业的业务经营发生重大影响的投资决策。例如,工业企业为增加新产品的生产线而进行投资决策;原经营服装鞋帽的企业为增设家用电器分店而进行的投资决策等。这些投资决策一般会影响整个企业的经营方向,甚至可以使企业的经营转向。如原经营服装鞋帽的企业,增设家用电器分店后,可能逐渐以专营服装鞋帽而改为以经营家用电器为主。

(2) 在原有业务基础上扩大规模的投资决策。这一类投资决策一般不会改变企业的经营方向,只是在原有业务规模基础上的扩大再生产。如工业企业为增加产品产量,提高产品质量,降低成本所进行的投资决策;装修、改建原营业场所,以改善营业环境,吸引更多的顾客,从而增加销售收入的投资决策等。这些决策一般影响的只是企业的规模,并不能影响企业的经营方向。

**2. 按决策解决问题的方式不同可以分为三种**

(1) 可否决策,指备选的投资方案只有一个,而决策结果不是采纳该方案,就是否决该方案的决策。

(2) 择优决策,指从几个备选投资方案中选择出最优投资方案的决策。

(3) 资金定量决策,指对资金总量在不同的投资方案之间进行数额分配的决策。

### 6.1.3 长期投资决策中的资金时间价值

资金时间价值又称货币时间价值,是指一定量资金在不同时点上价值量的差额。一定数量的资金在不同的时点具有不同价值,其实质就是资金周转利用后会产生增值。一定数量的资金周转利用的时间越长,其产生的增值额也就越大。今天的 1 元钱和将来的 1 元钱是不同的。例如,银行存款的年利率为 5%,如果今天存入银行 1 000 元,1 年以后就得到本利和 1 050 元。经过 1 年的时间,1 000 元产生了增值额 50 元。这说明今天的 1 000 元和 1 年后的 1 050 元等值。换句话说,这项增值是因为放弃现在使用资金的机会,可以按一定利率和放弃时间长短计算其报酬,这种报酬就是资金时间价值。由于长期投资的投资额大,投资收益回收时间长,因此为了正确评价长期投资各备选方案,必须考虑资金时间价值。

在利润平均化规律的作用影响下,资金时间价值的一般表现形式就是在没有风险与通货膨胀条件下社会平均的资金利润率。由于资金时间价值的计算方法与利息的计算方法相同,很容易将资金时间价值与利息率相混淆。实际上,投资活动或多或少会存在风险,市场经济条件下通货膨胀也是客观存在的。利率既包含时间价值,也包含风险价值和通货膨胀的因素。只有在通货膨胀率很低的情况下,方可将几乎没有风险的政府债券的利息率视同资金时间价值。

**1. 单利的概念与计算**

1) 单利计息

单利计息是指只按本金计算利息,而利息部分不再计息的一种计息方式。单利计息情

况下利息的计算公式为

$$I=Pin$$

**【例 6-1】** 一张带息票据，面额为 $P=20\ 000$ 元，年单利率为 $i=6\%$，出票日期为5月15日，到期日为7月15日，到期利息为多少？

**解：** 到期的利息 $I=20\ 000\times6\%\times2\div12=200$(元)

2) 单利终值的计算

单利终值(本利和)的计算公式为

$$F=P(1+ni)$$

式中，$F$ 为单利终值(本利和)；$P$ 为本金；$i$ 为利率；$n$ 为期数 。

**【例 6-2】** 某人在银行存入1 000元，年利率为6%，采用单利计息，分别计算第一、第二和第三年年末的应计利息和本利和。

**解：**$I_1=1\ 000\times6\%\times1=60$(元)　　$F_1=1\ 000\times(1+6\%\times1)=1\ 060$(元)

$I_2=1\ 000\times6\%\times2=120$(元)　　$F_2=1\ 000\times(1+6\%\times2)=1\ 120$(元)

$I_3=1\ 000\times6\%\times3=180$(元)　　$F_3=1\ 000\times(1+6\%\times3)=1\ 180$(元)

3) 单利现值的计算

在现实经济生活中，有时需要根据终值来确定其现值。如在使用未到期的汇票，向银行融通资金时，银行按照一定利率从终值中扣除自借款日到票据到期日的应计利息，将余额付给出票人，该票据则转归银行所有。这种融通资金的办法称为"贴现"。贴现时使用的利率称为贴现率，计算出来的利息称为贴现息，扣除贴现息后的余额称为现值。

由上述单利终值的计算公式，可得到单利现值的计算公式为

$$P=\frac{F}{1+ni}$$

**【例 6-3】** 若存5年期的存款，年单利率为5%，5年后想得到1 000万元，则现在要存入多少钱？

**解：** $P=1\ 000\div(1+5\times5\%)=800$(万元)

### 2. 复利的概念与计算

所谓复利，是指不仅本金要计算利息，前期获得的利息，在后期也要计算利息，即通常所说的"利滚利"。资金时间价值一般都是按复利方式进行计算。

1) 复利终值的计算

复利终值是指一定量的本金加上按复利计算的若干期内所得利息的总数。其一般计算公式为

$$F=P(1+i)^n=P(F/P,i,n)$$

式中，$F$ 为本利和，也即资金的终值；$P$ 为本金，也即现值；$i$ 为利率；$n$ 为期数。$(1+i)^n$ 为复利终值系数，记作 $(F/P,i,n)$，在具体运算工作中不必自行计算，一般可以直接从一元的复利终值系数表中查出。

**【例 6-4】** 一明公司现在将100 000元存入银行，存期是5年，年利率为10%，每年复利一次，则5年后该公司能拿到多少钱？

**解：** $F=100\ 000\times(1+10\%)^5=100\ 000\times1.610\ 5=161\ 050$(元)

2）复利现值的计算

复利现值是指未来某一时点上的一笔资金按复利计算的现在价值。复利现值是复利终值的逆运算，其计算公式为

$$P=F(1+i)^{-n}$$

式中，$(1+i)^{-n}$为复利现值系数，记作$(P/F,i,n)$，可以直接从复利现值系数表中查出其值。

复利终值系数表

复利现值系数表

**【例 6-5】** 一明公司准备在 5 年以后用 100 000 元购买一台设备，银行年利率为 10%，每年复利一次，该公司现在需一次存入银行多少钱？

**解：** $P=100\ 000\times(P/F,10\%,5)=100\ 000\times0.620\ 9=62\ 090$(元)

公司只要现在存入 62 090 元，5 年后可取出本利和 100 000 元。

**3. 年金的概念与计算**

年金是指一定时期内，以相同的时间间隔连续发生的等额收付款项，以 $A$ 表示。折旧、利息、租金、保险费等通常表现为年金的形式。根据年金发生时点的不同，年金可分为普通年金（后付年金）、先付年金（即付年金，也称预付年金）、递延年金（延期年金）和永续年金（永久年金，或称无限支付年金）。普通年金是指从第一期起，每期期末等额发生的系列收付款项，又称后付年金。预付年金又称先付年金或即付年金，是指从第一期起，每期期初等额发生的系列收付款项，它与普通年金的区别仅在于收付款的时点不同。递延年金是指第一次收付款发生时间不在第一期期末，而是在第二期或第二期以后才开始发生的等额系列收付款项。永续年金是指无限期等额收付的年金。

1）普通年金

普通年金是指从第一期起，每期期末等额发生的系列收付款项，又称后付年金。年金在现实生活中最为常见，不加说明时，年金即指普通年金。

(1) 普通年金终值的计算。普通年金终值是一定时期内，每年等额收付款的终值之和。

例如，企业每年年末存入资金 $A$，年利率为 $i$，每年复利一次，则 $n$ 年后的普通年金终值如图 6-1 所示。

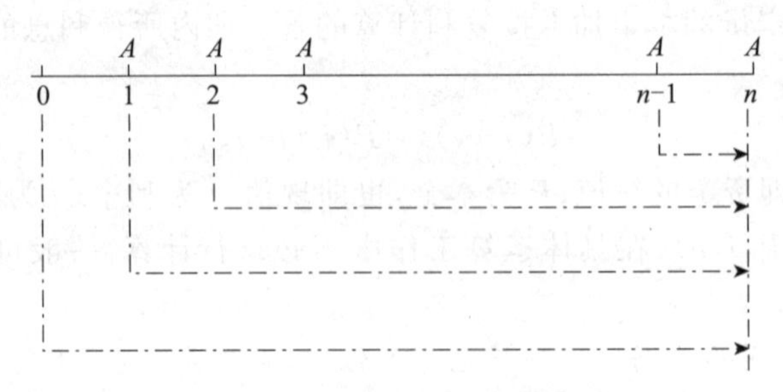


**图 6-1 普通年金的终值计算示意图**

第 1 年年末的 $A$ 折算到第 $n$ 年年末的终值为 $A(1+i)^{n-1}$。

第 2 年年末的 $A$ 折算到第 $n$ 年年末的终值为 $A(1+i)^{n-2}$。

第 3 年年末的 $A$ 折算到第 $n$ 年年末的终值为 $A(1+i)^{n-3}$。

⋮

第 $n-1$ 年年末的 $A$ 折算到第 $n$ 年年末的终值为 $A(1+i)^{1}$。

第 $n$ 年年末的 $A$ 折算到第 $n$ 年年末的终值为 $A(1+i)^{0}$。

可见年金终值的计算公式为

$$F=A(1+i)^{n-1}+A(1+i)^{n-2}+\cdots+A(1+i)^{1}+A(1+i)^{0} \tag{6-1}$$

将式(6-1)两边同时乘以$(1+i)$得

$$(1+i)F=A(1+i)^{n}+A(1+i)^{n-1}+\cdots+A(1+i)^{1} \tag{6-2}$$

将式(6-2)减式(6-1)得

$$(1+i)F-F=A(1+i)^{n}-A$$

经整理

$$F=A\times\frac{(1+i)^{n}-1}{i}$$

式中，$\frac{(1+i)^{n}-1}{i}$为 1 元年金终值系数，记作$(F/A,i,n)$，其数值可以直接查阅年金终值系数表。

年金终值系数表

于是年金终值的计算公式又可表示为

$$F=A\times\frac{(1+i)^{n}-1}{i}=A\times(F/A,i,n)$$

**【例 6-6】** 某人每年年末存入银行 2 000 元，年利率为 6%，则 3 年后可以取出多少钱？

**解：**

$$F=2\ 000\times(F/A,6\%,3)=2\ 000\times3.183\ 6=6\ 367.2(\text{元})$$

(2) 年偿债基金的计算。偿债基金是指为了在未来某一时点偿还一定的金额而提前在每年年末存入相等的金额。它是年金终值的逆运算，也属于已知整取求零存的问题，即由已知的年金终值 $F$，求年金 $A$。计算公式为

$$A=F\times\frac{i}{(1+i)^{n}-1}$$

式中，$\frac{i}{(1+i)^{n}-1}$为偿债基金系数，记作$(A/F,i,n)$，其数值可通过查偿债基金系数表得到，一般可根据年金终值系数的倒数推算出来。所以上式也可表示为

$$A=F(A/F,i,n)=F[1/(F/A,i,n)]$$

**【例 6-7】** 一明公司有一笔 1 000 万元的长期债务，在第 8 年年末到期。企业准备在 8 年内每年年末存入银行一笔资金，以便在第 8 年年末偿还这笔长期债务，假定银行利率为 8%，则在每年年末应存入银行多少钱？

**解：**

$$\begin{aligned}A&=1\ 000\times(A/F,8\%,8)\\&=1\ 000\times[1/(F/A,8\%,8)]\\&=1\ 000\times(1/10.637)\\&=94.011\ 5(\text{万元})\end{aligned}$$

企业每年年末应存入银行 94.011 5 万元。

(3) 普通年金现值的计算。普通年金现值是指一定时期内每期期末等额款项的复利现值之和。例如,企业每年年末存入资金 $A$,年利率为 $i$,则该企业 $n$ 年内的年金现值如图 6-2 所示。

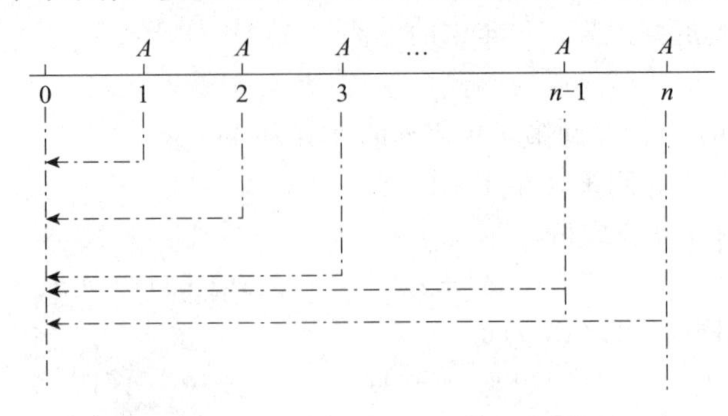


图 6-2　普通年金的现值计算示意图

第 1 年年末的 $A$ 折算到第 1 年年初的现值为 $A(1+i)^{-1}$。

第 2 年年末的 $A$ 折算到第 1 年年初的现值为 $A(1+i)^{-2}$。

第 3 年年末的 $A$ 折算到第 1 年年初的现值为 $A(1+i)^{-3}$。

⋮

第 $n-1$ 年年末的 $A$ 折算到第 1 年年初的现值为 $A(1+i)^{-(n-1)}$。

第 $n$ 年年末的 $A$ 折算到第 1 年年初的现值为 $A(1+i)^{-n}$。

可见年金现值的计算公式为

$$P=A(1+i)^{-1}+A(1+i)^{-2}+\cdots+A(1+i)^{-(n-1)}+A(1+i)^{-n} \tag{6-3}$$

将式(6-3)两边同时乘以$(1+i)$得

$$(1+i)P=A+A(1+i)^{-1}+\cdots+A(1+i)^{-(n-2)}+A(1+i)^{-(n-1)} \tag{6-4}$$

将式(6-4)减式(6-3)得

$$(1+i)P-P=A[1-(1+i)^{-n}]$$

经整理

$$P=A\times\frac{1-(1+i)^{-n}}{i}$$

式中,$\frac{1-(1+i)^{-n}}{i}$为 1 元年金现值系数,记作$(P/A,i,n)$,其数值可以直接查阅年金现值系数表。

年金现值系数表

于是年金现值的计算公式又可表示为

$$P=A\times\frac{1-(1+i)^{-n}}{i}=A(P/A,i,n)$$

**【例 6-8】** 某投资项目在未来 8 年内每年可取得 10 000 元的收益,假设投资报酬率为 8%,8 年收益的总现值为多少?

**解:** $P=10\ 000\times(P/A,8\%,8)=10\ 000\times5.746\ 6=57\ 466$(元)

(4) 年资本回收额的计算。年资本回收额是指在一定时期内,等额回收初始投入资本或清偿所欠债务的金额。它是年金现值的逆运算,也属于已知整存求零取的问题。即由已知年金现值 $P$,求年金 $A$。计算公式为

$$A=P\times\frac{i}{1-(1+i)^{-n}}$$

式中，$\frac{i}{1-(1+i)^{-n}}$为资本回收系数，记作$(A/P,i,n)$，其数值可通过查资本回收系数表得到，一般可根据年金现值系数的倒数推算出来。所以上式也可表示为

$$A=P(A/P,i,n)=P[1/(P/A,i,n)]$$

**【例6-9】** 一明公司准备投资50万元建造一条生产流水线，预计使用寿命为10年，若企业期望的资金收益率为10%，问该企业每年年末至少要从这条流水线获得多少收益，方案才是可行的？

**解：**

$$\begin{aligned}A&=50\times(A/P,10\%,10)\\&=50\times[1/(P/A,10\%,10)]\\&=50\times(1/6.144\ 6)\\&=8.137\ 2(\text{万元})\end{aligned}$$

该企业每年年末至少要从这条流水线获得收益8.137 2万元，方案才是可行的。

2）先付年金

先付年金又称预付年金，即在每期期初收付款项的年金。

它与普通年金的区别仅在于收付款的时点不同，如图6-3所示。

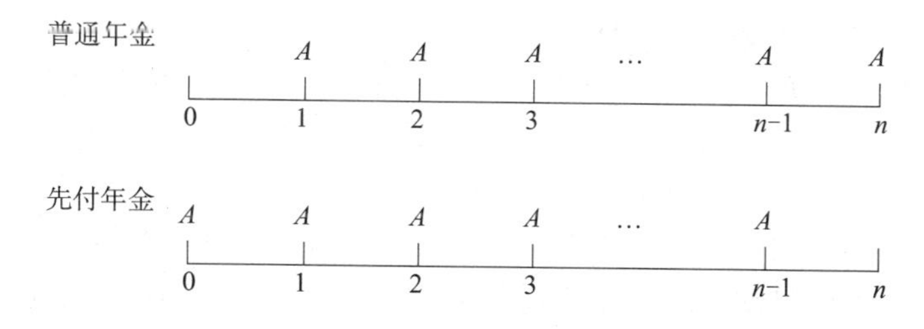


**图6-3 普通年金和先付年金对比**

从图6-3可见，$n$期的先付年金与$n$期的普通年金，其收付款次数是一样的，只是收付款时点不一样。如果计算年金终值，先付年金要比普通年金多计一期的利息；如果计算年金现值，则先付年金要比普通年金少折现一期。因此，只要在普通年金的现值、终值的基础上，乘以$1+i$便可计算出先付年金的终值与现值。

(1) 先付年金的终值计算。先付年金的终值是指一定时期内，每期期初等额的系列收付款项的复利终值和。其值可以在普通年金终值的基础上做适当的调整然后计算得出。计算公式为

$$F=A(F/A,i,n)(1+i)$$

$$F=A\times\frac{(1+i)^n-1}{i}\times(1+i)$$

即

$$=A\times\left[\frac{(1+i)^{n+1}-1}{i}-1\right]$$

式中，$\left[\frac{(1+i)^{n+1}-1}{i}-1\right]$为预付年金终值系数，记作$[(F/A,i,n+1)-1]$，它是在普通年金终值系数的基础上，期数加1、系数减1所得的结果。上式先付年金终值的计算公式也可表示为

$$F=A[(F/A,i,n+1)-1]$$

**【例6-10】** 某人连续每年年初存入银行2 000元，连续存6年，年利率为6%，则到第6年

年末的本利和是多少?

**解:** $F=2\ 000\times(F/A,6\%,6)\times(1+6\%)=2\ 000\times6.975\ 3\times1.06=14\ 787.6$(元)

或 $F=2\ 000\times[(F/A,6\%,6+1)-1]=2\ 000\times(8.393\ 8-1)=14\ 787.6$(元)

(2) 先付年金的现值计算。先付年金的现值是指一定时期内,每期期初等额的系列收付款项的复利现值和。计算公式为

$$P=A(P/A,i,n)(1+i)$$

即

$$P=A\times\left[\frac{1-(1+i)^{-n}}{i}\right]\times(1+i)$$

$$=A\left[\frac{1-(1+i)^{-(n-1)}}{i}+1\right]$$

式中,$\left[\frac{1-(1+i)^{-(n-1)}}{i}+1\right]$为预付年金现值系数,记作$[(P/A,i,n-1)+1]$,它是在普通年金现值系数的基础上,期数减1、系数加1所得的结果。上式先付年金现值的计算公式也可表示为

$$P=A[(P/A,i,n-1)+1]$$

**【例 6-11】** 一明公司租用一台机器8年,每年年初要支付租金5 000元,年利率为6%,这些租金相当于现在一次性支付多少钱?

**解:** $P=5\ 000\times(P/A,6\%,8)\times(1+6\%)=5\ 000\times6.209\ 8\times1.06=32\ 912$(元)

或 $P=5\ 000\times[(P/A,6\%,8-1)+1]=5\ 000\times(5.582\ 4+1)=32\ 912$(元)

3) 递延年金

递延年金是指第一次收付款发生时间不在第一期期末,而是在第二期或第二期以后才开始发生的等额系列收付款项。它是普通年金的特殊形式。递延年金与普通年金的区别如图6-4所示。

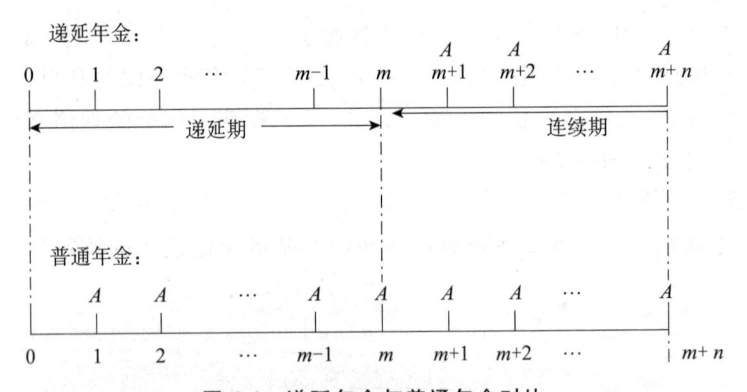


**图 6-4 递延年金与普通年金对比**

从图6-4中可知,递延年金与普通年金相比,尽管期限一样,都是$m+n$期,但普通年金在$m+n$期内,每个期末都要发生等额收付款项。而递延年金在$m+n$期内,前$m$期无等额收付款项发生,称为递延期。只在后$n$期才发生等额收付款项。

递延年金终值的大小,与递延期无关,只与收付期有关,它的计算方法与普通年金终值相同。

$$F=A(F/A,i,n)$$

下面以一个例子说明递延年金现值的三种计算方法。

假设最初有$m$年没有收付款项,后面$n$年的每年年底,有年金为$A$,则该递延普通年金

的现值是多少？

计算方法一：把递延年金视为 $n$ 期的普通年金，先求出在递延期期末的现值，再将此现值折现到第一期期初。公式为

$$P=A(P/A,i,n)(P/F,i,m)$$

计算方法二：先计算 $m+n$ 期的普通年金的现值，再扣除实际并未发生递延期（$m$ 期）的普通年金现值，即可求得递延年金现值。公式为

$$P=A[(P/A,i,m+n)-(P/A,i,m)]$$

计算方法三：先计算递延年金的终值，再将其折算到第一期期初，即可求得递延年金的现值。公式为

$$P=A(F/A,i,n)(P/F,i,m+n)$$

**【例 6-12】** 某投资项目自第 3 年起，每年可取得投资收益 5 000 元，假设投资报酬率为 10%，10 年后取得的投资收益的价值是多少？现在价值是多少？

**解：**

$$\begin{aligned} F &= 5\,000\times[F/A,10\%,(10-2)] \\ &= 5\,000\times 11.436 \\ &= 57\,180(\text{元}) \\ P &= 5\,000\times[P/A,10\%,(10-2)]\times(P/F,10\%,2) \\ &= 5\,000\times 5.334\,9\times 0.826\,4 \\ &= 22\,043.81(\text{元}) \end{aligned}$$

10 年后取得的投资收益的价值为 57 180 元；其现在价值为 22 043.81 元。

4）永续年金

永续年金是指无限期收付的年金。例如，无期限的附息债券可视为永续普通年金。

由于假设永续年金没有终止的时间，因此不存在终值，只存在现值。永续年金的现值计算公式可由普通年金现值公式推导得出。

设每年的年金为 $A$，年复利率为 $i$，则该永续（普通）年金现值为

$$P=A\times\frac{1-(1+i)^{-n}}{i}$$

当 $n\longrightarrow+\infty$，$(1+i)^{-n}\longrightarrow 0$，因此，永续年金的现值的计算式为

$$P=\frac{A}{i}$$

式中，$1/i$ 为永续年金现值系数。

**【例 6-13】** 某人将 200 万元投资于 A 公司的优先股，假设今后每年可取得 10% 的红利，优先股的现值为多少？

**解：**

$$P=\frac{A}{i}=\frac{200}{10\%}=2\,000(\text{万元})$$

### 6.1.4　长期投资决策的现金流量

#### 1. 现金流量的概念

在进行长期投资决策时，现金流量是指投资项目所引起的各项现金流入和现金流出的

数量，是由于投资项目实施而引起的企业现金收支的增减变动量。它是计算长期投资决策评价指标的主要依据。

**2. 现金流量的内容**

现金流量具体可分为现金流入量、现金流出量和现金净流量3个概念。

1）现金流入量

现金流入量是指由于投资项目的实施而引起的现金收入的增加额，简称现金流入。

（1）营业收入。营业收入是指投资项目投产后每年实现的全部营业收入。它是构成经营期内现金流入量的主要内容。为简化核算，假定正常经营年度内，每年发生的赊销额与回收的应收账款大致相等。

（2）固定资产的余值收入。固定资产的余值收入是指投资项目的固定资产在终结报废清理时的残值收入，或中途变价转让时得到变价收入。

（3）垫支流动资金回收。垫支流动资金回收是指投资项目使用期限终止时，收回与该项目相联系的投放在各种流动资产上的投资。

固定资产的余值收入和垫支流动资金回收统称回收额。一般假定回收额在投资项目终结时（即经营期最后一年）发生。

2）现金流出量

现金流出量是指由于投资项目实施而引起的现金支出的增加额，简称现金流出。

（1）建设投资。建设投资是指在项目建设期间按一定生产经营规模和建设需要进行的投资。

① 固定资产投资，包括房屋、建筑物的造价、设备的买价或建造成本、关税、运输费和安装成本等。

② 无形资产投资，是指用于取得专利权、专有技术、商标权等无形资产而产生的投资。

③ 开办费投资，是指项目筹建期间所发生的，但不能划归固定资产和无形资产的那部分投资。

建设投资是建设期间发生的主要现金流出量。

（2）垫支的流动资金。垫支的流动资金是指投资项目建成投产后为开展正常经营活动而投放在流动资产项目上的投资，建设投资与垫支的流动资金之和称为项目的原始总投资。原始总投资无论是一次投入还是分次投入，均假设它们是在建设期内投入的，经营期间不再有新的投资发生。

（3）付现成本。付现成本是指项目投产后生产经营过程中发生的各项用现金支付的成本费用。又称经营成本，它是生产经营期间最主要的现金流出量项目。一般来说，变动成本均为付现成本，固定成本除折旧、摊销以外也均为付现成本。

（4）企业所得税税额。企业所得税税额是指投资项目建成投产后，因应纳税所得额增加而增加的所得税。

3）现金净流量

一个投资项目在时刻$t$的现金净流量（$NCF_t$）是指完成投产后，在其寿命周期内该项目在时刻$t$现金流入量超过其现金流出量的净额，公式为

$$NCF_t = \text{在时刻 } t \text{ 的现金流入量} - \text{在时刻 } t \text{ 的现金流出量}$$

这里的“时刻$t$”，往往是指项目开始后的第$t$年。

为了便于理解和简化现金净流量的计算，通常假设现金净流量是以年为时间单位发生，并发生于某时点，主要是每年的年初或年末，例如，建设投资在建设期内有关年度的年初发生，垫支的流动资金在建设期的最后一年年末（即经营期的第一年年初）发生；经营期内各年的营业收入、付现成本、折旧摊销、利润、企业所得税等项目的确认均在年末发生；固定资产残值回收和流动资金回收均发生在经营期最后一年年末。

在建设期内只发生现金流出，因此现金净流量一般小于或等于零，但在经营期现金净流量一般大于零。

### 3. 现金净流量的计算

长期投资决策中的现金净流量，从时间特征上看包括3个组成部分：初始现金净流量、营业现金净流量和终结现金净流量。

1）不考虑企业所得税情况下的现金净流量计算

（1）初始现金净流量的计算。初始现金净流量是指在建设期投资时产生的现金净流量。

某年现金净流量＝－该年原始投资额

（2）营业现金净流量的计算。营业现金净流量是指投资项目投产后，在经营期内由于生产经营活动而产生的现金净流量。

某年营业现金净流量＝税前利润＋（折旧＋摊销）
＝（营业收入－总成本）＋（折旧＋摊销）
＝营业收入－付现成本

（3）终结现金净流量的计算。终结现金净流量是指投资项目终结时（即经营期最后一年年末）所产生的现金净流量。

该年现金净流量＝该年营业现金净流量＋回收额

2）考虑企业所得税情况下的现金净流量计算

对企业来说企业所得税是一种现金流出，在以企业为主体进行长期投资决策时应在考虑所得税情况下计算年现金净流量。

（1）初始现金净流量的计算。

① 如果是新建项目，企业所得税对初始现金净流量没有影响。

某年现金净流量＝－该年原始投资额

② 如果是更新改造项目，固定资产的清理损益就应考虑企业所得税问题。继续使用旧固定资产的建设期期初现金净流量为

$NCF_0$＝－（旧固定资产变价净收入＋旧固定资产提前报废发生净损失抵税额）

（2）营业现金净流量的计算。在考虑企业所得税因素之后，经营期的营业现金净流量可按下列方法计算。

某年营业现金净流量＝税前利润＋（折旧＋摊销）－企业所得税
＝税后利润＋（折旧＋摊销）
＝（营业收入－总成本）×（1－企业所得税税率）
＋（折旧＋摊销）
＝（营业收入－付现成本）×（1－企业所得税税率）
＋（折旧＋摊销）×企业所得税税率

(3) 终结现金净流量的计算。

$$该年现金净流量=该年营业现金净流量+回收额$$

**【例 6-14】** 一明公司准备添置一条生产线,共需要投资 202 万元。建设期为一年,全部资金于建设起点一次投入。该项目预计可使用 10 年,期满有净残值 2 万元。生产线投入使用后不要求追加投入流动资金,每年可使企业增加净利润 15 万元。企业按直线法计提固定资产折旧。要求:确定该投资项目各年的现金净流量。

**解:**(1) 计算初始现金净流量。

$$NCF_0= -202\text{ 万元}$$

$$NCF_1=0$$

(2) 计算营业现金净流量。

$$年折旧额=(202-2)\div 10=20(万元)$$

$$NCF_{2\sim 10}=15+20=35(万元)$$

(3) 计算终结现金净流量。

$$NCF_{11}=15+20+2=37(万元)$$

**【例 6-15】** 一明公司计划购置一台自动化设备,需投资 120 000 元。该设备可使用 6 年,期满有残值 6 000 元。使用该自动设备可为企业每年增加净利润 13 000 元,同时按直线法计提折旧。确定该投资项目各年的现金净流量。

**解:**(1) 计算初始现金净流量。

$$NCF_0= -120\ 000\text{ 元}$$

(2) 计算营业现金净流量。

$$年折旧额=(120\ 000-6\ 000)\div 6=19\ 000(元)$$

$$NCF_{1\sim 5}=13\ 000+19\ 000=32\ 000(元)$$

(3) 计算终结现金净流量。

$$NCF_6=32\ 000+6\ 000=38\ 000(元)$$

#### 4. 现金流量在投资决策分析中运用的意义

应用管理会计学评价投资方案时,用现金实际收支流量作为衡量投资项目经济效益的基础,而不用“净利”,是考虑到以下原因。

(1) 在衡量投资方案优劣时,要把各期的收入与投资成本相比较,虽然投资收益与投资资金不在同一个时点上发生,但可以预期各年的现金净流量,按资金成本(考虑资金时间价值)予以折现,并与投资成本进行比较,以此确定投资方案的可行性。但是净利的计算,并不考虑资金收付的实际时间,没有考虑资金时间价值,因此,难以同投资成本直接对比。

(2) 投资项目完工后,使用期限较长,此时若以未实际收到的现金收入作为收益、核算利润,就忽略了资金时间价值,因而过高估计了投资项目的实际效益。而现金净流量则以现金实际发生数计算,这就考虑了资金的时间价值。

(3) 对投资项目未来各期的净利预测,存在折旧计提、存货估价、费用摊配等不同计算方法的影响,缺少统一标准,有较大的主观随意性。因此,作为决策方案的依据不太可靠。而现金流量计算,则没有不同方法的影响,比较客观公正。

# 6.2 投资项目评价的基本方法

## 6.2.1 非贴现的长期投资决策方法

### 1. 投资利润率法

投资利润率又称投资报酬率，是指投资方案的年平均利润额与投资总额的比率，记作ROI。其计算公式为

$$投资利润率=\frac{年平均利润额}{投资总额}\times 100\%$$

**【例6-16】** 一明公司的某项初始投资5 000元，第1年年末和第2年年末均有现金流入3 000元，计算该项投资的利润率。

**解：**

$$投资利润率=\frac{\frac{3\,000+3\,000}{2}}{5\,000}=60\%$$

**【例6-17】** 一明公司有A、B两个投资方案，投资总额均为2 800万元，全部用于购置固定资产，直线法折旧，使用期均为4年，不计残值，该企业要求的最低投资利润率为10%，其他有关资料如表6-1所示。计算A、B两方案的投资利润率。

**表6-1 一明公司A、B投资方案相关资料** 单位：万元

| 年序 | A方案 | | B方案 | |
|---|---|---|---|---|
| | 利润 | 现金净流量(NCF) | 利润 | 现金净流量(NCF) |
| 0 | | −2 800 | | −2 800 |
| 1 | 350 | 1 050 | 250 | 950 |
| 2 | 350 | 1 050 | 280 | 980 |
| 3 | 350 | 1 050 | 350 | 1 050 |
| 4 | 350 | 1 050 | 380 | 1 080 |
| 合计 | 1 400 | 1 400 | 1 260 | 1 260 |

**解：**

$$A方案的投资利润率=\frac{350}{2\,800}\times 100\%=12.5\%$$

$$B方案的投资利润率=\frac{1\,260\div 4}{2\,800}\times 100\%=11.25\%$$

从计算结果可以看出，A、B方案的投资利润率均大于最低投资利润率10%，A、B方案均为可行方案，且A方案的投资利润率比B方案的投资利润率高出1.25%，故A方案优于B方案。

投资利润率从会计收益角度反映投资项目的获利能力，即投资一年能给企业带来的平均利润是多少。利用投资利润率进行投资决策时，将方案的投资利润率与预先确定的基准投资利润率(或企业要求的最低投资利润率)进行比较：若方案的投资利润率大于或等于基

准投资利润率,方案可行;若方案的投资利润率小于基准投资利润率,方案不可行。一般来说,投资利润率越高,表明投资效益越好;投资利润率越低,表明投资效益越差。

投资利润率指标的缺点如下。

(1) 没有考虑资金时间价值,没有反映建设期长短及投资时间不同对项目的不同影响。

(2) 该指标的分子是时期指标,分母是时点指标,因而可比性较差。

(3) 该指标的计算使用会计利润指标,无法直接利用净现金流量信息。

### 2. 静态投资回收期法

静态投资回收期是指以投资项目营业现金净流量抵偿原始总投资所需要的全部时间,通常以年来表,记为PP。其计算方法有两种。

1) 公式法

当一个项目的前若干期的现金净流量相等,且这些现金净流量的和大于或等于原始投资额,此时可以采用公式法计算静态投资回收期,即

$$静态投资回收期=\frac{原始投资额}{年净现金流量}$$

**【例 6-18】** 一明公司准备添置一条生产线,共需要投资202万元。建设期为一年,全部资金于建设起点一次投入。该项目预计可使用10年,期满有净残值2万元。生产线投入使用后不要求追加投入流动资金,每年可使企业增加净利润15万元。企业按直线法计提固定资产折旧。计算该项目的静态投资回收期。

**解:**

$$每年的净现金流量=15+\frac{202+2}{10}=35.4(万元)$$

$$该项目的静态投资回收期=\frac{202}{35.4}=5.71(年)$$

2) 列表法

当项目投产后每年现金净流量不相等时,就不能采用前面介绍的公式进行计算,应采用列表法。此种情况下,应根据累计现金净流量抵偿全部投资额所需要的时间来计算回收期。

$$静态投资回收期=(累计现金净流量第一次出现正值的年份-1)+\frac{该年年初尚未回收的投资额}{该年现金净流量}$$

**【例 6-19】** 根据例6-17资料计算各方案的静态投资回收期。

**解:**

$$A方案静态投资回收期=\frac{2\,800}{1\,050}=2.67(年)$$

B方案各期的现金净流量不等,只能用列表法,如表6-2所示。

**表 6-2 一明公司现金净流量和累计现金净流量计算表** 单位:万元

| 项目计算期 | B方案 | |
|---|---|---|
| | 现金净流量(NCF) | 累计现金净流量 |
| 0 | −2 800 | −2 800 |
| 1 | 950 | −1 850 |
| 2 | 980 | −870 |

续表

| 项目计算期 | B方案 | |
|---|---|---|
| | 现金净流量(NCF) | 累计现金净流量 |
| 3 | 1 050 | 180 |
| 4 | 1 080 | 1 260 |

从表6-2可得出,B方案第2年年末累计现金净流量为−870万元,表明第2年年末未回收额已经小于第3年的可回收额1 050万元,静态投资回收期在第2年与第3年之间,则

$$B方案静态投资回收期=2+\frac{|-870|}{1\ 050}=2.83(年)$$

A方案的静态投资回收期小于B方案静态投资回收期,所以A方案优于B方案。

投资决策时将方案的投资回收期与预先确定的基准投资回收期(或决策者期望投资回收期)进行比较,若方案的投资回收期小于基准投资回收期,方案可行;若方案的投资回收期大于基准投资回收期,方案不可行。一般来说,投资回收期越短,表明该投资方案的投资效果越好,则该项投资在未来时期所冒的风险越小。

静态投资回收期方法的优点:方法简单,易于广泛采用;可在一定程度上反映方案的风险程度。一般投资回收期越短,说明投资方案的风险越小,反之风险越大。

静态投资回收期方法的缺点:没有考虑资金时间价值因素;没有考虑回收期满后继续发生的净现金流量的变化情况,忽视了投资方案的获利能力。

## 6.2.2 贴现的长期投资决策方法

### 1. 动态投资回收期法

与静态投资回收期不同,动态投资回收期必须在将原始投资额与每年现金净流量均按设定的折现率折算到现值的基础上,确定投资额的收回时间。计算公式为

$$动态投资回收期=(累计折现的现金净流量第一次出现正值的年份-1)+\frac{该年年初累计折现的现金净流量}{该年折现的现金净流量}$$

**【例6-20】** 根据例6-17资料,并假设企业确定的资金成本是10%。计算投资方案A、B方案的动态投资回收期。

**解:**一明公司投资方案A、B累计折现的现金净流量如表6-3、表6-4所示。

**表6-3 一明公司投资方案A累计折现的现金净流量** 单位:元

| 年份 | 每年现金净流量 | 一元复利现值系数 | 每年折现的现金净流量 | 累计折现的现金净流量 |
|---|---|---|---|---|
| 0 | −2 800 | 1 | −2 800 | −2 800 |
| 1 | 1 050 | 0.909 1 | 954.555 | −1 845.445 |
| 2 | 1 050 | 0.826 4 | 867.72 | −977.725 |
| 3 | 1 050 | 0.751 3 | 788.865 | −188.86 |
| 4 | 1 050 | 0.683 0 | 717.15 | 528.29 |

表 6-4　一明公司投资方案 B 累计折现的现金净流量　　单位:元

| 年份 | 每年现金净流量 | 一元复利现值系数 | 每年折现的现金净流量 | 累计折现的现金净流量 |
|---|---|---|---|---|
| 0 | −2 800 | 1 | −2 800 | −2 800 |
| 1 | 950 | 0.909 1 | 863.645 | −1 936.355 |
| 2 | 980 | 0.826 4 | 809.872 | −1 126.483 |
| 3 | 1 050 | 0.751 3 | 788.865 | −337.618 |
| 4 | 1 080 | 0.683 0 | 737.64 | 400.022 |

方案 A 的投资动态回收期＝3＋188.86÷717.15＝3.26(年)

方案 B 的投资动态回收期＝3＋337.618÷737.64＝3.46(年)

### 2. 净现值法

净现值法是指通过测算各投资方案的净现值,来评价投资方案优劣的一种贴现方法。净现值(net present value,NPV)是指投资项目营运期获取的报酬按资金成本或投资者要求的报酬率折算为现值,减去初始投资额现值的差额。即项目计算期内各年净现金流量现值的代数和,记为 NPV。净现值的基本公式为

$$NPV=\sum_{t=0}^{n}\frac{NCF_t}{(1+i)^t}=\sum_{t=0}^{n}NCF_t\times(P/F,i,n)$$

式中,$n$ 为项目计算期(包括建设期与经营期);$NCF_t$ 为第 $t$ 年的现金净流量;$i$ 为行业基准收益率或投资者设定的贴现率;$(P/F,i,n)$ 为第 $n$ 年、贴现率为 $i$ 的复利现值系数。

净现值的计算一般包括以下步骤:①计算出各期的净现金流量;②按行业基准收益率或企业设定的贴现率,将投资项目各期所对应的复利现值系数通过查表确定下来;③将各期净现金流量与其对应的复利现值系数相乘,计算出现值;④加总各期净现金流量的现值,即得到该投资项目的净现值。

(1) 经营期内各年现金净流量相等,建设期为零时,净现值的计算公式为

净现值＝经营期每年相等的现金净流量×年金现值系数－原始总投资现值

(2) 经营期内各年现金净流量不相等,净现值的计算按基本公式计算,即

$$净现值=\sum(经营期各年的现金净流量\times 各年现金现值系数)-原始总投资现值$$

**【例 6-21】** 根据例 6-14 资料,行业基准折现率为 10%。计算该项目的净现值。

**解:** $NPV=-202+35\times(P/A,10\%,10)\times(P/F,10\%,1)+2\times(P/F,10\%,11)$

$=-202+35\times6.144\,6\times0.909\,1+2\times0.350\,5$

$=-5.79$(万元)

**【例 6-22】** 根据例 6-17 资料,假定行业基准收益率为 10%。计算该投资方案 A、B 的净现值。

**解:** $NPV_A=1\,050\times(P/A,10\%,4)-2\,800=1\,050\times3.169\,9-2\,800=528.395$(万元)

$NPV_B=950\times(P/F,10\%,1)+980\times(P/F,10\%,2)+1\,050\times(P/F,10\%,3)$

$+1\,080\times(P/F,10\%,4)-2\,800$

$=950\times0.909\,1+980\times0.826\,4+1\,050\times0.751\,3+1\,080\times0.683\,0-2\,800$

$=400.022$(万元)

A 方案的净现值比 B 方案大，所以 A 方案优于 B 方案。

使用净现值指标进行投资方案评价时，贴现率的选择相当重要，会直接影响到评价的正确性。通常情况下，可以企业筹资的资金成本率或企业要求的最低投资利润率来确定。采用净现值法评价投资项目的判断标准如下：①单项决策时，若净现值大于或等于零，则项目可行；若净现值小于零，则项目不可行。②多项互斥投资决策时，如果投资额相等，且净现值大于零的投资项目中，选择净现值较大的投资项目。

净现值法是一种长期投资决策评价中常用的方法，它主要有以下优点：考虑了资金时间价值，增强了投资经济性的评价；完整地考虑了项目计算期内全部现金流量，体现了流动性和收益性的统一；考虑了投资风险性，因为贴现率的大小与风险的大小有关，风险越大，贴现率就越高。

当然，净现值法也存在一些缺点：净现值是一个绝对数，不能从动态的角度直接反映投资项目的实际收益率，在进行互斥性投资决策时，如果投资额不等，仅用净现值往往无法确定投资项目的优劣；净现值流量测算和贴现率确定困难，而它们的正确性对计算净现值有着重要影响；净现值法计算起来比较麻烦，且较难理解和掌握。

### 3. 净现值率法

净现值率是指投资项目的净现值与原始投资额现值之和的比率。记为 NPVR，净现值率的基本计算公式为

$$净现值率=\frac{净现值}{原始投资额现值之和}$$

$$NPVR=\frac{NPV}{\sum_{t=0}^{s}[NCF(1+i)^{-t}]}$$

净现值率反映每元原始投资的现值未来可以获得的净现值有多少。净现值率大于或等于零，投资方案可行；净现值率小于零，投资方案不可行。净现值率可用于投资额不同的多个方案之间的比较，净现值率最高的投资方案应优先考虑。

**【例 6-23】** 根据例 6-21 的数据，计算该项目的净现值率。

**解：**

$$NPVR=\frac{-5.79}{202}=-2.87\%$$

**【例 6-24】** 根据例 6-22 的数据，计算 A、B 两方案的净现值率并加以比较。

**解：**

$$NPVR_A=\frac{528.395}{2\ 800}=18.87\%$$

$$NPVR_B=\frac{400.022}{2\ 800}=14.29\%$$

A 方案的净现值率比 B 方案高，所以 A 方案优于 B 方案。

净现值率这个贴现的相对数评价指标的优点在于，可以从动态的角度反映投资方案的资金投入与净产出之间的关系，反映了投资的效率，使投资额不同的项目具有可比性。

### 4. 获利指数法

获利指数法(profitability index，PI)又称现值指数法，是指项目投产后按一定贴现率计

算的经营期内各年现金净流量的现值之和与原始投资额现值之和的比率，记为 PI。用公式表示为

$$PI = \frac{\sum_{t=s+1}^{n} NCF\left(\frac{P}{F}, i, t\right)}{\sum_{t=0}^{s} NCF\left(\frac{P}{F}, i, t\right)}$$

$$获利指数 = \frac{经营期各年现金净流量现值之和}{原始投资额现值之和} = 1 + 净现值率$$

**【例 6-25】** 根据例 6-21、例 6-23 的数据，计算该项目的获利指数。

**解：**

$$PI = \frac{202 + (-5.79)}{202} = 0.971\ 3$$

**【例 6-26】** 根据例 6-22、例 6-24 的数据，计算 A、B 两方案的获利指数并加以比较。

**解：**

$$PI_A = \frac{2\ 800 + 528.395}{2\ 800} = 1.188\ 7$$

$$PI_B = \frac{2\ 800 + 400.022}{2\ 800} = 1.142\ 9$$

A 方案的获利指数比 B 方案高，所以 A 方案优于 B 方案。

采用获利指数法评价投资项目的判断标准如下：如果 $PI \geq 1$，则该投资项目可行；如果 $PI < 1$，则该投资项目不可行。获利指数可以看成是 1 元原始投资可望获得的现值净收益，因此，可以作为评价方案的一个指标。它是一个相对数指标，反映投资的效率；而净现值指标是绝对数指标，反映投资的效益。

获利指数法的优缺点与净现值法基本相同，但有一个重要区别，即获利指数法弥补了净现值法在投资额不同的方案之间不能对比的缺陷，使投资方案之间可直接用获利指数进行对比。另外，获利指数法虽然能反映各方案的获利能力，但是不能体现各投资方案的获利额。

获利指数同样是贴现的相对数评价指标，可以从动态的角度反映投资方案的资金投入与总产出之间的关系，同样反映了投资的效率，能使投资额不同的项目具有可比性。

#### 5. 内含报酬率法

内含报酬率又称内部收益率(internal rate of return，IRR)，是指投资项目实际渴望达到的投资报酬率，其实质就是能使投资项目的净现值正好等于零时的折现率，记为 IRR。

显然，内含报酬率 IRR 应满足以下等式。

$$\sum_{t=0}^{n} NCF_t \times (P/F, IRR, t) = 0$$

从上式可以看出，根据方案整个计算期的现金净流量就可计算出内含报酬率，它是方案的实际收益率。

若内含报酬率大于资金成本或企业期望的最低投资报酬率，则投资方案是可行的；若内含报酬率小于资金成本或企业期望的最低投资报酬率，则投资方案不可行。内含报酬率越高，说明投资项目的效益越好。

测算内含报酬率有以下两种方法。

1）每年的净现金流量相等

若项目投资额全部集中在第一年年初投入，以后每年（1～$n$ 年）的净现金流量相等，则计算方法如下。

（1）计算年金现值系数。即计算投资项目净现值等于零时的年金现值系数。由于 $A(P/A,\mathrm{IRR},n)-A_0=0$，因此 $(P/A,\mathrm{IRR},n)=A_0/A$。即

$$年金现值系数=\frac{原始投资额}{每年净现金流量}$$

（2）查阅年金现值系数表。根据计算出的年金现值系数，在 $n$ 已知的情况下，查阅年金现值系数表。若在表中直接查到与计算结果相等的系数，则其对应的折现率就是该方案的内含报酬率；若在表中找不到与计算结果相等的系数，则查出与计算的年金现值系数相邻的两个折现率，然后用插值法计算出内含报酬率。

**【例 6-27】** 一明公司某项初始投资 5 000 元，第 1 年年末和第 2 年年末均有现金流入 3 000元，计算该项投资的内含报酬率。

**解**：方案的建设期为零，全部投资 5 000 元在第 1 年年初一次投入，经营期 2 年内各年现金净流量均为 3 000 元。

$$3\,000\times(P/A,\mathrm{IRR},2)-5\,000=0$$

$$(P/A,\mathrm{IRR},2)=5\,000\div3\,000=1.666\,7$$

查年金现值系数表，在 $n=2$ 这一行中，查到最接近 1.666 7 的两个值，一个是 1.690 1（大于 1.666 7），其对应的贴现率为 12%；另一个是 1.646 7（小于 1.666 7），其对应的贴现率为 14%。IRR 应位于 12%～14%。

利用线性插值法得到

$$\frac{\mathrm{IRR}-12\%}{14\%-12\%}=\frac{1.666\,7-1.690\,1}{1.646\,7-1.690\,1}$$

$$\mathrm{IRR}=12\%+\frac{1.666\,7-1.690\,1}{1.646\,7-1.690\,1}\times(14\%-12\%)=13.08\%$$

2）每年的净现金流量不相等

若建设期不为零，原始投资额是在建设期内分次投入或投资方案在经营期内各年现金净流量不相等的情况下，无法应用上述的简单方法，则应采用逐次测试法，并结合线性插值法计算内含报酬率，其计算步骤如下。

（1）设定一个折现率，计算出投资方案的净现值。若净现值为零，说明该折现率就是方案的内含报酬率；若净现值为正值，说明设定的折现率小于方案的内含报酬率；若净现值为负值，说明设定的折现率大于方案的内含报酬率。

（2）当净现值不等于零时，需要进行测试。如果净现值为正数，说明方案的实际内含报酬率大于预计的贴现率，应提高贴现率再进一步测试；如果净现值为负数，说明方案本身的报酬率小于估计的贴现率，应降低贴现率再进行测算。反复测试，直到寻找出贴现率 $i_1$ 和 $i_2$，$i_1<i_2$，以 $i_1$ 为贴现率计算的净现值 $\mathrm{NPV}_1>0$ 且最接近零；以 $i_2$ 为贴现率计算的净现值 $\mathrm{NPV}_2<0$ 且最接近零。

用线性插值法求出该方案的内含报酬率 IRR，如图 6-5 所示。

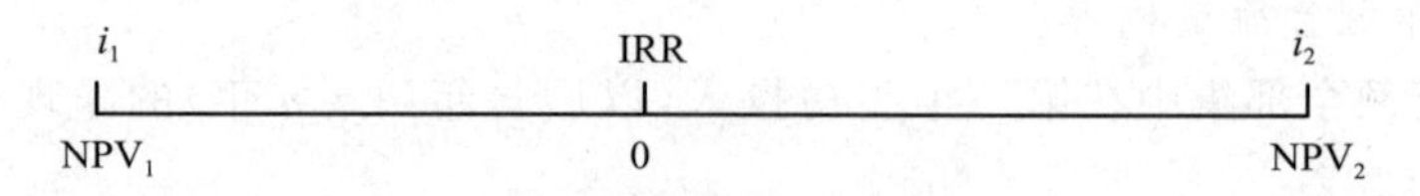


图 6-5　线性插值示意图(1)

利用线性插值法，找到使净现值等于零时的折现率，该折现率就是方案的内含报酬率。根据各指标之间的关系，即可得到计算内含报酬率的一般公式。

$$IRR=i_1+\frac{NPV_1}{NPV_1-NPV_2}\times(i_2-i_1)$$

**【例 6-28】** 根据例 6-17 的资料，计算 A、B 方案的内含报酬率。

**解：**A 方案：

A 方案的建设期为零，全部投资 2 800 万元在第 1 年年初一次投入，经营期 4 年内各年现金净流量均为 1 050 万元。

$$1\ 050\times(P/A,IRR,4)-2\ 800=0$$

$$(P/A,IRR,4)=2\ 800\div1\ 050=2.666\ 7$$

查年金现值系数表，在 $n=4$ 这一行中，查到最接近 2.666 7 的两个值，一个是 2.690 1(大于 2.666 7)，其对应的贴现率为 18%；另一个是 2.588 7(小于 2.666 7)，其对应的贴现率为 20%。IRR 应位于 18%～20%，如图 6-6 所示。

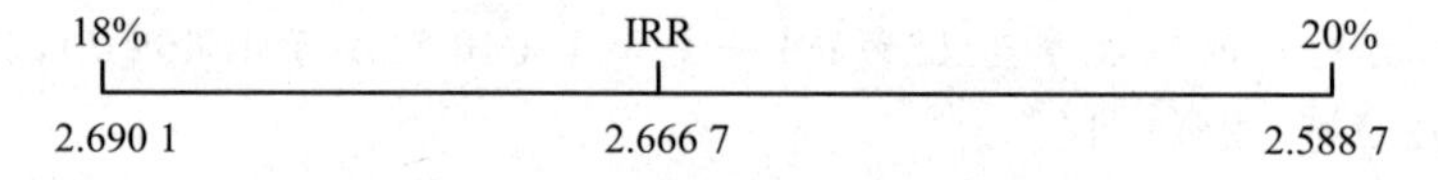


图 6-6　线性插值示意图(2)

利用线性插值法得到

$$\frac{IRR-18\%}{20\%-18\%}=\frac{2.690\ 1-2.666\ 7}{2.690\ 1-2.588\ 7}$$

$$IRR=18\%+\frac{2.690\ 1-2.666\ 7}{2.690\ 1-2.588\ 7}\times(20\%-18\%)=18.46\%$$

B 方案：

第一次测试，取贴现率 10%。

$$\begin{aligned}NPV&=950\times(P/F,10\%,1)+980\times(P/F,10\%,2)+1\ 050\times(P/F,10\%,3)\\&\quad+1\ 080\times(P/F,10\%,4)-2\ 800=950\times0.909\ 1+980\times0.826\ 4+1\ 050\\&\quad\times0.751\ 3+1\ 080\times0.683\ 0-2\ 800=400.022(\text{万元})\end{aligned}$$

NPV 的值高出 0 较多，说明低估了贴现率。

第二次测试，取贴现率 16%。

$$\begin{aligned}NPV&=950\times(P/F,16\%,1)+980\times(P/F,16\%,2)+1\ 050\times(P/F,16\%,3)\\&\quad+1\ 080\times(P/F,16\%,4)-2\ 800=950\times0.862\ 1+980\times0.743\ 2+1\ 050\\&\quad\times0.640\ 7+1\ 080\times0.552\ 3-2\ 800=16.55(\text{万元})\end{aligned}$$

说明仍然低估了贴现率。

第三次测试，取贴现率 18%。

$$NPV=950\times(P/F,18\%,1)+980\times(P/F,18\%,2)+1\,050\times(P/F,18\%,3)+1\,080\times(P/F,18\%,4)-2\,800=950\times0.847\,5+980\times0.718\,2+1\,050\times0.608\,6+1\,080\times0.515\,8-2\,800=-94.945(\text{万元})$$

根据以上计算，得到 $i_1=16\%$、$NPV_1=16.55$(万元)、$i_2=18\%$、$NPV_2=-94.945$(万元)，B方案的内含报酬率为

$$IRR=16\%+\frac{16.55}{16.55-(-94.945)}\times(18\%-16\%)=16.30\%$$

内含报酬率也是长期投资决策评价指标中最重要的指标之一。它的优点是在考虑资金时间价值基础上，直接反映投资项目的实际收益率水平，而且不受决策者设定的贴现率高低的影响，比较客观。其缺点主要是，如果投资方案在经营期现金净流量不是持续地大于零，而是出现间隔若干年就会有一年现金净流量小于零的情况，就可能计算出若干个内含报酬率。在这种情况下，只能结合其他指标或凭经验加以判断。

## 6.3 投资项目评价基本方法的运用

### 6.3.1 多个互斥方案的对比和选优

多个互斥方案对比和选优的过程，就是在每一个入选的投资方案已具备财务可行性的前提下，利用评价指标从各个备选方案中最终选出一个最优方案的过程。在各种不同的情况下，将选择某一特定评价指标作为决策标准或依据，从而形成净现值法、净现值率法、差额净现值法、差额内含报酬率法、年等额净现值法等具体方法。

### 6.3.2 多个互斥方案原始投资额相等的情况

在对原始投资额相等并且计算期也相等的多个互斥方案进行评价时，可采用净现值法；计算期不相等时可采用净现值率法，即通过比较所有投资方案的净现值或净现值率指标的大小来选择较优方案，净现值或净现值率最大的方案为较优方案。

**【例6-29】** 一明公司计划使用5年的固定资产投资项目需要原始投资额400 000元。现有A、B两个互斥方案可供选择。采用A方案，每年现金净流量分别为120 000元、140 000元、160 000元、180 000元和200 000元。采用B方案，每年现金净流量均为170 000元。如果贴现率为10%，该企业应选择哪一个方案？

**解：**

$$NPV_A=120\,000\times(P/F,10\%,1)+140\,000\times(P/F,10\%,2)+160\,000\times(P/F,10\%,3)+180\,000\times(P/F,10\%,4)+200\,000\times(P/F,10\%,5)-400\,000=120\,000\times0.909\,1+140\,000\times0.826\,4+160\,000\times0.751\,3+180\,000\times0.683\,0+200\,000\times0.620\,9-400\,000=192\,116(\text{元})$$

$$NPV_B=170\,000\times(P/A,10\%,5)-400\,000=170\,000\times3.790\,8-400\,000=244\,436(\text{元})$$

B 方案的净现值大于 A 方案的净现值，应选择 B 方案。

### 6.3.3 多个互斥方案原始投资额不相等，但项目计算期相等的情况

在对原始投资额不相等但计算期相等的多个互斥方案进行评价时，可采用差额净现值法（记作 ΔNPV）或差额内含报酬率法（记作 ΔIRR），是指在两个原始投资总额不同的方案的差量现金净流量（记作 ΔNCF）的基础上，计算出差额净现值或差额内含报酬率，并以此做出判断的方法。

在一般情况下，差量现金净流量等于原始投资额大的方案的现金净流量减去原始投资额小的方案的现金净流量，当 ΔNPV≥0 或 ΔIRR≥$i$（基准贴现率）时，原始投资额大的方案较优；反之，则原始投资额小的方案较优。差额净现值 ΔNPV 和差额内含报酬率 ΔIRR 的计算过程与依据 NCF 计算净现值 NPV 和内含报酬率 IRR 的过程完全一样，只是所依据的是 ΔNCF。

**【例 6-30】** 一明公司为提高生产效率，拟购置一套价值 550 000 元的新设备替换尚可使用 5 年的旧设备。新旧设备的替换将在当年内完成（即更新设备的建设期为零），不涉及增加流动资金投资，采用直线法计提设备折旧。旧设备的原始价值为 299 000 元，截至当前的累计折旧为 190 000 元，对外转让可获变价收入 110 000 元，预计发生清理费用 1 000 元（用现金支付）。如果继续使用旧设备，到第 5 年年末的预计净残值为 9 000 元（与税法规定相同）。新设备预计到第 5 年年末回收的净残值为 50 000 元（与税法规定相同）。使用新设备可使企业第 1 年增加经营收入 110 000 元，增加经营成本 20 000 元；在第 2～4 年内每年增加营业利润 100 000 元；第 5 年增加经营净现金流量 114 000 元；使用新设备比使用旧设备每年增加折旧 80 000 元。一明公司期望投资报酬率为 12%，适用的企业所得税税率为 25%。一明公司是否应该更新改造旧设备？

**解：**当前旧设备折余价值＝299 000－190 000＝109 000（元）

当前旧设备变价净收入＝110 000－1 000＝109 000（元）

新设备比旧设备增加的投资额＝购置新设备的投资额－当前旧设备变价净收入
＝550 000－109 000＝＋441 000（元）

第 1 年营业利润的变动额＝增加的营业收入－增加的总成本
＝110 000－(20 000＋80 000)＝＋10 000（元）

第 1 年因更新改造而增加的净利润＝增加的营业利润×（1－企业所得税税率）
＝10 000×(1－25%)＝＋7 500（元）

第 2～4 年每年因更新改造而增加的净利润＝增加的营业利润×（1－企业所得税税率）
＝100 000×(1－25%)＝＋75 000（元）

第 5 年新旧设备净残值之差额＝回收新设备净残值－旧设备净残值
＝50 000－9 000＝＋41 000（元）

$\Delta NCF_0$＝更新设备比继续使用旧设备增加的投资额的负值＝－441 000 元

$\Delta NCF_1$＝经营期第 1 年因更新改造而增加的净利润＋增加的折旧
＝7 500＋80 000＝＋87 500（元）

$\Delta NCF_{2\sim4}$＝经营期第2～4年每年因更新改造而增加的净利润＋增加的折旧

$=75\ 000+80\ 000=+155\ 000$（元）

$\Delta NCF_5$＝第5年增加经营净现金流量＋第5年新旧设备净残值之差额

$=114\ 000+41\ 000=+155\ 000$（元）

当 $i=16\%$ 时，

$$\Delta NPV=87\ 500\times(P/F,16\%,1)+155\ 000\times(P/A,16\%,4)\times(P/F,16\%,1)-441\ 000=8\ 344.624\ 1(元)$$

当 $i=18\%$ 时，

$$\Delta NPV=87\ 500\times(P/F,18\%,1)+155\ 000\times(P/A,18\%,4)\times(P/F,18\%,1)-441\ 000=-13\ 465.488\ 7(元)$$

更新旧设备的差额内含报酬率，

$$\Delta IRR=16\%+8\ 344.624\ 1\div[8\ 344.624\ 1-(-13\ 465.488\ 7)]\times(18\%-16\%)\approx16.77\%$$

因为更新旧设备的差额内含报酬率（ΔIRR）16.77%大于企业期望的投资报酬率12%，所以一明公司应该进行设备的更新改造。

### 6.3.4　多个互斥方案原始投资额不相等，项目计算期也不相等的情况

#### 1. 年等额净现值法

在对原始投资额不相等，特别是计算期也不相等的多个互斥方案进行评价时，可采用年等额净现值法，即分别将所有投资方案的净现值平均分摊到每一年，得到每一方案的年等额净现值指标，通过比较年等额净现值指标的大小来选择最优方案。在此法下，年等额净现值最大的方案为最优方案。

年等额净现值法的计算步骤如下。

计算各方案的净现值NPV（应排除NPV<0的不可行方案）。

计算各方案的年等额净现值，假设贴现率为 $i$，项目计算期为 $n$，则

$$年等额净现值\ A=\frac{净现值}{年金现值系数}=\frac{NPV}{(P/A,i,n)}$$

**【例6-31】**　一明公司有3项互斥的投资方案，其现金净流量如表6-5所示。

**表6-5.　一明公司投资方案现金净流量资料**　　单位：万元

| 项　目 | 年　序 | | | | | | | | |
|---|---|---|---|---|---|---|---|---|---|
| | 0 | 1 | 2 | 3 | 4 | 5 | 6 | 7 | 8 |
| A方案 | −400 | 160 | 180 | 200 | | | | | |
| B方案 | −480 | 140 | 140 | 140 | 140 | 180 | | | |
| C方案 | −600 | | | | 260 | 260 | 260 | 260 | 260 |

企业的贴现率为10%。

要求：

（1）分别判断以上方案的财务可行性。

(2) 用年等额净现值法作出投资决策。

**解：**

(1) $NPV_A=160\times(P/F,10\%,1)+180\times(P/F,10\%,2)$
$+200\times(P/F,10\%,3)-400$
$=160\times0.9091+180\times0.8264+200\times0.7513-400$
$=44.468$(万元)$>0$

$NPV_B=140\times(P/A,10\%,4)+180\times(P/F,10\%,5)-480$
$=140\times3.1699+180\times0.6209-480$
$=75.548$(万元)$>0$

$NPV_C=260\times(P/A,10\%,5)\times(P/F,10\%,3)-600=260\times3.7908\times0.7513-600$
$=140.4873$(万元)$>0$

A、B、C三方案均可行。

(2) A方案的年等额净现值$=\dfrac{44.468}{(P/A,10\%,3)}=\dfrac{44.468}{2.4869}=17.8808$(万元)

B方案的年等额净现值$=\dfrac{75.548}{(P/A,10\%,5)}=\dfrac{75.548}{3.7908}=19.9292$(万元)

C方案的年等额净现值$=\dfrac{140.4873}{(P/A,10\%,8)}=\dfrac{140.4873}{5.3349}=26.3336$(万元)

计算结果表明C方案为最优方案。

**2. 计算期最小公倍数法**

计算期最小公倍数法是将各方案计算期的最小公倍数作为比较方案的共有计算期，并将原计算期内的净现值调整为共有计算期的净现值，然后进行比较决策的一种方法。假设参与比较决策的方案都具有可复制性，是使用计算期最小公倍数法的前提条件，调整为共有计算期的净现值最大的方案为最优方案。

**【例6-32】** 一明公司有A、B两个互斥的投资方案，其现金净流量如表6-6所示。

**表6-6 一明公司A、B方案现金净流量表** 单位：万元

| 项 目 | 年 序 | | | |
|---|---|---|---|---|
| | 0 | 1 | 2 | 3 |
| A方案 | −100 | −100 | 200 | 200 |
| B方案 | −120 | 130 | 130 | |

企业的贴现率为10%。

要求：

(1) 分别判断以上方案的财务可行性。

(2) 用计算期最小公倍数法作出投资决策。

**解：**(1) $NPV_A=-100+(-100)\times(P/F,10\%,1)+200\times(P/F,10\%,2)$
$+200\times(P/F,10\%,3)=-100+(-100)\times0.9091+200\times0.8264$
$+200\times0.7513=124.63$(万元)$>0$

$$NPV_B = -120 + 130 \times (P/A, 10\%, 2) = -120 + 130 \times 1.7355$$
$$= 105.615(\text{万元}) > 0$$

A、B 两方案均可行。

(2) A、B 两方案计算期的最小公倍数为 6 年，A 方案需要重复 2 次，B 方案需要重复 3 次，A、B 方案重复现金净流量如表 6-7 所示。

**表 6-7 A、B 方案重复现金净流量表** 单位：万元

| 项 目 | 年 序 | | | | | | |
|---|---|---|---|---|---|---|---|
| | 0 | 1 | 2 | 3 | 4 | 5 | 6 |
| A 原方案 | −100 | −100 | 200 | 200 | | | |
| 第一次重复 | | | | −100 | −100 | 200 | 200 |
| B 原方案 | −120 | 130 | 130 | | | | |
| 第一次重复 | | | −120 | 130 | 130 | | |
| 第二次重复 | | | | | −120 | 130 | 130 |

$$\text{A 方案共有计算期的净现值} = 124.63 + 124.63 \times (P/F, 10\%, 3)$$
$$= 124.63 + 124.63 \times 0.7513$$
$$= 218.2645(\text{万元})$$

$$\text{B 方案共有计算期的净现值} = 105.616 + 105.615 \times (P/F, 10\%, 2) + 105.615 \times (P/F, 10\%, 4)$$
$$= 105.616 + 105.615 \times 0.8264 + 105.615 \times 0.6830$$
$$= 265.0303(\text{万元})$$

计算结果表明应选择 B 方案。

### 3. 最短计算期法

最短计算期法是将所有参与比较决策的方案的净现值均还原为在年等额净现值的基础上，再按照投资方案最短的计算期作为共有计算期计算出相应的净现值，然后进行比较决策的一种方法。调整为共有计算期的净现值最大的方案为最优方案。

**【例 6-33】** 同例 6-32 的资料。用最短计算期法作出投资决策。

**解：**A、B 两方案的最短计算期为 2 年。

$$\text{A 方案年等额净现值} = \frac{124.63}{(P/A, 10\%, 3)} = \frac{124.63}{2.4869} = 50.1146(\text{万元})$$

$$\text{A 方案共有计算期的净现值} = 50.1146 \times (P/A, 10\%, 2) = 50.1146 \times 1.7355$$
$$= 86.9738(\text{万元})$$

B 方案原计算期与最短计算期相等(均为两年)，不需调整。所以：

$$\text{B 方案共有计算期的净现值} = 105.615(\text{万元})$$

计算结果表明应选择 B 方案。

# 6.4 长期投资决策的敏感性分析

长期投资决策评价指标计算所使用的资料，绝大部分根据预测和估算所得到，有相当程度的不确定性。敏感性分析是指确定某一个或几个因素在一定范围内的变动将会对方案的评价结果影响的程度，使决策者能事先预料到这些因素在多大的范围内变动才不会影响决策的可行性和最优性。一旦超出了这个范围，原来可行的方案会发生变化，就要重新进行选择和决策。如果某一因素在较小范围内的变动会对评价指标产生很大的影响，说明该因素对投资方案的敏感性很强，在决策分析时要密切关注和监控。如果某一因素在较大的范围内的变动也不会对投资方案的可行性产生影响，说明该因素对投资方案的敏感性很弱，在决策分析时不须过多关注和监控。

## 6.4.1 以净现值为基础的敏感性分析

以净现值为基础的敏感性分析主要有两个方面。

(1) 现金净流量对净现值的敏感性分析。即计算出使投资方案可行的每年现金净流量的下限临界值，然后就可得到每年的现金净流量在多大的范围内变动才不至于影响投资方案的可行性。

(2) 项目使用年限对净现值的敏感性分析。即计算出项目使用年限的下限临界值，然后就可得到该项目的使用年限在多大的范围内变动才不至于影响投资方案的可行性。

**【例6-34】** 一明公司有一投资方案，需用资金280万元，预计使用年限为6年，每年现金净流量预计为80万元，资金成本为12%。对该投资方案以净现值为基础进行敏感性分析。

**解：** 净现值$=80\times(P/A,12\%,6)-280=80\times4.1114-280=48.912$(万元)

投资方案的净现值大于零，方案可行。

(1) 现金净流量对净现值的敏感性分析。由于每年现金净流量的下限临界值就是使该投资方案的净现值为零时的现金净流量，即

$$\text{现金净流量的下限临界值}=\frac{280}{(P/A,12\%,6)}=\frac{280}{4.1114}=68.1033(\text{万元})$$

由此可见，如果该投资方案的使用年限不变，每年现金净流量下降至68.103 3万元，投资方案依然可行，但如果每年现金净流量低于68.103 3万元，方案的净现值小于零，方案便不可行了。

(2) 项目使用年限对净现值的敏感性分析。由于投资方案使用年限的下限临界值就是使该投资方案的净现值为零时的使用年限，即

$$80\times(P/A,12\%,n)-280=0$$

移项后得到

$$(P/A,12\%,n)=280\div80=3.5$$

查年金现值系数表可得：$(P/A,12\%,4)=3.0373$，$(P/A,12\%,5)=3.6048$。

表明投资方案使用年限的下限临界值应为4～5年。利用线性插值法可得

$$使用年限的下限临界值=4+\frac{3.5-3.0373}{3.6048-3.0373}=4.8154(年)$$

由此可见，如果该投资方案的现金净流量不变，使用年限下降至4.8153年，投资方案依然可行，但使用年限低于4.8153年，方案的净现值小于零，方案便不可行了。

### 6.4.2 以内含报酬率为基础的敏感性分析

以内含报酬率为基础的敏感性分析主要有两个方面。

(1) 现金净流量变动对内含报酬率的敏感性分析。即假定项目使用年限不变的条件下，测算现金净流量变动对内含报酬率的影响程度。

(2) 项目使用年限变动对内含报酬率的敏感性分析。即假定每年现金净流量不变的条件下，测算项目使用年限变动对内含报酬率的影响程度。

影响程度可用敏感系数表示，敏感系数的计算公式为

$$敏感系数=\frac{目标值变动百分比}{变量值变动百分比}$$

敏感系数越大，表明变量值对目标值的影响程度(即敏感性)越大；敏感系数越小，表明变量值对目标值的影响程度(即敏感性)越小。

**【例6-35】** 仍以例6-34的资料，计算该投资方案的内含报酬率，并以内含报酬率为基础进行敏感性分析。

**解：** 令 $80\times(P/A,i,6)-280=0$

则有 $(P/A,i,6)=280\div80=3.5$

查年金现值系数表可得 $(P/A,18\%,6)=3.4976$，$(P/A,16\%,6)=3.6847$。

表明投资方案的内含报酬率为16%～18%，利用线性插值法可得

$$内含报酬率(IRR)=16\%+\frac{3.6847-3.5}{3.6847-3.4976}\times(18\%-16\%)=17.91\%$$

由于投资方案的内含报酬率17.91%大于资金成本12%，方案可行。

现金净流量对内含报酬率敏感系数计算如下。

$$敏感系数=\frac{(17.91\%-12\%)\div17.91\%}{(80-68.1033)\div80}=2.219$$

项目使用年限对内含报酬率敏感系数计算如下。

$$敏感系数=\frac{(17.91\%-12\%)\div17.91\%}{(6-4.8154)\div6}=1.6712$$

由此得出，投资方案内含报酬率变动率是现金净流量变动率的2.219倍，是使用年限变动率的1.6712倍，说明现金净流量对内含报酬率的影响要比使用年限大。另外也可以看出，如果内含报酬率下降了5.91%(17.91%－12%)，就会使投资方案平均每年现金净流量减少11.8967万元(80－68.1033)，也会使使用年限减少1.1846年(6－4.8154)。

## 本章练习题

**一、判断题**

1. 资金时间价值是在没有通货膨胀和风险的条件下的社会平均资本利润率。 (    )

2. 当通货膨胀率很低时，人们常常习惯于将银行利率视同为资金时间价值。（　）

3. 由于保留盈余也属于股东权益的一部分，因此其资金成本的计算方法与权益性资金成本的计算方法相同。（　）

4. 只有增量现金流量，才是与投资项目相关的现金流量。（　）

5. 因为在整个投资有效年限内，利润总计与现金流量是相等的，所以在投资决策中，重点研究利润和重点研究现金流量效果是一样的。（　）

6. 平均年成本法是假设将来设备更新时，可以按原来的平均年成本找到可以替代的设备。（　）

7. 名义利率是指在一年内复利计息期小于一年时所给出的年利率，它通常小于实际利率。（　）

8. 在进行设备更新决策时，只要引起纳税额减少的项目，该项目就一定属于现金净流入项目。（　）

9. 若固定资产投资项目在计算折旧额时所预计的残值收入大于实际残值收入，对于其差额部分要纳税。（　）

10. 在计算债券的资金成本时，应重点考虑筹资费用，筹资费用一般可忽略不计。（　）

## 二、单项选择题

1. 与投资项目有关的现金流量有（　）。

A. 企业折旧额　　B. 企业利润

C. 投资项目折旧额　　D. 企业收入

2. 利用现值指数法评价投资决策时，贴现率的高低对方案的优先次序（　）。

A. 没有影响　　B. 有影响

C. 成正比　　D. 成反比

3. 在计算现金流量时，若某年取得的净残值收入大于预计的净残值时，正确的处理方法是（　）。

A. 将两者的差额作为现金流量

B. 仍将预计的净残值作为现金流量

C. 将实际净残值减去两者差额部分所补缴的企业所得税的差额作为现金流量

D. 只将其差额部分扣除税款后的余额作为现金流量

4. 某企业在6年前购置一台机床，原价18 000元，拟报废清理或修理后作价出售，假定报废后得残值1 200元，进行修理则需花费4 000元，修理后作价8 000元，那么（　）元是沉没成本。

A. 18 000　　B. 1 200　　C. 4 000　　D. 8 000

5. 投资者期望获得的投资报酬率水平受以下因素的影响（　）。

A. 社会平均利润率　　B. 企业利润

C. 企业收入　　D. 项目内部报酬率

6. 企业5年前购进了一台机器，现已折旧，拟购买一台价值为40 000元的更新式机器取代，卖方提出可以用旧机器作价14 500元进行交换，其余的25 500元以现金支付，则该方案的付现成本是（　）元。

A. 40 000　　B. 14 500　　C. 25 500　　D. 11 000

7. 下列长期投资决策评价指标中,需要以已知的行业基准折现率为计算依据的是(　　)。

A. 内部报酬率　　B. 投资回收期
C. 投资利润率　　D. 获利指数

8. 计算一个项目的投资回收期,应考虑的因素有(　　)。

A. 贴现率　　B. 使用寿命
C. 年现金流量　　D. 资金成本

9. 对单独投资项目进行评价时,下列表述不正确的有(　　)。

A. 资金成本越高,净现值越大
B. 当内部报酬率等于资金成本时,净现值为零
C. 内部报酬率小于资金成本时,净现值为负数
D. 资金成本越低,获利指数越大

**三、多项选择题**

1. 永续年金具有以下特点(　　)。

A. 没有现值　　B. 没有终值　　C. 每期等额支付
D. 每期支付额不定　　E. 没有复利值

2. 在考虑所得税的影响后,用下列(　　)公式能够计算出现金流量。

A. 营业现金流量=收入×(1−税率)−付现成本×(1−税率)+折旧×税率
B. 营业现金流量=税后收入−税后成本+折旧
C. 营业现金流量=营业收入−付现成本−企业所得税
D. 营业现金流量=税后净利+折旧
E. 营业现金流量=税后净利−折旧

3. 投资决策分析使用的静态投资指标主要有(　　)。

A. 投资回收期　　B. 投资报酬率　　C. 净现值
D. 内含报酬率　　E. 现值指数

4. 影响设备最优更新期决策的因素包括(　　)。

A. 设备原值　　B. 设备残值　　C. 设备更新年份
D. 设备运行成本　　E. 设备使用环境

5. 下列几个因素中,影响内含报酬率的有(　　)。

A. 投资项目的使用年限　　B. 建设期的长短
C. 投资的投入方式　　D. 资金成本
E. 风险

6. 下列成本中,与特定决策有关的成本有(　　)。

A. 账面成本　　B. 重置成本　　C. 机会成本
D. 未来成本　　E. 沉没成本

7. 影响投资项目每年营业现金流量大小的因素有(　　)。

A. 企业每年的收入　　B. 企业每年收入的增加额
C. 成本的增加额　　D. 付现成本的增加额
E. 折旧

8. 若一个投资项目的净现值大于零，则可能说明该项目(　　)。

A. 营业现金流量为正数　　B. 资本成本低

C. 投资额少　　D. 经营期的利润水平高

E. 风险高

9. 采用固定资产平均年成本法进行设备更新决策时，主要考虑(　　)。

A. 使用新旧设备给企业带来年收入不同

B. 使用新旧设备给企业带来年成本不同

C. 新旧设备使用年限不同

D. 使用新旧设备给企业带来年收入相同

E. 税后利润

10. 对于是否继续使用旧设备的决策方案，其现金流出量包括(　　)。

A. 旧设备变现价值　　B. 旧设备变现损失减税

C. 每年折旧抵税　　D. 残值变现净收入纳税

E. 新设备买价

**四、计算题**

1. 假设银行利率为 8%，为在 5 年后得到 10 000 元。

要求：计算每年应存入银行多少元。

2. 一明公司有一台旧设备，重置成本为 12 000 元，年运行费用为 8 000 元，6 年后报废无残值。如果用 40 000 元购买一台新设备，年运行成本为 6 000 元，使用寿命 8 年，8 年后残值 2 000 元。新旧设备的产量及产品销售价格相同。企业计提折旧的方法为直线法，企业的资金成本率为 10%，企业所得税税率为 25%。

要求：通过计算，对企业是继续使用旧设备还是将其更新为新设备进行决策。

3. 一明公司在生产中需要一种设备，若企业自己购买，需支付设备买入价 120 000 元，该设备使用寿命 10 年，预计残值率 5%；企业若采用租赁的方式进行生产，每年将支付 20 000元的租赁费用，租赁期为 10 年。假设贴现率 10%，企业所得税税率 25%。

要求：作出购买还是租赁的决策。

4. 一明公司拟购买一套新的生产线，预计初始投资 300 万元，该套设备预计可使用 5 年，净残值率为 10%，按直线法计提折旧后，预计每年可产生税前利润 50 万元。该公司企业所得税税率为 25%，执行的设备折旧政策符合税法要求。假设该设备无论何时报废，净残值收入均为 30 万元。

要求：计算该项目可行的最短使用寿命是多少。

5. 一明公司拟购买一套新设备替代原有的旧设备。旧设备原值 15 000 元，已经使用 4 年，估计还可以继续使用 4 年，每年的操作成本为 2 000 元，残值 2 000 元，目前市场的变现价值估计为 8 000 元；新设备的采购价为 13 000 元，预计使用寿命为 6 年，每年的操作成本为 800 元，残值预计为 2 500 元。该公司企业所得税税率为 25%，预期报酬率为 10%。税法规定此类设备折旧年限为 6 年，残值率为 10%，并按直线法计提折旧。

要求：分析该企业是否应进行该项设备更新(列出分析计算过程)。

# 第7章 全面预算

## 本章学习目的

全面预算管理作为对现代企业成熟与发展起过重大推动作用的管理系统，是企业内部管理控制的一种主要方法。这一方法从20世纪20年代在美国的通用电气公司、杜邦公司、通用汽车公司产生之后，很快便成为大型工商企业的标准作业程序。从最初的计划、协调，发展到现在的兼具控制、激励、评价等诸多功能的一种综合贯彻企业经营战略的管理工具，全面预算管理在企业内部控制中日益发挥核心作用。正如著名管理学家戴维·奥利所说的：全面预算管理是为数不多的几个能把企业的所有关键问题融合于一个体系之中的管理控制方法之一。

## 本章学习目标

1. 掌握全面预算的含义；
2. 了解编制全面预算的作用；
3. 了解全面预算的编制原则；
4. 了解弹性预算、零基预算和滚动预算；
5. 掌握全面预算的编制。

## 引导案例

### 王先生的预算制度

王先生经营的某私营公司，从事医疗服务。公司的经营情况很好，办公条件也不错。然而，王先生最近却收到了税务局的通知，通知他缴纳过去6个月的个人所得税。另外，该私营公司在支付能力方面也存在困难，它欠一家供应商的货款超过了100 000元，但现在连利息也无法支付。在过去的5年里，这类困难反复出现过。在过去，王先生靠抵押自己的私人住宅或办公大楼来借款解决类似的问题。目前办公大楼上的权益足以解决以上的问题。他已经与当地的一家银行签下了再筹资协议，这使他有足够的钱来支付滞纳的税款及相关的罚款和利息。

然而，王先生这一次下定决心要彻底解决财务上的困难。最近一次的贷款已经耗尽了他的全部私人财产；如再有困难，就无法支撑下去。他采取的第一项措施就是辞掉公司的会计，理由是她未能恰当管理公司的财务资源，因而她应负大部分的责任。然后，他打电话给当地的一家会计师事务所，要求帮助诊断一下反复出现的财务困难。

经过注册会计师对会计记录的检查发现，该私营公司目前的财务困难是由于缺乏适当的计划与控制而造成的，王先生对许多支出的决策都过于任意和武断，而能否负担得起则很少考虑到。因此，其支出水平经常超出业务能力。为了满足额外的支出，出纳员被迫推延那些基本的营业费用，如个人所得税、办公用品费用等的支付。例如购买设备方面，在过去的5年里，该公司购买了一辆小货车、一台录像机、一台冰箱和一套微机系统。有些是用现金购买，有些是分期付款。对于一个医疗服务公司来说，很多是不必要的。这些原因对王先生个人和该公司的财务状况都产生了负面影响。

最后，会计师事务所在出具的建议书中，建议王先生实施正式的预算制度。

**要求**：为什么会计师事务所建议王先生实施正式的预算制度？

## 7.1 全面预算概述

### 7.1.1 全面预算的含义

一个企业通过长期决策和短期决策，分别提出了自己的长期发展目标和短期经营目标。为了实现既定的目标，保证决策所确定的最优方案在实际工作中得到贯彻执行，就需要编制预算。所谓预算，就是用货币计量，将决策的目标具体地、系统地反映出来。概括来说，预算就是决策目标的具体化。

全面预算是关于企业在一定的时期内（一般为一年或一个既定期间内）各项业务活动、财务表现等方面的总体预测。它包括经营预算（如开发预算、销售预算、销售费用预算、管理费用预算等）和财务预算（如投资预算、资金预算、预计利润表、预计资产负债表等）。全面预算的编制是为了贯彻、落实企业短期经营目标的实施，它是企业计划目标的数量化说明。全面预算编制的好坏直接影响到企业短期经营目标的实现。

### 7.1.2 编制全面预算的作用

全面预算是沟通企业内部各层次的重要信息。通过编制全面预算，有助于使各部门乃至全体职工明确工作任务，协调并控制各部门的工作，并使工作业绩的评价有一个客观的标准。编制全面预算的作用主要有以下几个方面。

**1. 编制全面预算是使企业内部各部门明确具体工作任务的必要措施**

通过全面预算的编制，企业内部各部门可以明确各自的具体工作任务，以及要达到的目标，明确各自在成本、利润、资金等方面必须达到的水平，从而使其工作能在总目标和具体行动计划的指导下有条不紊地进行。也只有企业内部各部门完成了工作任务，企业的购、销以及成本、利润、现金收支等方面的目标才能达到。

**2. 编制全面预算是协调各部门工作的重要手段**

现代化生产条件下的企业，若要实现其经营目标，单靠某个或某几个部门的努力是不够的，它需要企业内部各部门组成一个有机整体，通力配合，相互协调，均衡发展。编制全面预算，将总目标以数量指标体系体现出来，并将这些指标分解落实到每一个部门，使购、销、调、存各环节、各部门的工作，在企业的预算指导下，协调地进行，从而达到正确处理企业内部各部门的相互关系，减少内部矛盾的目的。

**3. 编制全面预算是控制企业日常经济活动使其按预定目标进行的主要依据**

在经营过程中，将各项指标的完成数同预算数相比较，可以及时揭露实际与预算的差异，以便总结经验，采取有效措施及时纠正偏差，从而使各项经济活动经常处于预算指标控制之下，以保证企业总目标的实现。

**4. 编制全面预算是衡量各部门工作业绩的标准**

企业经营目标的实现，不仅需要将总体目标分解、落实到每一个部门，而且需要对各部门所承担的工作任务定期地进行检查与考核，以便了解各部门的工作业绩，及时发现薄弱环节，采取措施，予以纠正。而评价和考核各部门业绩的主要依据，就是企业的预算。

### 7.1.3 全面预算的编制原则

编制全面预算要遵循以下原则。

(1) 编制的预算要以明确的经营目标为前提。如在确定了目标利润后，就需要相应地确定目标成本，编制有关销售收入和成本费用的预算。

(2) 编制预算时，要做到全面、完整，凡是影响目标实现的业务、事项，均应以货币或其他计量形式来具体地加以反映，尽量避免由于预算缺乏周详的考虑而影响目标的实现。有关预算指标之间要相互衔接，钩稽关系要明确，以保证整个预算的综合平衡。

(3) 预算要积极可靠，留有余地。积极可靠是指要充分估计目标的实现可能性，不要把预算指标定得过低或过高，保证预算能在实际执行过程中充分发挥其指导和控制作用。为了应对千变万化的实际工作，预算又必须留有余地，具有一定的灵活性，以免在意外事项发生时，造成被动，影响平衡，以至于影响原定目标的实现。

## 7.2 全面预算的编制

全面预算是企业经营全部计划的数量说明，也就是企业经营活动各项具体指标，通过货币数量集中而系统地反映。它不是一个单项预算，而是一系列预算的有机结合体。这一系列的预算，可以分为经营预算和财务预算两个部分，此外还有专门决策预算。其中业务预算和财务预算又分别由若干个预算所组成。下面将分别加以介绍。

## 7.2.1 经营预算的编制

经营预算是指企业日常发生的各项具有实质性的基本活动的预算，它主要包括销售预算、生产预算、直接材料预算、直接人工预算、制造费用预算、存货预算、销售费用和管理费用预算等。

### 1. 销售预算的编制

销售预算是根据年度目标利润所规定的销售量和销售额来编制的。其他预算均以销售预算为基础进行编制。

在以销定产的经营思想指导下，销售预算成为全面预算的起点，生产、材料采购、存货、费用等方面的预算，都要以销售预算为基础。由于销售预算必须以销售为基础，并且销售收入是企业现金收入的最主要的来源，因此，销售预测的准确程度对整个全面预算的科学合理性起着至关重要的作用。通过对企业未来产品销售情况所做的预测，推测出下一预算期的产品销售量和销售价格，就可求出预计的销售收入。

预计销售收入＝预计销售量×预计销售单价

销售预算以销售预测为起点进行编制。

**【例 7-1】** 设一明公司生产和销售 A 产品，其 2021 年及 2022 年第一、二季度的销售预测如表 7-1 所示。请编制销售预算和现金收入表。

**表 7-1　一明公司销售预测**

| 项　目 | 2021 年第一季度 | 2021 年第二季度 | 2021 年第三季度 | 2021 年第四季度 | 2022 年第一季度 | 2022 年第二季度 |
|---|---|---|---|---|---|---|
| 销售量/件 | 40 000 | 48 000 | 72 000 | 90 000 | 50 000 | 60 000 |
| 单价/元 | 24 | 24 | 24 | 26 | 26 | 26 |

**解**：编制的销售预算如表 7-2 所示。

**表 7-2　一明公司销售预算**

| 项　目 | 2021 年第一季度 | 2021 年第二季度 | 2021 年第三季度 | 2021 年第四季度 | 2022 年第一季度 | 2022 年第二季度 |
|---|---|---|---|---|---|---|
| 预计销售量/件 | 40 000 | 48 000 | 72 000 | 90 000 | 50 000 | 60 000 |
| 预计销售单价/元 | 24 | 24 | 24 | 26 | 26 | 26 |
| 预计销售收入/元 | 960 000 | 1 152 000 | 1 728 000 | 2 340 000 | 1 300 000 | 1 560 000 |

根据销售预算表及前期应收账款的收回及预计收到当前销货款的情况，就能够编制出预计现金收入计算表，如表 7-3 所示。假定该公司预算年度第一季度可收回上年第四季度

的应收账款 250 000 元。

表 7-3　一明公司预计现金收入计算表　　单位：元

| 项　目 | 2021 年第一季度 | 2021 年第二季度 | 2021 年第三季度 | 2021 年第四季度 | 全年合计 |
|---|---|---|---|---|---|
| 预计销售收入（见表 7-2） | 960 000 | 1 152 000 | 1 728 000 | 2 340 000 | 6 180 000 |
| 收到上季度应收销货款（上季销售收入×30%） | 250 000 | 288 000 | 345 600 | 518 400 | 1 402 000 |
| 收到本季度销货款（本季销售收入×70%） | 672 000 | 806 400 | 1 209 600 | 1 638 000 | 4 326 000 |
| 现金收入合计 | 922 000 | 1 094 400 | 1 555 200 | 2 156 400 | 5 728 000 |

**【例 7-2】**　一明公司生产和销售 A 产品，销售单价为 200 元，预算年度内四个季度的销售量经测算分别为 250 件、300 件、400 件和 350 件。其第一～四季度的销售预测如表 7-4 所示。请编制销售预算和预计现金收入表。

表 7-4　一明公司销售预测

| 项　目 | 第一季度 | 第二季度 | 第三季度 | 第四季度 |
|---|---|---|---|---|
| 销售量/件 | 250 | 300 | 400 | 350 |
| 单价/元 | 200 | 200 | 200 | 200 |

**解：**编制的销售预算如表 7-5 所示。

表 7-5　一明公司销售预算

| 项　目 | 第一季度 | 第二季度 | 第三季度 | 第四季度 |
|---|---|---|---|---|
| 预计销售量/件 | 250 | 300 | 400 | 350 |
| 预计销售单价/元 | 200 | 200 | 200 | 200 |
| 预计销售收入/元 | 50 000 | 60 000 | 80 000 | 70 000 |

根据销售预算表及前期应收账款的收回及预计收到当前销货款的情况，就能够编制出预计现金收入计算表，如表 7-6 所示。假定该企业销货款在当季可收到 60%。下一季度可收到其余的 40%。预计预算年度第一季度可收回上年第四季度的应收账款 20 000 元。

表 7-6　一明公司预计现金收入计算表　　单位：元

| 项　目 | 第一季度 | 第二季度 | 第三季度 | 第四季度 | 全年合计 |
|---|---|---|---|---|---|
| 预计销售收入（见表 7-5） | 50 000 | 60 000 | 80 000 | 70 000 | 260 000 |
| 收到上季度应收销货款（上季销售收入×40%） | 20 000 | 20 000 | 24 000 | 32 000 | 96 000 |
| 收到本季度销货款（本季销售收入×60%） | 30 000 | 36 000 | 48 000 | 42 000 | 156 000 |
| 现金收入合计 | 50 000 | 56 000 | 72 000 | 74 000 | 252 000 |

**2. 生产预算的编制**

生产预算的编制要求以预计销售量和预计产成品存货为基础。产品的预计生产量可根据预计销售量和期初、期末的预计存货量确定，其计算公式为

预计生产量＝预计销售量＋预计期末产成品存货量－预计期初产成品存货量

**【例 7-3】** 仍用例 7-1 资料，该企业生产单位产品 A 需要甲原材料 2 千克，每千克 0.40 元；需要乙原材料 1 千克，每千克 0.3 元。2021 年 1 月 1 日期初存货估计如下。

产成品：

A：12 000 件　　单价：10.6 元

直接材料：

甲：12 000 千克　　单价：0.4 元

乙：8 000 千克　　单价：0.3 元

设季末预计的产成品存货占下一季度销售量的 30%，各季预计的期初存货为上季末预计的期末存货。假定该企业没有在产品存货。请编制生产预算。

**解：**编制生产预算的主要步骤如下。

(1) 计算第一季度的期末存货。

第一季度期末存货＝第二季度销售量×30%

＝48 000×30%

＝14 400(件)

(2) 计算第一季度的预计生产量。

预计生产量＝预计销售量＋期末存货－期初存货

＝40 000＋14 400－12 000

＝42 400(件)

(3) 同理，可以计算其余 3 个季度的期末存货和预计生产量，各季预计的期初存货即为上季末的期末存货。

(4) 各季度的销售量相加得出全年销售量。第四季度的期末存货即为全年度的期末存货；而第一季度的期初存货则为全年的期初存货。因此，该企业 2021 年度的以数量表现的生产预算如表 7-7 所示。

**表 7-7　一明公司生产预算**　　单位：件

| 项　目 | 2021 年第一季度 | 2021 年第二季度 | 2021 年第三季度 | 2021 年第四季度 | 全年合计 |
|---|---|---|---|---|---|
| 预计销售量(见表 7-1) | 40 000 | 48 000 | 72 000 | 90 000 | 250 000 |
| 加：预计期末产品存货 | 14 400 | 21 600 | 27 000 | 15 000 | 15 000① |
| 合　计 | 54 400 | 69 600 | 99 000 | 105 000 | 265 000 |
| 减：预计期初产品存货 | 12 000 | 14 400 | 21 600 | 27 000 | 12 000 |
| 预计生产量 | 42 400 | 55 200 | 77 400 | 78 000 | 253 000 |

注：① 30%×50 000(2022 年第一季度)。

### 3. 直接材料预算的编制

预计生产量确定以后，按照单位产品的直接材料消耗量，同时考虑预计期初、期末的材料存货量，可以编制直接材料预算。

预计直接材料采购量＝预计生产量×单位产品耗用量
＋预计期末材料存货－预计期初材料存货

根据计算所得到的预计直接材料采购量，不仅可以安排预算期内的采购计划，同时也可以得到直接材料的预算额。

直接材料预算额＝直接材料预计采购量×直接材料单价

在编制直接材料预算时考虑期初、期末存货，尽可能地降低产品成本，避免因材料存货不足影响生产，或由于材料存货过多而造成资金的积压和浪费。

**【例 7-4】** 根据例 7-3 所给数据，季末预计的材料存货占下一季度生产需要量的 30％。各季预计的期初存货即为上季末预计的期末存货。请编制直接材料的预算和现金支出表。

**解：**直接材料的预算可按下列步骤编制。

(1) 将各季度预计生产量乘以单位产品的材料需要量，确定直接材料需要量(各季之和即为全年需要量)。

(2) 按表 7-7 的编制方式和步骤即可计算确定预计材料采购量。

(3) 将预计材料采购量乘以单价，即可计算确定预计材料采购额，如表 7-8、表 7-9所示。

**表 7-8　一明公司直接材料甲预算** 数量单位：千克　金额单位：元

| 直接材料甲 | 2021 年<br>第一季度 | 2021 年<br>第二季度 | 2021 年<br>第三季度 | 2021 年<br>第四季度 | 全年合计 |
|---|---|---|---|---|---|
| 预计生产量(见表 7-7) | 42 400 | 55 200 | 77 400 | 78 000 | 253 000 |
| 单位产品材料需要量 | 2 | 2 | 2 | 2 | 2 |
| 预计材料需要量 | 84 800 | 110 400 | 154 800 | 156 000 | 506 000 |
| 加：预计材料期末存货 | 33 120 | 46 440 | 46 800 | 31 800 | 31 800① |
| 合　计 | 117 920 | 156 840 | 201 600 | 187 800 | 537 800 |
| 减：预计期初材料存货 | 12 000 | 33 120 | 46 440 | 46 800 | 12 000 |
| 预计材料采购量 | 105 920 | 123 720 | 155 160 | 141 000 | 525 800 |
| 单　价 | 0.4 | 0.4 | 0.4 | 0.4 | 0.4 |
| 预计材料采购额 | 42 368 | 49 488 | 62 064 | 56 400 | 210 320 |

注：① 2022 年第一季度预计生产量＝50 000＋60 000×30％－15 000＝53 000(件)。
2021 年第四季度预计期末存货＝53 000×2×30％＝31 800(千克)。

表 7-9　一明公司直接材料乙预算　数量单位:千克　金额单位:元

| 直接材料乙 | 2021 年第一季度 | 2021 年第二季度 | 2021 年第三季度 | 2021 年第四季度 | 全年合计 |
| --- | --- | --- | --- | --- | --- |
| 预计生产量(见表 7-7) | 42 400 | 55 200 | 77 400 | 78 000 | 253 000 |
| 单位产品材料需要量 | 1 | 1 | 1 | 1 | 1 |
| 预计材料需要量 | 42 400 | 55 200 | 77 400 | 78 000 | 253 000 |
| 加:预计材料期末存货 | 16 560 | 23 220 | 23 400 | 15 900 | 15 900① |
| 合　计 | 58 960 | 78 420 | 100 800 | 93 900 | 268 900 |
| 减:预计期初材料存货 | 8 000 | 16 560 | 23 220 | 23 400 | 8 000 |
| 预计材料采购量 | 50 960 | 61 860 | 77 580 | 70 500 | 260 900 |
| 单　价 | 0.3 | 0.3 | 0.3 | 0.3 | 0.3 |
| 预计材料采购额 | 15 288 | 18 558 | 23 274 | 21 150 | 78 270 |

注:① 2022 年第一季度预计生产量＝50 000＋60 000×30%－15 000＝53 000(件)。
2021 年第四季度预计期末存货＝53 000×1×30%＝15 900(千克)。

根据直接材料预算表及前期应付账款的支付及预计本期购货款的支付情况,就能够编制出预计现金支出计算表(见表 7-10)。假定该公司预算年度第一季度支付上年第四季度的应付账款 20 000 元。

表 7-10　一明公司直接材料现金支出计算表　单位:元

| 项　　目 | 2021 年第一季度 | 2021 年第二季度 | 2021 年第三季度 | 2021 年第四季度 | 全年合计 |
| --- | --- | --- | --- | --- | --- |
| 预计材料采购额(甲材料＋乙材料) | 57 656 | 68 046 | 85 338 | 77 550 | 288 590 |
| 应付上季赊购款(上季采购款×40%) | 20 000 | 23 062.4 | 27 218.4 | 34 135.2 | 104 416 |
| 应付本季现购款(本季采购款×60%) | 34 593.6 | 40 827.6 | 51 202.8 | 46 530 | 173 154 |
| 现金支出合计 | 54 593.6 | 63 890 | 78 421.2 | 80 665.2 | 277 570 |

### 4. 直接人工预算的编制

直接人工预算也是由生产预算推算而来的。根据生产预算中预计的生产量和标准单位或定额所确定的直接人工小时,就可以得出预计的直接人工小时,然后再乘以小时工资率,就得到预计的直接人工成本,其计算公式为

直接人工预算额＝预计生产量×单位产品直接人工小时×小时工资率

**【例 7-5】** 一明公司预算期生产量为 50 件,每件产品耗费人工 25 工时,每人工时价格为 20 元,则该企业的直接人工预算额为多少?

**解:**　　直接人工预算额＝50×25×20＝25 000(元)

**【例 7-6】** 仍用例 7-3 资料,设该生产单位产品需用直接人工为 0.5 小时,每小时直接人工成本为 10 元。请编制直接人工预算。

**解**:该企业2021年的直接人工预算如表7-11所示。

**表7-11　一明公司直接人工预算**

| 项　　目 | 2021年第一季度 | 2021年第二季度 | 2021年第三季度 | 2021年第四季度 | 全年合计 |
|---|---|---|---|---|---|
| 预计生产量/件(见表7-7) | 42 400 | 55 200 | 77 400 | 78 000 | 253 000 |
| 单位产品直接人工工时/小时 | 0.5 | 0.5 | 0.5 | 0.5 | 0.5 |
| 预计各期需用的直接人工工时/小时 | 21 200 | 27 600 | 38 700 | 39 000 | 126 500 |
| 小时工资率 | 10 | 10 | 10 | 10 | 10 |
| 预计直接人工/元 | 212 000 | 276 000 | 387 000 | 390 000 | 1 265 000 |

### 5. 制造费用预算的编制

制造费用预算是指除直接材料和直接人工预算以外的其他一切生产费用预算。制造费用预算要比直接材料、直接人工预算复杂。因为在制造费用中,有些费用如间接材料、间接人工等基本上随产量成正比例变动,而另一些费用如折旧费、保险费、管理人员工资等,则在一定时期内基本稳定不变。因此,制造费用的预算可以根据成本性态划分为变动制造费用预算和固定制造费用预算两大部分。

变动制造费用预算可以根据预计生产量和单位产品预定分配率来计算。

变动制造费用预算额=预计生产量×单位产品预定分配率

固定制造费用可在上年的基础上根据预期变动加以修正进行预计。

为了给编制现金预算提供必需信息,在制造费用预算中,通常包括费用方面预期的现金支出。固定资产折旧作为一项固定制造费用,不涉及现金的支出,因此在编制制造费用预算时,应将这一项目从固定制造费用中扣除。

预计需用现金支出的制造费用=预计制造费用-折旧

预计制造费用=预计直接人工×变动性费用预定分配率+预计固定制造费用

**【例7-7】**　资料见例7-1,制造费用明细项目见表7-12。请编制制造费用预算。

**解**:制造费用预算如表7-13所示。

**表7-12　一明公司制造费用预算明细表**　　单位:元

| 项　　目 | 固定性 | 变动性 | 合　计 |
|---|---|---|---|
| 管理人员工资 | 120 000 | | 120 000 |
| 间接人工 | 40 000 | 200 000 | 240 000 |
| 租金 | 96 000 | | 96 000 |
| 维修 | 8 000 | 120 000 | 128 000 |
| 水电 | 4 000 | 150 000 | 154 000 |
| 维护 | 12 000 | 30 000 | 42 000 |
| 工资附加 | | 306 000 | 306 000 |

续表

| 项　　目 | 固定性 | 变动性 | 合　计 |
|---|---|---|---|
| 杂费 | 4 000 | 206 000 | 210 000 |
| 机器折旧 | 36 000 | | 36 000 |
| 合　计 | 320 000 | 1 012 000 | 1 332 000 |

单位直接人工变动制造费用率＝1 012 000÷1 265 000＝80％

**表 7-13　一明公司制造费用预算**　　单位:元

| 项　　目 | 2021 年第一季度 | 2021 年第二季度 | 2021 年第三季度 | 2021 年第四季度 | 全年合计 |
|---|---|---|---|---|---|
| 预计直接人工(见表 7-11) | 212 000 | 276 000 | 387 000 | 390 000 | 1 265 000 |
| 变动制造费用(直接人工×80％) | 169 600 | 220 800 | 309 600 | 312 000 | 1 012 000 |
| 固定制造费用 | 80 000 | 80 000 | 80 000 | 80 000 | 320 000 |
| 预计制造费用合计 | 249 600 | 300 800 | 389 600 | 392 000 | 1 332 000 |
| 减:折旧 | 9 000 | 9 000 | 9 000 | 9 000 | 36 000 |
| 预计需用现金支出的制造费用 | 240 600 | 291 800 | 380 600 | 383 000 | 1 296 000 |

### 6. 存货预算的编制

期末产成品存货预算不仅影响生产预算,而且其预计金额也直接影响利润表和预计资产负债表。其编制的基本步骤是:先计算确定单位产成品成本,然后将单位产成品成本乘以预计期末产成品存货数量,即可得出期末产成品存货额。

**【例 7-8】** 根据前述有关数据,编制一明公司期末产成品存货预算。

**解:**一明公司期末产成品存货预算见表 7-14。

**表 7-14　一明公司期末产成品存货预算**

| 项　　目 | 数　　量 | 成　　本 | 合计/元 |
|---|---|---|---|
| 单位产成品成本 | | | |
| 直接材料(见表 7-8、表 7-9) | | | |
| 甲材料 | 2 千克 | 0.4 元/千克 | 0.80 |
| 乙材料 | 1 千克 | 0.3 元/千克 | 0.30 |
| 直接人工 | 0.5 小时 | 10 元/小时 | 5.00 |
| 制造费用 | | | |
| 变动性(见表 7-13) | | | 4.00① |
| 固定性(见表 7-13) | | | 1.26② |
| | | | 11.36 |
| 期末产成品存货 | 15 000 件×11.36 元/件＝170 400 元 | | |

注:① 1 012 000÷253 000＝4.00(元)。

② 320 000÷253 000＝1.26(元)。

根据表7-1～表7-13编制产品生产成本和销售成本预算表，如表7-15所示。

表7-15　一明公司生产成本和销售成本预算　　单位：元

| 项　　目 | 2021年第一季度 | 2021年第二季度 | 2021年第三季度 | 2021年第四季度 | 全年合计 |
| --- | --- | --- | --- | --- | --- |
| 直接材料(甲) | 33 920 | 44 160 | 61 920 | 62 400 | 202 400 |
| 直接材料(乙) | 12 720 | 16 560 | 23 220 | 23 400 | 75 900 |
| 直接人工 | 212 000 | 276 000 | 387 000 | 390 000 | 1 265 000 |
| 制造费用 | 249 600 | 300 800 | 389 600 | 392 000 | 1 332 000 |
| 生产成本合计 | 508 240 | 637 520 | 861 740 | 867 800 | 2 875 300 |
| 加：期初产成品存货 | 136 320 | 163 584 | 245 376 | 306 720 | 136 320 |
| 减：期末产成品存货 | 163 584 | 245 376 | 306 720 | 170 400 | 170 400 |
| 销售成本合计 | 480 976 | 555 728 | 800 396 | 1 004 120 | 2 841 220 |

### 7. 销售费用和管理费用预算的编制

销售费用和管理费用预算的编制方法与制造费用预算的编制方法相同，也是按照费用的不同性态分别进行编制的。如果各费用项目的数额比较大，则销售费用与管理费用可以分别编制预算。

**【例7-9】** 资料见例7-1，设一明公司变动性销售及管理费用为销售收入的4%。请编制销售费用及管理费用预算。

**解：**一明公司2021年销售费用及管理费用预算编制如表7-16所示。

表7-16　一明公司销售费用及管理费用预算　　单位：元

| 项　　目 | 2021年第一季度 | 2021年第二季度 | 2021年第三季度 | 2021年第四季度 | 全年合计 |
| --- | --- | --- | --- | --- | --- |
| 预计销售收入(见表7-2) | 960 000 | 1 152 000 | 1 728 000 | 2 340 000 | 6 180 000 |
| 预计变动性销售费用及管理费用(4%) | 38 400 | 46 080 | 69 120 | 93 600 | 247 200 |
| 固定性销售费用及管理费用 | 96 800 | 96 800 | 96 800 | 96 800 | 387 200 |
| 合　计 | 135 200 | 142 880 | 165 920 | 190 400 | 634 400 |

## 7.2.2　财务预算的编制

财务预算是指企业在计划期内反映其财务成果和财务状况的预算，它主要包括现金预算、预计利润表和预计资产负债表。

### 1. 现金预算的编制

现金预算是所有有关现金收支预算的汇总,现金预算一般包括现金收入,现金支出,现金多余或现金不足,资金的筹集与运用4个部分。

现金预算是企业先进管理的重要工具,它有助于企业合理地安排和调动资金,降低资金的使用成本,防止企业陷入财务困境。

**【例7-10】** 假定一明公司2021年年初现金余额160 000元,第一季度购买机器设备需要140 000元,全年所得税估计为1 200 000元,每季度各分担25%。该公司期末现金余额不得少于90 000元。如果不足,该公司必须向银行借款以保持该最低现金余额。请根据前述资料及前述生产经营全面预算的各个组成部分的资料编制现金预算。

**解:** 一明公司现金预算见表7-17。

**表7-17 一明公司现金预算**

2021年度 单位:元

| 项目 | 2021年第一季度 | 2021年第二季度 | 2021年第三季度 | 2021年第四季度 | 全年合计 |
|---|---|---|---|---|---|
| 期初现金余额 | 160 000 | 99 606.4 | 119 436.4 | 362 695.2 | 160 000 |
| 加:现金收入(见表7-7) | | | | | |
| 收到上季度赊销款和本季度现销款 | 922 000 | 1 094 400 | 1 555 200 | 2 156 400 | 5 728 000 |
| 可动用现金合计 | 1 082 000 | 1 194 006.4 | 1 674 636.4 | 2 519 095.2 | 5 888 000 |
| 减:现金支出 | | | | | |
| 直接材料(见表7-10) | 54 593.6 | 63 890 | 78 421.2 | 80 665.2 | 277 570 |
| 直接人工(见表7-11) | 212 000 | 276 000 | 387 000 | 390 000 | 1 265 000 |
| 制造费用(见表7-13) | 240 600 | 291 800 | 380 600 | 383 000 | 1 296 000 |
| 销售费用及管理费用(见表7-16) | 135 200 | 142 880 | 165 920 | 190 400 | 634 400 |
| 购置设备 | 140 000 | | | | 140 000 |
| 支付所得税 | 300 000 | 300 000 | 300 000 | 300 000 | 1 200 000 |
| 现金支出合计 | 1 082 393.6 | 1 074 570 | 1 311 941.2 | 1 344 065.2 | 4 812 970 |
| 现金结余或不足 | (393.6) | 119 436.4 | 362 695.2 | 1 175 030 | 1 075 030 |
| 筹集与运用 | | | | | |
| 向银行借款 | 100 000 | | | | 100 000 |
| 偿还借款 | | | | 100 000 | 100 000 |
| 支付利息 | | | | 10 000 | 10 000 |
| 期末现金余额 | 99 606.4 | 119 436.4 | 362 695.2 | 1 065 030 | 1 065 030 |

### 2. 预计利润表

预计利润表是在上述各经营预算的基础上,按照权责发生制的原则进行编制的,其编制的方法与编制一般财务报表中的利润表相同。预计利润表揭示的是企业未来的赢利情况,企业管理者可据此了解企业的发展趋势,并适时调整其经营策略。

**【例7-11】** 根据前述各例所提供的相关资料,编制预计利润表。

**解:**一明公司预计利润表见表7-18。

**表7-18　利润表**

一明公司2021年度　　单位:元

| 项　　目 | 金　　额 |
| --- | --- |
| 销售收入(见表7-3) | 6 180 000 |
| 减:产品销售成本(见表7-15) | 2 841 220 |
| 销售毛利 | 3 338 780 |
| 减:销售费用及管理费用(见表7-16) | 634 400 |
| 税前营业利润 | 2 704 380 |
| 减:利息(见表7-17) | 10 000 |
| 税前利润 | 2 694 380 |
| 减:所得税(见表7-17) | 1 200 000 |
| 净利润 | 1 494 380 |

### 3. 预计资产负债表

预计资产负债表反映预算期末各账户的预期余额。在企业期初资产负债表的基础上,经过对经营预算和现金预算中的有关数字做适当调整,即可编制预计资产负债表。

预计资产负债表可以为企业管理部门提供会计期末企业预期财务状况的信息,有助于企业管理部门预测未来期间的经营状况,并采取适当的改进措施。

**【例7-12】** 预计资产负债表是以期初资产负债表(见表7-19)为基础进行编制的,请在表7-19的基础上,经过对前述各表中的有关数字做适当调整,编制预计的资产负债表。

**解:**一明公司预计资产负债表见表7-20。

**表7-19　一明公司资产负债表**

2021年1月1日　　单位:元

| 项　　目 | 金　　额 | 项　　目 | 金　　额 |
| --- | --- | --- | --- |
| 流动资产 | | 流动负债 | |
| 现金 | 160 000 | 应付账款 | 20 000 |
| 应收账款 | 250 000 | 流动负债合计 | 20 000 |
| 直接材料 | 7 200 | 长期负债 | |
| 产成品 | 136 320 | 负债合计 | 20 000 |
| 流动资产合计 | 553 520 | 所有者权益 | |
| 固定资产 | | 实收资本 | 650 000 |
| 设备 | 1 000 000 | 留存收益 | 483 520 |
| 减:折旧 | 400 000 | 所有者权益合计 | 1 133 520 |
| 固定资产合计 | 600 000 | | |
| 资产总计 | 1 153 520 | 负债及股东权益总计 | 1 153 520 |

表 7-20 一明公司资产负债表

2021 年 12 月 31 日 单位:元

| 项 目 | 金 额 | 项 目 | 金 额 |
| --- | --- | --- | --- |
| 流动资产 | | 流动负债 | |
| 现金(见表 7-17) | 1 065 030 | 应付账款(见表 7-10) | 31 020 |
| 应收账款(见表 7-3) | 702 000 | 流动负债合计 | 31 020 |
| 直接材料(见表 7-8、表 7-9) | 17 490 | 长期负债 | |
| 产成品(见表 7-15) | 170 400 | 负债合计 | 31 020 |
| 流动资产合计 | 1 954 920 | 所有者权益 | |
| 固定资产 | | 实收资本(见表 7-19) | 650 000 |
| 设备(见表 7-17、表 7-19) | 1 140 000 | 留存收益 (见表 7-18、表 7-19) | 1 977 900 |
| 减:折旧(见表 7-13、表 7-19) | 436 000 | 所有者权益合计 | 2 627 900 |
| 固定资产合计 | 704 000 | | |
| 资产总计 | 2 658 920 | 负债及股东权益总计 | 2 658 920 |

## 7.3 全面预算的编制方法

### 7.3.1 固定预算

预算按其是否可按业务调整,分为静态预算和弹性预算两类。静态预算(又称固定预算)是指根据预算期内正常的可能实现的某一业务活动而编制的预算。前面所讨论的销售预算、生产预算、销售及管理费用预算等生产经营的全面预算,均是以某一经营业务水平为基础编制的,故称固定预算。

固定预算的基本特征如下。

(1) 不考虑预算期内业务活动水平可能发生的变动,而只按照预算期内计划预定的某一共同的活动水平为基础确定相应的数据。

(2) 将实际结果与按预算期内计划预定的某一共同的活动水平所确定的预算数进行比较分析,然后进行业绩评价、考核。

如果企业的实际执行结果与其业务活动水平相距甚远,则静态预算就难以为控制服务。事实上,静态预算对控制的有用性仅限于当时及业务与预期业务活动水平完全一致时,否则就难以为控制服务。

### 7.3.2 弹性预算

弹性预算是根据可预见的不同业务的活动水平,分别规定相应目标和任务的预算。其基本特征如下。

(1) 按预算期内某一相关范围内的可预见的多种业务活动水平确定不同的预算额,也可按实际业务活动水平调整其预算额。

(2) 等实际业务量发生后,将实际指标与实际业务量相应的预算额进行对比,使预算执行情况的评价与考核建立在更加客观可比的基础上,更好地发挥预算控制的作用。

在企业实际经营过程中,由于市场等因素的影响,预算期各项指标,如销售量、售价及各种变动成本费用等都可能发生变化,弹性预算就是在变动成本法下,充分考虑到预算期各预定指标可能发生的变化,而编制出的能适应各预定指标不同变化情况的预算,这种预算方法也称动态预算。在实际工作中,也可以根据企业当时的实际业务情况选择执行相应的预算,并按此预算评价与考核各部门的预算执行情况。

**【例 7-13】** 一明公司预算期产品销售单价 300 元,单位变动成本 180 元,固定成本总额为 96 000 元。一明公司充分考虑到预算期产品销售量发生变化的可能,因而分别编制出销售量为 2 850 件、2 950 件、3 050 件、3 150 件和 3 250 件时的弹性利润预算,如表 7-21 所示。

**表 7-21　一明公司弹性利润预算表**

2021 年　　单位:元

| 项　目 | 数量或金额 | | | | |
|---|---|---|---|---|---|
| 销售量/件 | 2 850 | 2 950 | 3 050 | 3 150 | 3 250 |
| 销售收入(单价 300 元) | 855 000 | 885 000 | 915 000 | 945 000 | 975 000 |
| 减:变动成本(单位变动成本 180 元) | 513 000 | 531 000 | 549 000 | 567 000 | 585 000 |
| 边际贡献 | 342 000 | 354 000 | 366 000 | 378 000 | 390 000 |
| 减:固定成本 | 96 000 | 96 000 | 96 000 | 96 000 | 96 000 |
| 营业净利 | 246 000 | 258 000 | 270 000 | 282 000 | 294 000 |

## 7.3.3 零基预算

零基预算即以零为基础编制的预算,它是指在编制预算时,对所有预算开支都不考虑其以往情况,而是在逐项分析研究后,根据实际需要而编制的预算。

传统的预算编制方法一般都采用调整法。它是在上年度预算实际执行情况的基础上,考虑预算期内各种因素的变动,相应增加或减少有关项目的预算数额,以确定未来一定期间收支预算的一种方法。如果是在基期实际数基础上增加一定的比率,则叫“增量预算法”;反之,若是在基期实际数基础上减少一定的比率,则叫“减量预算法”。由于以调整法编制预算是以前期预算的实际执行结果为基础,不可避免地要受既成事实的影响,易使预算中的某些不合理因素得以长期沿袭,因而有一定的局限性。为了克服调整法带来的弊病,美国的彼得·派尔于 20 世纪 60 年代提出了这种新的预算编制方法——零基法。

由于以零基法编制预算，对于预算期的每一种预算项目，其数额都以零为起点，不受基期既成事实的束缚，因而它可以从根本上评价各项业务活动的重要程度，完全按照预算期内应该达到的经营目标，重新考虑每次预算支出的必要性及水平，并以此决定现有各项资源的分配顺序，编制新的预算。

零基预算的编制大致可按以下3个步骤进行。

(1) 提出预算目标。企业在编制预算之前，应根据企业的长期利益、对市场的调查研究和企业的生产能力及资源条件，提出主要经营目标，如利润目标、销售目标等，以便提出费用开支的目的，以及需要开支的数额。

(2) 对每一预算项目进行"成本-效益"分析。对记入预算项目说明书的每一费用项目，将其花费与所得进行对比，把握各费用项目的成本与效益之间的关系，评价费用开支方案。在权衡各费用开支方案轻重缓急的基础上，排出先后顺序，并划分出若干等级。

(3) 分配资金，落实预算。根据以上分析所得结果及企业现有经济资源，特别是预算期内的资金情况，本着统筹兼顾，保证重点的原则，按顺序和等级将资金在各项目之间进行分配，落实预算，做到既充分发挥预算资金的使用效果，又要确保各项关键的生产经营活动的顺利进行。

**【例7-14】** 一明公司有关资料如下。

一明公司销售部门根据企业总目标，拟订本部门的具体目标是确保实现200万元的销售收入，并扩大市场占有率，使销售业务涉及更多的地区。经研究分析，确认本部门在预算期间将发生如下费用。

(1) 广告费 80 000元

(2) 工资 20 000元

(3) 办公费 50 000元

(4) 差旅费 12 000元

(5) 保险费 42 000元

(6) 培训费 36 000元

合计 240 000元

请采用零基预算编制下年度销售及管理费用预算。

**解：**经研究认为，工资、差旅费、办公费、保险费为预算期间不可或缺的费用开支，必须全额予以保证。其他各项费用根据历史资料进行成本-效益分析，如表7-22所示。

**表7-22 一明公司成本-效益分析**

| 项目 | 成本 | 收益 | 成本收益率 |
|---|---|---|---|
| 广告费 | 1 | 28 | 1∶28 |
| 培训费 | 1 | 15 | 1∶15 |

根据以上各项费用项目的性质和轻重缓急，排除支出等级及顺序。

(1) 第一等级，工资、办公费、差旅费、保险费属于约束性固定成本，是必要项目，在计划期内应全额得到保证。

(2) 第二等级,广告费,属于选择性固定成本,可以根据预算期内公司资金供应情况酌情增减,但由于广告费的成本收益率高于培训费,因而列入第二等级。

(3) 第三等级,培训费,也属于选择性固定成本,可以根据预算期内公司资金供应情况酌情增减,但由于培训费的成本收益率低于广告费,因而列入第三等级。

最后,应根据各费用项目的重要程度和公司现有的财力分配预算资金。假定该公司计划年度用于销售和管理费用的资金数额为 200 000 元,则应根据以上对各项费用排列等级和顺序分配落实预算资金。

第一等级的费用应全额得到保证。

(1) 工资　　20 000 元

(2) 办公费　　50 000 元

(3) 差旅费　　12 000 元

(4) 保险费　　42 000 元

合计　　124 000 元

剩余的可供分配的资金为 76 000 元(200 000－124 000),按成本收益比率分配广告费和培训费,计算如下。

广告费:76 000×[28÷(28＋15)]＝49 448.37(元)

宣传费:76 000×[15÷(28＋15)]＝26 511.63(元)

通过以上对公司预算资金的分配,可以使企业有限的财力资源按照支出项目的轻重缓急得到合理的利用,并加强了成本的事先控制。

### 7.3.4　滚动预算

滚动预算(又称永续预算或连续预算)是一种经常稳定保持一定期限(如 1 年)的预算。

预算是用来反映未来时期的事项的,而未来的客观经济情况是经常变化的,不确定因素很多,因而预算与将来的实际情况难免有一定差异。为了适应这种情况,按照"近细远粗"的原则,根据上一期的预算完成情况,调整和具体编制下一期预算,并将编制预算的时期逐期连续滚动向前推移,使预算总是保持一定的时间幅度。按照这种方法编制的预算就叫滚动预算。简单地说,滚动预算就是根据上一期的预算指标完成情况,调整和具体编制下一期预算,并将预算期连续滚动向前推移的一种预算编制方法。

滚动预算的编制,可采用长计划短安排的方式进行,即在编制预算时,可先按年度分季,并将其中第一季度按月划分,编制各月的详细预算。其他三个季度的预算可以粗一些,只列各季总数。到第一季度结束前再将第二季度的预算按月细分,第三、第四季度及下年第一季度只列各季总数。依次类推,使预算不断地滚动下去。这种预算编制方法可以促使管理人员对预算资料做经常性的分析研究,以便及时修订下一期预算。

滚动预算图如图 7-1 所示。

**【例 7-15】** 一明公司经营计算机配件,2021 年预计销售量如表 7-23 所示。商品销售单价 180 元,单位变动性商品流通费为 80 元,每月固定性商品流通费总额为 98 000 元,企业所

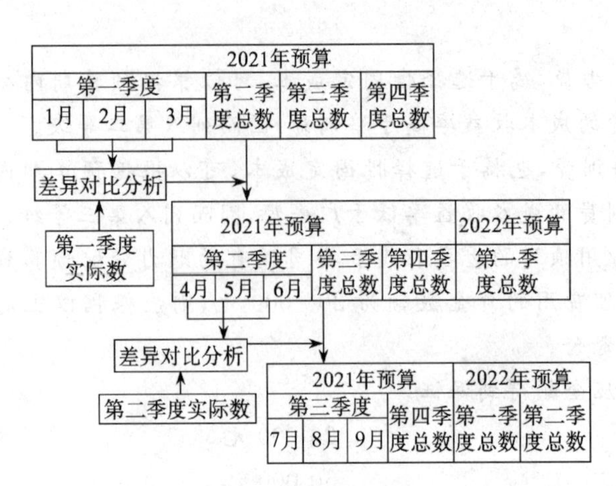


图 7-1 滚动预算图

得税税率为 25%。请依据以上资料编制 2021 年利润滚动预算。

表 7-23 一明公司预计销售量

| 月份 | 销售量/件 | 月份 | 销售量/件 | 月份 | 销售量/件 |
| --- | --- | --- | --- | --- | --- |
| 1 | 3 000 | 5 | 3 400 | 9 | 4 400 |
| 2 | 3 200 | 6 | 4 600 | 10 | 4 600 |
| 3 | 3 400 | 7 | 3 400 | 11 | 4 800 |
| 4 | 4 000 | 8 | 4 200 | 12 | 5 600 |

**解:**编制的滚动预算如表 7-24 所示。

表 7-24 一明公司滚动预算表 单位:元

| 项目 | 第一季度 | | | 第二季度 | 第三季度 | 第四季度 | 合计 |
| --- | --- | --- | --- | --- | --- | --- | --- |
| | 1月 | 2月 | 3月 | | | | |
| 销售收入 | 540 000 | 576 000 | 612 000 | 2160 000 | 2160 000 | 2700 000 | 8 748 000 |
| 减:变动费用 | 240 000 | 256 000 | 272 000 | 960 000 | 960 000 | 1200 000 | 3 888 000 |
| 边际贡献 | 300 000 | 320 000 | 340 000 | 1200 000 | 1200 000 | 1500 000 | 4 860 000 |
| 减:固定费用 | 98 000 | 98 000 | 98 000 | 294 000 | 294 000 | 294 000 | 1 176 000 |
| 含税利润 | 202 000 | 222 000 | 242 000 | 906 000 | 906 000 | 1 206 000 | 3 684 000 |
| 减:所得税 | 50 500 | 55 500 | 60 500 | 226 500 | 226 500 | 301 500 | 921 000 |
| 税后利润 | 151 500 | 166 500 | 181 500 | 679 500 | 679 500 | 904 500 | 2 763 000 |

如果 2021 年第一季度利润的实际实现数与预算的差异较小,则可按月编制 2021 年第二季度的利润预算,并按季编制 2021 年第三、第四季度和 2022 年第一季度的利润预算;如果 2021 年第一季度利润的实际实现数与预算的差异较大,则应做相应的调整后再编制以后的预算。

### 7.3.5 概率预算

**1. 概率预算的概念**

在编制预算过程中，所涉及的许多变量如产量、销售量、价格、成本等，由于客观原因，我们不能准确地掌握，但可能作一个近似的估计，估计某些变量可能出现的概率如何，这时可以通过编制概率预算来描绘生产经营的变动规律，使之更符合客观实际。

所谓概率预算，就是一种修正的弹性预算。它是将每一事项可能发生的概率运用到弹性预算编制当中，这样使预算结果更加接近客观实际情况，从而提高预算的准确程度。

**2. 概率预算的编制**

编制概率预算首先要用预测的方法确定各种情况下发生的概率，常用的方法有经验估计法、模拟分析法或其他确定概率的方法。其次按成本和利润的计算程序来计算出各种情况的预期数值，最后整理数据、编制损益报表。

## 本章练习题

**一、名词解释**

固定预算　弹性预算　零基预算　滚动预算　全面预算　制造费用预算　现金预算　预计资产负债表

**二、单项选择题**

1. 直接人工预算额＝(　　)×单位产品直接人工工时×小时工资率。
   A. 预计生产量　B. 预计工时量　C. 预计材料消耗量　D. 预计销售量
2. 生产预算的主要内容有生产量、期初和期末产品存货及(　　)。
   A. 资金量　B. 工时量　C. 购货量　D. 销货量
3. 变动性制造费用预算的编制基础为(　　)。
   A. 生产预算　B. 销售预算
   C. 材料预算　D. 产品成本预算
4. 企业生产经营预算通常是在(　　)的基础上进行的。
   A. 销售预测　B. 现金预算
   C. 生产预算　D. 产品成本预算
5. 如果预算中，预算期永远保持为一个固定期间，如12个月，这种预算的编制方法是(　　)方法。
   A. 固定预算　B. 弹性预算
   C. 滚动预算　D. 定期预算
6. 编制全面预算的出发点是(　　)。
   A. 生产预算　B. 现金预算　C. 销售预算　D. 弹性预算
7. 企业的全面预算体系的终结为(　　)。
   A. 现金预算　B. 销售预算

C. 预计财务报表　　D. 资本支出预算

8. 编制全面预算的基础和关键是(　　)。

A. 生产预算　　B. 材料采购预算　　C. 销售预算　　D. 现金预算

9. 下列预算中,不涉及现金收支内容的项目为(　　)。

A. 销售预算　　B. 生产预算

C. 制造费用预算　　D. 产品成本预算

10. 预计期初存货 50 件,期末存货 40 件,本期销售 250 件,则本期生产量为(　　)件。

A. 250　　B. 240　　C. 260　　D. 230

## 三、多项选择题

1. 销售预算的主要内容有(　　)。

A. 销售收入　　B. 销售费用　　C. 销售数量

D. 销售单价　　E. 销售时间

2. 通常完整的全面预算应包括(　　)三个部分。

A. 营业预算　　B. 财务预算　　C. 销售预算

D. 资本支出预算　　E. 成本预算

3. 财务预算包括(　　)。

A. 现金预算表　　B. 资本支出预算

C. 预计收益表　　D. 预计资产负债表

E. 资本收入预算

4. 现金预算是各有关现金收支的预算的汇总,通常包括(　　)等四个组成部分。

A. 现金收入　　B. 现金支出

C. 现金多余或现金不足　　D. 资金的筹集与运用

E. 资金的分配

5. 常用的预算编制方法包括(　　)。

A. 固定预算　　B. 零基预算　　C. 全面预算

D. 滚动预算　　E. 弹性预算

6. 影响预计生产量的因素有(　　)。

A. 预计销售量　　B. 预计期末存货　　C. 预计期初存货

D. 预计采购量　　E. 预计费用

7. 现金预算的主要内容有(　　)。

A. 现金收入　　B. 现金支出　　C. 期末现金余额

D. 现金多余或不足　　E. 折旧

8. 全面预算中,营业预算包括(　　)。

A. 现金预算　　B. 销售预算　　C. 生产预算

D. 成本预算　　E. 资本支出预算

9. 财务预算中的预计财务报表包括(　　)。

A. 预计收入表　　B. 预计成本表　　C. 预计资产负债表

D. 预计利润表　　E. 现金预算表

10. 预计财务报表的编制基础包括(　　)。

A. 销售预算　　B. 生产预算

C. 成本预算　　D. 销售及管理费用预算

E. 现金预算

## 四、简答题

1. 经营预算包括哪些主要内容?为什么说销售预算是编制关键?
2. 为什么要编制弹性预算?怎样编制?
3. 全面预算的作用主要表现在哪些方面?
4. 简述零基预算的主要优缺点。
5. 简述滚动预算的主要优缺点。

## 五、计算题

1. 一明公司期初存货250件,本期预计销售500件。

要求:

(1) 如果预计期末存货300件,本期应生产多少件?

(2) 如果预计期末存货260件,本期应生产多少件?

2. 假设现金期末最低余额为5 000元,银行借款起点为1 000元,贷款利息每年为5%,还本时付息。

要求:将表7-25所示现金预算的空缺数据按照其内在的联系填补齐全。

**表7-25　一明公司预计现金预算表**　　单位:元

| 项　　目 | 第一季度 | 第二季度 | 第三季度 | 第四季度 | 全年合计 |
|---|---|---|---|---|---|
| 期初现金余额 | 4 500 | | | | 66 500 |
| 加:现金收入 | 10 500 | | 20 000 | | |
| 可动用现金合计 | | | | | |
| 减:现金支出 | | | | | |
| 直接材料 | 3 000 | 4 000 | 4 000 | | 15 000 |
| 直接人工 | | 1 500 | | | |
| 间接制造费用 | 1 200 | 1 200 | 1 200 | 1 200 | |
| 销售和管理 | 1 000 | 100 | 1 000 | — | 4 000 |
| 购置设备 | 5 000 | — | — | — | |
| | | | | — | |
| 支付企业所得税 | 7 500 | 7 500 | 7 500 | | 30 000 |
| 现金支出合计 | 19 000 | | 15 300 | | 64 800 |
| 现金多余或不足 | | | | | |
| 筹措资金 | | | | | |
| 向银行借款 | | 1 000 | | | |
| 归还借款 | | | 5 000 | | 5 000 |
| 支付利息 | | | | | |
| 期末现金余额 | | 5 800 | | | |

3. 一明公司1月、2月销售额分别为10万元，自3月起月销售额增长至20万元。企业当月收款20%，次月收款70%，余款在第3个月收回。企业在销售前一个月购买材料，并且在购买后的下一个月支付货款，原材料成本占销售额的70%。其他费用如表7-26所示。

**表7-26　一明公司3月、4月费用**　　单位：元

| 月份 | 工资 | 租金 | 其他费用 | 税费 |
| --- | --- | --- | --- | --- |
| 3 | 15 000 | 5 000 | 2 000 | — |
| 4 | 15 000 | 5 000 | 3 000 | 80 000 |

若该企业2月底的现金余额为50 000元，且每月现金余额不少于50 000元。要求：根据以上资料编制3月、4月的现金预算。

4. 一明公司年末预计下年的销售收入与当年销售收入相同，均为240万元，全年销售额均衡。请根据以下信息编制预计利润表和年末资产负债表。

最低现金余额为10万元；

销售额的平均收现期为60天；

存货一年周转8次；

应付账款为一个月的购买金额；

各项费用总计60万元；

明年末固定资产净值为50万元；

长期负债为30万元，明年偿还7.5万元；

目前账面未分配利润为40万元；

实收资本20万元；

销售成本为销售额的60%；

销售成本中的50%为外购原材料成本；

企业所得税税率为25%。

# 第8章 标准成本系统

## 本章学习目的

标准成本系统(standard cost system)即标准成本制度,也称标准成本会计,是指围绕标准成本的相关指标而设计的,将成本的前馈控制、反馈控制及核算功能有机结合而形成的一种成本控制系统。它具有事前估算成本、事中及事后计算与分析成本,以及揭露矛盾的功能。

## 本章学习目标

1. 了解标准成本的含义;
2. 了解标准成本的分类;
3. 了解标准成本的制定;
4. 掌握各种成本差异的计算;
5. 重点掌握成本差异的账务处理。

## 引导案例

### 东北公司标准成本系统建立

东北公司生产和销售甲产品。甲产品生产需要耗用A、B两种材料,只经过一个生产加工过程,本月预计生产1 000件。本月预算固定制造费用为40 000元,预算变动制造费用为60 000元,预算工时为20 000工时。变动制造费用分配率和固定制造费用分配率均按直接人工工时计算。甲产品的标准成本资料如表8-1所示。

表8-1 东北公司单位产品标准成本

| 项　目 | 标准消耗量 | 标准单价/元 | 金额/元 |
|---|---|---|---|
| 直接材料: | | | |
| A材料 | 20千克 | 10 | 200 |
| B材料 | 30千克 | 9 | 270 |
| 直接人工 | 20工时 | 5 | 100 |

续表

| 项　目 | 标准消耗量 | 标准单价/元 | 金额/元 |
|---|---|---|---|
| 变动制造费用 | 20工时 | 3 | 60 |
| 固定制造费用 | 20工时 | 2 | 40 |
| 单位产品标准成本 | | | 670 |
| 变动制造费用 | 60000÷20000＝3 | 固定制造费用 | 40000÷20000＝2 |
| 预算分配率 | | 预算分配率 | |

甲产品月初没有在产品，本月投产900件，并于当月全部完工；本月销售甲产品800件，每件售价950元。本月其他有关实际资料如表8-2所示，本期所购材料货款已全部支付，所发生的各项制造费用均通过应付款科目核算。

**表8-2　东北公司甲产品生产费用表**

| 项　　目 | 采购材料数量 | 实际耗用量 | 实际单价/元 | 实际成本/元 |
|---|---|---|---|---|
| 直接材料 | | | | |
| A材料 | 20 000千克 | 19 800千克 | 9 | 178 200 |
| B材料 | 25 500千克 | 25 200千克 | 9.5 | 239 400 |
| 直接人工 | | 19 800工时 | 5.2 | 102 960 |
| 变动制造费用 | | | 2.8 | 55 440 |
| 固定制造费用 | | | 2.1 | 41 580 |
| 实际产品成本总额 | | | 617 580 | |

**要求：**根据上述资料为之进行标准成本的会计处理，并根据处理结果进行评价。

## 8.1　标准成本系统概述

标准成本系统，包括标准成本的制定、成本差异的计算与分析及成本差异的账务处理3个组成部分。

### 8.1.1　标准成本的含义

所谓标准，即为一定条件下衡量和评价某项活动或事物的尺度。所谓标准成本，是指按照成本项目反映的、在已经达到的生产技术水平和有效经营管理条件下，应当发生的单位产品成本目标。

标准成本不同于预算成本，标准成本是一种单位的概念，它与单位产品相联系；而预算成本则是一种总额的概念，它与一定的业务量相联系。

但两者都不是实际发生的成本，而是一种预定的成本目标。如果以标准成本乘以一定的业务量，即为预算总成本，因此两者在实际上是相同的，只是从各自不同的角度来判断或说明某项成本计划的完成情况。

### 8.1.2 标准成本的作用

标准成本系统能够将成本的事前计划、日常控制和确定产品成本有机地结合起来，成为加强成本管理、提高经济效益的工具。标准成本系统的作用大致有以下几点。

**1. 便于企业编制预算和进行预算控制**

事实上，标准成本本身就是单位成本预算。例如，在编制直接人工成本预算时，首先要确定每生产一个产品所需耗费的工时数及每小时的工资率，然后用它乘以预算的产品产量，就可以确定总人工成本预算数。

**2. 加强成本控制**

标准成本制度的主要作用是加强成本控制。标准成本是精心制定出来的。从用于成本控制这一目的看，它所提供的指标比前期实际成本指标要优越得多。把本期实际成本与前期实际成本相比，两者之间包含很多不利于比较的因素，因此，这种比较可能是无效的。标准成本是事先经过仔细研究而制定的、在有效生产条件下应达到的成本。它是在日常管理工作中检查成本是否失去控制的依据，一旦失控便可采取行动加以纠正。通过事后对实际成本脱离标准成本的差异进行分析，还可作为评价和考核工作质量和效益的重要依据。

**3. 为决策分析提供数据**

实际成本是在一个会计期间结束时，按照成本计算程序计算出来的，它是事后计算出来的。标准成本作为一项目标成本，它是在经济活动发生之前，就按照成本项目制定出来的。所以它可以用来预测未来的经济活动，为正确地进行经营决策提供成本数据，可以及时满足成本预测、决策等方面的需要。而实际成本数据只能满足成本事后分析的需要。

**4. 作为材料、在产品和产成品的计价依据**

由于在标准成本中已剔除了各种不合理的因素，因而以标准成本作为材料、在产品和产成品的计价依据，可以使各项单价制定得更加合理。例如，在给新产品定价时，通常可以在标准成本的基础上加一定的利润来确定其价格。

**5. 可以简化和加速会计账务处理工作**

如果材料、在产品、产成品和销售成本都按实际金额记录，那么日常收入和发出的计价将十分麻烦。而在标准成本制度下，将标准成本和成本差异分别反映，材料等都可直接按标准成本入账，从而大大简化和加速了日常的账务处理工作，其成本差异则作为期间费用一次结转。

### 8.1.3 标准成本的分类

**1. 理想标准成本**

理想标准成本是最佳工作状态下可以达到的成本水平,它排除了一切失误、浪费、机器的闲置等因素,根据理论上的耗用量、价格及最高的生产能力制定的标准成本。这种标准成本要求太高,通常会因达不到而影响工人的积极性,同时让管理层感到在任何时候都没有改进的余地。

**2. 正常标准成本**

正常标准成本是在正常生产经营条件下应该达到的成本水平,它是根据正常的耗用水平、正常的价格和正常的生产经营能力利用程度制定的标准成本。这种标准成本通常反映过去一段时期实际成本水平的平均值,反映该行业价格的平均水平、平均的生产能力和技术能力,在生产技术和经营管理条件变动不大的情况下,它是一种可以较长时间采用的标准成本。

**3. 现实标准成本**

现实标准成本是在现有的生产条件下应该达到的成本水平,它是根据现在所采用的价格水平、生产耗用量以及生产经营能力利用程度而制定的标准成本。这种标准成本最接近实际成本,最切实可行,通常认为它能激励工人努力达到所制定的标准,并为管理层提供衡量的标准。在经济形势变化无常的情况下,这种标准成本最为合适。与正常标准成本不同的是,它需要根据现实情况的变化不断进行修改,而正常标准成本则可以保持较长一段时间固定不变。

## 8.2 标准成本的制定

标准成本是衡量成本的尺度,而不是历史成本的平均数。所以,在确定标准成本时,必须细心分析,力求精确。

标准成本通常只对产品生产成本的直接材料、直接人工和制造费用三个项目进行制定。至于推销及管理费用,一般采用编制预算的方法进行控制,不制定标准成本。

直接材料、直接人工和制造费用各项目的具体内容虽然不同,但构成标准成本的因素都是两个:价格与数量。预计某种产品生产成本中各成本项目的价格标准与数量标准有几种方法,最普通的是工程法和根据经验与知识进行管理上的估计法,这些方法较多地应用于数量标准的确定。而当这些原材料、人工、生产设备和劳务的标准数量转换为货币量度时,也就获得了标准成本。

### 8.2.1　工程法

人们通过对生产方法的仔细研究，确定制造单位产品所需投入的直接材料和直接人工的数量。管理工程师根据所要求的产品质量决定采用何种原材料，他们可以研究原材料的式样和形状，所需的切割与修整，然后确定单位产品所需原材料的数量，包括在切割和修整中的废料。在制定人工用量标准时，管理工程师根据最佳的操作方法和对时间与动作的研究，把完成每一工作任务所需的动作分解成较小的单位，每个个别动作都计时，确定生产过程中每一工序所需要的标准时间，从而制定出耗用人工的标准。

工程法也可以应用于某些制造费用的项目。以维修为例，管理工程师可以确定必要维修计划中所需要的组成部分（如擦油泥、更换零件等），并估计每一组成部分的成本，然后确定每台时的维修费用。

虽然有些制造费用的项目可以采用工程法来进行分析，但是要从单位产品入手来分析制造费用是困难的。因为制造费用与直接材料、直接人工不同，它很难与某种单位产品相联系，大多数制造费用都与多种产品或工时相联系。

### 8.2.2　估计法

有些企业不能采用工程法，它们可以依靠经理的判断来确定生产单位产品所需的投入数量。当然，经理的判断不是凭主观意愿，而是让工人一起参与制定标准，这样还可将参与制定标准的人员推广到另一个层次。

在我国有很多企业管理人员认为，标准总是以工程技术研究和严格的规范为根据的，因而以企业管理水平不高或无力量做工程技术研究为借口，放弃标准的制定。我们认为，精确的计量是进行控制的基础，有必要采用严格的方法。但是，由于初次采用或技术水平不够而制定的精确度较差的标准仍可作为纠正偏差、反馈信息的一种有效方法。因为它比没有任何标准情况下对成本进行控制要好得多。当然，在不断提高技术水平和积累经验的前提下，应不断地完善标准的制定工作。

下面分别介绍如何用估计法制定直接材料、直接人工和制造费用的标准成本。

**1. 直接材料的标准成本**

首先需要分别确定直接材料的数量标准和价格标准。

1）直接材料的数量标准

在现有生产条件下，生产单位产品所需用的各种直接材料数量，即是直接材料数量标准。它包括构成产品实体的材料、生产中不可避免的损耗和废品耗用的材料等。在制定时，应按产品所耗用的各种材料分别计算。

2）直接材料的价格标准

制定材料价格标准，需要会计部门和采购部门相互合作。价格标准，就是事先预计的购买各种材料应付的标准价格，包括买价和运杂费等。它也应按各种直接材料分别计算。

如果某种原材料存货数量很大，就可以实际价格作为该种材料的价格标准；如果材料在使用前已订立合同,则合同价格就可以作为价格标准。如果采购部门预测价格没有重大变化,那么使用的价格就依然是从订立日期一直有效的那些标准价格。除非某些主要价格由于某种原因必须临时修改外,直接材料的价格标准一般都是按期检查和修订的。需要指出的是,价格在很大程度上会受到企业所不能左右的客观因素的影响。

在确定了上述两种标准以后,直接材料的标准成本就是

直接材料的标准成本=价格标准×数量标准

**【例 8-1】** 产品直接材料标准成本的制定。

已知:一明公司预计 2021 年甲产品消耗的直接材料资料如表 8-3 所示。制定甲产品消耗直接材料的标准成本。

**表 8-3 一明公司甲产品消耗的直接材料资料**

| 标　　准 | 品　　种 | |
|---|---|---|
| | A 材料 | B 材料 |
| 预计发票价格/元 | 60 | 80 |
| 装卸检验等成本/元 | 4 | 6 |
| 直接材料价格标准/(元/千克) | 64 | 86 |
| 材料设计用量/千克 | 1 000 | 1 400 |
| 允许损耗量/千克 | 2 | 4 |
| 直接材料用量标准/(千克/件) | 1 002 | 1 404 |

**解:** 单位产品消耗 A 材料的标准成本=64×1 002=64 128(元/件)

单位产品消耗 B 材料的标准成本=86×1 404=120 744(元/件)

甲产品直接材料的标准成本=64 128+120 744=184 872(元/件)

### 2. 直接人工的标准成本

1) 直接人工的数量标准

直接人工的数量标准是指在现有生产条件下生产单位产品应耗用的工时,包括对产品直接加工所耗工时、不可避免的休闲时间及停工损失时间、废品所耗工时。计算时应先按产品的加工步骤分别计算,然后按产品加以汇总。

2) 直接人工的价格标准

直接人工的价格标准是指直接人工工资率标准。制定直接人工工资率标准,要考虑不同的工资制度。在采用计件工资制度下,单位产品应付的计价工资单价即是直接人工工资率标准。在计时工资制度下,每一工时标准应分配的工资,即是直接人工工资率标准。其计算公式如下。

$$\text{计时工资制度下的直接人工工资率标准}=\frac{\text{预计支付直接人工计时工资总额}}{\text{标准总工时}}$$

在数量标准和价格标准制定以后,直接人工的标准成本应制定如下。

直接人工的标准成本=价格标准×数量标准=直接人工工资率标准×工时标准

**【例 8-2】** 产品直接人工标准成本的制定。

已知：一明公司预计2021年甲产品消耗的直接人工资料如表8-4所示。制定甲产品消耗直接人工的标准成本。

表8-4 一明公司甲产品消耗的直接人工资料

| 标准 | 工序 | |
| --- | --- | --- |
| | 第一工序 | 第二工序 |
| 每人月工时(8小时/天×22天) | 176 | 176 |
| 生产工人人数/人 | 100 | 80 |
| 每月总工时/工时 | 17 600 | 14 080 |
| 每月工资总额/元 | 1 408 000 | 1 408 000 |
| 工资率标准/(元/小时) | 80 | 100 |
| 应付福利费提取率(14%) | 11.2 | 14 |
| 直接人工价格标准/(元/小时) | 91.2 | 114 |
| 加工时间/(人工小时/件) | 90 | 70 |
| 休息时间/(人工小时/件) | 8 | 6 |
| 其他时间/(人工小时/件) | 2 | 4 |
| 直接人工用量标准/(工时/件) | 100 | 80 |

**解：** 第一工序直接人工标准成本＝91.2×100＝9 120(元/件)

第二工序直接人工标准成本＝114×80＝9 120(元/件)

单位甲产品消耗的直接人工标准成本＝9 120＋9 120 ＝18 240(元/件)

### 3. 制造费用的标准成本

制造费用按成本性态可分为固定制造费用和变动制造费用两个部分。

制造费用预算是按固定费用和变动费用分别编制的。

1）制造费用的数量标准

制造费用的数量标准是指在现有生产条件下生产单位产品应耗用的工时，它与直接人工的数量标准相同。

2）制造费用的价格标准

制造费用的价格标准即费用分配率，是指每一工时标准应负担的制造费用。由于制造费用分为固定的和变动的两部分，因而费用分配率应分别取每工时标准变动制造费用分配率(变动制造费用预算合计/标准总工时)与每工时标准固定制造费用分配率(固定制造费用预算合计/标准总工时)。

在数量标准和价格标准确定以后，制造费用的标准成本应制定为

变动制造费用的标准成本＝价格标准×数量标准

＝变动制造费用分配率标准×标准工时

固定制造费用的标准成本＝价格标准×数量标准

＝固定制造费用分配率标准×标准工时

【例 8-3】 产品制造费用标准成本的制定。

已知：一明公司预计 2021 年甲产品消耗的制造费用资料如表 8-5 所示。制定甲产品消耗制造费用的标准成本。

表 8-5 一明公司甲产品消耗的制造费用资料

| 标准 | 部门 | |
|---|---|---|
| | 第一车间 | 第二车间 |
| 制造费用预算/元 | | |
| 变动制造费用预算/元 | 316 800 | 394 240 |
| 间接材料费用/元 | 200 000 | 260 000 |
| 间接人工费用/元 | 80 000 | 70 000 |
| 水电费用/元 | 36 800 | 64 240 |
| 固定制造费用预算/元 | 422 400 | 619 520 |
| 管理人员工资/元 | 60 000 | 180 000 |
| 折旧费/元 | 28 000 | 31 200 |
| 其他费用/元 | 334 400 | 408 320 |
| 预算的标准工时/台时 | 21 120 | 28 160 |
| 用量标准/(台时/件) | 80 | 100 |

**解**：第一车间：

变动制造费用分配率＝316 800÷21 120＝15(元/小时)

固定制造费用分配率＝422 400÷21 120＝20(元/小时)

制造费用分配率＝15＋20＝35(元/小时)

制造费用标准成本＝35×80＝2 800(元/件)

第二车间：

变动制造费用分配率＝394 240÷28 160＝14(元/小时)

固定制造费用分配率＝619 520÷28 160＝22(元/小时)

制造费用分配率＝14＋22＝36(元/小时)

制造费用标准成本＝36×100＝3 600(元/件)

单位甲产品制造费用标准成本＝2 800＋3 600＝6 400(元/件)

在上述直接材料、直接人工和制造费用三大项目的标准成本分别制定以后，就可以汇总制定产品的标准成本。在变动成本法下，其标准成本为

产品标准成本＝直接材料的标准成本＋直接人工的标准成本
＋变动制造费用的标准成本

在传统的全部成本法下，其标准成本还应加上固定制造费用的标准成本。

### 4. 单位产品标准成本单的编制

当某种产品各个成本项目的标准成本制定之后，企业就可以编制每种产品的标准成本单。在实际工作中，通常要为每种产品设置一张标准成本卡，并在该卡中分别列示各个成本

项目的价格标准与用量标准，通过直接汇总的方法求得单位产品的标准成本。

**【例 8-4】** 产品标准成本单的制定。

已知：例 8-1、例 8-2 和例 8-3 中有关一明公司甲产品各个成本项目的标准成本资料。编制该企业 2021 年甲产品的标准成本单。

**解**：依题意，编制的一明公司 2021 年甲产品标准成本单如表 8-6 所示。

**表 8-6　一明公司 2021 年甲产品标准成本单**

| 项　目 | 价格标准 | 用量标准 | 标准成本/(元/件) |
|---|---|---|---|
| 直接材料 | | | |
| A 材料 | 64 元/千克 | 1 002 千克/件 | 64 128 |
| B 材料 | 86 元/千克 | 1 404 千克/件 | 120 744 |
| 小　计 | — | — | 184 872 |
| 直接人工 | | | |
| 第一工序 | 91.2 元/工时 | 100 工时/件 | 9 120 |
| 第二工序 | 114 元/工时 | 80 工时/件 | 9 120 |
| 小　计 | — | — | 18 240 |
| 变动制造费用 | | | |
| 第一车间 | 15 元/台时 | 80 台时/件 | 1 200 |
| 第二车间 | 14 元/台时 | 100 台时/件 | 1 400 |
| 小　计 | — | — | 2 600 |
| 固定制造费用 | | | |
| 第一车间 | 20 元/台时 | 80 台时/件 | 1 600 |
| 第二车间 | 22 元/台时 | 100 台时/件 | 2 200 |
| 小　计 | — | — | 3 800 |
| 制造费用合计 | — | — | 6 400 |
| 单位甲产品标准成本 | | | 209 512 |

## 8.3　标准成本的差异分析

当一项实际成本与相应的标准成本不相等时，发生的差额就称为成本差异。如果实际成本超过标准成本，其差异称为逆差；如果标准成本超过实际成本，其差异称为顺差。通过观察这些差异，各级管理部门就能对经济活动的效益有所了解，并提高对经济活动的控制能力。管理部门可以利用成本差异来评价各项工作的绩效，并据以发现问题，改进工作。在绩效考核过程中，管理部门常常使用“例外原则”，即排除那些无关紧要的差异，而集中注意那些值得详细调查研究并采取纠正行动的差异。分析时应注意的是，实际成本脱离标准成本的总差异不足以表明其成绩或不足，因为总差异会受若干因素的共同影响。有时可能是几个有利因素的共同影响，有时也可能是几个不利因素的共同影响，当然也会出现有利因素和不利因素同时综合影响的情况。因此，对成本差异进行分析，必须了解有哪些因素影响总差异，并进一步深入分析各个具体因素，从而找到差异形成的原因和责任。

### 8.3.1 成本差异及类型

成本差异是指在标准成本制度下，企业在一定时期生产一定数量的产品所发生的实际成本与相关的标准成本之间的差额。

成本差异可以按照不同标志分为以下类型。

**1. 按成本差异构成内容不同进行分类**

按成本差异构成内容不同，可将成本差异分为总差异、直接材料成本差异、直接人工成本差异和制造费用成本差异。

(1) 总差异，即生产某种产品的实际总成本与总的标准成本之间的差异。通过总差异可以概括反映企业成本管理工作总体情况。

(2) 直接材料成本差异，即生产一定数量的某种产品实际耗用的直接材料成本与相关的标准成本之间的差异。

(3) 直接人工成本差异，即生产一定数量的某种产品实际耗用的直接人工成本与相关的标准成本之间的差异。

(4) 制造费用成本差异，即生产一定数量的某种产品实际发生的制造费用支出与标准制造费用之间的差异。

这种成本差异的划分方法只是静态地指明了差异的最终结果及主要构成因素，不能表明各种差异形成的具体原因。

**2. 按成本差异形成过程进行分类**

按成本差异形成过程，可将成本差异分为价格差异和用量差异。

(1) 价格差异是指由于直接材料、直接人工和变动制造费用等要素实际价格与标准价格不一致而产生的成本差异。其计算公式为

价格差异＝(实际价格－标准价格)×实际产量下的实际用量
＝价格差×实际产量下的实际用量

(2) 用量差异是指由于直接材料、直接人工和变动制造费用等各要素实际用量消耗与标准用量消耗不一致而产生的成本差异。其计算公式为

用量差异＝标准价格×(实际产量下的实际用量－实际产量下的标准用量)
＝标准价格×实际产量下的用量差

**3. 按成本差异与其他因素的关系进行分类**

按成本差异与其他因素的关系，可将成本差异分为纯差异和混合差异。

(1) 纯差异是指假定其他因素在某一标准基础上不变，由于某个因素变动所形成的成本差异。如纯用量差异就是标准价格与实际产量下的用量差之积；纯价格差异则是价格差

与标准用量之积。

(2) 混合差异是指将总差异扣除所有纯差异后的剩余差异,它等于价格差与用量差之积。

对混合差异的处理方法通常有三种:①将其分离出来,单独列示,由企业管理部门承担责任。因为这种差异的数额一般较小,产生的原因又较复杂,所以不是控制的重点所在。②将混合差异按项平均或按比重在各种差异之间进行分配。其根据是混合差异的产生是由价格和用量两个因素共同变动的结果,应当由它们共同承担。③为简化计算,不单独计算混合差异,而是将其直接归并于某项差异。

在标准成本制度下,对混合差异采取了第三种方法,因为首先企业的用量差异大多是可控差异,为抓住主要矛盾,需要把它算得细一些;而引起价格变动的原因比较复杂,不易控制,可算得粗一些,将混合差异与纯价格差异合并。其次,从最初的责任看,混合差异也应当计入价格差异。因为任何一项成本项目,其价格差都先于用量差,如材料是先采购后耗用,因此,某期生产耗用量的变化只是把早已形成的价格差异归属于特定期间的特定产品。

#### 4. 按成本差异是否可以控制进行分类

按成本差异是否可以控制,可将成本差异分为可控差异和不可控差异。

(1) 可控差异是指与主观努力程度相联系而形成的差异,又称主观差异,它是成本差异控制的重点所在。

(2) 不可控差异是指与主观努力程度关系不大,主要受客观原因影响而形成的差异,又叫客观差异。

这种成本差异的划分方法既有利于调动有关方面进行成本控制的积极性,又有利于对成本指标的考核与评价。

#### 5. 按成本差异性质的不同进行分类

按成本差异性质的不同,可将成本差异分为有利差异和不利差异。

(1) 有利差异是指实际成本低于标准成本而形成的节约差,通常用 F 表示。

(2) 不利差异是指实际成本高于标准成本而形成的超支差,通常用 U 表示。

有利与不利是相对的,并不是有利差异越大越好,在进行成本差异分析时,应处理好质量与成本的关系。

### 8.3.2 变动成本差异的计算与分析的基本方法

变动成本差异计算与分析的基本思路如下。

(1) 计算总量指标的差异,即实际总成本与标准总成本的差异。

(2) 构成总量指标的因素有直接材料、直接人工和变动制造费用三个成本项目,因而总量指标的差异来自直接材料成本差异、直接人工成本差异和变动制造费用成本差异,所以此步就是计算各个成本项目的成本差异。

(3) 每个成本项目的标准成本和实际成本都是由数量和价格两个因素构成的,所以每个成本项目成本差异由用量差异和价格差异两部分组成。此步就是计算各成本项目的用量差异和价格差异。

根据这一思路,成本差异的计算公式如下。

产品成本差异=实际总成本-标准总成本

=直接材料成本差异+直接人工成本差异+变动制造费用成本差异

某个成本项目成本差异=该成本项目实际成本-该成本项目标准成本

=价格差异+用量差异

价格差异=(实际价格-标准价格)×实际数量

用量差异=(实际数量-标准数量)×标准价格

### 8.3.3 直接材料与直接人工成本差异的计算与分析

产品的标准成本是一种预定的目标成本。产品的实际成本由于种种原因可能与预定的目标不符,其间的差额称为成本差异。如实际成本超过标准成本所形成的差异反映在有关差异账户的借方,这种差异称为不利的差异;反之,如实际成本低于标准成本所形成的差异反映在有关差异账户的贷方,这种差异称为有利的差异。具体分析差异形成的原因和责任,进而采取相应的措施,发展有利的差异,消除不利的差异,就能实现对成本的有效控制,以促进成本的不断降低。

下面对直接材料、直接人工差异分析的基本原理做简要的阐述。

#### 1. 价格差异

1) 材料价格差异

材料价格差异的计算公式为

材料价格差异=实际数量×(实际价格-标准价格)

**【例 8-5】** 一明公司生产甲产品需要使用一种直接材料 A。本期生产甲产品 1 000 件,耗用 A 材料为 9 000 千克,A 材料的实际价格为每千克 200 元。假设 A 材料的标准价格为每千克 210 元,单位甲产品的标准用量为 10 千克。计算 A 材料发生的价格差异。

**解:** A 材料价格差异=(200-210)×9 000=-90 000(元)(有利差异)

材料价格差异一般应由采购部门负责。但材料的实际价格又受许多因素的影响,除市场价格外,还包括采购的数量、运输方法、可利用的数量折扣、紧急订货和购进材料的质量等各个方面,其中任何一个方面脱离制定标准成本时的预定要求,都会形成价格差异。因而对差异形成的原因和责任,还需根据具体情况做进一步的分析。也就是,其中一些差异可能是由采购工作所引起,另一些差异可能是由生产上的原因所造成。如因生产上的要求,对某项材料进行小批量的紧急订货,并由陆运改为空运,由此而形成的不利差异就不能归咎于采购部门,而应由生产部门负责。

2) 工资率差异

人工的价格差异统称为工资率差异,其计算公式为

直接人工工资率差异=实际工时×(实际工资率-标准工资率)

**【例 8-6】** 一明公司有研磨和装配两个工种,其标准工资率,研磨每小时为 4.50 元,装配每小时为 5.05 元。本期实际完成的工作:研磨 1 000 小时,实际的平均工资率为 3.80 元;

装配900小时，实际的平均工资率为5.35元。计算这两种工作发生的工资率差异。

**解：**研磨，1 000×(3.80−4.50)=−700(元)(有利差异)

装配，900×(5.35−5.05)=+270(元)(不利差异)

如果原定各级工人的工资标准没有调整，工资率差异的形成，主要是由生产中升级或降级使用不同工资等级的工人所引起。

### 2. 用量差异

1）材料用量差异

材料用量差异的计算公式为

材料用量差异=(实际数量−标准数量)×标准价格

**【例8-7】** 一明公司生产甲产品需要使用一种直接材料A。本期生产甲产品1 000件，耗用A材料为9 000千克，A材料的实际价格为每千克200元。假设A材料的标准价格为每千克210元，单位甲产品的标准用量为10千克。计算A材料发生的价格差异。

**解：** A材料用量差异=210×(9 000−10 000)=−210 000(元)(有利差异)

材料数量差异是生产中材料耗用量的差异，一般应由生产部门负责，但有时也可能是由采购部门的工作所引起。例如，采购部门以较低的价格购进了质量较差的材料，由于不完全适合原定的生产需要，也会引起耗用量的增长，由此而形成的材料数量的不利差异就应由采购部门负责，不能看成是由于生产上的缺点而形成的追加耗费。

2）人工效率差异

人工的数量差异统称为效率差异。为完成一定的生产工作，用的工时少，说明生产效率高；用的工时多，说明生产效率低。因此，为完成一定的生产工作，所用工时的数量正是其生产效率高低的具体表现。

直接人工的效率差异，按下式计算。

直接人工效率差异=(实际工时−标准工时)×标准工资率

**【例8-8】** 上述一明公司的研磨和装配两种工种，实际研磨1 000小时所完成的工作，其标准工时应为900小时；实际装配900小时所完成的工作，其标准工时应为1 100小时；标准工资率，前者为每小时4.50元，后者为每小时5.05元。计算这两种工种发生的效率差异。

**解：**研磨，(1 000−900)×4.50=+450(元)(不利差异)

装配，(900−1 100)×5.05=−1 010(元)(有利差异)

人工效率差异是考核每个工时生产能力的重要指标，降低单位产品成本的关键就在于不断提高工时的生产能力。影响人工效率的因素是多方面的，包括生产工人的技术水平、生产工艺过程、原材料的质量及设备的状况等。所以在找出差异的同时，要分析产生差异的具体原因，分清不同的责任部门，才能采取有效的控制措施。

### 3. 直接材料的混合差异与产出差异的分析

在生产实践中，几种主要材料有时是按照一定的比例混合使用，在这种情况下，材料的标准成本是按照计划预定的混合比例制定。生产中如果实际投料的比例和计划预定的比例不同，也会产生差异，并给材料成本差异的分析带来一些复杂因素。以下举例说明。

**【例 8-9】** 一明公司生产甲产品,其单位产品材料的标准成本如表 8-7 所示。

**表 8-7 一明公司单位产品材料的标准成本**

| 材料名称 | 标准数量/千克 | 标准价格/(元/千克) | 标准成本/元 |
| --- | --- | --- | --- |
| A | 0.55 | 2 | 1.10 |
| B | 0.55 | 4 | 2.20 |
| 合计 | 1.10 | | 3.30 |

本月生产的实际投料包括:材料 A 600 千克,材料 B 500 千克;生产出产品 900 件,假定没有期初、期末在产品。计算该月总的材料数量差异。

**解:**实际用量按标准价格计算。

材料 A　　600×2=1 200(元)

材料 B　　500×4=2 000(元)

合计　　3 200(元)

计入产品成本的材料标准成本为 900×3.30=2 970(元)

材料数量差异　　+230(元)(不利差异)

对由此而形成的总的材料数量差异,可按下列方法进行分析。

如按计划预定的投料比例投料,材料每公斤的平均单价应为

3.30÷1.10=3(元/千克)

实际投料的数量按上述平均单价计算,材料成本应为

(600+500)×3=3 300(元)

从这里可以看到,总的材料数量差异可具体分解为以下两个方面。

(1) 材料的混合差异:3 200-3 300=-100(元)

(2) 材料的产出差异:3 300-(900×3.30)=+330(元)

合计　　+230(元)

上述计算表明,材料的混合差异(由投料比例改变而形成的差异)是通过材料每千克平均单价的变动而显现出来的。本期实际投料共 1 100 千克(600+500),其平均单价是

(600×2+500×4)÷(600+500)=2.909(元/千克)

而按计划预定的比例投料,其平均单价为 3 元/千克,所以投料比例改变所形成的差异为 1 100×(2.909-3)=-100(元)。

这里所说的材料产出差异,实际上就是生产中的材料用量差异,它通过一定量的投料所得到的产品生产量的差异表现出来。在本例中,单位产品材料的标准用量为 1.1 千克,本期投料 1 100 千克,应产出产品 1 100÷1.1=1 000(件),而实际只生产产品 900 件,也就是少生产产品 100 件(900-1 000)。按标准成本计算,每件产品应负担材料成本 3.30 元,因而增加了材料成本 330 元(100×3.30)。

在例 8-9 中,材料的数量差异是一个总的概括性数字,通过上述方法进行具体分解,可以使人们进一步明确差异形成的原因和责任,以便针对存在的问题,采取相应的措施加以改进。

### 4. 直接人工差异分析中的几个问题

1）直接人工效率差异中的材料用量因素

在工业生产中，如果主要是对原材料进行加工，同工时耗用的数量直接相联系的往往是加工材料的数量，而不是产品生产的数量。对于这种情况，单位产品的材料用量也是影响人工效率的一个重要因素，因而对材料的数量差异和人工的效率差异不能割裂开来孤立地进行分析，而必须相互联系起来进行考虑。以下举例做具体说明。

**【例 8-10】** 一明公司某产品每单位的材料和人工的标准成本如表 8-8 所示。

**表 8-8 一明公司单位产品的标准成本**

| 项 目 | 用量标准 | 价格标准/元 | 标准成本/元 |
|---|---|---|---|
| 直接材料 | 3 千克 | 2 | 6 |
| 直接人工 | 2 小时 | 5 | 10 |
| 合 计 | | | 16 |

本月生产中共耗用直接材料 3 000 千克，直接人工 1 950 小时，生产出产品 900 件，假定没有期初、期末在产品。计算该月总的直接人工效率差异。

**解：** 实际工时按标准工资率计算为 1 950×5＝9 750（元）

计入产品成本的直接人工标准成本为 900×10＝9 000（元）

直接人工效率差异　　　　750（元）

对由此而形成的总的直接人工效率差异可按下列方法进行分析。

实际产量按材料标准用量计算需用的人工成本为

$$(900\times3)\times2\div3\times5=9\ 000(\text{元})$$

实际产量按材料实际用量计算需用的人工成本为

$$3\ 000\times2\div3\times5=10\ 000(\text{元})$$

实际工时按标准工资率计算的人工成本为

$$1\ 950\times5=9\ 750(\text{元})$$

从这里可以看出，总的直接人工效率差异可具体分解为以下两个方面。

材料用量差异所形成的直接人工效率差异为

$$10\ 000-9\ 000=+1\ 000(\text{元})$$

生产中工效提高所形成的直接人工效率差异为

$$9\ 750-10\ 000=-250(\text{元})$$

由此可见，总的直接人工效率差异表现的超支，是由材料用量超支所造成的，按照生产中材料的实际用量计算，直接人工的工效不仅没有比预定标准低，反而有所提高。也就是说，总的直接人工效率差异表现为超支，由两个因素综合影响而形成。只有独立计量这两个因素的影响程度，才能明确区分是由于生产中用料超过了标准，使直接人工效率差异表现为超支 1 000 元。从直接人工的实际工作效率这个因素看，不仅没有发生成本超支，还有一定的节约（250 元）。这种分析方法能较好地说明问题，可以使某一方面取得的成绩，不致被另一方面存在的缺点所掩盖。

2）直接人工混合差异的分析

在工业生产中，一种产品的生产可能要由不同工资等级的工人来完成，而不同工资等级的小时工资率是不同的。因此，在一定量的总工时中，不同等级工人完成工时所占比重的变动，也是形成直接人工成本差异的一个因素。这一差异，虽然也是通过平均工资率的变动而显现出来，但它既不是前面所说的直接人工工资率差异，也不是一般意义上的直接人工效率差异，而应独立地计量，称为直接人工的混合差异。它和前面所说的材料混合差异具有相类似的性质。以下举例做具体的说明。

**【例 8-11】** 一明公司本期实际完成甲产品 500 件、乙产品 300 件、丙产品 100 件，完成这些产量的直接人工的标准成本如表 8-9 所示。而完成这些产量的直接人工的实际成本如表 8-10 所示。计算直接人工分工资等级的总差异。

**表 8-9 一明公司直接人工的标准成本**

| 产品 | 产量/件 | 单位产品标准工时/小时 | | 标准工资率/(元/小时) | | 直接人工成本/元 | |
|---|---|---|---|---|---|---|---|
| | | 一级工 | 二级工 | 一级工 | 二级工 | 一级工 | 二级工 |
| 甲 | 500 | 2 | 1 | | | 10 000 | 4 000 |
| 乙 | 300 | 2 | 3 | 10 | 8 | 6 000 | 7 200 |
| 丙 | 100 | 2 | 4 | | | 2 000 | 3 200 |
| 合　计 | | | | | | 18 000 | 14 400 |

**表 8-10 一明公司直接人工的实际成本**

| 工资等级 | 实际工时/小时 | 支付工资/元 |
|---|---|---|
| 1 | 1 900 | 19 500 |
| 2 | 1 600 | 13 100 |
| 合　计 | 3 500 | 32 600 |

**解：**直接人工分工资等级的总差异见表 8-11。

**表 8-11 一明公司直接人工分工资等级的总差异** 单位：元

| 工资等级 | 直接人工的实际成本 | 直接人工的标准成本 | 差　异 |
|---|---|---|---|
| 1 | 19 500 | 18 000 | ＋1 500 |
| 2 | 13 100 | 14 400 | －1 300 |
| 合　计 | 32 600 | 32 400 | ＋200 |

对直接人工实际成本脱离标准成本的差异，可按下列方法进行分析。

直接人工的工资率（由于工资率不同而引起的）差异。

$$32\ 600-(1\ 900\times10+1\ 600\times8)=+800(\text{元})$$

直接人工的效率（由于工作效率不同而引起的）差异。

标准工时＝500×(1＋2)＋300×(2＋3)＋100×(2＋4)＝3 600(小时)

平均标准工资率＝32 400÷3 600＝9(元/小时)

直接人工的效率差异＝(3 500－3 600)×9＝－900(元)

3）直接人工的混合差异

直接人工的混合差异所反映的是一定量的总工时中，不同等级的工人完成的工时所占的比重的变动，并通过平均工资率变动的形式表现出来。在例 8-11 中，完成实际产量需用的标准工时合计中不同等级工人完成的部分所占的比重、实际工时合计中不同等级工人完成的部分所占的比重及平均工资率如表 8-12 所示。

**表 8-12　一明公司直接人工的混合差异**

| 级　别 | 标准工时/小时 | 标准工时占标准总工时的比重/% | 实际工时/小时 | 实际工时占实际总工时的比重/% | 按标准工时计算的平均工资率 | 按实际工时计算的平均工资率 |
|---|---|---|---|---|---|---|
| 一级工 | 1 800 | 50 | 1 900 | 54.286 | 32 400÷3 600=9 | 32 600÷3 500=9.314 3 |
| 二级工 | 1 800 | 50 | 1 600 | 45.714 | | |
| 合　计 | 3 600 | 100 | 3 500 | 100 | | |

在实际工时合计中，由于一级工所做工时所占的比重有所提高，二级工所做工时所占的比重有所下降，同样按标准工资率计算，每小时的平均工资率提高了 0.314 3 元，由此而确定直接人工的混合差异是

$$3\ 500\times0.314\ 3=+1\ 100.05(\text{元})$$

通过以上的分析，可使直接人工实际成本脱离标准成本的差异得到全面而具体的说明。

## 8.3.4　制造费用差异分析

### 1. 变动制造费用的差异分析

变动制造费用成本差异是指一定产量产品的实际变动制造费用与标准变动制造费用之间的差额。其中：

变动制造费用成本差异＝实际变动制造费用－标准变动制造费用

实际变动制造费用＝实际分配率×实际工时

标准变动制造费用＝实际分配率×标准工时

$$\text{实际分配率}=\frac{\text{实际变动制造费用}}{\text{实际工时}}$$

变动制造费用是变动制造费用分配率与直接人工工时的乘积。因此，变动制造费用差异包括变动制造费用分配率差异（耗费差异）和变动制造费用效率差异。变动制造费用分配率差异（耗费差异）类似于直接材料价格差异和直接人工工资率差异，变动制造费用效率差异类似于直接材料数量差异和直接人工效率差异，所以计算公式如下。

变动制造费用耗费差异＝（实际分配率－标准分配率）×实际工时

变动制造费用效率差异＝标准分配率×（实际工时－标准工时）

变动制造费用差异＝实际变动制造费用－标准变动制造费用

＝变动制造费用分配率＋变动制造费用效率差异

**【例 8-12】**　一明公司生产一种产品，其变动制造费用的标准成本为 24 元/件（3 小时/件×8 元/小时）。本期实际产量 1 300 件，发生实际工时 4 100 小时，变动制造费用 31 160 元。

分析变动制造费用差异。

**解：** 变动制造费用耗费差异＝(31 160÷4 100－8)×4 100＝－1 640(元)(有利差异)

变动制造费用效率差异＝(4 100－1 300×3)×8＝1 600(元)(不利差异)

变动制造费用差异＝31 160－1 300×24＝－40(元)(有利差异)

由于变动制造费用是由许多明细项目组成的，并且与一定的生产水平相联系，所以仅通过举例中的差异计算来反映变动制造费用差异总额，并不能达到日常控制与考核的需要。因此，实际工作中通常根据变动制造费用各明细项目的弹性预算与实际发生数进行对比分析，并进行必要的相应控制措施。

### 2. 固定制造费用的差异分析

固定制造费用差异是指一定期间的实际固定制造费用与标准固定制造费用之间的差额。固定制造费用属于固定成本，它在一定业务量范围内不随业务量的变动而变动。因此，固定制造费用成本差异不能简单地分为价格差异和数量差异两种类型。根据固定制造费用不随业务量变动而变动的特点，为了计算固定制造费用标准分配率，必须设定一个预算工时，实际工时与预算工时之间的差异造成的固定制造费用的差异，叫作固定制造费用生产能力利用程度差异。因此，固定制造费用差异，除像变动制造费用那样包括开支差异和效率差异外，还包括生产能力利用差异。其中：

固定制造费用成本差异＝实际固定制造费用－标准固定制造费用

实际固定制造费用＝实际分配率×实际工时

标准固定制造费用＝固定制造费用标准分配率×标准工时

$$固定制造费用实际分配率=\frac{实际固定制造费用}{实际工时}$$

$$固定制造费用标准分配率=\frac{预算固定制造费用}{预算工时}$$

固定制造费用开支差异＝实际固定制造费用－固定制造费用标准分配率×预算工时

固定制造费用能力差异＝固定制造费用标准分配率×(预算工时－实际工时)

固定制造费用效率差异＝固定制造费用标准分配率×(实际工时－标准工时)

**【例 8-13】** 一明公司本期预算固定制造费用为 5 000 元，预算工时为 2 000 小时，实际耗用工时 1 400 小时，实际固定制造费用为 5 600 元，标准工时为 2 100 小时。分析固定制造费用的差异。

**解：**(1) 根据公式可求出标准分配率和实际分配率。

固定制造费用标准分配率＝5 000÷2 000＝2.5

固定制造费用实际分配率＝5 600÷1 400＝4

(2) 根据上述公式求出开支差异、效率差异和生产能力利用差异。

固定制造费用开支差异＝5 600－5 000＝600(元)

固定制造费用效率差异＝2.5×(1 400－2 100)＝－1 750(元)

固定制造费用能力差异＝2.5×(2 000－1 400)＝1 500(元)

(3) 标准固定制造费用＝2.5×2 100＝5 250(元)

固定制造费用成本差异＝5 600－5 250＝350(元)

或

固定制造费用成本差异＝600－1 750＋1 500＝350(元)

在一定的业务范围内,固定制造费用是不随业务量的变动而变动的。对固定制造费用的分析和控制通常是通过编制固定制造费用预算与实际发生数对比来进行的。由于固定制造费用是由各个部门的许多明细项目构成的,固定制造费用预算应就每个部门及明细项目分别进行编制,实际固定制造费用也应该就每个部门及明细项目进行分别记录。因此固定制造费用成本差异的分析和控制也应该就每个部门及明细项目分别进行。

就预算差异来说,其产生的原因可能是:资源价格的变动(如固定材料价格的增减、工资率的增减等),某些固定成本(如职工培训费、折旧费、办公费等)因管理上的新决定而有所增减;资源的数量比预算有所增减(如职工人数的增减),为了完成预算而推迟某些固定成本的开支等。就能力差异来说,它只反映计划生产能力的利用程度,可能是由于产销量达不到一定规模造成的,一般不能说明固定制造费用的超支或节约。所有这些,都应按不同情况分别进行分析和控制。

## 8.4 成本差异的账务处理

作为一个完整的标准成本会计制度,标准成本的制定和成本差异的计算、分析、控制应该与成本核算结合起来,成为一种成本核算和成本控制相结合的完整体系。采用标准成本法进行账务处理时,对产品的标准成本与成本差异应分别进行核算。

### 8.4.1 成本差异核算账户

采用标准成本法时,针对各种成本差异,应另设置各个成本差异账户,并进行核算。

在材料成本差异方面,应设置“材料价格差异”和“材料用量差异”两个账户;在直接人工差异方面,设置“直接人工工资率差异”和“直接人工效率差异”两个账户;在变动制造费用差异方面,设置“变动制造费用开支差异”和“变动制造费用效率差异”两个账户;在固定制造费用差异方面,应设置“固定制造费用开支差异”“固定制造费用能力差异”和“固定制造费用效率差异”三个账户,分别核算三种不同的固定制造费用差异。各种成本差异类账户的借方核算发生的不利差异,贷方核算发生的有利差异。

### 8.4.2 成本差异的归集

采用标准成本法进行核算时,成本差异的计算、分析工作要到月底实际费用发生后才能进行。所以,对于平时领用的原材料、发生的直接人工费用和各种变动、固定制造费用应先在“直接材料”“直接人工”和“制造费用”账户进行归集。月底计算、分析成本差异后,再将实际费用中的标准成本部分从“直接材料”“直接人工”和“制造费用”账户转入“生产成本”账户;将完工产品的标准成本从“生产成本”账户转入“库存商品”账户。随着产品的销售,再将已售产品的标准成本,从“库存商品”账户转入“主营业务成本”账户。对于各种成本差异,应将其从“直接材料”“直接人工”和“制造费用”账户转入各个相应的成本差异账户。

成本差异的账务处理如下。

编制领用材料成本差异的会计分录如下。

借:生产成本

　贷:原材料

　　材料价格差异

　　材料用量差异

编制直接人工成本差异的会计分录如下。

借:生产成本

　直接人工工资率差异

　直接人工效率差异

　贷:直接人工

编制变动制造费用计入产品成本的会计分录如下。

借:生产成本

　变动制造费用效率差异

　贷:制造费用(变动)

　　变动制造费用开支差异

编制固定制造费用计入产品成本的会计分录如下。

借:生产成本

　固定制造费用开支差异

　固定制造费用效率差异

　贷:制造费用(固定)

　　固定制造费用能力差异

**注:**上述会计分录中的各项差异,如为有利差,记入相关账户的借方;如为不利差,记入相关账户的贷方。

### 8.4.3 期末成本差异的账务处理

在前面的举例中,我们介绍了月底将各种成本差异记入各差异账户的会计分录,在各个成本差异账户中对发生的成本差异进行了归集,在“生产成本”“库存商品”和“主营业务成本”账户中只核算了产品的标准成本。随着产品的出售及产品成本的结转,期末对所发生的成本差异也应进行结转和处理。

**1. 直接处理法**

直接处理法是指将本期发生的各种成本差异全部转入“主营业务成本”账户,由本期的销售产品负担,并全部从利润表的销售收入项下扣减,不再分配给期末在产品和期末库存产成品。这时,期末资产负债表的在产品和产成品项目只反映标准成本。随着产品的出售,应将本期已销产品的标准成本由“库存商品”账户转入“主营业务成本”账户,而各个差异账户的余额,则应于期末直接转入“主营业务成本”账户。这种方法可以避免期末繁杂的成本差异分配工作，同时本期发生的成本差异全部反映在本期的利润上，使利润指标能如实地反映本期生产经营工作和成本控制的全部成效，符合权责发生制的要求。但这种方法要求标准成本的制定要合理并切合实际，并且要不断进行修订，这样期末资产负债表的在产品和产成品项目反映的成本才能切合实际。该方法的运用需要编制如下会计分录。

(1) 产品完工入库。

借：库存商品

　　贷：生产成本

(2) 销售产品。

借：应收账款

　　贷：主营业务收入

(3) 结转已售产品标准成本。

借：主营业务成本

　　贷：库存商品

(4) 结转成本差异。

借：主营业务成本

　　材料价格差异

　　材料用量差异

　　变动制造费用开支差异

　　固定制造费用能力差异

　　贷：直接人工工资率差异

　　　　直接人工效率差异

　　　　变动制造费用效率差异

　　　　固定制造费用开支差异

　　　　固定制造费用效率差异

**注**：上述会计分录中的各项差异，如为有利差异，记入相关账户的借方；如为不利差异，记入相关账户的贷方。

### 2. 递延法

递延法是将本期的各种成本差异，按标准成本的比例分配给期末在产品、期末产成品和本期已销售产品。这样分配后，期末资产负债表的在产品和产成品项目反映的都是实际成本，利润表的产品销售成本反映的也是本期已销售产品的实际成本。这种方法期末差异分配非常复杂，不便于产品成本计算的简化；另外，期末资产负债表的在产品和产成品项目反映的都是实际成本，利润表的产品销售成本反映的也是本期已销售产品的实际成本，这样就不便于本期成本差异的分析和控制。所以西方企业一般都采用第一种方法。

### 3. 稳健法

稳健法又称折中法，是将成本差异按主客观原因分别处理的方法。它是在实务中对以上两种方法的变通，即对客观差异(一般指价格差异)按递延法处理，对主观差异(一般指用量差异)按直接处理法处理。这种方法既能在一定程度上通过利润来反映成本控制的业绩，又可以将非主观努力可控制的差异合理地分配给有关对象。这种方法的缺点是不符合一致性原则。

**4. 年末一次处理法**

年末一次处理法即各月末只汇总各类差异，到年末才一次性处理。这样不仅可简化各月处理差异的手续，而且在正常情况下，各月差异正负相抵后，年末一次处理额并不大，可避免各月利润因直接负担差异而波动。但是如果年内某种差异只有一种变动趋势，则在年末一次处理时，会因累计差异过大而歪曲企业的财务状况和经营成果。一般在后一种情况下不宜采用此法。

## 本章练习题

**一、单项选择题**

1. 下列各项中，属于标准成本控制系统前提和关键的是（　　）。

A. 标准成本的制定　　B. 成本差异的计算

C. 成本差异的分析　　D. 成本差异的账务处理

2. 标准成本法是在泰勒的生产过程标准化思想影响下，于20世纪20年代产生于（　　）。

A. 英国　　B. 法国　　C. 美国　　D. 日本

3. 递延法下，期末资产负债表的在产品和产成品项目反映的都是（　　）。

A. 标准成本　　B. 定额成本　　C. 实际成本　　D. 计划成本

4. 为了计算固定制造费用标准分配率，必须设定一个（　　）。

A. 标准工时　　B. 定额工时　　C. 预算工时　　D. 实际工时

5. 若企业的生产部门、采购部门都是成本中心，由于材料质量不合格造成的生产车间超过消耗定额成本差异部分应由（　　）负担。

A. 生产车间　　B. 采购部门

C. 生产车间与采购部门共同承担　　D. 企业总部

6. 对固定制造费用的分析和控制通常是通过编制（　　）与实际发生数对比来进行的。

A. 固定制造费用预算　　B. 固定制造费用计划

C. 固定制造费用标准　　D. 固定制造费用定额

7. 实际工时与预算工时之间的差异造成的固定制造费用差异叫作固定制造费用（　　）。

A. 开支差异　　B. 效率差异

C. 生产能力利用程度差异　　D. 数量差异

8. 直接人工工时耗用量差异是指单位（　　）耗用量脱离单位标准人工工时耗用量所产生的差异。

A. 实际人工工时　　B. 定额人工工时

C. 预算人工工时　　D. 正常人工工时

9. 直接人工的小时工资率标准，在采用计时工资制下就是（　　）。

A. 实际工资率　　B. 标准工资率

C. 定额工资率　　D. 正常的工资率

10. 理想标准成本是在(　　)可以达到的成本水平,它排除了一切失误、浪费、机器闲置等因素,根据理论上的耗用量、价格及最高生产能力制定的标准成本。

A. 正常生产经营条件下　　B. 最佳工作状态下

C. 现有的生产经营条件下　　D. 平均先进的生产条件下

**二、多项选择题**

1. 正常标准成本是在正常生产经营条件下应该达到的成本水平,它是根据(　　)制定的标准成本。

A. 现实的耗用水平　　B. 正常的价格

C. 正常的生产经营能力利用程度　　D. 现实的价格

E. 实际消耗

2. 在制定标准成本时,根据所要求达到的效率的不同,所采取的标准有(　　)。

A. 理想标准成本　B. 正常标准成本　C. 现实标准成本

D. 定额成本　E. 历史成本

3. 构成直接材料成本差异的基本因素有(　　)。

A. 效率差异　B. 耗用差异　C. 用量差异

D. 价格差异　E. 时间差异

4. 固定制造费用的三种成本差异是指(　　)。

A. 效率差异　B. 耗用差异　C. 闲置能量差异

D. 价格差异　E. 数量差异

5. 阐述材料价格差异的原因,可能会有(　　)。

A. 进料数量未按经济订购量办理　　B. 购入低价材料

C. 折扣期内延期付款,未获优惠　　D. 增加运输途中耗费

E. 发生退货

6. 影响人工效率的因素是多方面的,包括(　　)。

A. 生产工人的技术水平　　B. 生产工艺过程

C. 原材料的质量　　D. 设备的状况

E. 资金状况

7. 正常标准成本是在正常生产条件下应该达到的成本水平。这种标准成本通常反映了过去一段时期的(　　)。

A. 实际成本水平的平均值　　B. 该行业价格的平均水平

C. 平均生产能力　　D. 最高生产能力

E. 平均技术水平

8. 成本差异按成本的构成可以分为(　　)。

A. 直接材料成本差异　　B. 直接人工成本差异

C. 价格差异　　D. 数量差异

E. 制造费用差异

9. 影响材料用量差异的因素有(　　)。

A. 材料的质量　B. 采购批量　C. 生产工人技术熟练程度

D. 生产设备状况　E. 供应商选择

10. 影响人工效率的因素包括(　　)。

A. 材料质量　B. 材料价格　C. 生产设备状况

D. 供应商选择　E. 生产工艺

**三、计算题**

1. 一明公司本月有关预算资料及执行结果如表 8-13 所示。

**表 8-13　一明公司本月有关预算资料及执行结果**

| 项　目 | 预算资料 | 执行结果 |
| --- | --- | --- |
| 固定制造费用/元 | 4 000 | 3 980 |
| 变动制造费用/元 | 500 | 510 |
| 总工时/小时 | 2 500 | 2 200 |

已知标准工时为 2 000 小时,变动制造费用标准分配率为 0.25 元/小时。

要求:分析变动制造费用差异和固定制造费用差异。

2. 一明公司生产甲产品需要使用一种直接材料 A。本期生产甲产品 1 000 件,耗用材料为 9 000 千克,A 材料的实际价格为每千克 200 元。假设 A 材料的标准价格为每千克 210 元,单位甲产品的标准用量为 10 千克。

要求:计算 A 材料的成本差异。

# 第9章 业绩评价

## 本章学习目的

现代管理会计中的业绩评价主要包括两方面内容：一是以责任中心为主体的业绩考核与评价；二是基于 EVA 的业绩考核与评价。责任中心是指根据其管理权限承担一定的经济责任，并能反映其经济责任履行情况的企业内部责任单位。凡是管理上可以分离、责任可以辨认、成绩可以单独考核的单位，都可以划分为责任中心，大到分公司、地区工厂或部门，小到车间、班组。责任中心将企业经营体分割成拥有独自产品或市场的多个绩效责任单位，然后将总部的管理责任授权给这些单位之后，通过客观性的业绩评价指标体系，实施必要的业绩衡量与奖惩，以期达成企业设定的经营成果。按照责任对象的特点和责任范围的大小，责任中心可以分为成本（费用）中心、利润中心和投资中心。经济附加值（EVA）是一套以经济增加值理念为基础的财务管理系统、决策机制及激励报酬制度。

## 本章学习目标

1. 掌握成本中心的考核指标；
2. 掌握利润中心的考核指标；
3. 掌握投资中心的考核指标；
4. 了解部门业绩的报告与考核；
5. 掌握基于 EVA 的业绩考核与评价。

## 引导案例

### 游艇专卖店的业绩考评

罗斯公司是一家游艇专卖店，共分以下 4 个部门，每个部门是 1 个利润中心并由 1 位经理负责。

销售部门：担任 4 个主要生产商的代理，销售各款新的包括从小型号到大型号的游艇。

租赁部门：按日租、周租或月租出租游艇给个人及企事业单位。该部门所出租游艇的型号与销售部门的一样。

二手部门：销售二手游艇，其货源是销售部门从以旧换新交易中回收的游艇，或租赁部门转来已使用多年的游艇。从销售部门取得的游艇的转让价格定为以旧换新交易中所指定的价值,从租赁部门取得的游艇则为该资产按直线法及6年起计算折旧后的净值。

维修部门:负责的工作包括维修客户带来的游艇;销售部门及二手部门的售后服务和保养工作;维修租赁部门出租的游艇;维修二手部门准备出售的游艇。维修部门按小时统一收费,所收取的费用除支付成本外,还可以为维修部门赚取一定的利润。

公司每月为各部门的经理进行一次绩效评估,主要评估每一个利润中心的销售利润,而每年的奖金大部分也取决于这些评估。销售及二手部门的薪金按月薪加销售佣金计算。平均来说,薪金及佣金各占一半。

**要求:**

(1) 给罗斯公司董事会编写一份报告,评述公司在现行的管理机制下可能存在的有关内部转让价格的问题。

(2) 就所指出的问题,提出一些可减少这些问题而应采用的转让价格原则,并列出理由。

## 9.1 成本中心的业绩评价

### 9.1.1 成本中心的含义

成本中心(cost center)是指只对其成本或费用承担责任的责任中心,它处于企业的基础责任层次。由于成本中心不会形成可以用货币计量的收入,因而不应当对收入、利润或投资负责。

成本中心的范围最广,一般来说,凡企业内部有成本发生、需要对成本负责,并能够实施成本控制的单位,都可以称为成本中心。工业企业上至工厂一级,下至车间、工段、班组,甚至个人都有可能成为成本中心。总之,成本中心一般包括负责产品生产的生产部门、劳务提供部门及给予一定费用指标的管理部门。

成本中心的规模大小不一,各个较小的成本中心可以共同组成一个较大的成本中心,各个较大的成本中心又共同构成一个更大的成本中心,从而在企业内部形成一个逐级控制,并层层负责的成本中心体系。规模大小不一和层次不同的成本中心,其控制和考核的内容也不尽相同。

### 9.1.2 成本中心的类型

按照成本中心控制的对象的特点,可将成本中心分为技术性成本中心(engineered cost center)和酌量性成本中心(discretionary cost center)两类。

**1. 技术性成本中心**

技术性成本中心又称标准成本中心、单纯成本中心或狭义成本中心,是指把生产实物产品而发生的各种技术性成本作为控制对象的成本中心。该类中心不需要对实际产出量与预算产量的变动负责,往往通过应用标准成本制度或弹性预算等手段来控制产品成本。

**2. 酌量性成本中心**

酌量性成本中心又称费用中心，是指把为组织生产经营而发生的酌量性成本或经营费用作为控制对象的成本中心。该类中心一般不形成实物产品，不需要计算实际成本，往往通过加强对预算总额的审批和严格执行预算标准来控制经营费用开支。

### 9.1.3 成本中心的特点

成本中心相对于其他层次的责任中心有其自身的特点，主要表现在以下几方面。

**1. 成本中心只考评成本费用不考评收益**

成本中心一般不具有经营权和销售权，其经济活动的结果不会形成可以用货币计量的收入；有的成本中心可能有少量的收入，但从整体上讲，其产出与投入之间不存在密切的对应关系，因而这些收入不作为主要的考核内容，也不必计算这些货币收入。因此，成本中心只以货币形式计量投入，不以货币形式计量产出。

**2. 成本中心只对可控成本承担责任**

成本(含费用)按其是否具有可控性(即其责任主体是否控制)分为可控成本(controllable cost)与不可控成本(uncontrollable cost)两类。

具体来说，可控成本必须同时具备以下4个条件。

(1) 可以预估，即成本中心能够事先知道将发生哪些成本以及在何时发生。

(2) 可以计量，即成本中心能够对发生的成本进行计量。

(3) 可以施加影响，即成本中心能够通过自身的行为来调节成本。

(4) 可以落实责任，即成本中心能够将有关成本的控制责任分解落实，并进行考核评价。

凡不能同时具备上述4个条件的成本通常为不可控成本。

属于某成本中心的各项可控成本之和构成该成本中心的责任成本。从考评的角度看，成本中心工作成绩的好坏，应以可控成本作为主要依据，不可控成本核算只有参考意义。在确定责任中心成本责任时，应尽可能使责任中心发生的成本成为可控成本。

成本的可控与不可控是以一个特定的责任中心和一个特定的时期作为出发点的，这与责任中心所处管理层次的高低、管理权限及控制范围的大小和运营期间的长短有直接关系。因而，可控成本与不可控成本可以在一定的时空条件下发生相互转化。

首先，成本的可控与否，与责任中心的权力层次有关。某些成本对于较高层次的责任中心来说是可控的，对于其下属的较低层次的责任中心而言，可能是不可控的。对整个企业来说，几乎所有的成本都是可控的，而对于企业下属各层次、各部门乃至个人来说，则既有各自的可控成本，又有各自的不可控成本。

其次，成本的可控与否，与责任中心的管辖范围有关。某项成本就某一责任中心看是不可控的，而对另一个责任中心则可能是可控的，这不仅取决于该责任中心的业务内容，也取决于该责任中心所管辖的业务内容的范围。如产品试制费，从产品生产部门看是不可控的，而对新产品试制部门来说，就是可控的。但如果新产品试制也归口由生产部门进行，则试制费又成为生产部门可控成本。

再次，某些从短期看是不可控的成本，从较长的时间看，又成为可控成本。如现有生产设备的折旧，就具体使用它的部门来说，其折旧费用是不可控的；但是，当现有设备不能继续使用，要用新的设备来代替它时，是否发生新设备的折旧费又成为可控成本了。

最后，随着时间的推移和条件的变化，过去某些可控的成本项目，可能转化为不可控成本。

一般来说，成本中心的变动成本大多是可控成本，而固定成本大多是不可控成本；各成本中心直接发生的直接成本大多是可控成本，其他部门分配的间接成本大多是不可控成本。但在实际工作中，必须从发展的眼光看问题，要具体情况具体分析，不能一概而论。

**3. 成本中心只对责任成本进行考核和控制**

责任成本(responsibiliti cost)是各成本中心当期确定或发生的各项可控成本之和，又可分为预算责任成本(budgetary responsibiliti cost)和实际责任成本(actual responsibiliti cost)。前者是指根据有关预算分解确定的各责任中心应承担的责任成本；后者是指各责任中心由于从事业务活动实际发生的责任成本。

对成本费用进行控制，应以各成本中心的预算责任成本为依据，确保实际责任成本不会超过预算责任成本；对成本中心进行考核，应通过各成本中心的实际责任成本与预算责任成本进行比较，确定其成本控制的绩效，并采取相应的奖惩措施。

责任成本与产品成本(product cost)是既有联系又有区别的两个概念。两者之间的区别有以下4点。

(1) 归集和分配的对象不同。责任成本是以成本中心为费用归集和分配的对象；而产品成本则是以产品为费用的归集和分配的对象。

(2) 分配的原则不同。责任成本的分配原则是“谁负责，谁承担”，其中的“谁”是指责任中心及责任人；产品成本的分配原则是“谁受益，谁承担”，其中的“谁”是指产品成本的物质承担者，即产品本身。

(3) 核算的基础条件不同。责任成本核算要求以成本的可控性为分类标志，以将成本分为可控成本和不可控成本两部分为前提条件；产品成本核算则要求以成本的经济用途作为分类标志，以将成本分为生产成本和期间成本两大类为前提条件。

(4) 核算的主要目的不同。责任成本核算的主要目的在于控制耗费、降低成本、考核和评价责任中心的工作业绩；产品成本核算的主要目的是为资产的计价、成本的补偿和计量经营成果提供信息。

两者之间也有以下两点联系。

(1) 成本的本质是相同的，无论是责任成本还是产品成本都是由企业生产经营过程中一定量的资金耗费构成的。

(2) 在一定时期内，企业发生的全部责任成本之和应当等于全部产品成本之和。

### 9.1.4 成本中心的考核指标

既然成本中心的业绩考核与评价的对象是责任成本而不是全部成本，那么成本可控性就应当是确定责任成本的唯一依据。在成本中心的业绩报告中，应从全部成本中区分出可以控制的责任成本，将其实际发生额同预算额进行比较、分析，揭示产生差异的原因，据此对责任中心的工作成果进行评价。

成本中心的考核指标包括责任成本的变动额和变动率两类指标，其计算公式为

$$责任成本的变动额=实际责任成本-预算责任成本$$

$$责任成本的变动率=\frac{责任成本变动额}{预算责任成本}\times 100\%$$

在对成本中心进行考核时，如果预算产量与实际产量不一致，应注意按弹性预算的方法先调整预算指标，然后再按上述指标进行计算。

**【例 9-1】** 成本中心考核指标的计算。

已知：A 公司第一车间是一个成本中心，只生产甲产品。其预算产量为 4 000 件，单位标准材料成本为 100 元/件(10 元/千克×10 千克/件)；实际产量为 5 000 件，实际单位材料成本为 96 元/件(12 元/千克×8 千克/件)。假定其他成本暂时忽略不计。计算该成本中心消耗的直接材料责任成本的变动额和变动率，分析并评价该成本中心的成本控制情况。

**解**：依题意

$$责任成本变动额=96\times 5\,000-100\times 5\,000=-20\,000(元)$$

$$责任成本变动率=\frac{-20\,000}{100\times 5\,000}=-4\%$$

计算结果表明，该成本中心的成本降低额为 20 000 元，降低率为 4%。其原因分析如下。

由于材料价格上升对成本的影响：

$$(12-10)\times 8\times 5\,000=80\,000(元)$$

由于材料用量降低对成本的影响：

$$10\times(8-10)\times 5\,000=-100\,000(元)$$

该成本中心的直接材料成本节约了 20 000 元。

原因分析与评价：

(1) 由于材料采购价格上升致使成本超支 80 000 元，这属于第一车间的不可控成本，应将此超支责任由该车间转出，转由采购部门承担。

(2) 由于材料用量降低使得成本节约了 100 000 元，属于该中心取得的成绩。

# 9.2 利润中心的业绩评价

## 9.2.1 利润中心的含义

利润中心(profit center)是指对利润负责的责任中心。由于利润是收入与成本费用之差，因而利润中心既要对成本负责，还要对收入负责。

利润中心往往处于企业内部的较高层次，是对产品或劳务生产经营决策权的企业内部部门，如分厂、分店、分公司等具有独立的经营权的部门。

与成本中心相比，利润中心的权力和责任都相对较大，它不仅要绝对地降低成本，而且

更要寻求收入的增长,并使之超过成本的增长。通常利润中心对成本的控制是结合对收入的控制同时进行的,它强调成本的相对节约。

## 9.2.2 利润中心的类型

按照收入来源的性质不同,利润中心可分为自然利润中心(physical profit center)与人为利润中心(suppositional profit center)两类。

**1. 自然利润中心**

自然利润中心是指可以直接对外销售产品并取得收入的利润中心。这类利润中心虽然是企业内部的一个责任单位,但它本身直接面向市场,具有产品销售权、价格制定权、材料采购权和生产决策权,其功能与独立企业相近。最典型的形式就是公司内的事业部,每个事业部均有销售、生产、采购的机能,有很大的独立性,能独立地控制成本、取得收入。

**2. 人为利润中心**

人为利润中心是只对内部责任单位提供产品或劳务而取得"内部销售收入"的利润中心。这种利润中心一般不直接对外销售产品。成为人为利润中心应具备两个条件:一是该中心可以向其他责任中心提供产品(含劳务);二是能为该中心的产品确定合理的内部转移价格,以实现公平交易、等价交换。

工业企业的大多数成本中心都可以转化为人为利润中心。人为利润中心一般也应具备相对独立的经营权,即能自主决定本利润中心的产品品种(含劳务)、产品质量、作业方法、人员调配、资金使用等。例如,大型钢铁公司的采矿、炼铁、轧钢等生产部门的产品除少量对外销售外,主要在公司内部转移,这些部门就可以视为人为利润中心。

## 9.2.3 利润中心的成本计算

利润中心要对利润负责,需要以计算和考核责任成本为前提。只有正确计算利润,才能为利润中心业绩考核与评价提供可靠的依据。对利润中心的成本计算,通常有两种方式可供选择。

(1) 利润中心只计算可控成本,不分担不可控成本,即不分摊共同成本。

这种方式主要适用于共同成本难以合理分摊或无须进行共同成本分摊。按这种方式计算出来的盈利不是通常意义上的利润,而是相当于"边际贡献总额"。企业各利润中心的"边际贡献总额"之和,减去未分配的共同成本,经过调整后才是企业的利润总额。采用这种成本计算方式的"利润中心",实质上已不是完整和原来意义上的利润中心,而是边际贡献中心。人为利润中心适合采取这种计算方式。

(2) 利润中心不仅计算可控成本,也计算不可控成本。

这种方式适用于共同成本易于合理分摊或不存在共同成本分摊。这种利润中心在计算时,如果采用变动成本法,应先计算出边际贡献,再减去固定成本,才是税前利润;如果采用完全成本法,利润中心可以直接计算出税前利润。各利润中心的税前利润之和,就是企业的利润总额。自然利润中心适合采取这种计算方式。

### 9.2.4 利润中心的考核指标

利润中心的考核指标为利润，通过比较一定期间实际实现的利润与责任预算所确定的利润，可以评价其责任中心的业绩。但由于成本计算方式不同，各利润中心的利润指标的表现形式也不相同。

（1）当利润中心不计算共同成本或不可控成本时，其考核指标如下。

利润中心边际贡献总额＝该利润中心销售收入总额－该利润中心可控成本总额（或变动成本总额）

值得说明的是，如果可控成本中包含可控固定成本，就不完全等于变动成本总额。但一般而言，利润中心的可控成本大多只是变动成本。

（2）当利润中心计算共同成本或不可控成本，并采取变动成本法计算成本时，其考核指标主要是以下几种。

利润中心边际贡献总额＝该利润中心销售收入总额－该利润中心变动成本总额

利润中心负责人可控利润总额＝该利润中心边际贡献总额－该利润中心负责人可控固定成本总额

利润中心可控利润总额＝该利润中心负责人可控利润总额－该利润中心负责人不可控固定成本总额

公司利润总额＝各利润中心可控利润总额之和－公司不可分摊的各种管理费用、财务费用

为了考核利润中心负责人的经营业绩，应针对经理人员的可控成本费用进行考核和评价。这就需要将各利润中心的固定成本进一步区分为可控的固定成本和不可控的固定成本。这主要考虑某些成本费用可以划归、分摊到有关利润中心，却不能为利润中心负责人所控制，如广告费、保险费等。在考核利润中心负责人业绩时，应将其不可控的固定成本从中剔除。

**【例 9-2】** 利润中心考核指标的计算。

已知：A 公司的第二车间是一个人为利润中心。本期实现内部销售收入 600 000 元，变动成本为 400 000 元，该中心负责人可控固定成本为 30 000 元，中心负责人不可控，但应由该中心负担的固定成本为 50 000 元。计算该利润中心的实际考核指标，并评价该利润中心的利润完成情况。

**解：**依题意

利润中心边际贡献总额＝600 000－400 000＝200 000（元）

利润中心负责人可控利润总额＝200 000－30 000＝170 000（元）

利润中心可控利润总额＝170 000－50 000＝120 000（元）

评价：计算结果表明该利润中心各项考核指标的实际完成情况。为对其完成情况进行评价，需要将各指标与责任预算进行对比和分析，并找出产生差异的原因。

# 9.3 投资中心的业绩评价

## 9.3.1 投资中心的含义

投资中心(investment center)是指对投资负责的责任中心。其特点是不仅要对成本、收入和利润负责,还要对投资效果负责。

由于投资的目的是获得利润,因而,投资中心同时也是利润中心,但它又不同于利润中心,其主要区别有两点:一是权利不同,利润中心没有投资决策权,它只能在项目投资形成生产能力后进行具体的经营活动;而投资中心则不仅在产品生产和销售上享有较大的自主权,而且能够相对独立地运用所掌握的资产,有权购建或处理固定资产,扩大或缩减现有的生产能力。二是考核办法不同,考核利润中心业绩时,不联系投资多少或占用资产的多少,即不进行投入产出的比较;而在考核投资中心的业绩时,必须将所获得的利润与所占用的资产进行比较。

投资中心是处于企业最高层次的责任中心,它具有最大的决策权,也承担最大的责任。投资中心的管理特征是较高程度的分权管理。一般而言,大型集团所属的子公司、分公司、事业部往往都是投资中心。在组织形式上,成本中心一般不是独立法人,利润中心可以是也可以不是独立法人,而投资中心一般是独立法人。

由于投资中心要对其投资效益负责,为保证其考核结果的公正、公平和准确,各投资中心应对其共同使用的资产进行划分,对共同发生的成本进行分配,各投资中心之间相互调剂使用的现金、存货、固定资产等也应实行有偿使用。

## 9.3.2 投资中心的考核指标

投资中心考核与评价的内容是利润及投资效果。因此,投资中心除考核和评价利润指标外,更需要计算、分析利润与投资额的关系性指标,即投资利润率和剩余收益。

**1. 投资利润率**

投资利润率(return on investment,ROI)又称投资报酬率,是指投资中心所获得的利润与投资额之间的比率。其计算公式为

$$投资利润率=\frac{利润}{投资额}\times 100\%$$

投资利润率还可以进一步展开。

$$\begin{aligned}投资利润率&=\frac{销售收入}{投资额}\times\frac{利润}{销售收入}\times 100\%\\&=总资产周转率\times 销售利润率\times 100\%\end{aligned}$$

或

$$投资利润率=\frac{销售收入}{投资额}\times\frac{成本费用}{销售收入}\times\frac{利润}{成本费用}\times100\%$$
$$=总资产周转率\times销售成本率\times成本费用利润率\times100\%$$

以上公式中，投资额是指投资中心可以控制并使用的总资产。所以，该指标也可以称为总资产利润率，它主要说明投资中心运用每一元资产对整体利润贡献的大小，主要用于考核和评价由投资中心掌握、使用的全部资产的盈利能力。

为了考核投资中心的总资产运用状况，也可以计算投资中心的总资产息税前利润率，其计算公式为

$$总资产息税前利润率=\frac{息税前利润}{总资产占用额}\times100\%$$

值得说明的是，由于利润或息税前利润是期间性指标，故上述投资额或总资产占用额应按平均投资额或平均占用额计算。

**【例9-3】** 一明公司投资中心2020年相关资料为：资产总额10 000万元，部门边际贡献2 500万元。现在有一个投资报酬率为15%的机会，投资额为5 000万元，投资后部门边际贡献增加700万元，资金成本为10%。企业投资中心目前的投资报酬率为多少？以投资报酬率为考核指标，是否接受此项投资？

**解：**

$$目前投资报酬率=\frac{营业利润}{投资占用额}\times100\%$$
$$=\frac{2\,500}{10\,000}\times100\%=25\%$$

对整个企业来说，由于新项目的投资报酬率高于资金成本，应当利用此投资机会，但是对于投资中心来说，则

$$接受投资后投资报酬率=\frac{营业利润}{投资占用额}\times100\%$$
$$=\frac{2\,500+700}{10\,000+5\,000}\times100\%=21.3\%$$

由于接受此项投资后投资中心的投资报酬率21.3%低于投资前的投资报酬率25%，如果通过投资报酬率这个指标衡量该项投资，那么投资中心就会放弃这个项目。

投资利润率是广泛采用的评价投资中心业绩的指标，优点如下。

(1) 投资利润率能反映投资中心的综合盈利能力。从投资利润率的分解公式可以看出，投资利润率的高低与收入、成本、投资额和周转率有关，提高投资利润率应通过增收节支、加速周转和减少投入来实现。

(2) 投资利润率具有横向可比性。投资利润率将各投资中心的投入与产出进行比较，剔除了因投资额不同而导致的利润差异的不可比因素，有利于进行各投资中心经营业绩比较。

(3) 投资利润率可以作为选择投资机会的依据，有利于调整资产的存量，优化资源配置。

(4) 以投资利润率作为评价投资中心经营业绩的尺度，可以正确引导投资中心的经营管理行为，使其行为长期化。由于该指标反映了投资中心运用资产并使资产增值的能力，如果投资中心资产运用不当，会增加资产或投资占用规模，也会降低利润。因此，以投资利润率作为考核与评价的尺度，将促使各投资中心盘活闲置资产，减少不合理资产占用，及时处理过时、变质、毁损资产等。

投资利润率作为投资中心的业绩指标得到了广泛的应用,但该指标也存在一定的局限性。一是世界性的通货膨胀,使企业资产账面价值失真、失实,以致相应的折旧少计、利润多计,使计算的投资利润率无法揭示投资中心的实际经营能力。二是使用投资利润率往往会使投资中心只顾本身利益而放弃对整个企业有利的投资项目,造成投资中心的近期目标与这个企业的长远目标的背离。各投资中心为达到较高的投资利润率,可能会采取减少投资的行为。三是投资利润率的计算与资本支出预算所用的现金流量分析方法不一致,不便于投资项目建成投产后与原定目标的比较。四是从控制角度看,由于一些共同费用无法为投资中心所控制,因而投资利润率的计量不全是投资中心所能控制的。为了克服投资利润率的某些缺陷,应采用剩余收益作为主要评价指标。

**2. 剩余收益**

剩余收益(residual income,RI)是一个绝对数指标,是指投资中心获得的利润扣减最低投资收益后的余额。最低投资收益是投资中心的投资额(或资产占用额)按规定或预期的最低收益率计算的收益。其计算公式如下。

剩余收益=息税前利润-总投资额×规定或预期的最低投资收益率

如果考核指标是总资产息税前利润率,则剩余收益计算公式应做相应调整,其计算公式如下。

剩余收益=息税前利润-总资产占用额×规定或预期的总资产息税前利润率

这里所说的规定或预期的最低收益率和总资产息税前利润率通常是指企业为保证其生产经营正常、持续进行所必须达到的最低收益水平,一般可按整个企业各投资中心的加权平均投资收益率计算。只要投资项目收益高于要求的最低收益率,就会给企业带来利润,也会给投资中心增加剩余收益,从而保证投资中心的决策行为与企业总体目标一致。

剩余收益指标具有两个特点。

(1) 体现投入与产出的关系。由于减少投资(或降低资产占用)同样可以达到增加剩余收益的目的,因而与投资利润率一样,该指标也可以用于全面考核与评价投资中心的业绩。

(2) 避免本位主义。剩余收益指标避免了投资中心的狭隘本位倾向,即单纯追求投资利润而放弃一些有利可图的投资项目。因为以剩余收益作为衡量投资中心工作成果的尺度,可以促使投资中心尽量提高剩余收益,即只要有利于增加剩余收益绝对额,投资行为就是可取的,而不只是尽量提高投资利润率。

投资利润率和剩余收益这两个指标的差别,可以通过下例说明。

**【例 9-4】** 根据例 9-3 资料,以剩余收益为考核指标,是否接受此项投资?

**解**:如果使用剩余收益作为评价标准,此时

目前部门剩余收益=部门边际贡献-部门资产×资金成本

=2 500-10 000×10%=1 500(元)

接受投资方案后剩余收益=部门边际贡献-部门资产×资金成本

=(2 500+700)-(10 000+5 000)×10%

=1 700(元)

由于接受此项投资后投资中心的剩余收益为 1 700 元,高于投资前的剩余收益 1 500 元,如果通过剩余收益这个指标衡量该项投资,那么投资中心就会接受此项投资。

**【例 9-5】** 投资中心考核指标的计算。

已知：一明公司下设甲和乙两个投资中心，该公司加权平均最低投资收益率为 10%。公司拟追加 300 万元的投资。有关资料如表 9-1 所示。根据表 9-1 中资料评价甲和乙两个投资中心的经营业绩。

**表 9-1 一明公司投资中心考核指标的计算**

| 项目 | | 投资额/万元 | 利润/万元 | 投资利润率 | 剩余收益/万元 |
|---|---|---|---|---|---|
| 追加投资额 | 甲 | 400 | 20 | 5% | 20－400×10%＝－20 |
| | 乙 | 600 | 90 | 15% | 90－600×10%＝＋30 |
| | 合计 | 1 000 | 110 | 11% | 110－1 000×10%＝＋10 |
| 甲投资中心追加投资 300 万元 | 甲 | 400＋300＝700 | 20＋22＝42 | 6% | 42－700×10%＝－28 |
| | 乙 | 600 | 90 | 15% | 90－600×10%＝＋30 |
| | 合计 | 1 000＋300＝1 300 | 110＋22＝132 | 10.1% | 132－1 300×10%＝＋2 |
| 乙投资中心追加投资 300 万元 | 甲 | 400 | 20 | 5% | 20－400×10%＝－20 |
| | 乙 | 600＋300＝900 | 90＋42＝132 | 14.7% | 132－900×10%＝＋42 |
| | 合计 | 1 000＋300＝1 300 | 110＋42＝152 | 11.8% | 152－1 300×10%＝＋22 |

**解：**由表 9-1 可知，如以投资利润率作为考核指标，追加投资后，甲的投资利润率由 5% 提高到 6%，乙的投资利润率由 15% 下降到 14.7%，则向甲投资比向乙投资好；但以剩余收益作为考核指标，甲的剩余收益由原来的－20 万元变成－28 万元，乙的剩余收益由原来的 30 万元增加到 42 万元，应当向乙投资。但从整个公司进行评价，就会发现甲追加投资时全公司总体投资利润率由 11% 下降到 10.1%，剩余收益由 10 万元下降到 2 万元；乙追加投资时全公司总体投资利润率由 11% 上升到 11.8%，剩余收益由 10 万元上升到 22 万元，这和以剩余收益指标评价各投资中心的业绩的结果一致。所以，以剩余收益作为评价指标可以保持各投资中心获利目标与公司总的获利目标达成一致。

## 9.4 部门业绩的报告与考核

部门业绩的报告与考核应建立在责任预算基础之上，必须通过对责任预算的执行情况与预算目标的差异进行分析，才能对部门业绩进行报告，并进行考核。

### 9.4.1 责任预算

**1. 责任预算的含义**

责任预算（responsibility budget）是以责任中心为主体，经其可控的成本、收入、利润和投资等为对象所编制的预算。

**2. 责任预算的指标构成**

责任预算由各种责任指标构成，这些指标可分为主要责任指标和其他责任指标。

主要责任指标是指特定责任中心必须保证实现，并能够反映各种不同类型的责任中心之间的责任和相应区别的责任指标。在上节所提及的有关责任中心的各项考核指标都属于主要指标的范畴。

其他责任指标是根据企业其他总奋斗目标分解而得到的或为保证主要责任指标完成而确定的责任指标，这些指标包括劳动生产率、设备完好率、出勤率、材料消耗率和职工培训等内容。

**3. 编制责任预算的意义**

通过编制责任预算可以明确各责任中心的责任，并与企业的总额预算保持一致，以确保企业目标的实现。责任预算既为各责任中心提供了努力目标和方向，也为控制和考核各责任中心提供了依据。在企业实践中，责任预算是企业总预算的补充和具体化，只有将各责任中心的责任预算与企业的总预算有机地融为一体，才能较好地达到责任预算的效果。

**4. 责任预算的编制程序**

责任预算的编制程序有两种。

1）自上而下的程序

本程序是以责任中心为主体，将企业总预算目标自上而下地在各责任中心之间层层分解，进而形成各责任中心责任预算的一种常用程序。

本程序的优点在于：可以使整个企业在编制各部门责任预算时，实现一元化领导，便于统一指挥和调度；其不足之处在于：可能会限制基层责任中心的积极性和创造性的发挥。

2）自下而上的程序

本程序是由各责任中心自行列示各自的预算指标、层层汇总，最后由企业专门机构或人员进行汇总和协调，进而编制出企业总预算的一种程序。

本程序的优点在于：便于充分调动和发挥各基层责任中心的积极性；其不足之处在于：由于各责任中心往往只注意本中心的具体情况或多从自身利益角度考虑，容易造成彼此协调上的困难、互相支持少，以致冲击企业的总体目标，层层汇总的工作量比较大，协调的难度大，可能影响预算质量和编制时效。

**5. 不同经营管理方式下责任预算编制程序的选择**

责任预算的编制程序与企业组织机构设置和经营管理方式有着密切关系。在集权管理制度下，企业通常采用自上而下的预算编制方式；在分权管理制度下，则企业往往采用自下而上的预算编制方式。

在集权组织结构形式下，公司的总经理大权独揽，对企业的所有成本、收入、利润和投资负责。公司往往是唯一的利润中心和投资中心。而公司下属的各部门、各工厂、各工段、各地区都是成本中心，它们只对其权责范围内控制的成本负责。因此，在集权组织结构形式下，首先要按照责任中心的层次，从上至下把公司总预算（或全面预算）逐层向下分解，形成各责任中心的责任预算；其次建立责任预算执行情况的跟踪系统，记录预算执行的实际情况，并定期由下至上把责任预算的实际执行数据逐层汇总，直到高层的利润中心或最高层的投资中心。

在分权组织结构形式下，经营管理权分散在各责任中心，公司下属各部门、各工厂、各地区等与公司自身一样，可以同时是利润中心和投资中心，它们既要控制成本、收入、利润，也要对所占用的全部资产负责。在分权组织结构形式下，首先也应按责任中心的层次，将公司总预算（或全面预算）从最高层向最底层逐级分解，形成各责任单位的责任预算。其次建立责任预算的跟踪系统，记录预算实际执行情况，并定期从最基层责任中心把责任成本的实际数，以及销售收入的实际数，通过编制业绩报告逐层向上汇总，一直达到最高的投资中心。

随着预算数据的逐级分解，预算的责任中心的层次越来越低，预算目标越来越具体。这意味着公司总预算被真正落实到责任单位或个人，使预算的实现有了可靠的组织保障，也意味着公司总预算被分解到具体的项目上，使预算的实现有了客观的依据。

### 6. 责任预算编制举例

**【例 9-6】** 责任预算编制案例（分权管理方式）。

已知：一明公司组织结构如图 9-1 所示。编制责任预算。

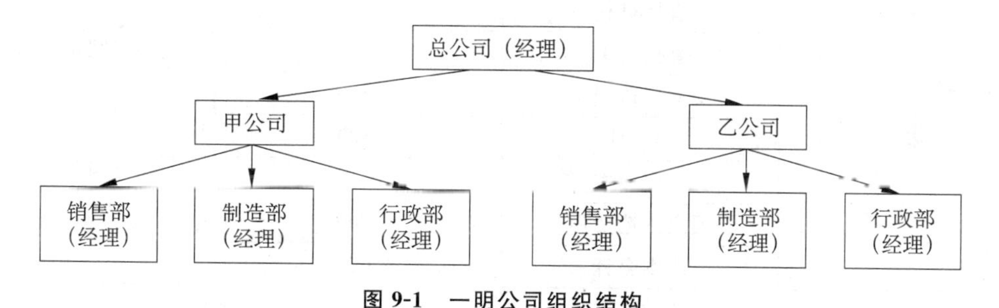


图 9-1 一明公司组织结构

**解**：假设该公司采取分权组织结构形式，各成本中心发生的成本费用均为可控成本。

一明公司编制的总公司和甲公司 2020 年责任预算（简略形式）如表 9-2～表 9-6 所示。

表 9-2 一明公司 2020 年责任预算 单位：万元

| 责任中心类型 | 项目 | 责任预算 | 责任人 |
|---|---|---|---|
| 利润中心 | 甲公司营业利润 | 4 000 | 甲公司经理 |
| 利润中心 | 乙公司营业利润 | 3 000 | 乙公司经理 |
| 利润中心 | 合计 | 7 000 | 一明公司总经理 |

表 9-3 甲公司 2020 年责任预算 单位：万元

| 责任中心类型 | 项目 | 责任预算 | 责任人 |
|---|---|---|---|
| 收入中心 | 销售部收入 | 9 200 | 销售部经理 |
| 成本中心 | 制造部可控成本 | 3 800 | 制造部经理 |
| | 行政部可控成本 | 600 | 行政部经理 |
| | 销售部可控成本 | 800 | 销售部经理 |
| | 合计 | 5 200 | 甲公司经理 |
| 利润中心 | 营业利润 | 4 000 | 甲公司经理 |

表 9-4　甲公司销售部 2020 年责任预算　　单位:万元

| 责任中心类型 | 项　目 | 责任预算 | 责任人 |
|---|---|---|---|
| 收入中心 | 东北地区收入 | 1 600 | 责任人甲 |
| 收入中心 | 中南地区收入 | 2 000 | 责任人乙 |
| 收入中心 | 西北地区收入 | 1 000 | 责任人丙 |
| 收入中心 | 东南地区收入 | 2 200 | 责任人丁 |
| 收入中心 | 西南地区收入 | 1 400 | 责任人戊 |
| 收入中心 | 出口销售收入 | 1 000 | 责任人已 |
| 收入中心 | 收入合计 | 9 200 | 销售部经理 |

表 9-5　甲公司制造部 2020 年责任预算　　单位:万元

| 成本中心 | 项　目 | 责任预算 | 责任人 |
|---|---|---|---|
| 一车间 | 变动成本 | | 一车间负责人 |
| | 直接材料 | 1 000 | |
| | 直接人工 | 600 | |
| | 变动制造费用 | 200 | |
| | 小　计 | 1 800 | |
| | 固定成本 | | |
| | 固定制造费用 | 200 | |
| | 成本合计 | 2 000 | |
| 二车间 | 变动成本 | | 二车间负责人 |
| | 直接材料 | 800 | |
| | 直接人工 | 500 | |
| | 变动制造费用 | 200 | |
| | 小　计 | 1 500 | |
| | 固定成本 | | |
| | 固定制造费用 | 200 | |
| | 成本合计 | 1 700 | |
| 制造部 | 制造部其他费用 | 100 | 制造部经理 |
| | 成本费用总计 | 3 800 | |

表 9-6　甲公司行政部及销售部 2020 年责任预算(费用)　　单位:万元

| 成本中心 | 项　目 | 责任预算 | 责任人 |
|---|---|---|---|
| 行政部 | 工资费用 | 300 | 行政部经理 |
| | 折旧 | 200 | |
| | 办公费 | 40 | |
| | 保险费 | 60 | |
| | 合　计 | 600 | |

续表

| 成本中心 | 项 目 | 责任预算 | 责任人 |
|---|---|---|---|
| 销售部 | 工资费用 | 400 | 销售部经理 |
| | 办公费 | 100 | |
| | 广告费 | 240 | |
| | 其他 | 60 | |
| | 合 计 | 800 | |

上述各表的预算数据之间存在着以下钩稽关系。

表 9-3 中的营业利润 4 000 万元与表 9-2 中甲公司营业利润相等；表 9-4 中收入合计 9 200 万元与表 9-3 中的销售收入相等；表 9-5 中的成本费用总计等于该表中两个成本中心的责任成本之和。

### 9.4.2 责任报告

#### 1. 责任报告的含义

责任会计以责任预算为基础，通过对责任预算的执行情况的系统反映，确认实际完成情况同预算目标的差异，并对各个责任中心的工作业绩进行考核与评价。责任中心的业绩考核和评价是通过编制责任报告来完成的。

责任报告(performance report)又称业绩报告、绩效报告，是指根据责任会计记录编制的反映责任预算实际执行情况，揭示责任预算与实际执行差异的内部会计报告。

#### 2. 责任报告与责任预算的关系

责任报告是对各个责任中心责任预算执行情况的系统概括和总结。根据责任报告，可进一步对责任预算执行差异的原因和责任进行具体分析，以充分发挥反馈作用，以使上层责任中心和本责任中心对有关生产经营活动实行有效控制和调节，促使各个责任中心根据自身特点，卓有成效地开展有关活动以实现责任预算。

责任报告与责任预算的关系如图 9-2 所示。

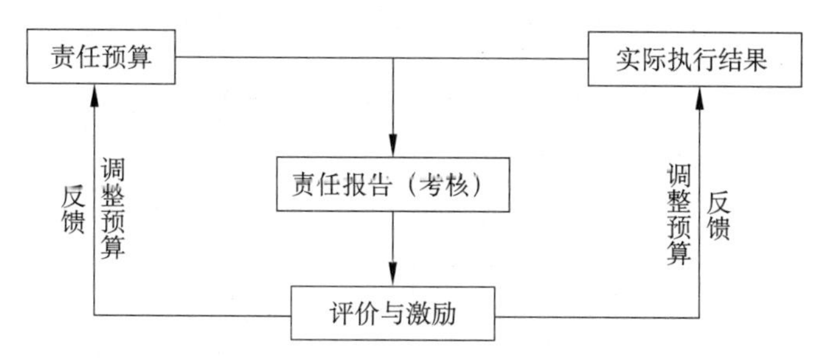


**图 9-2 责任预算与责任报告的关系**

### 3. 责任报告的形式与侧重点

责任报告主要有报表、数据分析和文字说明等几种形式。将责任预算、实际执行结果及其差异用报表予以列示是责任报告的基本形式。在揭示差异时,还必须对重大差异予以定量分析和定性分析。其中,定量分析旨在确定差异的发生程度,定性分析旨在分析差异产生的原因,并根据这些原因提出改进建议。在现实工作中,往往将报表、数据分析和文字说明等几种形式结合起来使用。

在企业的不同管理层次上,责任报告的侧重点应有所不同。最低层次的责任中心责任报告应当最详细,随着层次的提高,责任报告的内容应以更为概括的形式来表现。这一点与责任预算的由上至下分解过程不同,责任预算是由总括到具体,责任报告是由具体到总括。责任报告应能突出产生差异的重要影响因素,因此,应遵循“例外管理原则”,突出重点,使报告的使用者能把注意力集中到少数严重脱离预算的因素或项目上来。

### 4. 责任报告的编制程序

责任中心是逐级设置的,责任报告也必须逐级编制,通常只采用自下而上的程序逐级编报。

### 5. 责任报告编制举例

**【例 9-7】** 责任报告编制案例(分权管理方式)。

已知:仍按例 9-6 中的一明公司资料。编制责任报告。

**解**:根据 2020 年责任预算的实际执行情况,一明公司编制的甲公司和总公司部分责任报告(简略形式)如表 9-7～表 9-9 所示。

**表 9-7 甲公司成本中心 2020 年责任报告(部分)** 单位:万元

| 项 目 | 实 际 | 预 算 | 差 异 |
|---|---|---|---|
| 甲公司第一车间 | | | |
| 变动成本 | | | |
| 直接材料 | 1 100 | 1 000 | 100 |
| 直接人工 | 540 | 600 | (60) |
| 变动制造费用 | 220 | 200 | 20 |
| 变动成本合计 | 1 860 | 1 800 | 60 |
| 固定成本 | | | |
| 固定制造费用 | 190 | 200 | (10) |
| 成本合计 | 2 050 | 2 000 | 50 |
| 甲公司制造部可控成本 | | | |
| 第一车间 | | | |
| 变动成本 | 1 860 | 1 800 | 60 |
| 固定成本 | 190 | 200 | (10) |
| 小 计 | 2 050 | 2 000 | 50 |

续表

| 项　目 | 实　际 | 预　算 | 差　异 |
|---|---|---|---|
| 第二车间 | | | |
| 变动成本 | 1 520 | 1 500 | 20 |
| 固定成本 | 190 | 200 | (10) |
| 小　计 | 1 710 | 1 700 | 10 |
| 制造部其他费用 | 120 | 100 | 20 |
| 可控成本合计 | 3 880 | 3 800 | 80 |
| 甲公司可控成本 | | | |
| 制造部 | 3 880 | 3 800 | 80 |
| 行政部 | 560 | 600 | (40) |
| 销售部 | 780 | 800 | (20) |
| 总　计 | 5 220 | 5 200 | 20 |

**表9-8　甲公司利润中心2020年责任报告**　　单位:万元

| 项　目 | 实　际 | 预　算 | 差　异 |
|---|---|---|---|
| 甲公司销售收入 | | | |
| 东北地区 | 1 800 | 1 600 | 200 |
| 中南地区 | 2 400 | 2 000 | 400 |
| 西北地区 | 980 | 1 000 | (20) |
| 东南地区 | 1 000 | 2 200 | (1 200) |
| 西南地区 | 1 520 | 1 400 | 120 |
| 出口销售 | 1 200 | 1 000 | 200 |
| 小　计 | 8 900 | 9 200 | (300) |
| 甲公司变动成本 | | | |
| 第一车间 | 1 860 | 1 800 | 60 |
| 第二车间 | 1 520 | 1 500 | 20 |
| 小　计 | 3 380 | 3 300 | 80 |
| 甲公司边际贡献总额 | 5 520 | 5 900 | (380) |
| 甲公司固定成本 | | | |
| 制造部 | | | |
| 第一车间 | 190 | 200 | (10) |
| 第二车间 | 190 | 200 | (10) |
| 制造部其他费用 | 120 | 100 | 20 |
| 小　计 | 500 | 500 | 0 |
| 行政部 | 560 | 600 | (40) |
| 销售部 | 900 | 800 | 100 |
| 小　计 | 1 460 | 1 400 | 60 |
| 甲公司利润 | 3 560 | 4 000 | (440) |

续表

| 项　目 | 实　际 | 预　算 | 差　异 |
| --- | --- | --- | --- |
| 总公司利润 | | | |
| 甲公司利润 | 3 560 | 4 000 | (440) |
| 乙公司利润 | 3 200 | 3 000 | 200 |
| 合　计 | 6 760 | 7 000 | (240) |

**表 9-9　一明公司利润中心 2020 年责任报告**　　单位:万元

| 项　目 | 实　际 | 预　算 | 差　异 |
| --- | --- | --- | --- |
| 甲公司利润 | 4 460 | 4 000 | 460 |
| 乙公司利润 | 3 200 | 3 000 | 200 |
| 小　计 | 7 660 | 7 000 | 660 |
| 总公司企业所得税(30%) | 2 298 | 2 100 | 198 |
| 净利润 | 5 362 | 4 900 | 462 |
| 净资产平均占用额 | 22 448 | 24 500 | (2 052) |
| 投资利润率 | 25% | 20% | 5% |
| 行业平均最低收益率 | 18% | 15% | 3% |
| 剩余收益 | 1 321.36 | 1 225 | 346.36 |

#### 6. 责任会计核算的双轨制和单轨制

为了编制各责任中心的责任报告,必须以责任中心为对象组织会计核算工作,具体做法包括“双轨制”和“单轨制”两种。

(1) 双轨制是指将责任会计核算与财务会计核算分别按两套核算体系组织。在组织责任会计核算时,由各责任中心指定专人把各中心日常发生的成本、收入,以及各中心相互间的结算和转账业务记入单独设置的责任会计的编号账户内,根据管理需要,定期计算盈亏。

(2) 单轨制是指将责任会计核算与财务会计核算统一在一套核算体系中。为简化日常核算,在组织责任会计核算时,不另设专门的责任会计账户,而是在传统财务会计的各明细账户内,为各责任中心分别设置账户进行登记、核算。

### 9.4.3 业绩考核

#### 1. 业绩考核的含义

业绩考核(performance measurement)是以责任报告为依据,分析、评价各责任中心责任预算的实际执行情况,找出差距,查明原因,借以考核各责任中心工作成果,实施奖罚,促使各责任中心积极纠正行为偏差,完成责任预算的过程。

### 2. 业绩考核的分类

1）狭义的业绩考核和广义的业绩考核

按照责任中心的业绩考核的口径为分类标志，可将业绩考核划分为狭义的业绩考核和广义的业绩考核两类。

狭义的业绩考核仅指对各责任中心的价值指标，如成本、收入、利润及资产占用等责任指标的完成情况进行考评。

广义的业绩考核除这些价值指标外，还包括对各责任中心的非价值责任指标的完成情况进行考核。

2）年终的业绩考核与日常的业绩考核

按照责任中心的业绩考核的时间为分类标志，可将业绩考核划分为年终的业绩考核和日常的业绩考核。

年终的业绩考核通常是指一个年度终了（或预算期终了）对责任预算执行过程的考核，旨在进行奖罚和为下年（或下一个预算期）的预算提供依据。

日常的业绩考核通常是指在年度内（或预算期内）对责任预算执行过程的考核，旨在通过信息反馈，控制和调节责任预算的执行偏差，确保责任预算的最终实现。业绩考核可根据不同责任中心的特点进行。

### 3. 成本中心业绩的考核

成本中心没有收入来源，只对成本负责，因而也只考核其责任成本。由于不同层次成本费用控制的范围不同，计算和考核的成本费用指标也不尽相同，越往上一层次，计算和考核的指标越多，考核内容也越多。

成本中心业绩考核是以责任报告为依据，将实际成本与预算成本或责任成本进行比较，确定两者差异的性质、数额及形成的原因，并根据差异分析的结果，对各成本中心进行奖罚，以督促成本中心努力降低成本。

### 4. 利润中心业绩的考核

利润中心既对成本负责，又对收入和利润负责，在进行考核时，应以销售收入、贡献边际和息税前利润为重点进行分析、评价。特别是应通过一定期间实际利润与预算利润进行对比，分析差异及其形成原因，明确责任，借以对责任中心的经营得失和有关人员的功过作出正确评价、奖罚分明。

在考核利润中心业绩时，也只是计算和考核本利润中心权责范围内的收入和成本。凡不属于本利润中心权责范围内的收入和成本，尽管已由本利润中心实际收进或支付，仍应予以剔除，不能作为本利润中心的考核依据。

### 5. 投资中心业绩的考核

投资中心不仅要对成本、收入和利润负责，还要对投资效果负责。因此，投资中心业绩考核，除收入、成本和利润指标以外，考核重点应放在投资利润率和剩余收益两项指标上。

从管理层次看，投资中心是最高一级的责任中心，业绩考核的内容或指标涉及各个方面,是一种较为全面的考核。考核时通过将实际数与预算数的比较,找出差异,进行差异分析,查明差异的成因和性质,一并据以进行奖罚。由于投资中心层次高、涉及的管理控制范围广,内容复杂,考核时应力求原因分析深入、依据确凿、责任落实具体,这样才可以达到考核的效果。

## 9.5 基于 EVA 的业绩考核与评价

经济增加值(economic value added,EVA)又称经济附加值,是美国思腾思特(Sterm Stewart)咨询公司于 1982 年提出并实施的一套以经济增加值理念为基础的财务管理系统、决策机制及激励报酬制度。它是基于税后营业净利润和产生这些利润所需资本投入的总成本(即资金成本)的一种企业绩效财务评价方法。公司每年创造的经济增加值等于税后净营业利润与全部资金成本之间的差额。其中,资金成本既包括债务资本的成本,也包括股本资本的成本。目前,许多世界知名的跨国公司如孟山都(Monsanto)、宝洁、通用电气、联邦快递等都先后采用该方法评价企业及内部各业务部门的经营业绩,而可口可乐公司则是较早在管理上应用 EVA 业绩评价方法而获得巨大成功的典范。

1996 年,可口可乐公司和通用汽车公司(GM)的市值分别为 1 345 亿美元和 1 355 亿美元,大体相当;前者所占用的投资只有 104 亿美元,而后者却高达 1 879 亿美元。这就意味着,股东的投资在可口可乐公司有了近 12 倍的增值;而通用汽车公司股东的财富却缩水 28%,假如算上资本的机会成本,损失就更大了。1993 年,IBM、GM、运通、西屋电气、西尔斯百货、柯达 6 家公司的总裁被董事会撤职,因为这 6 家公司的重要股东之一的 Calpers 基金根据公司 EVA 绩效,对管理层行使了否决权。可见,EVA 反映了"价值最大化"的股东意志和企业的经营宗旨。

### 9.5.1 EVA 的基本理念

管理大师彼得·德鲁克 1995 年在《哈佛商业评论》刊登文章指出,EVA 的基础是我们长期以来一直熟知的,称为利润的东西,也就是说企业为股东剩下的金钱,从根本上来说就是利润。只要一家公司的利润低于资金成本,公司就处于亏损状态,尽管公司仍要缴纳所得税,好像公司真的盈利一样。相对于消耗的资源来说,企业对国民经济的贡献太少。在创造财富之前,企业一直在消耗财富。许多公司往往只关心常规的会计利润。会计利润扣除了债务利息,但完全没有考虑股东资金的成本。同样,大多数业务经理只关注经营利润,而经营利润甚至没有扣除债务利息。只有股东资金的成本像其他所有成本一样被扣除后,剩下的才是真正的利润。

可见,传统业绩评价指标存在两个重要的缺陷:一方面,传统业绩评价指标的计算没有扣除公司权益资本的成本,导致成本的计算不完全,因此,无法准确判断企业为股东创造的财富数量;另一方面,传统业绩评价指标对企业资本和利润的反映存在部分扭曲,传统业绩评价指标都是根据会计报表信息直接计算出来的,而会计报表的编制受到各国会计制度的约束,因而会计报表不能准确反映企业的经营状况和经营业绩。

EVA 与传统财务指标的最大不同，就是充分考虑了投入资本的机会成本，使 EVA 具有以下几个突出特点。

（1）EVA 度量的是资本利润，而不是通常的企业利润。EVA 从资本提供者角度出发，度量资本在一段时期内的净收益。只有净收益高于资本的社会平均收益（资本维持“保值”需要的最低收益），资本才能增值。而传统的企业利润所衡量的是企业一段时间内产出和消耗的差异，而不关注资本的投入规模、投入时间、投入成本和投资风险等重要因素。

（2）EVA 度量的是资本的社会利润，而不是个别利润。不同的投资者在不同的环境下，对资本有着不同的获利要求。EVA 剔除掉资本的“个性”特征，对同一风险水平的资本，对其最低收益要求并不因持有人和具体环境不同而不同。因此，EVA 度量的是资本的社会利润，而不是具体资本在具体环境中的个别利润，这使 EVA 度量有了统一的标尺，并体现了企业对所有投资的平等性。

（3）EVA 度量的是资本的超额收益，而不是利润总额。为了留住逐利的资本，企业的盈利率不应低于相同风险的其他企业一般能够达到的水平，这个“最低限度的可以接受的利润”就是资本的正常利润。EVA 度量的正是高出正常利润的那部分利润，而不是通常的利润总额。这反映了资本追逐超额收益的大性。

以 EVA 作为考核评价体系的目的就是使经营者像所有者一样思考，使所有者和经营者的利益取向趋于一致。对经营者的奖励是他为所有者创造的增量价值的一部分，这样经营者的利益便与所有者的利益挂钩，可以鼓励他们采取符合企业最大利益的行动，并在很大程度上缓解因委托-代理关系而产生的道德风险和逆向选择，最终降低管理成本。因此，经济增加值的实质内涵可以用以下 4 项指标（简称 4M）来归纳。

### 1. 评价指标（measurement）

在经济增加值的计算过程中，首先对传统的收入概念进行一系列调整，从而消除了会计工作产生的异常状况，并使其尽量与真实状况相吻合。例如，会计准则要求公司把研发费用计入当年成本，而经济增加值则建议把研发费用资本化并在适当的时期内分期摊销，反映了研发的长期经济效益，从而鼓励企业经营者进行新产品的开发。另外，资本化后的研发费用还要支付相应的资本费用，所以说经济增加值的调整是双向的，可以使业绩评价更趋于合理。

经济增加值通过将所有的资本成本纳入核算，表明了在一定时期内企业所创造财富的价值量。由于引入了可接受的最低投资回报的概念，股东得到的回报应当比期望得到的还要多，否则这个企业或项目就没有存在的必要。

### 2. 管理体系（management）

由于经济增加值是全部生产力的度量指标体系，所以经济增加值能够取代其他财务和经营指标体系，并与决策程序相统一，形成完整的企业管理体系。经济增加值指标体系真正的作用在于将其广泛地应用到企业管理中去，包括企业的制度、工作程序和方法及一系列管理决策。建立在经济增加值基础上的管理体系密切关注股东财富的创造，并以此指导公司决策的制定和营运管理，使企业经营更加符合股东利益，使企业经营计划运行更加有效。

**3. 激励制度(motivation)**

经济增加值通过其奖励计划,使企业管理者在为股东着想的同时也像股东一样得到报酬。经济增加值奖励计划的主要特征:一是只对经济增加值的增加值提供奖励;二是不设临界值和上限;三是按照计划目标设立奖励;四是设立奖金库;五是不通过谈判,而是通过按照公式确定业绩指标,这样的奖励计划实际上使管理者关心公司业绩的改进。

经济增加值帮助管理者将两个最基本的财务原则(企业价值最大化或者股东权益最大化,企业的价值依赖于投资者预期的未来利润能否超过资本成本)列入他们的决策当中。过去用奖金与利润挂钩的激励办法忽略了资金成本的概念,而利用经济增加值设计激励计划,便于经理人员更关注资产及收益,并能够像投资者一样去思考和工作。

**4. 理念体系(mindset)**

大多数企业利用一系列评价指标体系来评价企业的财务状况,例如,经常用营业收入和市场份额的增长评价战略计划;用边际毛利润或现金流来评价一个产品或生产线的获利能力;用资产报酬与目标利润比较评价业务部门的经营业绩;财务部门则通常用投资利润率,而不是将实际的投资利润率与期望的投资利润率相比较,来评价企业的经营业绩;部门经理的奖金一般是基于利润计划是否实现,一年兑现一次。这些不统一的标准、目标和术语导致了计划、战略实施及决策的混乱。经济增加值的引入,给企业带来了一种新的观念,在经济增加值的引导下,企业所有营运功能都从同一基点出发,即提高企业的经济增加值,各部门会自动加强合作。

## 9.5.2 EVA的基本模型

EVA其实并不是什么新的概念。事实上,EVA发源于RI(剩余收益,等于税后净营业利润减去资金成本),其基本思想在1776年亚当•斯密的《国富论》和1777年罗伯特•汉密尔顿的《商品导论》中就已经出现;1890年,英国著名的古典经济学家阿尔弗雷德•马歇尔在《经济学原理》中提出了"经济利润"的概念:只有在净利润基础上减去资本以现行利率计算的利息,才能获得实际意义上的利润,这是RI的最早提法。剩余收益的概念还在20世纪早期的会计理论文献和20世纪60年代的管理会计文献中出现过。经济增加值只是对剩余收益加以调整的变形。

EVA是指调整后的税后净营业利润(NOPAT)扣除企业全部资本经济价值的机会成本后的余额。

$$\begin{aligned} EVA &= NOPAT - C \times WACC \\ &= (RONA - WACC) \times C \end{aligned}$$

式中,NOPAT为调整后的税后净营业利润;$C$为全部资本的经济价值(包括权益资本和债权资本);RONA为资产收益率;WACC为企业加权平均资金成本。

可见,EVA取决于上述三个变量,企业可以通过增加税后净营业利润、减少资本占用或者降低加权平均资金成本率来提高EVA。上述模型表明,EVA是超过资金成本的那部分价值,突出反映了股东价值的增量;企业不能单纯追求经营规模,更要注重自身价值的创造。

因此,EVA 可以提供一种最可靠的尺度,来反映管理行为是否增加了股东财富,以及增加股东财富的数量。一般来说,EVA 大于零,意味着从经营利润中减去整个公司的资金成本后,股东投资得到的净回报,为股东创造价值,否则就形成价值毁灭。EVA 的值越大,表明管理者的业绩越大。企业 EVA 持续地增长意味着公司市场价值的不断增加和股东财富的增长,从而实现股东财富最大化的财务目标。EVA 管理在于寻找价值创造(使 EVA 增加)的有效途径。

### 9.5.3 EVA 的调整

经过以上的计算只是粗略地得到企业的经济利润。EVA 真正不同于传统会计利润概念之处在于,还需要以传统的会计方法作为基础对一些项目进行调整,增加或扣除某些项目,以消除根据会计准则编制的财务报表对公司真实情况的扭曲。将息税前利润调整为税后净营业利润的通常调整如表 9-10 所示。

**表 9-10　税后净营业利润的调整**

| 利润表的调整<br>EBIT-NOPAT | 资产负债表的调整<br>账面资本—投入资本 |
|---|---|
| 加上:后进先出法转回的增加 | 加上:后进先出法转回的增加 |
| 加上:坏账准备的增加 | 加上:坏账准备的冲回 |
| 加上:包括的经营性租赁的利息 | 加上:未来经营租赁义务的现值 |
| 加上:资本化研发费用的增加 | 加上:资本化的研发投资 |
| 加上:计提的少数股东权益(如果之前没有包括在内) | 加上:少数股东权益 |
| 加上:递延所得税转回的增加 | 加上:递延所得税负债 |

显然,调整是为了完整反映企业的管理业绩,因为营业利润往往反映诸多因素的影响,包括主观、客观,内部、外部,可控、不可控,财务、非财务等。

这种调整使 EVA 比会计利润更加接近企业的经济现实。从经济学的观点来看,凡是对公司未来利润有贡献的现金支出(如研发费用)都应算作投资,而不是费用。从会计学的角度来看,净利润是基于稳健性原则的要求计算的,因而将许多能为公司带来长期利益的投资(如研发费用)作为支出当期的费用来考虑。在经济增加值的计算中,将这些费用项目调整回来,以反映公司的真实获利情况和公司进行经营的长期资本投入。思腾思特咨询公司发现,可以对公认会计原则 GAAT 和企业内部会计做出 160 多项调整,这些调整都有利于改进对经营利润和资金的度量。常见的调整项目有研发费用、广告营销支出、培训支出、无形资产、战略投资、商誉、资产处置损益、重组费用、其他收购问题、存货估值、坏账准备等准备金、经营租赁、税收等。

制定出适合自己企业的经济增加值计算公式,关键的一步就是根据企业具体的情况,确定该公司应对哪些会计科目的处理方法进行调整。但各个公司的情况有所不同,有些调整对于某些行业的企业非常必要,而对其他行业的企业并不重要。考虑到各公司的不同组织结构、业务组合、战略和会计政策,需要量身定做最适合的会计调整措施。根据它们的经验,大多数公司的调整不超过15项即可解释MVA(市场增加值,被认为是公司的真正价值)的60%～85%。

### 9.5.4 EVA的应用与缺点

虽然采用EVA能有效地防止管理者的短期行为,但管理者在企业都有一定的任期,为了自身的利益,他们可能只关心任期内各年的EVA,而股东财富最大化依赖于未来各期企业创造的经济增加值。若仅仅以实现的经济增加值作为业绩评定指标,企业管理者从自身利益出发,会对保持或扩大市场份额、降低单位产品成本以及进行必要的研发项目投资缺乏积极性,而这些举措正是保证企业未来经济增加值持续增长的关键因素。从这个角度看,市场份额、单位产品成本、研发项目投资是企业的价值驱动因素,是衡量企业业绩的超前指标。因此,在评价企业管理者经营业绩及确定他们的报酬时,不但要考虑当前的EVA指标,还要考虑这些超前指标,这样才能激励管理者将自己的决策行为与股东的利益保持一致。同样,当利用EVA进行证券分析时,也要充分考虑影响该企业未来EVA增长势头的这些超前指标,从而尽可能准确地评估出股票的投资价值。

另外,EVA指标体系本身所具有的不确定性使管理者在使用EVA指标体系时应该注意以下几点。

**1. 资金成本确定方法纷繁众多,难以统一**

在EVA的计算过程中,资金成本具有决定性的因素,思腾思特公司常用CAPM模型来计算资金成本,其他的计算方法还包括套利定价模型及期权定价模型。企业在使用这些估计方法时,要充分考虑到各期选择方法的可比性和一致性,以保持EVA绩效考核体系的连贯性和客观性。

**2. 减少会计调整主观判断的影响**

在计算EVA的过程中,对于税后净经营利润的调整是必不可少的,也正是这些调整才使EVA指标体系比一般的会计利润更能够反映企业的真实经营绩效。所以,在计算EVA时应该针对不同公司的不同状况,对公司进行会计调整时尽量避免主观判断对EVA计算的影响,以保证经过调整后的会计利润更接近真实性和可靠性,而不是调整过度。

**3. EVA无法解释企业内在的成长性机会**

EVA受到的另外一个怀疑来自EVA在计算过程中对会计利润所反映的信息所进行的调整。这些调整可能一方面使EVA比其他指标更接近企业真正创造的财富,另一方面也降低了EVA指标与股票市场的相关性,使EVA无法解释企业内在的成长性机会。

**4. 对管理者的考核与评价的偏差**

EVA进行会计调整可能会对管理层的各期业绩造成歪曲,在调整偏差存在的情况下,从绩效考核体系出发的薪酬激励制度对管理者所做的补偿与激励可能还存在有待改进的地方。

### 9.5.5 基于战略的业绩考核与评价

#### 1. 基于战略的业绩考核与评价体系的产生

以收益为基础的财务数字，仅能够衡量过去决策的结果，却无法评估未来的绩效表现，容易误导企业未来发展方向。同时，当财务指标为企业绩效评估的唯一指标时，容易使经营者过分注重短期财务结果。在相当程度上，也使经营者变得急功近利，有强烈动机操纵报表上的数字，而不愿就企业长期策略目标进行资本投资。因此，将业绩评价的目光投向公司的战略计划和未来的发展成为决定业绩评价的重大转折点。

战略理论已经为实务界和理论界的人士所熟悉，但是如何度量战略计划和战略目标的实现程度，或者说如何实施与战略有关的业绩考核和评价，还有两个需要注意的问题。

(1) 如何将战略计划落实为具体的活动。以低于成本战略的实施为例，可以从两个层面来理解：一是战略成本规划层面，旨在帮助企业通过事先的成本规划与控制，从根本上改进其长期的盈利能力。这一层面的方法主要有源于战略管理的价值链分析以及用于制定成本目标的产品生命周期成本法、目标成本规划法等。二是经营改进层面，旨在改善企业日常经营活动效率，落实成本规划。顺应这一思路的方法有竞争对手成本分析法和标杆制度、成本动因分析法等。

(2) 如何将战略目标变成可供考评的指标。公司应该对成功起决定作用的某个战略要素进行定性的描述，例如，利用企业关键绩效指标(KPI)来进行这一步的过程。通过对组织内部流程的输入端、输出端的关键参数进行设置、取样、计算、分析，衡量流程绩效的一种目标式量化管理指标，是把企业的战略目标分解为可操作的工作目标的工具，是企业绩效管理的基础。KPI 可以使部门主管明确部门的主要责任，并以此为基础明确部门人员的业绩衡量指标。建立明确的、切实可行的、可量化的 KPI 体系，是做好绩效管理的关键。

可见，战略模式以战略目标为导向，通过指标间的各种平衡关系以及战略指标或关键指标的选取来体现企业的战略要求，其最大特点在于引入了非财务指标。许多研究学者认为，非财务指标能够有效地解释企业实际运行结果与预算之间的偏差。例如，市场占有率和产品质量等非财务指标长期以来就被企业用于战略管理，可以有效地解释企业利润或销售收入的变动。此外，非财务指标能够更清晰地解释企业的战略规划以及对战略实施进行过程控制。

战略业绩考核与评价模式中，比较有代表性并引起广泛关注的有业绩金字塔和平衡计分卡两种模式。

#### 2. 业绩金字塔

业绩金字塔(performance pyramid)由麦克奈尔(McNair)、林奇(Lynch)和克罗斯(Cross)于 1990 年提出，它强调公司总体战略与业绩指标间的重要联系。从图 9-3 可以看出，企业分为四个层次：公司总体战略位于最高层，由此产生企业的具体战略目标，并在企业内部逐级传递，直到最基层的作业中心。有了合理的战略目标，作业中心就可以开始建立合理的经营效率指标，以满足战略目标的要求。然后，这些指标再反馈给企业高层管理人员，作为制定企业未来战略目标的基础。

业绩金字塔模型十分注重业绩动因与结果之间的联系，而这种联系与战略计划制订过程中应用的因果联系思想是极为相似的。业绩金字塔模型从战略管理角度给出了业绩指标体系之间的因果关系，对指标体系的设计具有启发性，但没有形成具可操作性的业绩评价系统。此外，业绩金字塔没有考虑企业的学习和创新能力，而在竞争日益激烈的今天，对企业学习和创新能力的正确评价尤为重要。因此，虽然这个模型在理论上是比较成型的，但实际工作中较少采用。

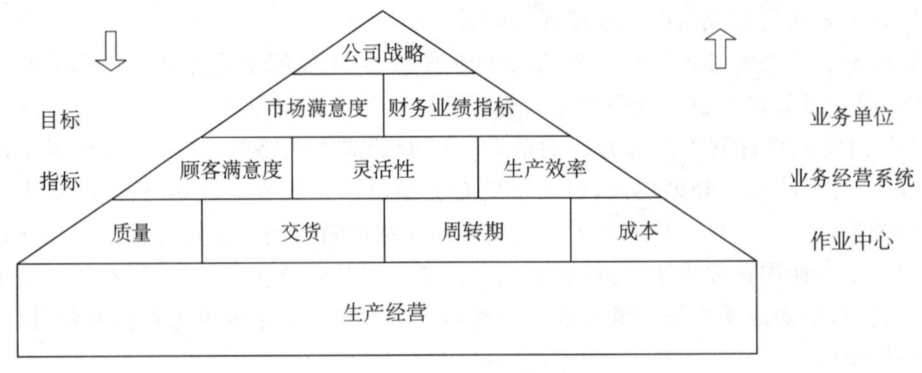


图 9-3 业绩金字塔结构

通过业绩金字塔可以看出，战略目标传递的过程是多级瀑布式的，它首先传递给业务单位层次，由此产生了市场满意度（市场目标）和财务业绩指标（财务目标）；然后继续向下传给业务经营系统，产生顾客满意度、灵活性、生产效率等指标；然后传递到作业中心层次，产生质量、交货、周转期和成本构成等指标。

由此可见，业绩信息渗透到整个企业的各个层面。这些信息由下而上逐级汇总，最终使高层管理人员可以利用这些信息制定未来的战略目标。

业绩金字塔着重强调企业战略在确定业绩指标中所扮演的重要角色，反映了战略目标和业绩指标的互动性，揭示了战略目标自上而下和经营指标自下而上逐级反复运动的层级结构。这个逐级的循环过程揭示了企业持续发展的能力，为正确评价企业业绩作出了意义深远的重要贡献。

### 3. 平衡计分卡

平衡计分卡（balanced score card，BCS）是绩效管理中的一种新思路，适用于从公司战略的角度对部门的团队进行考核。在 20 世纪 90 年代初由哈佛商学院的罗伯特·卡普兰和诺朗诺顿研究所所长、美国复兴全球战略集团创始人兼总裁戴维·诺顿（David Norton）发展出的一种全新的组织绩效管理方法。平衡计分卡自创立以来，在国际上，特别是在美国和欧洲，很快引起了理论界和客户界的浓厚兴趣与反响。1996 年安永公司举办的一次银行首席财务官圆桌会议表明，平衡计分卡已为 60%的大银行所采用。另外一项对 236 家北欧大型公司的调查表明，61 家已经使用了平衡计分卡，还有 140 家打算在两年之内引进平衡计分卡。

平衡计分卡以公司战略为导向,寻找能够驱动战略成功的关键成功因素,并建立与之密切联系的指标体系来衡量战略实施过程,采取必要的修改以维持战略的持续成功。

平衡计分卡并非认为财务指标不重要,而是需要取得一个平衡:短期收益与长期收益的平衡;财务指标与非财务指标的平衡;外部计量(股东与客户)和内部计量(内部流程、创新与人员等)的平衡。而过分强调财务指标往往导致企业内部关系的失衡(见图 9-4),对企业的战略实施和长期发展不利。

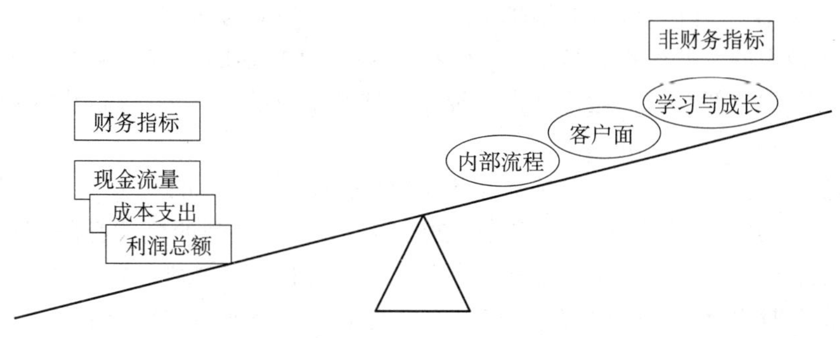


**图 9-4　财务指标与非财务指标的失衡**

平衡计分卡主要是通过财务与非财务考核手段之间的相互补充,不仅使绩效考核的地位上升到组织的战略层面,使之成为组织战略的实施工具,同时也是在定量评价和定性评价之间、客观评价和主观评价之间、指标的前馈指导和后馈控制之间、组织的短期增长与长期增长之间、组织的各个利益相关者之间寻求平衡的基础上完成的绩效管理与战略实施过程。平衡计分卡将战略置于中心地位,并使经理们看到了公司绩效的广度与总额。

1）平衡计分卡的基本框架

平衡计分卡把企业的使命和战略转变为目标和各种指标,它并不是对传统战略和评估方法的否定,而是对其进行了进一步的发展和改进。在保留财务层面的基础上,又加上了客户、内部业务流程、学习与成长 3 个方面。平衡计分卡通过四大指标体系设计来阐明和沟通企业战略,促使个人、部门和组织的行动方案达成一致和协调,以实现企业价值最大化和长期发展的目标。其基本框架如图 9-5 所示。

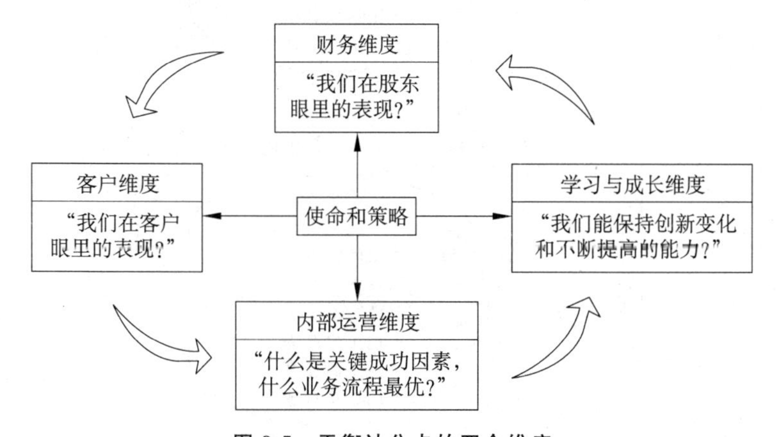


**图 9-5　平衡计分卡的四个维度**

(1) 客户维度。平衡计分卡要求企业将使命和策略诠释为具体的与客户相关的目标和要点，在这个过程中企业应当关注于是否满足核心顾客的需求，而不是企图满足所有客户的偏好。客户最关心的不外乎5个方面：时间、质量、性能、服务和成本。企业必须为这5个方面树立清晰的目标，然后将这些目标细化为具体的指标。客户维度指标衡量的主要内容包括市场份额、老客户挽留率、新客户获得率、顾客满意度、从客户处获得的利润率等。

(2) 内部运营维度。建立平衡计分卡的顺序，通常是在制定财务和客户方面的目标与指标后，才制定企业内部流程维度的目标与指标，这个顺序使企业能够抓住重点，专心衡量那些与股东和客户目标息息相关的流程。内部运营绩效考核应以对客户满意度和实现财务目标影响最大的业务流程为核心，一般来说，既包括短期的现有业务的改善，又涉及长远的产品和服务的革新。内部运营维度指标主要涉及企业的改良、创新过程、经营过程和售后服务过程。

(3) 学习与成长维度。学习与成长的目标为其他3个方面的宏大目标提供了基础框架，是驱使上述计分卡3个方面获得卓越成功的动力。面对激烈的全球竞争，企业今天的技术和能力已无法确保其实现未来的业务目标，削减对企业学习和成长能力的投资虽然能在短期内增加财务收入，但由此造成的不利影响将在未来对企业带来沉重打击。学习和成长维度指标涉及员工的能力、信息系统的能力以及激励、授权与相互配合等。

(4) 财务维度。财务方面指标衡量的主要内容包括收入的增长、收入的结构、降低成本、提高生产率、资产的利用和投资战略等。尽管财务指标的及时性和可靠性受到质疑，但是财务指标仍然具有其他性质的指标不可替代的方面。财务绩效指标可显示企业的战略及实施和执行是否正在为最终经营结果(如利润)的改善作出贡献。但是，不是所有的长期策略都能很快产生短期的财务盈利。非财务绩效指标(如质量、生产时间、生产率和新产品等)的改善和提高是实现目的的手段，而不是目的的本身。

平衡计分卡的发展过程特别强调描述策略背后的因果关系，借客户维度、内部运营维度、学习与成长维度评估指标的完成而达到最终的财务目标。平衡计分卡4个维度之间的关系如图9-6所示。

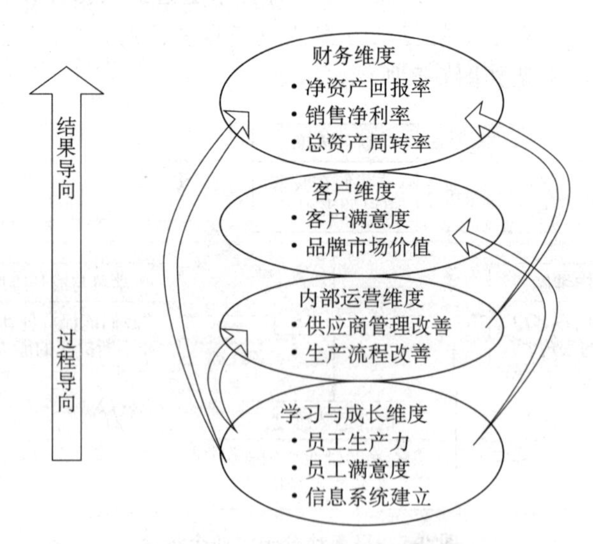


**图9-6 平衡计分卡4个维度之间的关系**

2）平衡计分卡的应用步骤

每个企业都可以根据自身的情况来设计各自的平衡计分卡，但大体上可以遵循以下几个步骤。

（1）定义企业战略。以组织的共同愿景与战略为内核，运用综合与平衡的哲学思想，依据组织结构，将公司的愿景与战略转化为下属各责任部门（如各事业部）在财务、顾客、内部流程、创新与学习4个方面的系列具体目标（即成功的因素），并设置相应的4张计分卡。平衡计分卡应能够反映企业的战略，因此有一个清楚明确的、能真正反映企业愿景的战略是至关重要的。由于平衡计分卡的4个方面与企业战略密切相关，因此这一步骤是设计一个好的平衡计分卡的基础。

（2）就战略目标取得一致意见。由于各种原因，管理集团的成员可能会对目标有不同的意见，但无论如何，必须在企业的长远目标上达成一致。另外，应将平衡计分卡的每一个方面的目标数量控制在合理的范围内，仅对那些影响企业成功的关键因素进行测评。

（3）选择和设计测评指标。一旦目标确定，下一个任务就是选择和设计判断这些目标是否达到的指标。依据各责任部门分别在财务、客户、内部流程、创新与学习4种计量可具体操作的目标，设置一一对应的绩效评价指标体系，这些指标不仅与公司战略目标高度相关，而且是以先行与滞后两种形式，同时兼顾和平衡公司长期和短期目标、内部与外部利益，综合反映战略管理绩效的财务与非财务信息。

所选指标必须能准确反映每一个特定的目标，以使通过平衡计分卡所收集到的反馈信息具有可靠性，并且保证平衡计分卡中的每一个指标都是表达企业战略的因果关系链中的一部分。此外在设计指标时，不应采用过多的指标，也不应对那些企业职工无法控制的指标进行测评。一般在平衡计分卡的每一个方面，使用3～4个指标就足够了，超出4个指标将使平衡计分卡过于零散。

（4）制订实施计划。这一步骤要求各层次的管理人员参与测评，同时包括将BSC的指标与企业的数据库和管理信息系统相联系，在全企业范围内运用。由各主管部门与责任部门共同商定各项指标的具体评分规则。一般是将各项指标的预算值与实际值进行比较，对应不同范围的差异率，设定不用的评分值。以综合评分的形式，定期（通常是一个季度）考核各责任部门在财务、客户、内部流程、创新与学习4个方面的目标执行情况，及时反馈，适时调整战略偏差，或修正原定目标和评价指标，确保公司战略得以顺利与正确地实行。

3）平衡计分卡战略管理地图

平衡计分卡既是一个战略管理工具，同时也是一种战略管理思想。将平衡计分卡与企业的战略融合在一起，就形成了战略管理地图。

平衡计分卡战略管理地图能够使企业的战略变得更加清晰明了。平衡计分卡的4个维度形成了一系列的因果关系链，而每个维度中的衡量指标都形成了一套逻辑链条，这些关系链条就将企业的战略所期望的结果和获得这些结果的驱动因素结合起来。将这些关系链条整合在一起就形成了平衡计分卡的战略管理地图。

平衡计分卡战略管理地图可以帮助企业用连贯、系统和整体的方式来看待企业的战略，通过战略管理地图，有助于企业更加精确地定义客户的价值取向，增进内部流程活动能力，增强学习与成长能力，并最终达到企业的股东价值最大化的目标。

当然，由于不同的企业处于不同的行业，不同的企业采用的竞争优势的战略不一样，因此企业的战略管理地图也是千差万别的。总体来说，一个比较统一的模板如图9-7所示。

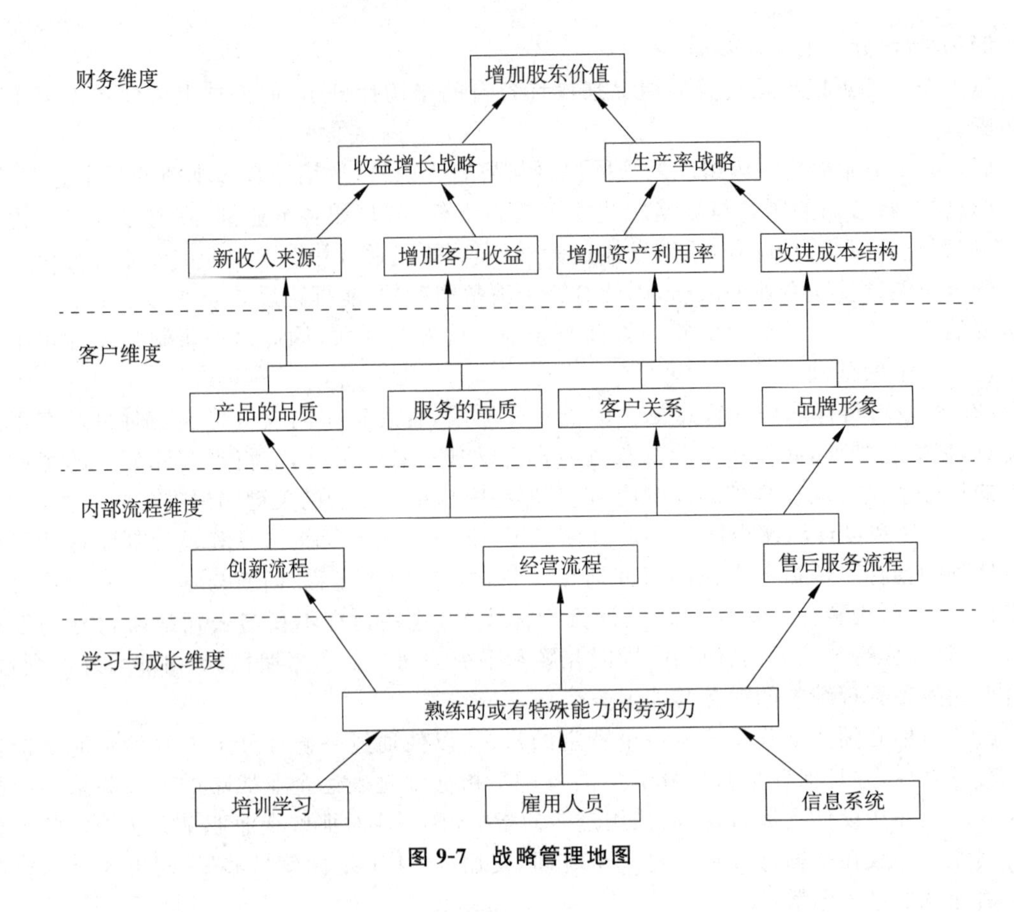


图 9-7 战略管理地图

## 本章练习题

### 一、单项选择题

1. 责任会计产生的直接原因是(　　)。

A. 行为科学的产生和发展　　B. 运筹学的产生和发展

C. 分权管理　　D. 跨国公司的产生

2. (　　)具有全面的产品销售权、价格制定权、材料采购权及生产决策权。

A. 人为利润中心　B. 自然利润中心　C. 成本中心　D. 投资中心

3. 若企业的生产部门、采购部门都是成本中心，由于材料质量不合格造成的生产车间超过消耗定额成本差异部分应由(　　)负担。

A. 生产车间　　B. 采购部门

C. 生产车间与采购部门共同承担　　D. 企业总部

4. (　　)把企业的使命和战略转变为目标和各种指标，它并不是对传统战略和评估方法的否定，而是对其进行了进一步的发展和改进。

A. 剩余收益　B. EVA　C. 业绩金字塔　D. 平衡计分卡

### 二、多项选择题

1. 下列各企业内部单位中可以成为责任中心的有(　　)。

A. 分公司　B. 地区工厂　C. 车间

D. 班组　　E. 个人

2.(　　)和(　　)是业绩评价系统的两个核心要素。

A. 评价主体的选择　　B. 评价目标的建立

C. 评价指标体系的构建　　D. 评价个体的选择

E. 激励机制的选择

3. 完全的自然利润中心应具有(　　)。

A. 产品销售权　　B. 产品定价权　　C. 材料采购权

D. 生产决策权　　E. 人事任免权

4. A 公司生产车间发生的折旧费用对于(　　)来说是可控成本。

A. 公司厂部　　B. 生产车间　　C. 生产车间下属班组

D. 辅助生产车间　　E. 设备管理部门

5. 由于不同类型、不同层次的利润中心可控范围不同,因而用于考核与评价利润中心的指标有(　　)。

A. 投资报酬率　　B. 毛利　　C. 剩余收益

D. 部门边际贡献　　E. 营业利润

6. EVA 与传统财务指标的最大不同,就是充分考虑了投入资本的机会成本,使得 EVA 具有(　　)的突出特点。

A. 度量的是资本利润　　B. 度量的是企业的利润

C. 度量的是资本的社会利润　　D. 度量的是资本的超额收益

E. 度量的是利润总额

7. 平衡计分卡通过(　　)指标体系设计来阐明和沟通企业战略促使个人、部门和组织的行动方案达成一致和协调,以实现企业价值最大化和长期发展的目标。

A. 客户维度　　B. 内部运营维度　　C. 学习与成长维度

D. 企业使命维度　　E. 财务维度

**三、简答题**

1. 简述以企业为主体的业绩考核与评价指标体系。

2. 简述以责任中心为主体的业绩考核与评价指标体系。

3. 简述以 EVA 作为企业业绩评价指标有什么优缺点。

4. 简述平衡计分卡的基本框架和应用步骤。

**四、计算题**

一明公司加权平均投资利润率为 18%,其所属 A 投资中心的经营资产平均余额为 400 万元,利润为 100 万元。现该投资中心有一投资项目,投资额为 50 万元,预计投资利润率为 20%。若该企业要求的最低投资报酬率为其加权平均投资利润率。

要求:

(1) 如果不考虑投资项目,计算 A 投资中心目前的投资利润率。

(2) 如果按投资利润率来衡量,A 投资中心是否愿意接受这一投资项目?

(3) 计算投资项目的剩余收益。

(4) 如果按剩余收益来衡量,A 投资中心应否接受这一投资项目?

# 参 考 文 献

[1] 孙茂竹,支晓强,戴璐.管理会计学[M].9 版.北京:中国人民大学出版社,2020.

[2] 吴大军.管理会计[M].6 版.大连:东北财经大学出版社,2021.

[3] 中华人民共和国财政部.管理会计应用指引[M].北京:经济科学出版社,2017.

[4] 孙茂竹,支晓强,戴璐.管理会计学(第 9 版)学习指导书[M].北京:中国人民大学出版社,2020.

[5] 牛彦秀.管理会计[M].2 版.上海:上海财经大学出版社,2019.

[6] 李惟莊.管理会计[M].5 版.上海:立信会计出版社,2017.

[7] 韩文连.管理会计学[M].5 版.北京:首都经济贸易大学出版社,2018.

[8] 刘金星.管理会计实训与案例[M].2 版 . 大连:东北财经大学出版社,2020.